深化农业供给侧
结构性改革研究

RESEARCH ON DEEPENING
SUPPLY-SIDE STRUCTURAL REFORM IN AGRICULTURE

主　编 ｜ 魏后凯 ｜ 张占仓

副主编 ｜ 翁　鸣 ｜ 苗　洁

社会科学文献出版社
SOCIAL SCIENCES ACADEMIC PRESS (CHINA)

代 序[*]

  各位专家、各位来宾，女士们、先生们，大家上午好！今天，我们齐聚郑州，召开第十三届全国社科农经协作网络大会。在此，我谨代表中国社会科学院，向参加会议的专家学者表示最热烈的欢迎和衷心的感谢！同时，也向为筹备这次会议付出辛勤劳动的同志们表示真诚的感谢！

  推进供给侧结构性改革，是以习近平同志为核心的党中央着眼我国经济发展全局提出的重大战略思想，是适应和引领经济发展新常态的重大战略部署。推进农业供给侧结构性改革，是我国供给侧结构性改革的重要一环。2015 年，中央农村工作会议强调："要着力加强农业供给侧结构性改革，提高农业供给体系质量和效率，使农产品供给数量充足、品种和质量契合消费者需要，真正形成结构合理、保障有力的农产品有效供给。"2016 年 3 月 8 日，习近平总书记在参加十二届全国人大四次会议湖南代表团审议时指出："推进农业供给侧结构性改革，提高农业综合效益和竞争力，是当前和今后一个时期我国农业政策改革和完善的主要方向。"

  在新形势下，以推进农业供给侧结构性改革为主线，围绕农业增效、农民增收、农村增绿，加强科技创新引领，加快结构调整步伐，加大农村改革力度，提高农业综合效益和竞争力，补齐"四化同步"的农业短板，是深入贯彻习近平总书记系列重要讲话精神和治国理政新理念、新思想、新战略的重要组成部分。

  近年来，在中央统一部署和各地积极探索下，我国农业在转方式、调结构、促改革等方面取得了一定的成效，粮食产量继续保持稳定，农业结构调整迈出重要步伐，农民收入稳步增长，农村新产业新业态蓬勃发展，

---

  * 本文为王伟光院长在"深入推进农业供给侧结构性改革研讨会暨第十三届全国社科农经协作网络大会"开幕式上的书面致辞。

重要领域和关键环节改革深入推进,为经济社会发展大局提供了有力支撑。但是,农产品供求结构失衡、要素配置不合理、资源环境压力大、农民收入持续增长乏力等问题仍很突出,增加产量与提升品质、成本攀升与价格低迷、库存高企与销售不畅、小生产与大市场、国内外价格倒挂等矛盾亟待破解。我国农业主要矛盾已经由总量不足转变为结构性矛盾,矛盾的主要方面在供给侧,而且是结构性、体制性问题。因此,深入推进农业供给侧结构性改革既是中央提出的必须打赢的战略任务,也是理论界和智库应该深入探索的一个重点课题。

社科农经协作网络大会是全国知名的"三农"学术交流与研究平台,已经成功举办了十二届,推出了一系列重要学术成果,产生了良好的社会影响。此次年会以"深入推进农业供给侧结构性改革"为主题,其意义重大。社科农经协作网络大会始终坚持"顶天立地、探索创新"的宗旨,以"为天地立心"的历史担当,紧跟我国农村社会经济发展实践和国家重大战略需求,为实现全面小康社会的目标做出新的贡献。为此,全国社科院系统农经研究人员共聚一堂,共同探讨"农业供给侧结构性改革"这一重要而前沿的课题,相信通过深入的探讨和交流,将激发出大家的思想智慧,破解当前纷繁复杂的形势,为我国农业发展新常态提供强大的精神动力。

在全国深入推进农业供给侧结构性改革的形势下,专家学者们开展了大量卓有成效的研究,为科学决策提供了有力的支持。但是,对于如何正确理解供给侧结构性改革,理论界和智库还存在一些认识上的偏差,就此我想谈谈自己的一点看法。

推进供给侧结构性改革,是党中央在科学判断我国经济发展所处历史方位基础上做出的战略部署,其理论基础是中国特色社会主义政治经济学。对此,习近平总书记明确指出:"我们讲的供给侧结构性改革,同西方经济学的供给学派不是一回事,不能把供给侧结构性改革看成西方供给学派的翻版,更要防止有些人用他们的解释来宣扬'新自由主义'。"因此,我们所讲的供给侧结构性改革,与西方经济学中的供给学派及其政策主张具有本质区别。这种区别并不主要体现在专业术语上,甚至也不完全在于一些具体的改革举措,而在于问题的针对性和产生的时代背景,以及预期实现的最终目标。其中最为关键的是,我们所讲的供给侧结构性改革,坚持以人民为中心的发展思想不动摇,根本目的在于保障全体人民向共同富裕目标稳步迈进。只有坚持这个原则，在推进供给侧结构性改革的政策实践中，我们才能充分体现中国特色社会主义政治经济学的本质特征，与西方经济学特别是新自由主义经济学划清界限，防止因某些用语上的相似造成认识上的混淆，干扰我国改革发展大局。对于这一点，我希望专家学者们要有清醒的认识，否则，如果基本内涵搞错了，势必出现"南辕北辙"的结果。

最后，预祝本次会议取得圆满成功！

谢谢大家！

王伟光

2017 年 5 月 22 日

目 录

理论探讨与总体战略

农业结构优化与质量提升

农业经营主体与农民福祉

农村改革与转型发展

各地改革的实践探索

理论探讨与总体战略

农业供给侧结构性改革的推进策略

魏后凯*

摘　要：农业供给侧结构性改革，是为破解农业深层次结构性矛盾而从生产端和供给侧展开的综合配套改革。本文探讨了农业供给侧结构性改革的科学内涵，厘清了一些思想上的认识误区，提出了新时期推进农业供给侧结构性改革的基本策略。本文认为，为深入推进农业供给侧结构性改革，必须从产业层面、要素层面和制度层面展开，多层面协调推进，并围绕"降本、提质、增效"这一核心任务，实行组合式的支持政策。

关键词：农业发展　供给侧结构性改革　农业支持政策

当前，中国农业发展的主要矛盾已经由过去的总量不足转变为结构性矛盾，而供给侧的体制机制障碍则是形成这种结构性矛盾的根本原因。正因如此，2015 年 12 月召开的中央农村工作会议明确指出：要"着力加强农业供给侧结构性改革，提高农业供给体系质量和效率"。随后，2016 年中央一号文件进一步强调要"推进农业供给侧结构性改革，加快转变农业发展方式"；2017 年中央一号文件又把深入推进农业供给侧结构性改革作为当前农业农村工作的主线，并从国家层面进行了顶层设计，明确了改革的主要目标、主攻方向、重点任务和具体措施。下文着重就如何深入推进农业供给侧结构性改革谈几点看法。

一　科学把握农业供给侧结构性改革的内涵

目前，学术界对供给侧结构性改革的定义并没有达成共识，现有研究

---

* 魏后凯，中国社会科学院农村发展研究所。

大多从提高生产效率、供需平衡、制度供给、转变发展方式、优化资源配置等视角展开（邵光学、王锡森，2016）。很明显，供给侧结构性改革既不是一般性的供给侧改革，也不等同于单纯的结构性调整，它是从生产端、供给侧入手，采用综合配套改革的办法，破解深层次的结构性矛盾，促进供给体系和结构优化，提高供给质量和效率，增强综合竞争力和可持续发展能力。可以说，供给侧结构性改革是供给侧改革与结构性改革的有机结合。

从供给数量与供给质量的关系看，供给侧改革大体可以分为两种类型：一种是注重数量或产量增加的供给侧改革；另一种是注重结构优化和质量提升的供给侧改革，也即供给侧结构性改革。这两种改革虽然都是从供给侧入手，但所关注的改革目标和重点任务是完全不同的。前者注重破解总量不足的矛盾，重点关注数量或产量的增加；后者则注重破解结构性矛盾，重点关注结构优化和提质增效。自 1978 年以来，中国曾经从供给侧入手采取了一系列的改革举措，但这些举措大多是针对增加供给数量或产量展开的，因而不属于供给侧结构性改革的范畴。这种改革实质上是一种典型的数量或增产导向型供给侧改革。当前，无论是新闻界还是学术界，都流行把供给侧结构性改革等同于供给侧改革，并对这两个概念不加区分，这是一种误解。如果不消除这种误解，准确把握供给侧结构性改革的科学内涵，那么供给侧结构性改革举措将难以得到有效贯彻实施。

农业是国民经济的基础性产业，也是当前深化供给侧结构性改革的重要领域。农业供给侧结构性改革是农业领域的供给侧改革和结构性改革的有机结合，它并非单纯的农产品生产结构的调整问题，涉及农业供给体系和结构的优化、农业生产方式的转变、农业供给质量和效率的提高、农民收入的增加以及农业竞争力和可持续发展能力的增强，其核心是在确保国家粮食安全、确保农民增收、确保农村稳定的基础上，从生产端、供给侧入手，全面深化体制改革和机制创新，优化农业产业体系、生产体系和经营体系，提高农业供给质量和效率，保障农产品有效供给，促进农业结构优化和提质增效，最终实现农业的转型升级和现代化。因此，农业供给侧结构性改革是以增加农民收入、保障有效供给为目标导向，以提高农业供给质量和效率为主攻方向，以促进农业供给体系和结构优化为核心内容的供给侧改革，而不能简单理解为单纯的农业结构调整和优化。深入推进农业供给侧结构性改革，一定要树立大农业的理念，立足生产端和供给侧，把着力点放在全面深化体制改革和机制创新上。要通过深化供给侧结构性改革，促进农业发展"由过度依赖资源消耗、主要满足量的需求，向追求绿色生态可持续、更加注重满足质的需求转变"①。

深入推进农业供给侧结构性改革，必须消除一些思想上的认识误区。首先，要坚守耕地红线，确保粮食生产能力不降低，绝不能借"增收""增效""改革"之名，把耕地改少了、把粮食产量改下去了。其次，要科学把握农业供给侧结构性改革的内涵，防止出现"概念泛化"和滥用的倾向。在改革方案设计中，不能把农业改革甚至农村改革都标榜为农业供给侧结构性改革，这样容易误导农业供给侧结构性改革的主攻方向，使改革难以达到预期的效果。再次，要谨防"新瓶装旧酒"，把单纯的农业结构性调整当成农业供给侧结构性改革。当前，各级政府部门推进农业供给侧结构性改革的热情很高，但有不少地方把着力点放在单纯的农产品结构调整上，而忽视农业供给侧的体制改革和机制创新，忽视农业生产方式转变和提质增效，最终使农业供给侧结构性改革沦为单纯的结构性调整。最后，要处理好政府与市场的关系，防止出现政府过度干预甚至取代市场的倾向。深入推进农业供给侧结构性改革，既要更好地发挥政府的作用，又要充分发挥市场在资源配置中的决定性作用，要依靠统筹协调、综合配套的供给侧改革，全面激活主体、要素和市场，激发农业发展新动能，而不能脱离农民的意愿，忽视市场主体的作用，实行大包大揽，用政府取代市场，从而扭曲市场的资源配置。

二　采取多层面协调推进的结构性改革方式

不同于过去主要满足量的需求、以增产为导向的供给侧改革，当前实施的农业供给侧结构性改革，主要是为了破解深层次的结构性矛盾而从生产端和供给侧展开的综合配套改革。这些深层次的结构性矛盾，不仅表现

---

① 参见《中共中央国务院关于深入推进农业供给侧结构性改革加快培育农业农村发展新动能的若干意见》，《人民日报》2017 年 2 月 6 日第 1、6 版。

在农产品供求结构失衡、农业生产经营组织化程度低、基础设施和技术装备落后等方面，而且体现在农业发展方式粗放、国际竞争力不强、农产品质量和安全问题凸显上。要从根本上破解这些结构性矛盾，就必须从生产端、供给侧入手，以提高农业供给质量和效率为主攻方向。所谓供给侧是相对于需求侧而言的，通常包括产业层面、要素层面和制度层面三个层面以及劳动力、土地、资本、科技创新四大要素（冯志峰，2016）。当然，也有学者把制度因素纳入进来，认为供给侧包括劳动力、土地和自然资源、资本、科技创新、制度五大要素（贾康，2016）。因此，从策略上看，深入推进农业供给侧结构性改革，需要从产业层面、要素层面和制度层面展开，实行多层面协调推进的结构性改革，切实提高各项改革措施的精准性、有效性和持续性。

在产业层面，要着力通过激活主体，完善产业链条，促进纵横向的多层次产业融合，不断优化农业生产、经营和服务体系。第一，要尊重农民的意愿，充分发挥农民的创造性和主体作用，鼓励和引导亿万农民投身农业农村改革实践和创新创业中来，让农民更多地分享改革的红利。第二，要培育壮大家庭农场、农民合作社、龙头企业等新型经营主体和服务主体，并采取股份合作、土地托管、代耕代种等多种方式，因地制宜发展多种形式的适度规模经营，从根本上改变长期制约农业发展的小规模分散经营和小农生产方式。第三，充分挖掘和拓展农业的生产功能、生态功能、生活功能、休闲功能、景观功能、示范功能、文化传承功能等，大力发展生态农业、休闲农业、观光农业、创意农业等，推动农业产业链条的多维延伸，提高农业的价值和综合效益。第四，围绕市场的需求，按照前后两端延伸的思路打造农业全产业链，构建贯穿农业生产全过程、全方位的产前、产中和产后服务体系，实现农业的纵向融合和一体化。第五，促进农业与二、三产业尤其是文化旅游产业的深度融合，大力发展农产品加工、农业文化、农业旅游、农业电商、农业＋康养等产业，实现农业的横向融合和一体化。

在要素层面，要通过深化改革，激活劳动力、土地、资本、科技创新等要素，优化资源配置，提高土地产出率、资源利用率和劳动生产率。一是激活劳动力。要着力加强农民素质和技能培训，搞好现代青年农（林）场主培育和新型农业经营主体带头人轮训工作，大力倡导和推广农业工匠精神，鼓励农民和回乡下乡人员采取多种方式开展农业规模化经营，激发多元化主体参与农业现代化建设的活力。二是激活土地。土地是农民的命根子，也是农民最大的财富。要加快农村承包地确权登记颁证工作进程，认真落实和完善农村土地"三权分置"办法，积极开展土地承包权有偿退出、土地经营权抵押贷款和入股农业产业化经营等试点，大胆探索担保抵押、土地入股、土地托管、代耕代种、联合经营等多形式放活土地经营权的有效途径，为现代农业发展激发新的活力。三是激活资本。重点是整合政府各种涉农资金，实行"大专项＋任务清单"管理方式，采取 PPP、以奖代补、贴息、信贷担保、风险补偿基金、农业发展投资基金、政府债券、特许经营等多种途径，撬动社会资本广泛参与农业生产经营和现代化建设，引导城市工商资本到农村投资发展规模化的现代高效农业。四是激活科技创新。现代农业发展的根本出路在于科技创新。为此，要进一步加大农业科技资金投入，整合各方面科技创新资源，完善国家农业科技创新体系、现代农业产业技术体系和农业科技推广服务体系，鼓励工商资本、民间机构和农业企业加强农业科技研发，依靠科技创新激发农业发展新活力，形成科技创新驱动和引领现代农业发展的新格局。

在制度层面，要围绕改革的目标和任务，采取综合配套、协调推进的方式，构建有效的制度供给体系。总体上讲，农业供给侧结构性改革涉及诸多层面和不同要素，需要各项改革措施的综合配套和协调推进。因为只有这样才有可能形成合力，减少各项改革的相互掣肘，提高改革的精准性和有效性。除激活要素、深化要素体制改革和完善农业补贴支持政策外，还应协调推进多方面的改革。首先，完善农产品价格形成机制。要进一步完善稻谷、小麦最低收购价政策，推进玉米市场定价、价补分离改革，调整大豆和新疆棉花目标价格政策，全面深化农产品价格形成机制市场化改革，充分发挥价格对大宗农产品供求关系的调节作用。其次，推进农产品收储制度改革。要逐步分离商业储备与政策性储备，科学确定粮食等重要农产品国家储备规模，进一步优化粮食储备结构，积极探索民营企业参与粮食政策性收储和地方储备，支持家庭农场、农民合作社科学储粮，真正做到"藏粮于民"，推动粮食储备市场经营主体多元化。再次，完善农业生态补偿机制。继续实施退耕还林还草、退牧还草工程，进一步完善草原生态保护补助奖励和林业补贴政策，在对农业生态价值进行科学核算的基础上，积极探索农业生态补偿制度，对粮食种植按亩给予相应的生态补偿。最后，健全农业保险制度。要进一步扩大农业保险覆盖面，逐步建立口粮作物的农业保险全覆盖制度，并不断创新农业保险新产品，提高农业保险保障水平，为现代农业发展构筑一道牢固的"防洪坝"（中国社会科学院农村发展研究所课题组，2017）。

三　围绕降本提质增效实行组合式支持政策

降成本、提质量、增效益是农业供给侧结构性改革的重要任务。推进农业供给侧结构性改革，必须围绕降本提质增效这一核心任务，实行组合式的支持政策。

首先，保障国家粮食安全绝不能放松。当前，中国农产品出现了供过于求与生产不足并存的矛盾，其中，玉米、棉花等库存过高，大豆和食糖等进口依赖程度较大（魏后凯、韩磊，2016）。推进农业供给侧结构性改革，必须围绕市场需求优化农产品供给结构，减少无效、低效供给，扩大有效和中高端供给。但是，中国人多地少，粮食需求量很大，确保国家粮食安全不仅是重大的国家战略，也是一项基本国策。因此，推进农业供给侧结构性改革必须以保障国家粮食安全为前提，在确保粮食生产能力不降低的条件下优化农产品结构，提高农业供给质量。要科学合理划定稻谷、小麦、玉米粮食生产功能区，保护和优化粮食产能，稳定水稻、小麦生产，调减"镰刀弯"地区籽粒玉米，确保谷物基本自给、口粮绝对安全。同时，要加大对粮食主产区的支持力度，完善粮食主产区利益补偿机制，稳定产粮大县奖励政策，确保主产区农民在为国家粮食安全做出贡献的同时能够获得稳定合理的收益。

其次，进一步完善农业补贴支持政策。近年来，中国对农业的黄箱补贴逐步逼近农业产值的 8.5%，这是中国加入 WTO 的承诺上限（魏后凯、韩磊，2016）。为此，要进一步完善农业补贴政策，调整农业补贴方式，增强补贴的指向性和精准性，重点是加强对粮食主产区、粮食适度规模经营、耕地地力保护、绿色生态农业、农民收入等的补贴力度，切实提高农业补贴的效能，促进农业补贴由黄箱补贴转变为绿箱补贴，由价格补贴转变为收入补贴，由刺激生产转变为支持绿色生态和适度规模经营。同时，要加大各级政府对农业尤其是对农业科技研发、科技推广、农田基本建设、农业基础设施和公共服务等的投入力度，将农业科技服务等纳入政府购买公益性服务的范围。此外，要尽快制定"大专项＋任务清单"方案，明确约束性和非约束性任务清单，以引导和规范地方对涉农资金的整合和统筹使用。

最后，为农业绿色转型提供政策支持。长期以来，中国化肥、农药等农业化学品的使用处于严重过量的状况。2015 年，中国按农作物总播种面积计算的化肥施用强度为 362.0 千克/公顷，按总耕地面积计算则为 446.1 千克/公顷，远高于国际公认的 225 千克/公顷的化肥施用安全上限。推进农业供给侧结构性改革，必须坚持农业发展的绿色化方向，从根本上改变过去那种主要依靠化学农业支撑产量增长的农业发展模式，构建以绿色农业为支撑、追求质量和效率的新型农业发展模式。为此，需要加大农业面源污染治理力度，分阶段、分品种、分区域推进化肥、农药使用从零增长逐步向减量使用转变，使农业成为真正的绿色产业。近期，要加大力度推进到 2020 年化肥和农药使用量零增长行动方案，将化肥和农药使用总量零增长作为控制目标；从中长期看，要研究制定化肥和农药使用减量行动计划，将化肥和农药使用总量减少作为控制目标，其中，珠三角、长三角、京津等经济发达地区应率先实现减量目标。同时，要大力推广精准施肥技术和高效施肥施药机械，推广高效、低毒、低残留农药，不断提高化肥和农药使用效率，从源头上减少化肥和农药施用对环境的污染。此外，还要建立并完善全国性的农产品质量追溯平台，保障农产品和食品安全；大力提倡和推广有机肥替代化肥，并在财政贴息、奖补、减免税等方面给予政策支持。

参考文献

［1］邵光学、王锡森：《供给侧结构性改革研究述评》，《经济学家》2016 年第 12 期。

［2］冯志峰：《供给侧结构性改革的理论逻辑与实践路径》，《经济问题》2016 年第 2 期。

［3］贾康：《供给侧结构性改革要领》，《中国金融》2016 年第 1 期。

［4］魏后凯、韩磊：《中国农业发展的中长期展望》，《中国经济学人》2016 年第 4 期。

［5］中国社会科学院农村发展研究所课题组：《中国农业体制改革评估及相关政策建议》，《求索》2017 年第 4 期。

中国农业供给侧结构性改革的若干战略思考

张占仓[*]

摘　要： 农业供给侧结构性改革，是中国农业发展的一次革命性提升过程。要充分考虑农业供给侧结构性改革如何适应"一带一路"建设的需要，通过共商、共建、共享，与沿线国家形成更好的优势互补、资源共享关系。面对农业发展方式转变的历史性课题，要以科技创新能力的全面提升支撑与引领农业供给侧结构性改革。针对中国人口多、人均耕地资源偏少的特殊国情，中国农业稳定发展十分重要，特别是要保证粮食等主要农产品基本自给，在进一步发展中要适当调减玉米种植规模，通过建立健全信息系统引导和支持畜牧业稳定发展，对生姜、大蒜、大葱等价格波动比较大的农产品要加强调控。对于促进农民持续增收的重大命题，重点要放在农村土地制度改革上。按照十八届三中全会的要求，结合全国已经获得的试点经验，全面提高农村集体经营性建设用地、宅基地、承包地等的市场化配置水平，确实让农村建设用地与城市建设用地实现"同地同价"，让占有土地资源较多的农民通过土地增值适度获得国家经济发展的红利，提高农民对供给侧结构性改革成效的获得感。

关键词： 供给侧结构性改革　土地制度改革　"一带一路"　中国农业

2015 年 12 月召开的中央农村工作会议要求"着力加强农业供给侧结构性改革，提高农业供给体系质量和效率，真正形成结构合理、保障有力

---

* 张占仓，河南省社会科学院。

的农产品有效供给"，将农业供给侧结构性改革提高到了战略高度。2016年中央一号文件进一步提出，"推进农业供给侧结构性改革，加快转变农业发展方式，保持农业稳定发展和农民持续增收"，明确了全国农业供给侧结构性改革的方向与重点，为全面推进农业供给侧结构性改革提供了基本遵循。本文将针对落实农业供给侧结构性改革的具体措施进行探讨，从四个方面提出相关建议。

一 积极适应"一带一路"建设需要

作为中国和平融入全球的主要载体，"一带一路"倡议对未来全国经济社会发展影响十分深远。所以，未来中国战略性问题的基本走向，都要充分考虑"一带一路"建设的全面影响。

从2013年9月习近平在出访中亚国家期间首次提出共建"丝绸之路经济带"，当年10月又提出共同建设21世纪"海上丝绸之路"，到十八届三中全会通过的《中共中央关于全面深化改革若干重大问题的决定》中提出"推进丝绸之路经济带、海上丝绸之路建设，形成全方位开放新格局"，再到2017年5月14～15日在北京举办"'一带一路'国际合作高峰论坛"，"一带一路"建设在推动世界经济互联互通方面迈出了坚实步伐。"中国方案"首次引领国际合作，为世界经济冲出低迷困境、扭转"反全球化"思潮提供了强大的正能量。"一带一路"成为影响范围极广、影响程度极深的国家间合作计划；从地区性合作升级为国际性合作，超越传统的地域限制，成为国际化合作平台。由"一带一路"建设引领的全球化时代已经开启。

"一带一路"秉承开放包容的新理念，顺应世界多极化、经济全球化、文化多样化、社会信息化的大潮流；探索互利共赢的新模式，打造政治互信、经济融合、文化包容的利益共同体、命运共同体和责任共同体；带来共同繁荣的新机遇，为解决当前世界和区域经济面临的问题、更好地造福各国人民做出重要贡献。

面对"一带一路"合作共赢的基本架构，农业供给侧结构性改革要充分考虑如何在"一带一路"合作过程中，释放中国农业发展积累的优势资源，特别是在粮棉油等基本农产品生产方面的品种优势、技术优势、人才优势等，为"一带一路"沿线国家提供更多的支持与帮助，共享人类现代文明成果。例如，河南省农科院培育推广的"银山2号"棉花种子不仅棉绒长、品质好，而且结桃多、产量高，自2011年被塔吉克斯坦引进以后，使当地棉花单产由之前的每公顷2.5吨，一跃达到每公顷6吨，形成了良好的示范效应。塔吉克斯坦总统拉赫蒙在参观时，将其命名为"友谊1号"，并号召全国推广种植。2017年，塔吉克斯坦采用河南棉花种子种植的棉花达5.7万公顷，占该国棉花种植总面积的30%。

在支持"一带一路"沿线国家发展的同时，也要认真梳理与研判，分析通过"一带一路"建设与合作共赢，中国可以从"一带一路"沿线国家得到哪些农业资源与发展便利。"一带一路"沿线国家总人口约44亿，约占全球的63%，经济总量约21万亿美元，仅占全球的29%。从这些基础数据可以看出，"一带一路"沿线主要是发展中国家，而通常情况下，发展中国家国民经济中占比较大的是农业。因此，无论是从支持沿线国家发展的角度而言，还是从缓解中国国内耕地资源紧缺的特殊国情出发，都应尽可能多地从沿线国家，特别是马来西亚、印度尼西亚、印度、泰国、越南、俄罗斯、波兰等农产品资源充沛、一直对中国农产品贸易额较大的国家多进口基本农产品，并通过国际航空枢纽和跨境电子贸易等方式加快进口澳大利亚牛肉、智利水果、美国猪肉和活体龙虾、孟加拉湾黄鳝、巴西禽肉等，从而既能够减轻国内畜牧业养殖成本偏高的压力，也能够起到进一步满足普通居民消费需求和促进消费升级的作用。

当然，从国家粮食等基本农产品长期安全考虑，基本农产品进口的总体规模需要国家宏观调控，不宜过大，以免形成过度依赖，甚至影响国内相关产业正常发展的局面。对于国外属于地方特产类的水果、黄鳝、龙虾等产品，只要国内市场需求正常增长，进口量适当放大应该可行。伴随国内居民消费水平的逐步提高，为百姓提供越来越多丰富多彩的消费选择，包括适度进口国外的名优特农产品，是符合经济发展一般规律的。另外，通过进口国内同类农产品，比如猪肉，可以显示出国外产品的成本优势，进而倒逼国内畜牧业科技进步，加快同类产品降低成本的步伐。所以，在农业等基础产业的发展中运用开放性思维也非常重要（冯志峰，2016）。从理论上讲，只有开放产业，才能够不断补充能量，并持续提升其发展水平（孔祥智，2016）。在中国申请加入WTO，与美国谈判农业协定的过程中，曾有类似"一旦向美国适度开放农产品市场，就有可能对中国农业形成重大冲击"等疑虑，甚至还出现了当美国小麦第一次运抵连云港以后，因报价较低，引起国内恐慌的现象。事实证明，当时让农业适度开放是正确的选择。它不仅没有把中国农业冲垮，反而在开放过程中，国内有更多的机会了解美国等发达国家农业发展的实际情况，开阔了视野，也逐步改进了农业政策，提升了农业科技水平，增强了农业发展抵御市场风险的能力（蔡昉，2016）。因此，利用农业供给侧结构性改革的机会，搭乘"一带一路"倡议的快车，进一步双向扩大农业对外开放，恰逢其时。

二 转变农业发展方式

农业部等八部委联合发布的《全国农业可持续发展规划（2015～2030）》提出，"农业资源过度开发、农业投入品过量使用、地下水超采以及农业内外源污染相互叠加等带来的一系列问题日益凸显，农业可持续发展面临重大挑战"。这些突出问题主要是由传统的农业资源利用方式引发的，也是在过去基本农产品刚性需求压力不断增长的条件下形成的（涂圣伟，2016），需要通过供给侧结构性改革，特别是农业科技创新与制度创新，转变农业发展方式加以解决。

根据中国农业科学院院长李家洋的观点，2015 年，中国农业科技进步贡献率超过 56%，标志着中国农业发展已从过去主要依靠增加资源要素投入转向主要依靠科技进步的新时期。他列举的一组数据充分表明了中国农业科技进步对农业发展的贡献：农作物耕种收综合机械化水平达到 63%，标志着中国农业生产方式已由千百年来以人畜力为主转到以机械作业为主的新阶段；农田有效灌溉面积占比超过 52%，农业"靠天吃饭"的局面正在逐步改变；主要农作物良种基本实现全覆盖，畜禽品种良种化、国产化比例逐年提升，良种在农业增产中的贡献率达到 43% 以上；新技术、新成果的应用示范，使农田氮磷等的排放量降低 60% 以上，坡耕地水土流失量减少 50% 以上，耕地地力提高 1 个等级、综合生产能力提高 20% 以上。中国农业科技源头创新能力显著增强，产业关键技术不断突破，技术创新大幅度提升了农业资源利用效率（刘明，2017）。特别是中国杂交稻高产技术的突破与推广应用，为解决世界粮食短缺贡献特别大。中国小麦单产已经达到全球较高水平，在花生、芝麻等农作物育种领域已经居于世界前列

（姜长云、杜志雄，2017）。

按照中国科学院 2016 年 10 月发布的《2016 研究前沿》评估，中国农业科技整体上具有相对优势（见图 1），与排名第一的美国仍然有明显的差距，但已经超过了德国、法国和日本。

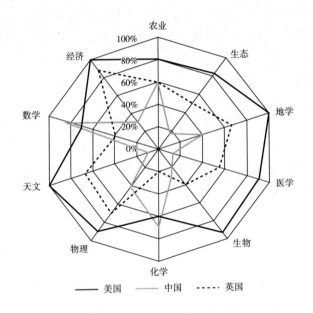

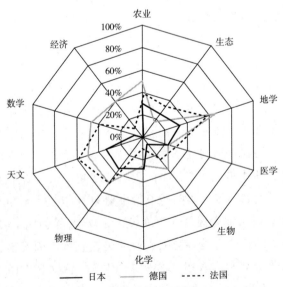

图 1　世界科技大国在十大学科中的综合性地位

从 15 世纪意大利成为全球科学中心，到 18 世纪英国工业革命成功，19 世纪初法国成为世界科学中心，19 世纪末 20 世纪初德国科学技术快速崛起，以及第二次世界大战后美国成为全球科学中心和第一经济强国，世界科技中心这五次转移的历史规律比较清楚地显示出，人才培养和集聚，尤其是青年人才，对驱动重大科技创新具有重要的作用（蔡昉，2017）。因此，人才是科技创新最重要的资源，而青年人才是重大创新的关键。

中国目前已经成为全球科技人才第一大国，科技人力资源总量超过7100 万人，研究与开发（R&D）人员总量 535 万人（折合全时当量为 371万人·年），均跃居世界第 1 位。中国农业科技也已经居于世界前列，未来创新的重点首先是高度重视人才，特别是青年人才的培养和合理使用（吴海峰，2016）；同时，完善农业科技创新激励机制，让更多的优秀青年科技人才脱颖而出，充分发挥聪明才智，在专业研究上做出重大创新与贡献（胡鞍钢等，2016）。只有农业科技创新能力真正提升到更高水平，涌现出更多专业科学家，才能够在中国这样农业自然资源相对紧缺的国家，依靠创新支撑农业发展方式转变，以创新支持和引领农业供给侧结构性改革（张占仓，2016）。

在持续推进农业科技创新的同时，面对农用化肥使用量过大、土壤农药污染积累较多、绿色农业技术体系不健全、有机农业发展水平较低、农业技术普及水平较低等一系列有待进一步改善的问题，需要创新思路，调整农业科技资源配置结构，增加中高端要素有效供给，减少低端要素的无效供给（傅晋华，2016）。中国农作物亩均化肥用量 21.9 公斤，远高于世界平均水平（每亩 8 公斤），是美国的 2.6 倍、欧盟的 2.5 倍。而三大粮食作物氮肥、磷肥、钾肥的利用率分别仅为 33%、24% 和 42%。这不仅大量浪费肥料资源，也因为长期过度使用各种化肥，导致土壤生态环境恶化，耕地肥力明显下降，全国土壤有机质含量平均不到 1%。因此，要通过土壤改良、农业技术创新、农业科技推广、农村人力资源开发、农产品标准修改、农产品市场监管等措施，向农业生产与经营系统供给更多新要素，支持与引导发展以生物工程为依托的绿色农业技术和产业链、价值链，推进农业清洁生产，大规模实施农业节水工程，集中治理农业生态环境，尽快支撑农业生产系统生产无农药残留、无有害添加剂、符合较高食用要求的优质农产品、优质畜产品、优质林果、优质农业加工品，进一步促进农业布局区域化、经营规模化、生产标准化、发展产业化、地理标志产品特色化，让广大老百姓从现在已经吃得饱向未来确保吃得好转变，为提升国民健康水平做出历史性贡献（于法稳，2016）。

三 持续保持农业稳定发展

农业是国民经济的基础。对于发展中大国，农业基础保持稳定相当重要。1982～1986年，中央连续5年发布中央一号文件对农村改革和农业发展做出具体部署。从2004年开始，中央每年通过发布一号文件，强调"三农"问题在中国特色社会主义现代化建设中"重中之重"的地位，指导与支持农村、农业可持续发展，帮助农民持续提高收入水平。

保持粮食生产能力持续提升，是农业稳定的基石（赵执，2016）。粮食生产稳定的基础，是要保持足够的粮食播种面积（苗洁，2016）。近几年，国家高度重视农业稳定发展，继续坚持最严格的耕地保护制度，牢牢守住18亿亩耕地红线，不断加大对粮食生产的补贴，粮食播种面积基本保持稳定，加上技术进步带来的粮食单产的稳定提升，使中国这个人口大国人均粮食产量保持在联合国规定的年人均400公斤粮食安全线以上，为国民经济可持续发展与新常态下产业结构调整奠定了坚实基础（见表1）。

表1 中国粮食作物播种面积与人均粮食产量

	2010年	2011年	2012年	2013年	2014年	2015年	2016年
播种面积（万公顷）	10988	11057	11121	11196	11272	11334	11301
人均粮食产量（公斤/人）	408	424	435	442	444	452	446

注：2010～2015年数据来自《中国统计年鉴（2016）》（国家统计局编，中国统计出版社，2016），2016年数据来自《中华人民共和国2016年国民经济和社会发展统计公报》（国家统计局，2017年2月28日）。

如果进一步分析农林牧渔业总产值变动情况（见表2），可以看出，农业稳定发展的大局很明显，农林牧渔业总产值指数每年保持4%左右的增长，基本符合农业正常发展的要求（林毅夫，2016）。但是，从农林牧渔业总产值内部结构变动情况来分析，结构性不稳定的问题仍然突出。其中，农业产值指数增长速度基本稳定，多数年份还适当高于农林牧渔业总产值指数；林业产值指数每年均明显高于农林牧渔业总产值指数，说明近几年对以林业为支撑的生态环境建设的重视已经初见成效；除农业以外，产值占比最高的牧业的产值指数每年波动幅度最大，最高年份5.2，最低年份1.1，相差非常大，这也表明牧业将是未来农业发展中最突出的难题之一；渔业指数总体上增长比较好，表明渔业近几年发展比较快。所以，农业稳定发展的直接障碍是畜牧业。事实上，近几年畜牧业的周期性波动一直非常大。笔者在河南省长垣县的调研显示，畜牧业处于上升状态时，刚满月的小猪崽，单价最高可以达到1300元/头，而在下降状态下，只能够卖到600~700元/头。就占肉类消费量比例最大的猪肉来看，价格波动也非常大。这与产销双方市场信息不对称密切相关。因此，在农业供给侧结构性改革过程中，利用大数据和云计算科学分析与判断市场供求关系，并及时向市场释放科学可靠的市场信息，将是历史性难点，同时也是下一步必须突破的重点，因为这一点对于畜牧业长期稳定发展意义重大。

表2 中国农林牧渔业总产值及其指数变化

年份	农林牧渔业总产值（亿元）	农林牧渔业总产值指数（上年＝100）	农业产值指数	林业产值指数	牧业产值指数	渔业产值指数
2010	40530.0	104.4	104.1	106.5	104.1	105.5
2011	42253.1	104.5	105.6	107.6	101.7	104.5
2012	44174.0	104.9	104.4	106.7	105.2	105.1
2013	45923.5	104.0	104.4	107.3	102.0	105.2
2014	47849.3	104.2	104.4	106.1	103.0	104.4
2015	49786.5	103.9	105.0	105.3	101.1	103.8

资料来源：国家统计局编《中国统计年鉴（2016）》，中国统计出版社，2016。

在种植业内部，近年来，小麦、水稻种植规模相对比较稳定，市场运行也大致稳定。玉米价格波动幅度较大，对玉米主产区已经造成比较大的负面影响。这种情况实际上与玉米播种面积增长幅度过大有关（见表3）。从2006~2015年全国粮食作物种植情况看，粮食作物总播种面积稳中有升，为粮食稳定生产创造了比较好的条件。其中，作为中国居民主食的水稻、小麦需求基本稳定，种植也基本稳定，发展大局也比较稳定。而玉米作为主要的饲料用粮，受畜牧业产品和饲料价格涨幅较大的影响，种植面积扩张较快。2015 年，玉米播种面积比 2006 年增长 33.9%，导致产量远大于市场需求。因此，玉米价格从过去最高时的 3.0 元/公斤左右下降到目前约 1.75 元/公斤，波动幅度在 40% 左右，刚好与玉米播种面积扩大幅度相反，说明对于玉米种植规模确实需要进行科学研判，调减种植规模趋势明显。2016 年，全国玉米种植面积 3676 万公顷，比 2015 年减少 136 万公顷，玉米价格回升并不明显，未来可能仍然需要进一步调整种植面积，以逐步恢复正常的供求关系。同时，豆类播种面积也有相对明显的波动。2015 年，豆类播种面积比 2006 年下降 27.0%，而且价格也出现较大波动。这主要与近些年大豆进口量大幅增加有关。2006 年以来，全国大豆进口量从 2788 万吨扩大到 2015 年的 8156 万吨，近两倍的增幅对其市场运行影响较大。

表 3　中国主要粮食作物播种面积和大豆进口变化

单位：万公顷，万吨

年份	粮食作物播种面积	稻谷播种面积	小麦播种面积	玉米播种面积	豆类播种面积	大豆进口
2006	10496	2894	2361	2846	1215	2788
2007	10564	2892	2372	2948	1178	3035
2008	10679	2924	2362	2986	1212	3696
2009	10899	2963	2429	3118	1195	4255
2010	10988	2987	2426	3250	1128	5463
2011	11057	3006	2427	3354	1065	5243
2012	11120	3014	2427	3503	971	5806
2013	11196	3031	2412	3632	922	6318
2014	11272	3031	2407	3712	918	7120
2015	11334	3022	2414	3812	887	8156

资料来源：国家统计局编《中国统计年鉴（2016）》，中国统计出版社，2016。

另外，最近几年，对居民生活影响比较大的生姜、大蒜、大葱等产品价格频繁大幅度波动的问题也比较突出。例如 2016 年，大蒜价格曾达到 20 元/公斤左右。由于 2016 年大蒜价格非常高，当年秋季种蒜过程中缺乏正确的信息引导与地方政府的必要指导，大蒜种植面积盲目扩大，直接导致 2017 年春季蒜薹风波。在大蒜集中产区，蒜薹价格过低，甚至根本连抽蒜薹的工钱都不够，致使出现大面积蒜薹没有人收获的特殊现象。虽然新闻界一再呼吁要重视蒜农遇到的难题，可对于蒜农来说，实际效果有限。其实，这种波动现象不断出现，与供需双方信息严重不对称相关，这与当今的大数据、云计算时代有些不合拍。"谷贱伤农"事件对农业长期发展，特别是对陷入这种节奏的农民试图增收的努力负面影响太大。

近些年，中国农业发展的大局是稳定的。同时，由于农业生产本身周期比较长，大宗农产品价格出现适度波动与全球农业生产丰歉年主要农产品产量波动也具有相关性。但是，农业稳定发展中暴露出的问题也比较明显，农业供给侧结构性改革的任务依然艰巨（金碚，2016）。第一，对于种植业内部出现的玉米种植规模过大以及玉米价格波动幅度较大问题需要高度重视，并在认真研判的基础上，对玉米主产区进行适度的指导与引导，进一步调减玉米种植面积势在必行。第二，对于农林牧渔业内部结构中畜牧业大幅度波动问题，必须进行系统的研究，有关部门需要建设更加科学的信息支持系统，及时向社会释放科学可靠的供求信息，以引导畜牧业健康稳定发展。第三，对于虽是小品种但与老百姓生活息息相关的生姜、大蒜、大葱等农产品的价格波动问题，需要主产区相关部门建立健全信息系统与协调沟通机制，及时向种植户提供指导性和建设性意见，应当尽快扭转有些老百姓所说的"只要政府叫种啥，肯定不敢种啥"的被动局面，为农产品市场健康平稳运行提供科学的信息支撑。第四，针对消费者消费结构的变化，向市场提供更多高品质农产品，包括适度进口发达国家的名牌农产品，以丰富市场供给，满足高端客户需要，这也是供给侧结构性改革的应有之意。

推进农业供给侧结构性改革，与以往农业结构调整、农村发展相比，既有传承和延续，更有重大创新和发展（李稻葵，2015）。长期以来，国内农业发展的主要任务是解决农产品供给总量不足的问题，而现在要在促进供求平衡的同时，注重提升农产品质量和效益，促进农业可持续发展；过去主要在调整农业生产结构上做文章，而现在需要在调整生产结构的同时，注重培育新产业、新业态，加快农村土地制度改革，"以地生财"，促进农民持续较快增收；过去主要是在农业生产力范畴内调整，而现在要在突出发展生产力的同时，注重体制改革、机制创新，增强农业内生发展动力。推进农业供给侧结构性改革，涵盖范围广、触及层次深，是农业农村发展思路的一个重大转变（沈贵银，2016）。其本质，就是用改革的办法推动农业农村发展由过度依赖资源消耗、主要满足总量的需求，向追求绿色生态可持续、更加注重满足质的需求转变（魏后凯，2017）。这种转变是深刻的，在中国农业发展史上是空前的（李太森，2017）。所以，必须周密谋划，做好理论与方法铺垫，对各级农业部门的干部要进行系统培训，以适应这种重大转变的客观需要（王玲杰、赵执，2016）。

四 促进农民持续较快增收

在经济学的经典理论逻辑中，有两个最基本的学理支撑——"劳动是财富之父，土地是财富之母"。我国改革开放以来的大量实践也已经证明，激发劳动者的劳动积极性能够创造更多的财富，科学合理地利用土地资源也能够创造大量财富。

新中国成立初期，激发全国农民积极性的最重要方法，就是让全国农民都分到了土地，使祖祖辈辈没有土地的广大农民第一次全面获得了经济上的独立性，从而迸发出巨大的创造力。1978 年，中国的改革开放也是从安徽凤阳小岗村 18 户农民代表联名签订了分田和包产到户的契约，从而拉开了全国农村改革的序幕而开始的，土地制度变革在其中起到了决定性作用。1992 年，邓小平南方谈话之后，中国城市的全面改革也是从土地制度市场化开始的，并由此掀起了中国城镇建设与发展的历史性高潮（魏后凯，2016），使普通老百姓也逐步知道我们脚下的土地比较有价值。党的十八届三中全会把"建立城乡统一的建设用地市场"作为 60 项改革任务之一加以明确，为我们指明了新时期农村改革的突破口（汤正仁，2017）。

从历史演进的角度分析，全社会财富分配制度的重大调整，一般都是从土地制度改革与创新入手的。面对中华民族伟大复兴的新形势，如何配置中国城乡财富资源，在稳定推进城镇化的同时，持续促进农民增收，本文认为，仍然要按照十八届三中全会的部署，在农村土地制度改革方面迈出较大步伐。

作为农业供给侧结构性改革的重要内容，全面深化农村土地制度改革，可以进一步激发广大农民从事农业生产经营的积极性，释放土地资源本身应有的价值。同时，农民如果看到了土地资源的长期经营价值，就可以避免对土地的掠夺式经营，涵养土地就会成为他们的自觉行动。在农村劳动力日益短缺的情况下，土地经营方式的变革可以推动农村土地合理流转，发展农业适度规模经营。只有在政策上切实保护农民的土地财产权益，才能够使部分农民安心从事农业生产经营，或者安心离开农业和农村，进城就业，逐步融入城镇；也只有把土地资源转化为可周转的资金或者资本，才能够为农民到城镇就业和安居提供新的资金来源，从而为新型城镇化提供新动力。因此，土地制度改革是农业供给侧结构性改革的基础。

2013年和2014年连续两年国有土地使用权出让收入突破4万亿元，2015年也接近4万亿元，2016年超过3.7万亿元。因为现行土地征收制度不合理，由国家经济发展带来的土地增值收益，究竟应该分给农民多少？这确实值得我们以历史的眼光进行系统研究。其实，在现行体制下，广大农民最大的财富仍然是经济学经典中的两大支撑点——劳动和土地。近年来，全国城镇征地拆迁中，纠纷比较多，而且农民一直处于弱势地位。这说明，土地收益中分给农民的部分没有让其感到满意，使他们缺乏获得感。也正是基于这样的原因，党的十八届三中全会才提出了城乡土地"同地同价"的改革方向。如果能够逐步通过完善土地法规，切实做到城乡土地"同地同价"，那么，现在仍然持有土地使用权的农民，包括拥有农村建设用地使用权的农村基层组织，肯定能够大幅度提高收入水平。因此，加快农村土地制度改革，特别是农村建设用地、宅基地和承包土地改革，在农业供给侧结构性改革中特别重要。

2015年初，农业部决定在江苏省常州市武进区和山东省青州市等7个地区开展土地经营权入股发展农业产业化经营试点。所谓土地经营权入股，是指农民将土地经营权量化为股权，入股或组成股份公司或合作社等，从事农业生产经营。这项改革可以同时提高土地配置和利用效率，有利于发展规模化农业生产，增加农民财产性收入。在两年多时间内，多个试点地区就土地经营权入股发展农业产业化经营的龙头企业及合作社，形成股份组织的运行机制，以及相关政策制度设计等进行了深入探索。2017年6月，全部试点相关工作完成，试点地区将围绕这项全新的农地制度改革提交总结报告，并提出进一步推进改革的对策建议。

根据2017年4月国土资源部信息，按照中央要求，农村土地制度三项改革（农村土地征收、农村集体经营性建设用地入市、农村宅基地制度改革）试点地区从地方实际出发，从老百姓的获得感出发，初步探索出了一大批制度性成果。据统计，目前 33 个试点地区累计出台了约 500 项具体制度措施。其中，集体经营性建设用地入市地块共计 278 宗（其中，原 15 个试点地区 259 宗），面积约 4500 亩，总价款约 50 亿元；3 个原征地制度改革试点地区按新办法实施征地共 59 宗 3.85 万亩；15 个宅基地制度改革试点地区退出宅基地 7 万余户，面积约 3.2 万亩。土地征收制度改革试点取得实质性进展。山东（农用地、商住地、工业地）禹城探索形成了"一代管、二提高、三保障"的农民利益保障机制，有效提升了被征地农民的获得感。通过深化征地制度改革，征地范围进一步缩小，征地程序更加规范完善，被征地农民所得补偿和所分享的土地增值收益明显增加。集体经营性建设用地入市试点增效扩能。德清县就地入市已常态化，调整入市逐步推进，初步建立起了城乡统一的建设用地市场，实现了土地增效、农民增收、集体壮大、产业升级和基层治理加强。宅基地制度改革试点全面深入推进。江西（农用地、商住地、工业用地）余江县在全县范围内整体推进。2017 年 5 月，余江县 1040 个自然村全面进行了宅基地制度改革试点。根据我们的调研结果，河南省新郑市对农村建设用地进行市域内调剂使用，每亩价款 60 万元，当地农民参与的积极性比较高，而且在推进农民城镇化过程中顺利实现了农民身份转变和收入水平较大幅度提高。这些改革成果为下一步形成一批可复制、能够惠及广大群众的改革办法和《土地管理法》的修订提供了有益经验，也可以从中看到土地制度改革较大幅度促进农民收入提高的希望。

无论是农村土地经营权改革，还是宅基地、集体经营性建设用地制度改革，关键的政策取向是要解决伴随国家发展制度化提升农民收入的问题，协调城乡财富资源配置结构，切实让农民有更多的获得感。所以，更加科学有效的农村土地制度供给成为直接影响农民收入提升的关键要素。在国家已经进行多种试点的基础上，促进农村土地制度改革创新有所突破势在必行，适度提高农民在土地创造的新财富中的分配比例是基本的政策取向。

五 初步结论

农业供给侧结构性改革涉及未来广大农村地区长远发展的战略性走

向，必须引起全社会的高度重视。从笔者调研与分析情况看，在以下五个方面已形成比较明确的意见。

第一，中国农业也要在供给侧结构性改革中积极融入"一带一路"建设。按照共商、共建、共享原则，中国农业既要发挥在农业基础研究、农业新品种研究与推广、农作物种植与管理、有机农业和绿色农业技术研发、农业技术人员培训、农产品市场调控等方面的优势，为"一带一路"沿线国家农业加快发展贡献中国力量和中国智慧，也要以双向开放的思维，通过国际贸易与"一带一路"沿线国家形成更加密切的各类农产品贸易往来。这样既丰富国内农产品市场，为广大老百姓提供更多的有效供给，减轻中国农业发展对紧缺的土地资源的依赖，也在互联互通中进一步完善中国农业发展体系，稳定提升中国农业可持续发展能力。

第二，中国农业转变发展方式的根本出路仍然是科技创新。在党中央、国务院长期重视与支持下，经过农业科技人员辛勤耕耘，中国农业科技取得了非常重要的成果，整体水平已经居于全球前列。但是，为实现全国人民从现在已经吃得饱向未来能够吃得好转变，农业科技进一步创新的任务仍然十分艰巨。特别是在破解农业环境污染、农产品农药残留、蔬菜绿色生产技术、高端农产品供给不足等难题方面需要加快创新步伐，以更多世界一流的农业科技创新，支撑和引领农业供给侧结构性改革。

第三，中国保持农业稳定发展的宏观政策架构比较科学可行。在党中央、国务院的高度重视与持续支持下，中国农业利用不足全球 10% 的耕地养活了全球 19% 的人口，而且大宗农产品供给比较充足，生产比较稳定，对此应该充分肯定。但是，中国农业内部结构确实需要调整。我们要利用大数据时代的信息技术优势，系统研判农产品供求规律，较大幅度调减玉米种植规模，破解畜牧业生产与市场供给波动过大、难以稳定发展的历史性难题，引导生姜、大蒜、大葱等小品种农产品健康稳定发展，努力为消费者提供更多高端农产品供给，适应中国居民消费升级的历史性需要。

第四，从全局高度促进农民持续增收需要在农村土地制度改革创新方面有所突破。按照党的十八届三中全会的战略部署，农村土地制度改革已经进行了比较有效的试点，也初步显示出改革的巨大潜力与明显成效。从国家长期政治稳定、城乡协调发展的战略高度积极推进农村土地制度改革，把农民现在仍然在直接或间接使用的土地转化为财产和资产，甚至是资本，将较大幅度地改善全国城乡财富配置关系，把更多的改革与发展红利让于农民，有效提升农民收入水平。全国农民收入总体水平的较快提高，对于国家供给侧结构性改革、新型城镇化推进、国民经济焕发发展活力、社会稳定等均具有战略意义，而农村土地制度改革将再一次起到独特的作用。所以，要坚定不移地推进农村土地制度改革，既盘活农村土地资源，为城镇化提供更加充足的土地，又通过提高农民收入水平，为全面建成小康社会贡献制度的力量。

第五，推进中国农业供给侧结构性改革要特别注意坚持稳中求进总基调。推进农业供给侧结构性改革是一个长期的过程，涉及面大，政策敏感性强，不可能一蹴而就，也会带来阵痛，付出一些阶段性代价。然而，"志不求易者成，事不避难者进"。只要按照习近平总书记稳中求进总基调的要求，牢牢守住"确保粮食生产能力不降低、农民增收势头不减、农村大局稳定不出问题"这三条底线，知难而进，苦干实干，孜孜以求，久久为功，就一定能够不断取得农业供给侧结构性改革新成效，不断开创"三农"工作新局面，不断提升农业可持续发展的总体水平。

参考文献

[1] 冯志峰：《供给侧结构性改革的理论逻辑与实践路径》，《经济问题》2016 年第 2 期。

[2] 孔祥智：《农业供给侧结构性改革的基本内涵与政策建议》，《宏观经济与微观运行》2016 年第 2 期。

[3] 蔡昉：《遵循经济发展大逻辑 深化农业供给侧结构性改革》，《中国社会科学报》2016 年 11 月 16 日。

[4] 涂圣伟：《我国农业供给结构失衡的根源与改革着力点》，《经济纵横》2016 年第 11 期。

[5] 刘明：《农业供给侧结构性改革背景下中国农业走出去的路径选择》，《农业经济》2017 年第 1 期。

[6] 姜长云、杜志雄：《关于推进农业供给侧结构性改革的思考》，《南京农业大学学报》（社会科学版）2017 年第 1 期。

[7] 蔡昉：《如何认识和提高经济增长质量》，《科学发展》2017 年第 3 期。

[8] 吴海峰：《推进农业供给侧结构性改革的思考》，《中州学刊》2016 年第 5 期。

[9] 胡鞍钢、周绍杰、任皓：《供给侧结构性改革——适应和引领中国经济新常态》，《清华大学学报》（哲学社会科学版）2016 年第 2 期。

[10] 张占仓：《河南省供给侧结构性改革的难点与对策》，载魏一明等主编《河

南省供给侧结构性改革与创新发展》，河南人民出版社，2016。

[11] 傅晋华：《科技创新在农业供给侧改革中的作用》，《中国国情国力》2016 年
第 8 期。

[12] 于法稳：《生态农业：我国农业供给侧结构性改革的有效途径》，《企业经
济》2016 年第 4 期。

[13] 赵执：《供给侧结构性改革与区域发展——第四届中原智库论坛综述》，《区
域经济评论》2016 年第 4 期。

[14] 苗洁：《推进农业供给侧结构性改革的探索与建议——以河南省为例》，《农
村经济》2016 年第 12 期。

[15] 林毅夫：《供给侧改革的短期冲击与问题研究》，《河南社会科学》2016 年第
1 期。

[16] 金碚：《总需求调控与供给侧改革的理论逻辑和有效实施》，《经济管理》
2016 年第 5 期。

[17] 李稻葵：《关于供给侧结构性改革》，《理论视野》2015 年第 12 期。

[18] 沈贵银：《关于推进江苏农业供给侧结构性改革的若干问题》，《江苏农业科
学》2016 年第 8 期。

[19] 魏后凯：《中国农业发展的结构性矛盾及其政策转型》，《中国农村经济》
2017 年第 5 期。

[20] 李太淼：《构建统筹利用城乡建设用地的土地制度》，《甘肃社会科学》2017
年第 1 期。

[21] 王玲杰 、赵执：《探索供给侧改革背景下区域创新发展之路——第四届中原
智库论坛综述》，《河南日报》2016 年 5 月 6 日。

[22] 魏后凯：《坚持以人为核心推进新型城镇化》，《中国农村经济》2016 年第
10 期。

[23] 汤正仁：《以"三变"改革深化农业供给侧结构性改革》，《区域经济评论》
2017 年第 4 期。

推进农业供给侧结构性改革应当改什么

郭晓鸣[*]

摘　要： 农业持续增长与农产品安全的矛盾、现代农业发展与劳动力老龄化的矛盾、强化农业投入需求增长与现行支持政策效率偏低的矛盾、农产品质量安全要求提升与农村生态环境恶化的矛盾等四大矛盾的持续加剧是中国推进农业供给侧结构性改革的基本出发点，其核心是要解决农业结构调整难和农民增收难的两难困境。为此，本文提出中国推进农业供给侧结构性改革的当务之急应从实现农业经营体系建设、强化农业支持政策、调整粮食安全战略、建立农业绿色发展机制、创新农田基本建设模式、深化关键性改革六个方面着力突破。

关键词： 供给侧　结构性改革　突破口

一　为什么要推动农业供给侧结构性改革

对于中国农业发展而言，尽管通过持续努力在保障农产品供给、增加农民收入、完善农村基础设施和公共服务等重要方面取得了一系列重大进展，但由于内外部条件已经或正在发生深刻变化，我国农业发展面临的深层次矛盾全面凸显，四个方面的现实性挑战日趋加剧。

第一，农业持续增长与农产品安全的矛盾趋于加剧。在自然灾害频繁发生、生产成本大幅上升、市场环境异常波动的多重约束之下，我国粮食生产创纪录地实现了"十二"连增，其他主要农产品也实现同步增长，我

---

* 郭晓鸣，四川省社会科学院。

国农业增长因此进入历史最好时期。但与此同时，我国农产品进口量却持续攀升，不仅粮食进口量连续突破历史最高值，而且棉花、植物油、食糖、肉制品、乳制品等重要农产品的进口量均表现出较大规模的持续增长态势，对外依存度趋于增大。可以判定，尽管国内农产品供给能力有所提升，但总体上严重滞后于需求增长，在国内主要农产品价格已经高于国际市场和生产成本仍然不断上涨的背景下，我国农产品安全特别是粮食安全压力加剧的矛盾已经进入最为严峻的时期，主要农产品基本自给底线面临突破，紧平衡将成为常态。此外，当前我国农业增长中产业结构单一和比较效益偏低的矛盾仍然较为突出，在很大程度上直接限制了农民收入增长和农业竞争力提升。

第二，现代农业发展与劳动力老龄化的矛盾趋于加剧。目前，我国现代农业转型升级的步伐不断加快，专业大户、家庭农场、农民合作社、龙头企业等新型经营主体快速成长，对具有较高技术素质和经营管理能力的新型职业农民的需求不断扩大。与之相反，由于主要受人口外部流动的影响，我国农村人口老龄化的问题比城市更为突出，未富先老的矛盾十分尖锐。目前大多数农村区域实际务农的劳动力平均年龄高达 60 岁左右，劳动力老龄化矛盾加剧不仅直接造成因供给不足不断推高农业人工成本，而且促使老龄化的农村家庭由多种经营向单一经营转变，为自食而种地引致商品经济向自给经济倒退，结果是农业的兼业化和粗放化不断发展，"谁来种地"成为普遍性的突出矛盾，进而致使分散化的小农户经营模式不可避免地趋于弱化和衰落。还值得关注的是，农业劳动力老龄化进一步拉低了农业劳动力的教育水平，对农业技能培训产生不良影响。而自给性的农业生产取向使老龄劳动力缺乏有效技术需求，对机械运用、新技术、新品种持保守态度，"如何种地"同样成为普遍面临的严峻挑战。正因如此，当前我国事实上面临着一些地区现代农业加快发展与另一些区域传统的精耕细作农业趋于衰落两种趋势并存的严峻现实，在现阶段如何更有效率地培育出能够满足现代农业快速发展需求的新型职业农民群体和进一步创新农业经营方式，是一个必须尽快破解的重大难题。

第三，强化农业投入需求增长与现行支持政策效率偏低的矛盾趋于加剧。我国现代农业的全面加速必然意味着对资金等生产要素投入的依赖度不断提高，客观上要求必须进一步加大投入，满足现代农业发展中技术进步和结构优化产生的更大规模的投资需求。但在新的发展阶段，一方面，我国农业补贴规模已经遭遇 WTO "黄箱" 政策的 "天花板" 限制，所余空间较为有限。另一方面，现行向龙头企业过度倾斜和以小农户为对象的普惠式农业补贴方式，不仅实施成本高、政策效率低，而且放大了财政补贴总量不足的矛盾，亟须改革和完善。此外，现行的农村基础设施投入政策和农业科技投入政策，同样存在亟待调整的政策效率偏低的突出矛盾。还需指出的是，在农业比较效益仍然明显偏低和城乡投资效率差距较大的现实条件下，农村资金等要素继续大规模向城镇和二、三产业单向流失的总体趋势仍未得到有效遏制，新时期农业和农村发展中强化要素投入与生产要素继续流出的矛盾将表现得日益尖锐，增加生产要素供给的难度将日趋加大。从总体上看，我国农业转型升级单一依赖财政资金支持和现有财政支持政策效率偏低的双重局限性已经充分暴露，必须大胆改革，拓展思路，主要通过构建新的开放式的投融资体系和大力度调整农业支持政策，从根本上保障现代农业不断增长的投资需求。

第四，农产品质量安全要求提升与农村生态环境恶化的矛盾趋于加剧。我国农产品安全包含数量安全和质量安全的双重目标，现代农业发展不仅要保障农产品有效供给，而且必须提供优质安全的农副产品，随着人们生活水平提高和消费观念升级，质量安全将逐步上升为农产品供求的主要矛盾，未来农业的发展方向必然是绿色、健康、安全的高品质农业。但就现实看，我国农业增长过度依赖化肥、农药的格局仍未扭转，农村中大量未加处置的废弃物、牲畜粪便和生活垃圾带来的土壤、水体和大气污染等矛盾日趋加重，不仅农村生态环境的红灯已经全面拉亮，在一定程度上危及到农民的基本生存，而且农产品质量安全的矛盾持续加剧，前景堪忧。从根本上看，在保障农产品有效供给的基础上更加重视实现农产品的质量安全，将始终是我国现代农业发展的最基本目标，正因如此，当前我国农村具有特殊性的生态环境治理的任务十分繁重和紧迫，如何构建新的发展型的农村生态系统，大力拓展生态农业和循环农业等新的发展路径，实现保护与利用并重，兼顾保障农业产出、确保农产品质量安全和优化农村生态功能的多元发展目标，将是我国农业较长时期发展中面临的又一严峻挑战。

农业供给侧结构性改革就是在这样的现实背景下启动和推进的，因此可以肯定地说，这一从供给端发力的改革过程，既是诸多现实矛盾交织倒逼出来的改革选择，也是破解当前我国农业发展困局的关键之举。

二　农业供给侧结构性改革主要应当改什么

　　农业供给侧结构性改革的根本目标是提高农业综合效益和竞争力，需要破解的基本难题是资源错配、供需脱节、市场扭曲的矛盾，其核心就是要优化农业资源配置，减少无效供给，解决农业结构调整难和农民增收难的两难困境。因此，农业供给侧结构性改革就是要通过制度创新化解农业基础性矛盾，以需求为基本导向保障农产品的供给质量。

　　在确切意义上，农业供给端的改革应当是由需求端导向和推动的。那么，我国农产品需求端正在发生什么样的变化呢？应当看到，当前我国城乡居民正在发生两方面十分显著的消费需求升级，其对农业供给端的影响重大而且深远：其一，农产品从数量消费向数量消费与质量消费并重转变，在农产品需求差异化分层态势日益明显的基础上，消费者更加注重所消费农产品的品质和安全；其二，农产品从单一产品消费向产品消费与服务消费并重转变，农业的多功能拓展不断深化，观光农业、休闲农业、体验农业、康养农业、创意农业等新的业态不断成长。在确切意义上，上述两方面消费需求升级的变化发展，事实上已成为我们推进农业供给侧结构性改革的重要机遇和驱动力。

　　一方面是需求快速升级，另一方面是供给严重错位，这既是我们面临的严峻现实挑战，也清晰地凸显出深化改革的重要性和紧迫性。就本质而言，农业供给侧结构性改革需要重点解决的就是供给端存在严重制约性的体制和政策问题，如何通过制度创新和政策突破实现农产品供给与不断发展变化的需求相平衡，有效适应消费需求升级，毫无疑问是实施农业供给侧结构性改革必须坚持的基本方向。因此，把我国农业面临的所有发展问题，无所不包地纳入农业供给侧结构性改革范畴是不恰当的，把农业发展问题简单地与改革问题相混淆，不仅可能弱化改革强度甚至偏离改革应当聚焦的主要方向，而且还会导致实践中假改革和伪改革现象蔓延，致使农业供给侧结构性改革难以实现预期目标。

　　总体上，我国农业供给侧结构性改革任务艰巨，不可能一蹴而就，必须有打持久战的充分准备。但就现实而言，既然主要是由供给与需求失配和失衡引发的结构性改革，改革的重点又是解决供给端的体制和政策问题，那么当前农业供给侧结构性改革究竟应当主要改什么呢？我国农业发展中面临的改革任务总体上仍然很多，但当前亟须从供给端重点予以突破的主要集中在如下三个方面。

一是优化产业结构的改革。我国农产品生产的区域结构、产品结构、品种结构和品质结构都面临优化提升的紧迫任务，但关键在于，当前农业产业结构面临的问题并非数量或者布局的简单调整就能予以解决的，不同区域普遍的农业产业短期化和同构化的恶性发展，其背后大都存在地方政府过度行政干预的深刻诱因。非市场化的农业产业结构调整方式已带来一系列现实矛盾和潜在风险。因此，优化产业结构的重点和难点依然在改革方面，改革选择主要应包括农业要素配置方式改革、农业经营方式改革、农业投资体制改革等，重点是在进一步激活生产要素和校正支持政策的基础上，加大力度培育适度规模的新的经营主体，构建以市场化配置资源为主导的产业结构优化升级新动能，以更加规范的市场化制度和更加合理的产业政策支持新的经营主体、新的产业业态、新的发展方式。

二是降低生产成本的改革。我国农业发展中生产成本高企已经成为农业产业竞争力下降和农民增收困难的重要影响因素，其中土地成本、人工成本和融资资本不断上涨是最为突出的矛盾。值得关注的是，我国土地流转价格不断上升是同普遍的土地粗放利用及撂荒面积增长并存的，并非严格意义上的土地供不应求的需求推动。在同一区域，规模不等的土地流转方式甚至存在显著的流转价格的差异。可以判定，地方政府大规模连片集中土地的政策取向，在许多地方是推高土地成本的重要推手。虽然从短期现象看土地流转价格上升有利于农民增收，但现实中不赚钱也愿付高租金的龙头企业，或者靠的是政府高财政补贴弥补，或者能够获得利益更大的项目资金支持，并且由于不充分考虑投入产出的非市场化运行方式成功率普遍较低，动机不纯地进入农业领域的龙头企业欠下土地租金和农民劳务费而"跑路"的现象频繁发生，最终遭受损失的仍然是农民。因此，建立和完善更完备的土地流转市场，支持入股、托管、代耕等更加多样化的低成本流转土地的方式，以服务规模弥补土地规模的制约，无疑是降低土地成本改革的最主要方面。同理，人工成本过高虽然有劳动力不足这一直接诱因，但社会化服务体系发展严重不足应是更关键的制约，而融资成本较高则是农村金融和保险体系改革滞后的必然结果。因此，以深化改革为主线构建更有效率的农业社会化服务体系和农业金融保险体系，同样是降低农业生产成本改革中十分重要的内容。

三是补齐发展短板的改革。我国农业虽然总体上实现了较快发展，从传统农业向现代农业转型的步伐不断加快，但三个方面的短板性因素仍然十分明显，亟待补齐补强。首先，农业发展中人力资源短缺问题全面显现。主要受人口外部流动的直接影响，我国农村人口老龄化的问题比城市更为突出，未富先老的矛盾十分尖锐。补齐农业人力资源短板，已经成为需要从构建城乡劳动力双向流动机制上加以破解的全局性矛盾。其次，农业基本生产条件较差的限制日趋加强。在农业老龄化矛盾日益突出，以机械替代人工的需求更加迫切的条件下，现有农田基本建设模式的建设目标和对象存在偏差、建设过程高成本和低效率、难以建立内生性后续管护机制等弊端已充分暴露，必须以更具规模理性的新型经营主体为主要对象和以自主参与为基本方式，重构农田基本建设模式，实现农业基本生产条件的有效改善。再次，农产品质量安全控制和农业生态环境治理的紧迫性进一步凸显。我国农业发展不仅要保障农产品有效供给，而且必须提供优质安全的农产品，随着人们生活水平提高和消费观念升级，质量安全正逐步上升为农产品供求的主要矛盾，未来农业的发展方向必然是绿色、健康、安全的高品质农业。但就现实看，我国农业生态环境恶化问题仍然严重，农产品质量安全的矛盾仍在持续加剧。因此，当前我国农业具有特殊性的生态环境治理的任务极为紧迫，如何以深化改革为手段构建新的发展型农业生态系统，以建立可追溯体系为重点保障农产品质量安全，将是我国推进农业供给侧结构性改革中补齐发展短板的又一重要内容。

三 农业供给侧结构性改革的突破口在哪里

总体而言，我国农业供给侧结构性改革面临的改革任务繁重而艰巨，必须注重选择，突出重点，务求实效。基于现实基础和发展需求，当前推进农业供给侧结构性改革的当务之急应从如下六个方面实现重大突破。

一是强化农业经营体系建设。在农业老龄化矛盾不断加剧的条件下，分散的小农户经营是不可能承担起农业供给端优化产业结构的重要任务的，必须全面创新农业经营体系，实现对农业转型升级的基础性制度支撑。首先，应在进一步深化土地三权分置改革基础上，加快培育种养大户、家庭农场、农民合作社等更稳定和更具规模理性的新型农业经营主体。其次，要通过健全培育体系、建立资格制度和完善支持政策，加大力度开放性地培养和造就高素质的新型职业农民队伍。最后，应强化政策支持，进一步促进服务主体多元化、形式多样化、运行市场化，加快建立和完善与现代农业生产方式相适应的农业社会化服务体系。

二是优化农业支持政策。实施农业供给侧结构性改革要完成调结构、降成本、补短板等目标任务，无一例外地都必须适应新形势的重要变化，不断调整和优化农业支持政策，关键是要在三个重要方面实现突破。其一是进一步优化财政投资体制，主要以新型经营主体为政策支持重点，通过制度创新提高财政支农政策的精准性和有效性，强化对重点领域和关键环节的政策支持力度。其二是建立和完善涉农资金整合平台，以制度创新打破部门分割，构建提高财政支农资金使用效率的重要基础。其三是构建财政支农项目与新型经营主体的直接对接机制，探索财政支农资金资产股权量化改革的新模式，有效提高财政资金投资效率。

三是调整粮食安全战略。保障粮食供给基本安全，是推进农业供给侧结构性改革必须坚持的底线。在新形势下，我国粮食安全压力会不断加大，粮食供求弱平衡和紧平衡将成为常态，以农户为主的"分散化"粮食安全保障模式将越来越难以为继。因此，必须因势利导及时调整粮食安全战略，核心任务是以粮食优势产区为重点，以粮食专业大户、粮食家庭农场、粮食专业合作社为主体，主要依靠适度规模的规模优势和机械化替代人工的成本优势，实现向区域化的"集中式"粮食安全模式转换，由此完成我国粮食安全战略的重大调整。

四是建立农业绿色发展机制。优质农产品供给严重不足和农产品质量安全矛盾持续加剧，是我国推进农业供给侧结构性改革将长期面临的双重挑战。因此，必须以显著提升农业可持续发展能力为基本目标，探索建立农业绿色发展的制度化机制。重点是要大力拓展生态农业和循环农业等新的发展路径，实现保护与利用并重，兼顾保障优质农产品产出、确保农产品质量安全、优化农村生态功能的多元发展目标。应全面实施农业标准化战略，突出优质、安全、绿色导向。在提高农业生态环境质量、提升资源利用效率、减少农业面源污染、健全农产品质量安全体系等方面实现重大突破。

五是创新农田基本建设模式。重点是合理调整农田基本建设的目标取向。在原有以增加耕地数量或提高耕地质量为主要目标的基础上，根据当前"农业老龄化"日益加剧及人工成本大幅上升的现实状况，更加重视改善基本生产条件，主要通过实施土地田形调整，配套相应的高标准田间道路和沟渠，为农业规模化经营和机械化耕作奠定重要生产基础。与此同时，还应合理调整农田基本建设的招投标制度，将新型经营主体直接纳入项目建设主体，通过农民主动和全程参与，不仅保证农田基本建设项目决策更合理，实施更顺利，成本更低，效率更高，而且有助于构建农田基本建设项目最为缺乏的后续维护管理机制。

六是进一步深化关键性改革。我国推进农业供给侧结构性改革必须坚定不移地走深化改革之路，通过制度突破有效激发农业供给端的内生动力。从现实看，加大力度深化两方面改革最为紧迫。其一，着力破除妨碍农业资源要素优化配置的体制障碍。加快农村土地"三权分置"改革和农村集体产权改革步伐，健全农村产权交易市场，促进城乡要素双向全方位对流，实现农业发展资源更高效率和更高效益地优化配置。其二，进一步深化农村金融和农业保险制度改革，不断创新产品，有效强化服务，探索构建与现代农业高投入、高风险特征相适应的新型农村金融和农业保险制度。

参考文献

［1］王文强：《论增强农业供给侧结构性改革的主体力量》，《农村经济》2017年第4期。

［2］郭晓鸣、高杰：《深化农村改革：态势研判、矛盾分析与政策突破——以四川省为例》，《农村经济》2017年第2期。

［3］罗必良：《农业供给侧改革的关键、难点与方向》，《农村经济》2017年第1期。

农业供给侧结构性改革的
科学内涵与推进思路

翁　鸣[*]

摘　要：过去我们对于有效供给对需求引导的作用认识不足，应从供给能力在不同特征上的决定性这样一个视角，强调不同发展时代的划分和供给能力，以及与"供给能力形成"相关的制度供给问题。农业供给侧结构性改革是一场深刻的思想变革和生产方式变革。农业供给侧结构性改革具有重要的现实意义，包括改变玉米等粮食品种的阶段性、结构性过剩，加快农业绿色转型，提升农产品质量安全水平，合理调整农产品成本过快上涨等，还有通过生物技术、国外新品种引进、农产品国际贸易和农产品加工等途径，为消费者供给部分耳目一新的农产品及其加工品。农业供给侧结构性改革的推进思路，包括从变革性和创新性思维出发、把握系统性改革、推进农业转型升级、以机制创新为切入点、从农业多功能性拓宽视野。

关键词：农业供给侧改革　科学内涵　推进思路

2016 年中央经济工作会议提出，深入推进农业供给侧结构性改革。2017 年中央一号文件再次强调农业供给侧结构性改革，这已成为我国农业经济改革的重要内容。近 40 年来，改革开放带来我国农业的巨大变化，粮食、蔬菜、水果、畜禽、水产品等农副产品供应充足，为国内市场提供了丰富的物质基础。但是，农业生产发展仍然不适应我国经济发展的新要求，不能适应大众消费者的消费变化，这主要反映在三个方面，一是粮食生产存在阶段性、结构性过剩，以玉米为例，不仅库存量消化时间较长，

---

* 翁鸣，中国社会科学院农村发展研究所。

而且财政支出负担不小；二是农产品质量安全性不高，目前无公害农产品生产和检测尚未达到全覆盖程度，同时，无公害农产品需要向绿色有机农产品升级；三是我国农产品生产成本和销售价格上升过快，部分农产品售价甚至超过发达国家的水平，影响了中低收入人群的生活消费。从供求关系分析，上述三个方面均在一定程度上抑制了有效需求，因此，需要对农业供给端进行改革，以扩大农产品的有效供给，实现农业供求关系向更高层次的新平衡。

一　供给侧结构性改革的科学内涵

在世界金融危机冲击之后，中国经济已经走到了一个自身"潜在增长率"下降和"深层次矛盾"凸显并对经济发展形成制约的新阶段。因此，寻求中国经济增长的可持续性，必须升华为"全面协调的科学发展观"和生产方式转型升级的新路径，这样才能使中长期发展与有效激发、释放内生潜力与活力相结合，从而保证中国经济增长达到"增效、绿色、可持续"的目标。这里有一个现实问题，即如何破解中国经济增长的瓶颈制约，需要什么样的创新思路。

一些学者对此提出了新思路。贾康认为，西方经济学（古典经济学、新古典经济学和凯恩斯主义经济学）虽然各自从不同的视角分析经济问题，并做出了相应的贡献，但是其共同的失误确实存在，即它们都在理论框架里假设了供给环境，然后主要强调的是需求端及政策主张，都存在忽视供给端、供给侧的共同问题。由于不同国家的学者所处的现实环境不同，例如，美国不像中国在自身经济发展过程中存在内在的、亟待转型的客观需要，如果中国照搬西方经济学理论，自然而然地难以提升对供给侧的重视程度。再如，中国作为一个人口大国和经济快速增长的发展中国家，大众消费者的需求变化远快于发达国家，原有的供给方式、结构和产品变化较快，如果供给端的改革发展慢于需求端的增长变化，就可能产生显性或隐性供求关系失衡。由此可见，我们必须结合中国的现实需要，以及国际正反经验和启示，以更广阔的经济学理论视野，思考和探索中国特色经济学理论创新。

贾康等学者提出了有关供给侧结构性创新的理论。第一，强调经济学基本框架需要强化供给侧的分析和认知，需要更加鲜明地提出"理论联系实际"的必要环境和创新取向。从经济学来看，过去我们对于有效供给对需求引导方面的作用认识不足，应从供给能力在不同特征上的决定性这样一个视角，强调不同发展时代的划分和供给能力，以及与"供给能力形成"相关的制度供给问题。第二，强调现实问题而加强理论支撑的有效性和针对性。过去经济学假设的"完全竞争"环境，虽然具有理论的启示意义，但毕竟离现实经济较远。中国的现实经济比书本理论要复杂得多，而且现实经济推动理论创新，所以供给侧结构性研究就成为经济学创新的重要内容。第三，强调制度供给应该充分地引入供给侧分析，由此形成有机联系的一个认知体系。在供给端构建各种要素之间内在联系的通路，包括从"物"和"人"这两个视角，只有这样才能在更深的层次和更广的领域，解决制约经济发展的难点问题。

由上述问题导向提出中国经济学创新理论，这被称为新供给经济学，这种理论强调以机制创新为切入点，以结构优化为侧重点，着力从供给端入手推动中国新一轮改革，有效化解"滞涨""中等收入陷阱"等潜在风险，力争形成中国经济可持续发展新模式。从深化改革要求出发，将供给侧结构性改革作为加快经济发展转型方式的重要组成内容。显而易见，中央提出供给侧结构性改革，既有客观的现实需要，又有新供给经济学的理论支撑。从农业供给侧结构性改革来看，同样存在市场繁荣背后隐藏着的深层次问题，这不是农产品的结构性、阶段性过剩，简单的农产品结构调整，而是农业转型升级的系统性工程，是传统农业向现代农业转化过程中各种要素的科学配置，以及商业模式和服务理念的调整改变。从这个意义上讲，农业供给侧结构性改革是一场深刻的思想变革和生产方式变革。

二 供给侧结构性改革的现实意义

供给侧结构性改革的现实意义是不言而喻的，即为了增加和扩大有效需求。从农业供给侧结构性改革来看，就是进一步拓展农产品消费需求，从而推动中国经济发展。农业供给侧结构性改革的现实意义，主要有以下几个方面。

1. 改变玉米等粮食品种的阶段性、结构性过剩

经过连续 10 多年粮食增产，近年来我国玉米库存高达 2.3 亿吨左右，

加上每年新增玉米入库，需要用几年时间消化过多的玉米储备，并设法降至合理的库存量。从这个角度讲，调减国内玉米产量是迫在眉睫的任务。2016 年国家取消玉米粮食收储政策，实行市场收购和玉米种植补贴，增强市场化运作的作用，运用市场方式调控玉米生产。虽然通过调整收购政策降低国家收储玉米数量，但是这种政策调整并非易事，需要有进一步的改革措施配套，以解决深层次的农业供给侧问题。

长期习惯种植玉米的农民难以在短期调减。由于玉米种植相对比较简单，生产技术含量较低，除去机械化收割等作业外，1 名农民种植每亩玉米耗时 3~4 天，以每户 6 亩地计算，1 季玉米种植大约需要 20 天，其剩余时间可以外出务工或者农闲消遣，这是农民偏好玉米生产的主要原因。如果农民不种植玉米，改为种植其他农作物或从事畜牧生产，则需要地方政府积极引导其调整种植结构，出台有实际效果的措施方法，包括提供农业技术培训、有市场需求的路径方式以及出台农业结构转型的鼓励性政策等，而非简单地传达中央政府文件。对于农民来说，调整农业生产结构，不仅需要学习和熟悉新技术，增加多方面的支出成本，而且需要承担一定的市场风险。在缺乏农业技术推广体系支撑和农业生产组织化程度较低的条件下，对于中老年农民来说，改变生产习惯和调整种植品种，可能就是一种困难和痛苦。由此可见，要真正解决玉米等阶段性、结构性过剩，需要从思维方式、生产方式和组织方式等方面，推动农业的全面转型升级，农业供给侧结构性改革承担着非常繁重的任务，由此可见，农业供给侧结构性改革是一个长期性、战略性的目标和任务。

2. 加快农业绿色转型，提升农产品质量安全水平

在农业供给不足的时期，中国人将能否吃饱饭作为农业发展的主要衡量标准，在这种情况下，基本谈不上农产品质量标准，更谈不上绿色有机农产品。1998 年中国农业综合生产能力迈上一个大台阶，这意味着中国农业生产能力从重点保证粮食生产，转向促进粮食和经济作物生产，这对改善中国人民的饮食消费和营养状况，做出了历史性的贡献。近 20 年来，中国农业生产又迈进了一大步，同时，随着中国经济的快速发展和广大消费者的需求不断增长，农业供给不能满足消费新需求的矛盾显现，这是我国人民日益增长的美好生活需要与不平衡不充分的发展之间矛盾的一个突出方面。中央经济工作会议提出，要把增加绿色优质农产品的供给放在更加

突出的位置。

农业绿色转型发展面临诸多问题。从水资源来看，影响农业绿色转型的不仅是水源数量，还包括水源质量。《中国农村经济形势分析与预测（2015~2016）》（农村绿皮书）指出，中国水环境污染日益严重，清洁水源更加短缺。环境保护部发布的《2014年中国环境状况公报》表明，2014年全国423条主要河流、62座重点湖泊（水库）的968个国控地表水检测断面（点位）检测结果表明：Ⅰ、Ⅱ、Ⅲ、Ⅳ、Ⅴ、劣Ⅴ水质断面分别占3.4%、30.4%、29.3%、20.9%、6.8%、9.2%。Ⅳ、Ⅴ、劣Ⅴ水量占比高达36.9%，这无疑直接影响农产品质量安全性。

从耕地资源看，在我国耕地资源构成中，优质耕地面积所占比例仅为2.9%。在优质耕地严重不足的同时，中国耕地资源污染日趋严重，特别是耕地土壤的重金属污染进入"集中多发期"，呈现工业向农业、城区向农村、地表向地下、上游向下游转移的特点，继而积累到农产品之中，导致突发性、连锁性、区域性的集中爆发。从化肥农药看，化肥在提高农作物产量的同时，也带来耕地和地下水的污染。2005~2014年，我国化肥施用强度从306.53千克/公顷增至362.41千克/公顷，即增长了18.23%。与国际公认的化肥施用安全上限值225千克/公顷相比，我国是该上限值的1.61倍。全国多个地区农区化肥施用量超过国际化肥施用安全上限，直接影响粮食等农产品质量安全性。

3. 合理调整农产品成本过快上涨

价格理论指出，在其他条件不变的情况下，商品价格下降将刺激需求增长；反之，商品价格上涨会导致需求下降。近10多年来，我国土地价格和劳动力价格上涨非常明显，这是导致国内农产品成本和价格上涨过快的主要原因。据我们所做的农村调查，许多地区农村耕地租金是10年翻一番。一项研究成果表明，人工、土地成本是引起粮食生产总成本上升的主要因素。这两项成本不仅所占比重较大，而且成本增加较快。2014年人工成本、土地成本分别占粮食总成本的41.81%、19.09%；2004~2014年这两项成本分别实际增长了87.35%、123.50%。将中国粮食价格与国际粮食价格相比，2005年我国小麦、稻米、玉米价格分别高于国际市场价格的30.43%、8.09%、50.61%，但是2015年我国小麦、稻米、玉米价格分别高于国际市场价格的91.10%、77.78%、98.18%。

实际上，我国多种农产品价格已经接近，甚至超过发达国家市场价格，这不仅抑制了我国中低收入阶层消费者的消费需求，而且给我国粮食安全带来了潜在危险。已有研究表明，2012 年以来，我国主要粮食品种受到的市场挤压效应趋于增强。2013～2015 年这种挤压效应增强尤为显著，小麦市场挤压效应值从 0.745 上升至 3.333，玉米市场挤压效应值从 0.775 上升至 3.125，大米市场挤压效应从 0.532 上升至 3.073，这表明我国粮食市场不仅受到进口粮价"天花板"不断降低的压力，而且受到国内粮食生产成本不断上涨的推力，国内粮食价格的调整空间和粮食政策的调整空间均被压缩。

另外，从有效增加市场供给的视角，通过生物技术、国外新品种引进、农产品国际贸易和农产品加工等途径，为消费者供给部分耳目一新的农产品及其加工品。例如，产自东南亚热带、中东和北非的水果等农产品，进一步激发消费者的消费欲望，释放更多的有效需求。如何利用农产品原料，借助生物科技，开发全天然的日用品，也是农业供给侧改革的应有内容。

三　如何推进农业供给侧结构性改革

农业供给侧结构性改革是基于我国农业发展过程中的矛盾和问题，并在反思西方主流经济学框架的基础上，展开的一个重要的理论思考和实践创新活动。从这个意义上讲，农业供给侧结构性改革具有涉及面广、触及点深和改革力度大的特征，绝非仅仅局限于粮食生产结构调整方面，而是所有与农业供给端有关的方面。

1. 要有农业变革性和创新性思维

农业供给侧结构性改革是从供给端入手的，农业生产方式变革是关键环节。首先，我们应具备变革意识和创新思维，超越传统农业思想的束缚。这包括农业新技术推广应用、农产品新物种引进和培育、农业智能化孵化基地和推广等，甚至包括对传统农业具有颠覆性的新技术、新方法的诞生，例如，依靠营养液生长的水养技术和工艺。这些新技术、新方法不仅改变了农作物的生长条件，可能改变了传统农业具有的双重风险特征，而且可以实现对农产品质量安全性的跨越式提高。

2. 从系统性看待农业供给侧改革

从系统工程观点看，凡是涉及农业供给端的方面，都应是农业供给侧结构性改革大系统内的一部分，并分为上下联系和相互关联的子系统。因为农业供给侧结构性改革涉及面广泛，研究某一个主要问题，就必须研究与其关联的若干具体问题，否则研究就难以深入和透彻，研究结论不能反映本质，改革实践也难以收获成功。同时，抓住农业供给侧结构性改革的主要方面，从先易后难入手，逐步推进这项改革实践任务。

3. 推进农业转型升级是改革关键

农业供给侧结构性改革的起因，是解决我国农业供给端所暴露的一系列问题，但是只有实现农业的全面转型升级，才能真正解决农业供给端问题。从这个意义上讲，改革实践过程是为其目标服务的，推进我国农业转型升级和现代农业发展，是农业供给侧结构性改革的关键所在。例如，提高农产品质量安全性，是改进农业供给端的重要内容，其改革关键是实施绿色农业。只有通过绿色农业发展，才能真正实现农产品的优质安全。

4. 以"三农"机制创新为切入点

农业供给侧结构性改革，自然与机制创新密切相关。以农业生产方式变革为例，涉及农业技术推广组织和机制创新、农业经济主体的组织机制创新、农产品标准系统和检测机制更新完善、农业新技术创新和组织形式变革、新一代职业农民培育机制和路径创新、农产品销售方式和网络组织创新等。可以说，农业供给侧结构性改革，对传统农业具有"颠覆性"意义，它与"三农"机制创新是密不可分的。

5. 从农业多功能性拓宽改革的思路

农业供给侧结构性改革是从供给端入手的，扩大农业需求是这项改革的基本要求。但是，这并非局限于农业生产领域范围之内。农业多功能性理论表明，用于饮食和服装的传统农产品不再是农业的全部产出，我们应该认识和利用广义的农业产出品，开发出更多的社会需求。国外农村建设经验显示，农业生产除提供粮食和其他农产品的机能之外，还具有国土保全、水源涵养、自然环境保护、农村景观、传统文化继承等多种功能，进一步开发这些功能，也应被列入农业供给侧结构性改革的视线之内。

最后强调的是，我国的供给侧结构性改革并非照搬西方供给学派理论。新供给学派强调私有化，并且尽可能减少政府的干预，实行全面的市场化。西方国家把这套理念和规则推向发展中国家和转型国家，即所谓的"华盛顿共识"。我国供给侧结构性改革与西方供给侧经济学有相似之处，但是两者有本质区别。我们是以中国特色社会主义政治经济学为理论核心、以人民为中心的发展思想，最终目标是实现共同富裕，这体现了社会主义制度的本质特征和优越性。上述两者的出发点、目标、路径、方法等均存在不同和差异，不应混为一谈。

参考文献

［1］贾康：《新供给经济学》，山西经济出版社，2015。
［2］贾康：《供给侧结构性改革要领》，《中国金融》2016 年第 1 期。

农业供给侧结构性改革的科学内涵与现实意义

徐志明　包宗顺　张立冬[*]

摘　要： 农业供给侧结构性改革不同于农业结构调整，是优化农业资源配置、提高农业质量效益和竞争力的必然选择。农业供给侧结构性改革的内涵要义，可以理解为用改革的办法来推动农业供给结构的调整。政府对农产品价格的过度干预导致市场机制难以在农业资源配置中充分发挥作用，是农业供给侧结构问题形成的主要原因。农业供给侧结构性改革对于促进城乡居民消费结构升级、提高农业国际竞争力、实现农业现代化、改善农业生态环境、增加农民收入都具有重要的现实意义。

关键词： 农业供给侧结构性改革　市场机制　政府行为

推进农业供给侧结构性改革，是破解农业发展难题、转变农业发展方式、促进农业现代化的必然要求。着力加强农业供给侧结构性改革，优化供给结构和资源配置，提高农业质量效益和竞争力，是当前和今后一个时期农业农村工作的重大任务。本文将在分析我国农业存在问题的基础上，深入探讨农业供给侧结构性改革的科学内涵、形成机理和现实意义。

一　农业供给侧结构性改革的科学内涵

对于农业供给侧结构性改革的内涵，目前国内学者并没有达成共识，有的基于提高生产率的视角，有的基于供需平衡的视角，有的基于制度供

---

* 徐志明、包宗顺、张立冬，江苏省社会科学院农村发展所。

给的视角，还有的基于转变发展方式的视角。我们认为，农业供给侧结构性改革的内涵要义，可以理解为用改革的办法来推动农业供给结构的调整。农业供给侧结构性改革，就是围绕提高农业供给体系质量和效率，优化农业资源配置，增强供给结构的适应性和灵活性，使供给更加契合市场需求，更有利于资源优势发挥和生态环境保护，形成产出高效、产品安全、资源节约、环境友好的农业供给体系，提高农业质量效益和竞争力。农业供给侧结构性改革是一场广泛的生产力调整，也是一次深刻的生产关系变革，是农业结构调整的"升级版"，是当前加快转变农业发展方式的"总抓手"。

深入推进农业供给侧结构性改革，是整个供给侧结构性改革的重要一环，也是我国农业农村自身发展思路的一个重大转变。推进农业供给侧结构性改革，总体应把握以下三方面。一是以提高农业供给质量为主要目标。要以市场为导向，紧跟消费需求变化，不仅要让人们吃饱、吃好，还要吃得健康、吃出个性；不仅满足人们对优质农产品的需求，还要满足对农业观光休闲等体验性服务性需求，满足对绿水青山的生态化绿色化需求，拓展农业多种功能，不断提高农业综合效益和竞争力。二是以优化生产经营结构为主要任务。优化供给结构是农业供给侧结构性改革的重中之重，通过结构优化改善供给、满足需求。优化供给结构既包括优化产品结构，也包括优化区域结构、业态结构、经营体系结构。三是以体制机制创新为根本途径。农业供给侧结构性改革，既是一场广泛的生产力调整，也是一次深刻的生产关系变革。要用改革的办法来推动农业农村发展由过度依赖资源消耗、主要满足"量"的需求，向追求绿色生态可持续、更加注重满足"质"的需求转变。

要正确认识农业供给侧结构性改革的科学内涵，有必要区分三组不同的概念。

一是供给侧管理与需求侧管理的区别。投资、消费、出口是属于"需求侧"的三大需求，是拉动经济增长的"三驾马车"，与之对应的是"供给侧"，也就是土地、劳动力、资本、技术、制度等生产要素的供给和有效利用。长期以来，很多学者根据宏观经济学特别是凯恩斯理论的基本原理，将投资、消费、出口"三驾马车"作为经济发展的根本动力，通过扩大出口和刺激内需推动经济增长。"三驾马车"是从经济运行的结果出发的，便于宏观调控进行短期的逆周期调节，是应对宏观经济波动的需求侧动力，但不是发展的原动力。而强调供给侧是从经济运行的源头入手，从企业、产业角度观察、分析问题，要素升级、结构优化和制度变革才是经济发展的根本性、可持续的动力，更加突出长远的转型升级。新常态下，经济发展面临的最大问题，其实就是结构问题。要走出长期形成的粗放式发展惯性，避免发生产能过剩、资源枯竭、生态破坏等问题，就必须从经济运行的源头入手，从企业、产业的角度来认识问题，在生产供给端着手创造新供给，来满足新需求。只有这样，才能针对新常态下新的经济矛盾，既抓住当前重点问题，又注重长期均衡发展。

二是农业供给侧结构性改革与农业结构调整的区别。农业供给侧结构性改革，与以前的农业结构调整相比，既有传承和延续，更有创新和发展。农业供给侧结构性改革不同于以往的农业结构调整，不是简单的少种点什么、多种点什么，或寻求数量满足、总量平衡，而是涵盖范围广、触及层次深的一场全方位变革。具体来说有三点不完全相同，首先，农业结构调整主要是解决农产品供给总量不足的问题，而农业供给侧结构性改革则要在促进供求总量平衡的同时，更加注重提升质量效益和竞争力，增强农业可持续发展的能力。其次，农业结构调整主要是考虑农业生产结构的问题，更多考虑的是产品生产的问题，而农业供给侧结构性改革则要在调整生产结构的同时，优化农业生产的技术结构、经营结构、区域结构，促进农业转型升级和提质增效。最后，农业结构调整主要是农业生产力范畴的一些调整，而农业供给侧结构性改革除了推动生产力发展外，更加注重体制改革、机制创新，通过"激活市场、激活要素、激活主体"三个"激活"来增强农业农村内生发展动力。

三是农业的供给侧结构性改革与制造业供给侧结构性改革的区别。就制造业而言，供给侧结构性改革的主要任务是"三去一降一补"，即去产能、去库存、去杠杆、降成本、补短板。由于农业和制造业的产业特点不同，不能把适用于制造业供给侧结构性改革的内容，无条件地搬到农业部门中来。制造业中存在的去产能问题，是其低端、无效供给的集中表现。我国的煤炭和钢铁等传统行业，都存在较为严重的产能过剩。一些低端的制造业，尤其是加工贸易性质的制造业，也存在严重产能过剩，应当果断地将过剩产能去掉。但是，农业则不同，土地是农业生产与再生产最基本的、不可替代的生产资料。土地的空间特性，决定了可供利用的土地数量的有限性。与世界上许多国家不同，我国人均占有的耕地只有世界平均水平的三分之一，吃饭始终是一件大事。而且地力一旦遇到破坏，再恢复生产需要很长的时间。就粮食而言，当前我国小麦供给与需求大体平衡，稻谷供给略大于需求，只有玉米严重供大于求，存在结构性过剩和去库存的问题。从长期看，随着人口的增长和消费水平的提高，我国粮食不是供过于求，而是供不应求，或供给偏紧。我国粮食去库存一定要建立在稳定和提升粮食产能的基础上，一旦有需求就能及时地把粮食生产出来。

二 农业供给侧结构性问题的形成机理

近年来，我国农业农村发展取得显著成就，表现为粮食生产实现"十二连增"（到 2015 年），农民收入高速增长，城乡居民收入差距逐步缩小，农村公共建设和社会保障不断改善，农村生产生活条件有了明显改观。但农业在连续多年增产丰收以后，也遇到了一系列前所未遇的问题挑战，突出表现为供给结构不能适应需求结构的变化。我国粮食产量从 2003 年的 8614 亿斤增加到 2016 年的 12325 亿斤，增加了 3700 多亿斤。根据有关部门的测算结果，我国一年的粮食总需求为 12800 亿～12900 亿斤，缺口约 600 亿斤。但 2015 年各类粮食进口总量接近 2300 亿斤，说明我们进口多了，这就导致我们一年就有 1700 亿斤的库存。从农产品的供求结构看，农产品的结构性短缺与结构性过剩并存，有的农产品如玉米严重过剩，仓库爆满；有的农产品如大豆严重短缺，进口量数倍于生产量。从品质结构看，农产品大路货多，优质高端产品缺。

造成农产品供求结构失衡的原因是复杂的，但其中最重要的一条是价格不能在农业资源配置中起决定性作用。传统意义上，农产品是完全竞争的市场，价格调节资源的配置和产品的供求，一种产品供过于求，价格就会下跌，生产会相应减少，而需求会相应上升，从而最终实现供求平衡。但我国农产品市场还不是一个完全竞争的市场，农产品的价格不是由市场决定的，政府在一些主要农产品价格形成中起着重要作用。多年来的强农惠农政策对促进农业增产、农民增收发挥了重要作用，但一些临时措施常态化、短期举措长期化，干扰了市场信号正常发挥作用，造成供需脱节，累积下来形成了较大的供需结构性矛盾。比如，国家为鼓励玉米产业发展而出台的临时收储制度，逐步演变成按高于市价的固定价格收储。这种"托市"收储价格还兼有保价、增收等功能，明显超过市场供求所决定的价格，向农业生产者发出了错误的信号，从而导致产品结构性生产过剩。与玉米相反，我国大豆供求缺口却越来越大。这也是政府不合理的收购政策所导致的资源错配的结果。2008 年以来，玉米收储价格提高幅度超过大豆收储价格提高幅度将近 20 个百分点，导致大豆的传统产区纷纷压缩大豆种植面积，扩大玉米种植面积，作物种植结构严重失衡。

我国农产品之所以会出现结构性过剩、库存量过大，另一个重要原因就是成本高、价格高，其国内价格超过国外粮食市场价格，导致国产粮食入库，国外进口粮食入市。我国工业化、城镇化快速发展，带动资源要素价格迅速上涨，推动农业生产成本快速上升。前些年是物质投入成本上涨，近些年是人工费用和土地租金上升。2004 年以来，我国农业劳动力成本年均上涨 20% 以上，土地流转成本年均上涨 25% 以上，我国粮棉油生产成本年均增长 10% 以上，导致我国农业原有的低生产成本优势在"十二五"时期发生逆转，大宗农产品生产成本比美国、加拿大、澳大利亚等主产国高出一大截。2014 年，我国稻谷、小麦、玉米、棉花、大豆每吨生产成本比美国分别高出 39%、14.8%、112%、35.6% 和 103.3%。我国农业生产成本持续攀高，成为影响农业竞争力的一大硬伤。在农民种粮成本越来越高的情况下，政府为了保护农民的利益，同时也为了保证粮食的稳定供给，每年都会适时确定重要粮食的收购价格，这种价格明显高于进口粮食价格。2015 年国内粮食市场每吨大豆、玉米、小麦、大米的价格分别比国际粮食市场价格高 1175 元、923 元、626 元、1145 元，并由此导致粮食大量进口。

三 农业供给侧结构性改革的现实意义

农业供给侧结构性改革是经济新常态下，农业稳增长、调结构、促改革的必然选择。农业供给侧结构性改革的范围远远超出了一般意义上的农业结构调整，是贯彻农业全产业链条和全产业领域的系统性、整体性的调整变革。因此，推进农业供给侧结构性改革具有非常重要的现实意义。

1. 有利于推动城乡居民消费结构升级

随着城乡居民收入水平的提高，其消费需求在满足物质需求的基础上，正在向精神需求、文化需求转变，对农村生态、旅游、休闲、度假、养生等的需求越来越高。但是，传统的农业供给结构，仅仅把农业的功能局限于生产领域，即提供农产品，这种供给结构显然不能满足城乡居民消费结构转型升级的要求。这就要求我们在发挥农产品生产功能的同时，注重挖掘农业的生活、生态、文化等功能，挖掘农业的生态价值、休闲价值和文化价值，不断开拓现代农业的新领域、新内涵。农业供给侧结构性改革，通过农业结构调整和农村一二三产业深度融合，有利于拓展农业功能，创造出新的产业、新的产品和新的需求，并使城乡居民的潜在需求得到充分满足。

2. 有利于提高农业国际竞争力

在国内粮价不断上升、国际市场粮食价格大幅度下跌、全球能源价格持续下滑诸因素的共同作用下，国内粮食与国外粮食差价不断扩大，我国重要农产品竞争力不强的问题越来越突出。国内粮食价格过高，还使国内食品加工业的利润受到挤压，导致肉、奶等畜产品国内与国外差价扩大，食品进口数量不断增加。去库存与降成本是农业供给侧所要解决的两大问题。成本降不下来，价格也就很难降下来。倘若能够降低我国粮食生产成本，就有条件降低粮食收购价格，增强与进口粮食的竞争力，粮食库存量自然而然就会减少。而要从根本上解决降成本的问题，就必须提高农业全要素生产率。从我国农村的实际情况出发，要提高全要素生产率，就需要在农业供给侧结构性改革过程中，通过深化改革，推进制度创新，促进农村要素市场发育，提高我国农村要素市场化程度，让农村要素充分流动起来。

3. 有利于实现农业现代化

农业现代化是指利用先进技术改造传统农业的历史过程，在这一过程中，先进生产要素不断应用于传统农业中，会引发人力、物力、技术、制度等要素的一系列变革与更新，最终表现为农业综合效益大幅度提高，城乡统筹发展，创造出良好的生态环境，实现农业的可持续发展。而农业供给侧结构性改革则通过产业联动、产业集聚、技术渗透和体制创新等方式，将生产要素进行集约化配置，能够因地制宜地将更多的先进技术和现代化的生产方式运用到农业，将新技术、新业态、新商业模式贯穿其中，能够有效地实现农业综合效益的大幅提升，实现农村地区的可持续发展，从而为中国实现农业现代化建设提供良好的产业发展保障。

4. 有利于改善农业生态环境

这些年我国土地超垦过牧、地下水超采、土地重金属污染、水土流失加剧、面源污染严重，化肥利用率不到40%，农药利用率为35%，农膜残留率高达40%，全国70%以上的江河湖泊受到污染，上亿亩耕地不同程度地受到重金属污染，华北平原形成了近20万平方公里（目前世界上最大）的地下水超采漏斗区。许多地方资源和环境两道"紧箍咒"越绷越紧，耕地数量减少、质量下降等问题凸显，地没法种了、水没法浇了、种的粮菜没法吃了，农业生态环境成为突出短板。要抓住农产品供给充裕的有利时机，大力推进农业供给侧结构性改革，依托农村绿水青山、田园风光、山水文化等资源，将传统农业的精华与现代农业的技术结合起来，在农村大力发展生态农业、休闲农业等新型业态，农民不仅可以卖产品，也可以卖绿色、卖生态、卖风景、卖文化等，从而修复生态、改善环境、补齐短板，实现绿色发展。

5. 有利于增加农民收入

目前，农民家庭经营收入占到农民收入的40%以上，粮食主产区农民增收主要还是靠农业。由于农产品供求结构失衡，一些地方出现了"粮价跌、伤心菜、贱苹果"等现象，农民增产不增收。大力推进农业供给侧结构性改革，通过发展高产、优质、高效、生态、安全农业，有利于提高农业效益；通过推进农村一二三产业融合，有利于农民分享农业产业链条延伸、扩展所带来的红利；通过不断壮大农业新型经营主体，有利于培育农民增收新模式，促进农民持续增收。

参考文献

[1] 许经勇：《农业供给侧结构性改革的深层思考》，《学习论坛》2016年第6期。
[2] 祝卫东：《关于推进农业供给侧结构性改革的几个问题》，《行政管理改革》2016年第7期。
[3] 姜长云、杜志雄：《关于推进农业供给侧结构性改革的思考》，《南京农业大学学报》（社会科学版）2017年第1期。

中国农业发展的新方位与
农业供给侧结构性改革

陈文胜*

摘　要：中国作为一个全球人口大国，主要农产品供给经历了由长期短缺向总量平衡、丰年有余再到当前的阶段性过剩这样一个历史变迁过程，标志着中国农业发展已经处于由数量增长向质量安全跨越的窗口期、由生产导向到消费导向跨越的窗口期、由政府直接干预价格向市场决定价格跨越的窗口期、由单纯粮食安全战略向多重战略目标跨越的窗口期，突出地表明了中国农业发展已经站在战略跨越的新起点上，主要矛盾已由供给总量不足转变为供需结构性矛盾。推进农业供给侧结构性改革，以市场需求为核心优化资源配置，是实现中国农业发展战略转型的现实选择。品牌是农业竞争力的综合体现，代表着农业供给结构和需求结构的升级方向，无疑是推动传统农业向现代农业跨越的现实途径。

关键词：供需结构性矛盾　农产品品牌　农业供给侧结构性改革

农业现代化是农业发展的一种前沿变化，是一个动态的过程，不同时期被赋予了不同的战略目标和历史任务。中国作为一个全球人口大国，主要农产品供给经历了由长期短缺向总量平衡、丰年有余再到当前的阶段性过剩这样一个历史变迁过程，标志着中国农业发展已经实现了一个历史跨越。因此，习近平总书记在参加十二届全国人大四次会议湖南代表团审议时提出，新形势下农业的主要矛盾已经由总量不足转变为结构性矛盾，推进农业供给侧结构性改革，提高农业综合效益和竞争力，是当前和今后一

---

* 陈文胜，湖南省社会科学院、湖南省农村发展研究院。

个时期我国农业政策改革与完善的主要方向。这就十分鲜明地提出了新时期中国农业发展的战略思路，确立了中国农业改革的主要方向。

一 新方位：中国农业发展已进入 战略跨越的关键阶段

中国农业自 2004 年以来连年丰收，实现了粮食"十二连增"。尽管当前仍然面临不少难题，但已经迎来了从过去全力解决温饱到今天全面迈向小康的历史转折，突出地表明了中国农业发展已经站在战略跨越的新起点上。

（一）由数量增长向质量安全跨越的窗口期

为了应对谁来养活中国这一人口大国的世纪难题，相当长时期以来，中国农业发展的核心目标锁定在粮食产量上，取得了用不到世界 7% 的耕地养活超过世界 20% 人口的伟大成就。中国从来没有像今天这样把饭碗牢牢端在自己手上，但过度注重以提高产量为第一目标，忽视了质量是农产品竞争力的核心，使今天的农产品供过于求与供给不足并存，呈现阶段性、结构性供需不对称的过剩特征，造成了粮食高产量、高进口和高库存的"三量齐增"现状，必然要求农业发展取向的根本变革。

（二）由生产导向向消费导向跨越的窗口期

国以农为本，民以食为天。基于大国粮食安全的危机意识和长期食品短缺形成的历史惯性，发展农业生产成为中国历代治国理政者的头等大事，农业发展就是以生产为导向，不以销售和市场需求为前提，通过不断扩大生产规模来不断提高农业发展水平。随着中国经济快速发展，居民收入持续增长与消费水平不断提升，农产品消费已进入整体结构转型期，以生产为导向的农业发展方式与整个国内农产品需求严重脱节，供给结构与需求结构矛盾日益突出，必然要求中国农业发展方式由生产导向转向消费导向。

（三）由政府直接干预价格向市场决定价格跨越的窗口期

为了不断巩固和加强中国的农业基础地位，国家对农业采取保护和支持政策，对农产品以及农资价格进行政府直接干预和补贴，有力地调动了农业生产积极性，保证了粮食有效供给，实现了中国加入世界贸易组织之后保护农业发展的阶段性目标。但由于赋予了过多的保护功能，扭曲了市场价格与供求关系，影响了市场机制的作用发挥，不仅推动国内产量增加，导致农产品库存积压，也形成了国内外农产品价格倒挂，刺激粮食进口量大增。毋庸置疑，当前政府直接干预农产品价格的调控体系已难以持续，必然要求发挥市场供求对价格形成的决定性作用。

（四）由单纯粮食安全战略向多重战略目标跨越的窗口期

在工业化、城镇化的进程中，尽管农业在国民生产总值中所占份额越来越小，但中国的农业发展战略绝不能仅仅定位于确保自己吃饭的单纯粮食安全。在当下传统农业向现代农业转型的关键阶段，农业被赋予了生态保护、环境调节、生物能源、观光休闲、文化传承、国际竞争等多重功能。特别是中国作为全球人口大国，农业具有强国民生存之根、固国家经济之本、增国际竞争之力的多重战略作用，必然要求中国农业发展在确保粮食安全的同时，实现促进国民经济转型、加快城乡一体化发展、推进资源节约、保护生态环境、保障农产品质量、增加农民收入、提高农业效益等多重战略目标。

二　新任务：推进农业供给侧结构性改革是农业发展的必然要求

众所周知，中国农业发展的主要矛盾已由供给总量不足转变为供需结构性矛盾。推进农业供给侧结构性改革，以市场需求为核心优化资源配置，是实现中国农业发展战略转型的现实选择。

（一）农业供给侧结构性改革是优化农业结构的主线

中国农业发展到今天，尽管农产品总量在不断增长，但不少中高端农产品缺口越来越大，而一些农产品却产能过剩。在当前和今后一个时期内，农业发展的突出矛盾是结构性问题，调整优化农业结构主要在品种结构、品质结构、生产结构、经营体系结构、产业结构、区域结构等几个方面。推进农业供给侧结构性改革，推动农业生产向优势区域集中与区域结构优化，建立与市场需求相适应、与资源禀赋相匹配的农业结构与区域布局，促进国际、国内市场联动，缓解资源环境压力，确保农产品供给结构在品种、质量上满足多元化、个性化的消费需要，使供给侧结构和需求侧结构相匹配，是优化农业结构的核心内容。

（二）农业供给侧结构性改革是提高农业市场竞争力的核心

中国农业正承受着农产品成本"地板"上升与价格"天花板"下压的双重挤压、农业生产和价格补贴的"黄线"逼近与农业资源环境"红灯"亮起的双重约束，根本原因在于农业的综合竞争力不强。推进农业供给侧结构性改革，就是以供给数量、品种和质量不断满足市场需求为取向，从供给端发力，淘汰落后的生产模式，优化农业供给结构和资源配置，推动供给结构和需求结构优化升级，加快农业发展方式由"以量取胜"的低端路线向"高品质、高附加值、高盈利"的品牌路线的跨越、由外延扩张型向内涵集约型跨越、由规模速度型向质量效率型跨越，是全面提升农业市场竞争力的主要着力点。

（三）农业供给侧结构性改革是加快农业体制机制创新的动力

对于农业供给侧结构性改革，不少人认为就是去库存、降成本、补短板、增效益。但从体制机制层面来看，改革就意味着需要破除制度性障碍，通过变革制度来破解农业供给结构性矛盾，通过政府的有形之手优化制度供给、通过市场的无形之手优化资源要素配置，建立起以市场需求为导向、以科技为支撑、以市场价格形成机制为目标、以适度规模经营为抓手的体制机制，激活农业要素供给，激发农业各类主体的创新创业活力，释放农业的发展潜力，推进农产品过剩产能向适应市场消费需求的产能转化，是农业体制机制创新的最根本动力。

（四）农业供给侧结构性改革是促进农业可持续发展的途径

中国农业发展取得了显著的成绩，但也付出了巨大的资源环境代价。为了片面追求农业增产，过度消耗土壤肥力和地下淡水资源、超量施用化肥和农药等，不仅导致供给不适应市场需求，造成产品积压和资源浪费，而且导致部分地区资源环境承载能力接近极限，引发了资源破坏、环境污染、水土流失、土地沙漠化等一系列问题，造成农产品品种品质异化，危及生态环境安全，必然难以持续发展。生态兴则农业兴，农业兴则国家兴。农业作为一个特殊的产业，不仅要遵循经济发展的市场规律，还要遵循生物发展的自然规律。推进农业供给侧结构性改革，就是贯彻绿色发展新理念，尊重农业发展的生态规律，维护生态资本，以生态效益为农业的最大化效益；立足不同区域资源环境条件，以严格保护自然生态系统为前提，因地制宜明确区域农业可持续发展重点，以区域优势互补为目标，优化农业生产的资源配置，是促进农业可持续发展的有效途径。

三 新路径：地标品牌是推进农业供给侧结构性改革的突破口

品牌是农业竞争力的综合体现，代表着农业供给结构和需求结构的升级方向，无疑是推动传统农业向现代农业跨越的现实途径。而产地决定了农产品的品质，特定的农产品生产对自然生态资源及空间分布与组合有着特殊的要求，那些品质优良、产自特定地域的区域地标农产品，具有与生俱来的市场竞争力与品牌价值。

（一）特定地域环境决定着区域农产品品牌独具的地标符号

"橘生淮南则为橘，生于淮北则为枳"。农业生产以自然再生产为基础，生态环境的地域差异决定着农业生产的地域分工，不同地域的土壤、降水、光照、积温等生态环境不同，决定了不同地域生产的农产品品种、品质不同。正是农业生产的这种自然选择，决定了什么样的地域生态环境生产什么样品质的农产品，形成了区域专业化生产规模，如东北的大米、新疆的棉花、河北的鸭梨等，是千百年来与地域农业资源相匹配、与地域种植习惯相适宜、与地域生态环境相适应而为世人所青睐。从中国现有的品牌农产品来看，无一不是独具特定地标符号的产品，包括特定的地域品种、特定的地域环境、特定的地域种养方式、特定的地域文化历史传承、特有的营养价值。因此，农产品区域地标品牌具有独特的地标区域性、资源稀缺性、产品唯一性、品质独特性和不可复制性，是有效化解当前中国农产品由同质竞争造成"高库存"困境的突破口。

（二）农产品区域地标品牌代表着农业供给侧结构性改革的主攻方向

在日益激烈的农产品市场竞争中，什么样品质的农产品决定着什么样的市场品牌价值。由于农产品区域地标品牌是特定的地域生态环境产物，在市场上具有"自然垄断"地位，比较优势非常突出。中国几千年的农耕文化孕育了诸多具有地理、历史、文化价值的地标性品牌农产品，其所具有的特殊品质，迎合了当今时代的市场消费需求。推进农业供给侧结构性改革，就是要以消费导向为出发点，以优化品质结构为着重点，以提高农产品效益和市场竞争力为落脚点，实现农业发展的社会效益、经济效益、生态效益有机统一。因此，要大力推进农产品区域地标品牌发展，使各具特色的地域资源优势转化为市场竞争优势，推动供给总量、供给结构与需求总量、需求结构相适应；同时，以区域地标品牌为纽带，推进农业的生产、加工、服务一体化，提升农业价值链、延伸农业产业链、打造农业供应链、形成农业全产业链，实现由农产品规模化生产向农产品区域地标品牌化经营的转变。

（三）推进农业供给侧结构性改革亟待加快区域地标品牌的农业发展

区域地标品牌发展的过程，就是农产品差异化、精细化、品牌化的生产过程，就是农业区域化布局、专业化生产、标准化控制、产业化经营的过程，无疑是以市场需求为导向的农业供给侧结构性改革的战略性选择。一是要推进农业总体结构优化。不具备生产优质农产品的地方，即使科技含量再高、规模再大、产量再高，也不会有市场竞争力，无法成为品牌。因此，要以区域空间布局为突破口，全面进行农业生态环境区域普查，制定与生态环境相对应的区域农业品种发展规划，以区域地标品牌为导向优化农业区域结构，以农业资源环境为基准优化农业品种结构，以地标品牌经营为引领优化农业产业结构。二是要推进区域地标品牌体系建设。围绕农业区域地标品牌化系统工程，探索建立区域农产品品牌目录制度，创建区域农业公用品牌发展体系；推进农产品区域地标品牌立法，强化对品牌的法律保护；培育区域地标品牌战略联盟，提供系统化、一站式解决方案，形成具有特色、拥有核心竞争力的区域地标品牌专业化生产区，打响中国农业的地域名片。三是推进农业发展政策转型。要改革现行的国家农业支持政策，将具有品质与市场竞争力的地域品牌作为政策扶持的重点；从粮食均等"最低保护价"转变为按照品质差别对待"指导价"，从奖励"种粮大县"转变为奖励"品牌大县"，从注重产量考核转变为注重地标品牌考核，实现农业发展政策从确保粮食安全的数量优先，向结构转型的质量优先跨越。

参考文献

[1] 陈锡文：《牢牢把握当前农业政策改革的主要方向——关于加快推进农业供给侧结构性改革》，《中国粮食经济》2017 年第 1 期。

[2] 韩长赋：《着力推进农业供给侧结构性改革》，《求是》2016 年第 9 期。

[3] 唐仁健：《农业供给侧结构性改革怎么看怎么干》，《人民日报》2017 年 2 月 6 日。

[4] 韩俊：《推进农业供给侧结构性改革提升农业综合效益和竞争力》，《学习时报》2016 年 12 月 26 日。

[5] 陈文胜：《农业供给侧结构性改革：中国农业发展的战略转型》，《求是》2017 年第 3 期。

[6] 宋洪远：《关于农业供给侧结构性改革若干问题的思考和建议》，《中国农村经济》2016 年第 10 期。

[7] 孔祥智：《农业供给侧结构性改革的基本内涵与政策建议》，《改革》2016 年第 2 期。

[8] 陈文胜：《推进农产品区域品牌建设》，《人民日报》2017 年 6 月 12 日。

[9] 陈文胜：《把握农业供给侧结构性改革重点》，《经济日报》2016 年 10 月 22 日。

[10] 陈文胜：《论中国农业供给侧结构性改革的着力点》，《农村经济》2016 年第 11 期。

深入推进粮食供给侧结构性改革

李国祥[*]

摘　要： 农业供给侧结构性改革是完善农业政策的重要举措，2016 年取得明显成效。随着农业发展进入新的历史阶段，居民消费升级，部门粮食品种库存高，消化库存的任务重，进口压力大，粮食供给侧结构性改革显得十分迫切。要深化粮食价格形成机制和收储制度改革，在稻谷和小麦收储制度改革上取得突破，培育壮大粮食产业发展新动能，促进粮食供给结构调整优化，实现粮食产业转型升级，发挥粮食收储加工经营等多个主体的积极作用，实现粮食生产经营者持续增收，确保粮食供给侧结构性改革取得新实效。

关键词： 粮食　供给侧　改革

根据 2017 年中央一号文件部署，我国将积极深入推进农业供给侧结构性改革，加快培育农业农村发展新动能。农业供给侧结构性改革，就是以改革为基本手段，推进农业结构调整优化和农业发展方式转变，培育新产业新业态，促进农民持续较快增收，特别是对粮食生产依赖程度比较高的农户增收，巩固国家粮食安全，积极消化不合理粮食库存。我国粮食供给侧结构性改革进展明显，成效有目共睹，但仍然面临很多难题，迫切需要深入推进。

一　我国粮食供给进入新的历史阶段

经过多年发展，我国粮食综合生产能力显著提高，供给极大增长，长期时常困扰人们想吃但可能卖不到的难题基本得到解决。农业发展有效地

---

* 李国祥，中国社会科学院农村发展研究所。

解决了粮食供求数量矛盾，但出现了质量安全风险上升和农业资源环境不断恶化等矛盾，出现了保持农民收入较快增长难度越来越大的问题，以及小规模粮食种植户收入下降的难题。

我国粮食供求结构性矛盾和阶段性供过于求矛盾突出。自 2004 年以来，我国对小麦和稻谷实施最低收购价政策，农民种植小麦和稻谷不愁销，价格和收益都有保障，小麦和稻谷持续丰收和不断增产。近年来，我国小麦和稻谷的当年生产量一般都超过消费量，突出表现为小麦和稻谷库存不断增加。保持合理库存的难度越来越大，现在面临的主要难题是如何消化过多的库存和缓解可能出现的超期储备。

2016 年，我国小麦和稻谷产量分别为 12885 万吨、20693 万吨，人均占有量超过 200 公斤。估计 2017 年城乡居民人均消费口粮（谷物、薯类和豆类原粮）不足 130 公斤，口粮中谷物不足 120 公斤。仅稻谷的人均占有量就超过了人均口粮消费量，更不用说口粮中还有居民消费的麦面、其他杂粮杂豆及薯类。随着我国居民食物消费结构升级和城镇化推进，居民人均消费的口粮数量还将持续减少。如果粮食生产结构不能优化调整，粮食加工流通不能有效地引领粮食生产，粮食产量大于粮食消费的状况就不可能得到改变，这种累积性矛盾最终会困扰我国粮食产业发展。

我国粮食供给进入新的历史阶段，供求矛盾凸显，不仅来源于国内生产与消费的不匹配，而且受到国际市场的影响。近年来，高档特色大米（如泰国香米）进口、对外开放需要进口大米、低端走私大米，都成为国内大米市场的供给来源。虽然来自国外的大米数量还比较少，但是低端走私大米价格低，国内市场对其管制缺位，对国内市场的冲击不可忽视。我国玉米供给结构矛盾更加突出，一方面，国内玉米产量高和库存消化难；另一方面，玉米替代品大规模进口。从长远来看，我国农业将在更广范围和更深层次开展对外合作、"一带一路"倡议的实施，这些因素对国内粮食市场的影响不可低估。

粮食供给进入新的历史阶段，一个重要表现是农业发展进入新的历史阶段。从农业发展的历史来看，大致经历了原始农业、传统农业、现代农业等阶段。我国正处在前现代农业更高层次发展并向后现代农业发展过渡的重要时期。前现代农业高度依赖物化技术应用、现代生产要素的投入以及相应的高效组织来实现农业发展。新品种的不断更新换代，农业机械化水平的不断提高，化肥农药的大量施用，同时伴随农业专业化、区域化和规模化等组织形式的形成，使农业生产达到前所未有的水平。与前现代农业发展不同，后现代农业出现了很多逆向变化，但又明显地区别于传统农业的更高级形式。

我们还应看到，我国农业农村发展面临的环境条件正在发生深刻变化。对外开放不断扩大，农业国际化不可逆转，农产品进出口对我国农业的影响越来越大，特别是我国农业国际竞争力偏弱的问题更加凸显。新的科技革命，特别是信息技术和生物技术的发展，催生出产业发展新要素、新动能，有力地推动了产业融合发展，农业发展空间界限不断被打破，城乡发展一体化新格局不断形成，这些都要求必须对农业农村发展和粮食产业发展进行新的定位。我国工业化、城镇化不断推进，城乡居民生活水平不断提高，消费结构不断升级，也都对农业发展提出了新的更高要求。由此可见，深入推进粮食供给侧结构性改革是必然选择，也是引领新阶段农业农村发展的智慧选择。

二 推进农业供给侧结构性改革对粮食产业发展意义深远

农业供给侧结构性改革始终以确保国家粮食安全为底线。根据新形势下国家粮食安全战略要求，必须确保口粮绝对安全、谷物基本自给。这意味着国家会维持粮食供给相对宽松状况，不会像过去农业结构调整那样带来粮食市场周期性波动。回顾改革开放以来我国几轮农业结构调整，一般都发生在粮食供给偏多的时候，国家减少政策支持，出现农民卖粮难和价格低迷而使农民种植积极性受挫，过几年又出现粮食供给偏紧和价格高企。保持粮食供给宽松状态，意味着那些靠投机赚钱的收储加工经营企业越来越没有机会，也意味着粮食市场竞争更加激烈，转型升级是唯一出路。

农业供给侧结构性改革以增加农民收入和保障有效供给为主要目标。过去农业结构调整中都出现了农民减收或者农民收入徘徊的状况，农业供给侧结构性改革就是要避免这一局面的重现。这决定了国家深化粮食收储制度和价格形成机制改革以及相关政策调整完善会把保护农民利益放在突出位置，保护农民种粮积极性。这样粮食有效供给就有了根本保证。

农业供给侧结构性改革以提高农业供给质量为主攻方向，关键要实现粮食生产加工流通由过度依赖资源消耗向追求绿色生态可持续发展转变；由主要满足量的需求向更加注重满足质的需求转变。这不仅是国家确保新形势下粮食安全的需要，更好地实施藏粮于地战略，更好地与居民消费结构升级相适应，而且是粮食生产加工收储经营者必须面对的情况。

农业供给侧结构性改革以体制改革和机制创新为根本途径。小麦和稻谷作为口粮，多年来国家对其实施最低收购价政策，这一政策后来演变为国家托市收购，虽然有助于保护农民利益，但扭曲市场的弊端十分明显。政策性收储引起相关产品市场扭曲，这一政策带来了越来越多的矛盾和问题，特别是小麦和稻谷等谷物产量、库存量及进口量"三量齐增"，出现政策性收储粮食的仓容不足、国家财政负担加重和陈化粮风险加大等难题，也给利用国内原粮加工经营企业带来生存发展困难。

2017 年中央一号文件明确提出要深化粮食等重要农产品价格形成机制和收储制度改革，其中坚持并完善稻谷最低收购价政策，合理调整最低收购价水平，形成合理比价关系是深化改革的重要内容。2017 年为了克服稻谷收购市场扭曲弊端，引导鼓励农民调整种植结构，避免盲目"旱改水"，减缓稻谷收储压力，国家不得不降低早籼稻、中晚籼稻和粳稻最低收购价水平。根据国家发展和改革委员会公布的数据，2017 年生产的三等早籼稻、中晚籼稻和粳稻最低收购价格每 50 公斤分别为 130 元、136 元和 150元，分别比 2016 年下调 3 元、2 元和 5 元。虽然稻谷最低收购价水平降低幅度有限，但对于稻米生产和市场运行的预期作用不可低估。

稻谷属于口粮范畴，估计国家不会在短时间内全面取消最低收购价政策。对于未来稻谷最低收购价政策的改革，目前确实存在一定的不确定性，但其走向取决于玉米收储制度是否成功、稻谷种植结构调整是否取得成效、稻谷收储吞吐机制是否能够理顺等多种因素。如果玉米收储制度改革成功、稻谷提质增效取得重要进展、稻谷既能够收进来又能够出得去，那么放弃稻谷最低收购价政策是有可能的。

在农业供给侧结构性改革中，如何深化稻谷价格形成机制和收储制度改革？从实际出发，短时间内全面取消稻谷最低收购价政策的可能性比较小，有序稳妥分别推进早籼稻、中晚籼稻和粳稻收储制度和补贴制度改革的可能性则比较大。近年来，一些投资者盲目扩大仓储设施建设，这种投资是建立在对国家不断加大稻谷收储支持力度判断基础上的。如果国家深化稻谷收储制度改革和调整稻谷最低收购价政策，盲目扩大仓储设施投资实际上风险是很大的。

稻谷最低收购价政策的市场扭曲效应明显，这一政策确定的最低收购价水平脱离市场供求和国际市场状况，收储数量脱离社会需求状况。深化稻谷价格形成机制改革，同时继续实施部分稻谷最低收购价政策，重新选择稻谷最低收购价合理水平应是重要改革方向，可能的选择是保本确定最低收购价水平，拉开不同质量稻谷最低收购价水平，并重点考虑国际市场价格情况，在此基础上通过价外补贴保障种稻农民基本收益。从长期来看，国家通过实施稻谷最低收购价政策收储的稻谷数量，应根据稻谷规定的储备规模来确定和调整，即根据稻谷主产区保证 3 个月、主销区保证 6 个月的消费数量，通过合同等方式和途径，引导农民合理种植稻谷并按最低收购价水平实行定量定质收购。

总之，深入推进稻米供给侧结构性改革，除了全面放弃最低收购价政策外，还可能有其他多种选择。不管怎样选择，最终是基本不扭曲市场或者尽可能小地扭曲市场，又能够优化稻米供给结构，促进稻米产业发展转型升级，这就是说，稻米生产收储加工经营者发展将面临更加有利和公平的政策环境。

2008 年，我国在东北三省和内蒙古地区实施玉米临时收储政策。玉米临时收储政策对于保护农民积极性发挥了重要作用，在 2010 年前后国内玉米供求关系偏紧的情形下，对于玉米稳定增产的积极意义尤其明显。2012 年后，随着国内、国际玉米供求关系的改变，国际玉米价格明显下跌，而国内玉米临时收储价格居高不下，国际、国内玉米价格倒挂，导致国内玉米种植面积继续扩大。在玉米进一步大幅度增产的同时，玉米及其替代品进口规模不断扩大，国内玉米库存过高、超期储存消化困难和国家收储仓容不足的矛盾越来越突出。2015 年国家调低玉米临时收储价格，但是玉米政策性收储矛盾并没有有效缓解，2016 年国家决定对玉米收储制度进行彻底改革，包括市场定价、价补分离和收储主体多元化，实际上就是取消玉米临时收储政策。2016 年启动的新一轮玉米收储制度深化改革，成效显著。2017 年国家继续在东北三省和内蒙古实施与完善玉米化收购加补贴机制。

玉米价格形成机制和收储制度改革，有力地促进了玉米生产结构的调整。2016 年，东北三省和内蒙古玉米种植面积减少了 2300 多万亩。当年新季玉米收获后，国内玉米收储制度改革使玉米价格形成机制回归市场，加上国家出台玉米深加工补贴政策，以及国际粮食运力紧张，东北玉米外销市场十分活跃，带来对铁路等外运需求的爆发式增长。2016年新季玉米上市后，玉米深加工企业收购玉米原料成本降低，国家又给予加工补贴，深加工企业开工率显著提高，有力地拉动了玉米收购以及库存的消化。

玉米收购环节市场定价使玉米市场价格与国际市场价格收敛（趋于一致），有效地减缓了玉米及其替代品的进口压力。新一轮玉米收储制度改革启动后，农民销售玉米价格持续大幅度下跌。根据国家统计局数据，2016年玉米生产者价格比上年下跌13.2%，2017年第一季度玉米生产者价格进一步下跌19.1%，2017年第一季度玉米生产者价格比2015年第一季度累计下跌31.7%。

为确保不出现农民卖粮难，各级政府及相关部门采取有力措施，国家出台政策清理铁路货物运输不合理收费，黑龙江省允许玉米整车外运、出省车辆享受鲜活农产品"绿色通道"政策，吉林省对玉米外销整车运输减免省内路桥通行费，降低玉米外运物流成本，同时各级政府还建立铁路公路运输玉米工作机制。这些政策措施有效地缓解了新一轮玉米收储制度市场化改革后东北玉米外运压力难题。

玉米收储放开市场，消除了玉米收储费用补贴，总体上大幅度减少了财政负担。为了实施玉米临时收储政策，国家给予执行主体收购环节和储存环节多项补贴。据资料，国家实施玉米临时收储政策时，会向执行主体补偿收购费50元/吨，做囤费70元/吨，保管费每年92元，收购资金5%利息。如果按照2015年临时收储价格每公斤2元计算，收储1.5亿吨玉米，国家需要支付的各项收储费用为468亿元。如果当年执行临时收储政策收购的玉米不能出库，存储2年，那么国家需要的各项收储费用合计为756亿元。玉米收储制度改革后，在价补分离的原则下，国家财政给予的补贴金额显著低于执行临时收储政策时的财政补贴金额。

三 粮食生产经营主体应积极践行
供给侧结构性改革

为深入推进农业供给侧结构性改革，政府通过政策引导农民适度减少粮食种植面积。根据2017年国务院《政府工作报告》，国家将粮改饲试点面积扩大到1000万亩以上，在年内完成退耕还林还草1200万亩以上，继续开展重金属污染耕地修复及种植结构调整试点，推进耕地轮作休耕制度试点。通过政府计划减少种植，既有助于改善稻谷供求关系，又能够促进农业可持续发展，更好地保护农业资源环境。

2017年中央一号文件提出要调整优化种植业结构，稳定粮食生产，重点发展优质小麦和稻谷。这既是根据市场需求提出的重要意见，又是对粮食生产经营主体提出的积极践行粮食生产结构优化调整的更高要求。长期以来，我国粮食和其他农产品一样，产业各环节相互脱节，优质优价难题一直得不到根本解决，收储加工经营企业抱怨农民生产的粮食质量不高，一致性差，无法满足品牌发展的需要。改变这种状况，要求粮食收储加工经营企业应在供给侧结构性改革实践中发挥主导作用，深度融合一二三产业发展，通过订单等途径，构建紧密的利益联结机制，让农民，特别是新型农业经营主体，按照企业需求安排生产。

为了更好地深入推进农业供给侧结构性改革，国家决定启动粮食功能区、重要农产品生产保护区和特色农产品优势区建设，要求各地科学合理地划定稻谷等粮食生产功能区，并将粮食功能区地块全部建档立册、上图入库，实现信息化、标准化管理。这意味着粮食收储加工经营企业在优质粮食品种生产中发挥主导作用的条件更加成熟，粮食功能区能够成为企业重要的生产基地，能够成为企业需要的优质粮食的稳定来源。同时，国家将完善激励机制和支持政策，层层落实建设管护主体责任，建设粮食功能区。

深化粮食供给侧结构性改革，必须优化粮食产业体系，打破粮食生产、加工和流通等环节相互分割格局，把一二三产业融合起来发展。融合发展一二三产业，并不意味着搞小而全，走小农经济老路，而应在社会化分工高度发达的基础上，协同整合不同产业环节，拓展粮食供应链和价值链，构建新型产销组织方式，建立新型利益联结机制，发展分享经济。产业园和综合体等形式是优化粮食产业体系的有效载体。

深化粮食供给侧结构性改革，必须优化粮食生产体系，关键是构建与农业农村发展新历史阶段要求相匹配的科技支撑体系。当务之急是要扭转重在高产增产的农业科技创新倾向。新的农业科技支撑体系，既要注重将信息技术和生物技术最新成果应用于粮食生产，又要能够根据农业新盈利模式创新中农民遇到的技术难题开展研究开发。

深化粮食供给侧结构性改革，必须优化粮食经营体系，要把培育新型农业经营主体和发展农业社会化服务体系作为重要抓手。在工业化和城镇化推进过程中，大量的农业农村优质要素已经非农化，而新型农业产业体系和生产体系发展使新生产要素价值贡献显现化成为可能，这意味着农业农村优质要素获得与非农产业相均衡的回报也成为可能。要利用这一契机，吸引更多的热爱农业、掌握科技并善于经营的年轻人发展农业，就地培养成为新型职业农民；吸引更多的资本投资农业，优化配置好农业各类生产要素，培育更多的新型农业生产经营主体。未来农业产业体系和生产体系的优化，一个共同的重要推动力量是生产性服务业的发展。

优化现代农业体系，要靠农业农村改革创新来推动，核心是要建立健全各类农业生产要素市场。要通过深化农村产权改革，培育农村土地和集体经营性资产等要素流转市场；要通过深化融资机制改革，培育农村资本市场；要通过建立农村人才吸引和培养机制，培育农业职业经理人和高素质农村劳动力市场。这样才能发挥农业农村改革的综合效应。

深入推进农业供给侧结构性改革，必须转变粮食生产加工方式。一些地方和粮食生产收储加工经营主体的实践表明，推进稻田综合种养和农业清洁生产成效明显。吉林等省份稻谷清洁生产和绿色发展走在全国前列，稻谷库存压力小，稻米产业各经营主体盈利状况相对较好。近年来，我国稻谷化肥和农药投入基本上实现了零增长，稻谷秸秆和稻壳资源化利用也取得了实质性进展。这一态势估计会进一步强化，要求粮食生产加工经营主体必须顺势而为，否则可能面临居民消费升级和环保门槛的淘汰。

2017年中央一号文件提出要加快发展现代食品产业，引导加工企业向主产区、优势产区、产业园区集中，在优势农产品产地打造食品加工产业集群；实施主食加工业提升行动，积极推进传统主食工业化、规模化生产，大力发展方便食品、休闲食品；大力推广"生产基地+中央厨房+餐饮门店"和"生产基地+加工企业+商超销售"等产销模式。这对于现有的粮食加工企业意味着可能面临更多的空间布局调整机会，也意味着创新经营模式从而创造出新的盈利模式的机会。

2017年中央一号文件提出鼓励地方统筹使用高标准农田建设、农业综合开发、现代农业生产发展等相关项目资金，建设"生产+加工+科技"

的现代农业产业园，推动农业全环节升级、全链条增值。现代农业产业园建设，无疑是粮食收储加工经营企业发展实现新跨越的重大机制。

随着我国经济发展进入新常态，壮大新产业新业态成为经济发展的新动能。近年来，我国农业与旅游、教育、文化、康养等产业深度融合发展势头迅猛，农村电商和农产品电商每年一般都以两位数的速度快速发展。在粮食产业发展新形势下，收储加工经营企业不仅要与粮食生产形成紧密联结，而且通过应用新技术，与其他产业和业态相融合，就可能创出一条新路，具有更强的生命力。

粮食供给和产业发展进入新的历史阶段，对于多数收储加工经营企业来说，选择差异化策略及细分市场，成功的概率总体上相对较高，这就要求必须走品牌化发展道路。总体上来说，我国居民消费结构升级，粮食消费多样化、优质化、安全保障是趋势。粮食供给侧结构性改革，虽然从供给侧改善结构和创新体制机制着手，但最终还是更好地满足现有需求、创造新需求。例如，消费者更愿意吃到有机大米、功能性大米等，这是重要的市场机会。

近年来，还有一些粮食加工经营企业把差别化市场细分和品牌建设简单地理解为实现高价销售的策略，结果也没有成功。实际上，市场定价对于企业能否成功地走品牌化发展道路影响很大。如果商品价位过高，就会抑制消费需求。当然价位过低，无疑等同于低价恶性竞争，不可能实现企业长远发展。因此，给粮食市场价格合理定位，既不要因价格过高让市场销售规模过小，又不要因价格过低使企业无法积累发展资金，在政府减少粮食市场价格强干预大趋势下，这将是粮食收储加工经营企业能否在供给侧结构性改革实践中取得成功的一个重要决定因素。

为了有效地消化玉米过高库存，我国应合理地发展玉米深加工。发展糖类（饴糖）生产，是消化玉米库存的有效途径，具有多重意义。我国食糖年消费量稳定在 1500 万吨左右。国内年生产食糖大约 1400 万吨，每年食糖产需存在缺口。玉米能够加工成饴糖，一般 2 公斤玉米可以加工 1 公斤饴糖。美国食品工业用糖基本上是果糖，用玉米加工生产饴糖数量很大。借鉴美国做法，我国也可以扩大玉米生产饴糖和果糖，部分替代蔗糖需求。发展燃料乙醇，有序推进燃料乙醇掺兑汽油，对解决汽车燃料和保护环境具有重要意义。美国很多地方强制规定向汽油加 10% 的燃料乙醇，以调节玉米供求关系。截止到 2016 年底，我国燃料乙醇只在东北和南方少数地区使用，需求量偏小。我国可以借鉴美国做法，适当发展玉米加工燃料乙醇。

参考文献

［1］丁声俊：《玉米供求的阶段性转变与收储制度改革》，《价格理论与实践》2016 年第 3 期。

［2］李经谋：《2016 年中国粮食市场发展报告》，中国财政经济出版社，2016。

玉米收储政策改革带来的新情况、新问题

张　磊　李冬艳*

摘　要：国家玉米收储政策的改革，给我国玉米主产区带来了许多新情况、新问题。农业成本上升、规模经营放缓等情况连续出现，有些地方问题很严重，甚至影响到现代农业发展，造成农民收入减少。必须通过加强对玉米加工业的扶持，支持农村一二三产业融合发展。规划设计种植业结构调整，明确马铃薯主粮化地位，解决好玉米收储政策改革带来的返贫问题，在处理好改革与发展关系的基础上加快农业结构调整，保持政策的稳定性、连续性、透明性、及时性等，保证玉米收储政策改革顺利、平稳进行，达到改革的目的和效果。

关键词：玉米收储制度改革　农民收入　农业现代化

玉米收储政策改革是我国农业供给侧结构性改革战略的重要组成部分，是今后一段时期我国"镰刀弯地区"农业经济改革的重中之重。在"镰刀湾地区"实行玉米收储政策改革，对玉米价格实施"市场定价"与"价补分离"相结合机制两年来，吉林省作为该区农业大省，调整优化产业结构，厚植农业农村的发展优势，加快创新驱动力度，加快农业发展方式，保持农业稳定发展和农民持续增收，实现农业供给侧结构性改革责无旁贷。吉林省在实施玉米收储政策改革、提高农业供给体系质量和效率、适应市场需求过程中发现，玉米收储政策改革带来了许多新情况、新问题，这些情况和问题将会给我国现代农业发展带来新的困难与挑战。这些

---

* 张磊，吉林省社会科学院农村发展研究所；李冬艳，吉林省社会科学院农村发展研究所。

新情况、新问题在今后农业现代化过程中，必须首先解决，而且必须解决好。

一 改革出现的新情况

适应农业供给侧结构性改革，在"镰刀弯地区"实施玉米收储政策改革很必要，也很及时，但是广大的东北地区准备不充分，"三农"为此付出了代价。调查显示：2015年国家玉米临储价格调整以及农资补贴按比例下发两项政策的实施，使吉林省长春市农民人均减收600余元，对种粮大户、家庭农场、农民合作社的影响更为明显。2016年，吉林省调减籽粒玉米面积332.58万亩。其中，农业部门落实调减籽粒玉米面积252.58万亩，畜牧部门落实调减籽粒玉米面积80万亩。吉林省调减的籽粒玉米只占全省玉米播种面积的5%，数量不多，但是影响很大，出现了许多新情况。

1. 临储价格降低，加大农业生产风险

1997年国家对玉米实施保护价收储政策以来，玉米市场价格总体呈现逐年上涨态势，到2015年玉米价格达到顶峰。伴随着长达13年粮食收储政策的实施，国内农产品价格持续上涨，在国家鼓励新型农业经营主体发展政策的推动下，新型农业经营主体在粮食主产区争抢流转耕地现象普遍发生。随之而来，耕地流转价格不断飙升，吉林省很多县（市）生产粮食的耕地流转租金每亩超过600元，不仅高于粮食的每亩纯收益，甚至高于粮食的每亩物化成本。农用地流转租金过高，导致农业成本上升，农业风险加大，对于农业供给侧结构性改革极其不利。

2. 政策和市场两方面因素造成规模经营进程放缓，影响农业现代化建设水平

吉林省土地流转之后，绝大多数种植的是玉米。玉米生产总量不断增加的原因如下。一是地处世界黄金玉米带。吉林省玉米产量高，玉米总产量位居全国第四，单产位居全国第一，玉米总产量已经跃上500亿斤台阶，单产已经接近800公斤/公顷；吉林省适宜玉米种植空间广，玉米播种面积占全省种植业播种面积的70%以上。二是种植玉米技术过硬。吉林省长期

种植玉米，大部分农业技术研究、开发都是围绕玉米开展的，其耕作技术、种子技术、肥料和农药使用技术等非常成熟。三是玉米生产适宜规模经营。玉米大范围的种植适合农业机械化，目前全省70%的玉米耕种收实现了农业机械化。四是国家临储价格保护性收购，粮食补贴支持玉米种植。与此同时，农村各项改革可能会导致要素价格的攀升，从而进一步导致要素配置使玉米种植成本上升。例如，广大农村正在开展的土地"三权分置"可能会大幅度提高土地的交易成本和租金价格。农村土地确权登记颁证，跟我们理解的降低成本、促进供给，或者促进创新不是完全吻合的。但是随着玉米临储政策改革的深入进行，情况发生了很大变化。从2015年降低玉米临储价格，到2016年全面取消玉米临储价格收购，玉米价格断崖式下降，2016年10月吉林省有些地方新玉米价格为0.96元/公斤。种植玉米效益的下降，导致土地流转速度出现负增长，2017年吉林省广大地区，农户开始降价进行耕地流转，降价幅度相当惊人，有些县（市）耕地流转租金为1000元/公顷，甚至出现零费用流转现象。新型农业经营主体退租流转土地现象开始出现，不利于新型农业经营主体的培育和农业现代化发展。

3. 玉米播种面积的调节，带来新的供需矛盾

盲目的种植，促使农业新增品种产量大幅度增加，价格下降，农民收入减少，出现新问题；同时，造成农民心理失衡，社会可能出现新矛盾，甚至出现动荡。吉林省玉米播种面积占粮食播种面积的80%，而农民收入的70%来源于种植业。调减下来的300万亩耕地，农民盲目种植。种瓜得瓜，没错，但效益下降。调查显示，2016年8月份西瓜价格仅为上年的一半不到。种豆得豆，不假，但是，2017年吉林省西部地区绿豆种植面积是上年的2倍还多，据预测，价格会大幅度下降。可能会产生新的供需矛盾。此外，调减玉米之后种植结构调整困难很多、障碍很大。按照"镰刀弯地区"玉米调减目标，2018年还会继续调减玉米种植面积。然而，调减下来的耕地，只有大的种植方向，具体到每个农业经营主体还不清楚种植什么。由于资源禀赋的差异，吉林省东部山区、中部平原、西部风沙盐碱地种植结构调整的方向存在较大差异，需要科学区划，因地制宜。另外，由于2017年种植其他作物品种的出师不利，加上国家政策的变化（"市场定价、价补分离"），每亩玉米补贴126元，每市斤补贴最多0.12

元，让农民感觉到还是主粮市场收入稳定，来之不易的玉米面积调减，可能会付诸东流。

二 改革带来的新问题

"十三五"之前我国粮食政策促进农民收入不断增加。从 2004 年国家取消农业税开始，国家对农业的补贴不断增加，到 2015 年吉林省平均每公顷补贴金额达到 2200 元。全国农业补贴平均水平 9.1%。农民纯收入由 2004 年 3000 元，增加到 2015 年 10776 元。

当前的国家粮食政策让玉米价格持续走低。2014 年国家临储玉米价格维持上年水平，即以吉林三等玉米收购 1.12 元/斤为基准，2015 年国家玉米临储价格为 1.00 元/斤；2016 年国家全面取消玉米临储价格。与此同时，单项的国家粮食补贴已经合并成为农业支持保护补贴。根据《财政部、农业部关于调整完善农业三项补贴政策的指导意见》，我国从 2015 年调整完善农作物良种补贴、种粮农民直接补贴和农资综合补贴三项补贴政策（以下简称农业"三项补贴"），将"三项补贴"合并为"农业支持保护补贴"，政策目标调整为支持耕地地力保护和粮食适度规模经营，旨在解决农业"三项补贴"项目资金"碎片化"问题。其中，将 80% 的农资综合补贴存量资金，加上种粮农民直接补贴资金和农作物良种补贴资金，统筹整合为耕地地力保护补贴资金，支持耕地地力保护；将 20% 的农资综合补贴资金和农业"三项补贴"增量资金，统筹用于支持粮食适度规模经营。

在当前玉米政策作用下吉林省农民收入开始走低。2015 年农民收入增速开始下降，结束连续 10 年之久的两位数增长，变成一位数。2016 年农民收入断崖式下跌。一是目前种植玉米仍然是种植业中最省事、最赚钱的产业，因此调减玉米，农民收入将会减少。吉林省农委统计显示，2016 年籽粒玉米面积 5567 万亩，比上年减少 332.58 万亩，预计 2017 年仍然调减 300 公顷玉米播种面积。二是玉米价格降低，农民收入减少。传统经济结构影响持续发展，导致经济出现畸形增长。吉林省玉米播种面积占粮食播种面积的 80%，而农民收入的 70% 来源于种植业。2015 年国家玉米临储价格调整以及农资补贴按比例下发两项政策的实施，使长春市农民人均减收 600 余元，对种粮大户、家庭农场、农民合作社的影响更为明显。2016

年吉林省玉米标准水（14 个水）价格为 1400 元/吨，扣除水分，实际价格只有每市斤 0.5 元左右，最低价格达到 0.48 元/斤。几乎是 2015 年价格的一半左右，只此一项造成农民减收四分之一。

三　提出几点建议

长期看，实施农业供给侧改革，有利于落实农业提质增效，落实农业新的发展理念，加快推进农业转型升级，实现农业发展动力转化，优化农业的产品结构、生产结构和区域结构，提高农业质量效益和竞争力；有利于农业产出高效、农产品安全、资源节约、环境友好，减少化肥、农药的不合理使用，开展社会化服务；有利于新型城镇化和新农村建设的双轮驱动，有利于让农民平等地参与现代化建设过程，享受现代化成果，体面生活；有利于加快补齐农业发展的短板，加快农业基础设施建设，增加市场紧缺农产品的生产，不断延长农产品的产业链、价值链，使农民有更多的收益。但是，短期我们必须面对政策本身变化带来的短期阵痛，制定相关措施，即应对这些新情况、新问题。

1. 保持政策的稳定性、连续性、透明性、及时性

没有把握的政策可以暂缓出台，出台了的就要义无反顾。结构性改革需要基层干部去工作。国家层面的政策不稳定，让工作无法顺利有序开展。必须清楚是要调减玉米面积，还是要确保粮食产量。既然要逐渐与国际市场接轨，就坚持调减下去：首先，"镰刀弯地区"调减玉米的政策长久不变；其次，玉米的收储政策长久不变；最后，减少玉米生产成本，调整农业生产资料厂家利润空间，减少农业生产资料的使用量。

2. 玉米去库存最重要的对策是加强对玉米加工业的扶持

经过多年发展，吉林省玉米加工能力不断提高，达到 300 多亿斤，居全国第二位。但目前看，由于研发能力不足，精深加工比重低，附加值低。特别是近两年，受产能过剩、产品市场需求低迷、原料价格居高不下、产成品价格下行压力增大等多重因素影响，吉林省玉米加工行业持续亏损。这个行业一旦垮掉，受害的不仅是企业和农民，而且每年加工转化的 200 亿斤玉米最终还得由国家收储，增加中央财政负担。为了促进主产

区玉米加工业健康发展，夯实农村一二三产业融合发展基础，建议如下。一是国家实行有保有压的宏观调控政策。大力支持玉米主产区食品加工、饲料加工以及拥有自主知识产权和核心技术的精深加工等产业发展，降低国家收储和调运成本，推进主产区玉米加工业尽快步入良性发展轨道。应严格控制销区新上扩能项目，这样既有利于消化过剩产能，也可避免行业无序恶性竞争。二是加快国家玉米临时收储的托市政策改革步伐，尽快实行玉米目标价格政策，兼顾地方政府、农民、加工企业三者的利益。三是适度增加吉林省燃料乙醇生产能力。允许吉林省通过技改将部分食用酒精产能转为燃料乙醇产能，并给予相应补贴，通过加大燃料乙醇加工量，消化玉米库存，缓解加工企业压力，把乙醇汽油试点区域扩大到京津冀地区，逐步在全国范围内推广应用。四是大力支持吉林省玉米生物质能源加工的研发和重大建设项目，为确保国家的粮食安全、能源安全开辟新途径。

3. 玉米调减后重要措施是扶持农村一二三产业融合发展

一是扶持发展农村合作经济组织。制定扶持发展农村合作经济组织的政策，在财政、税收、金融等方面加大扶持力度，推动发展专业合作、股份合作等多种形式的农民合作社，充分发挥带动农户、对接企业、联结市场的功能。鼓励农户以土地承包经营权入股组建土地股份合作社，发展规模化生产和产业化经营。二是推动工商资本下乡。建议国家出台政策，鼓励和引导工商资本重点投资发展种苗、饲料、储藏、保鲜、加工、购销等适合企业化经营的环节，为农业生产注入新的要素，与农民在一个产业链条上合理分工、互利共赢。同时，加强对工商资本的准入和监管，制定具体办法，坚决制止"非农化""非粮化"。三是扶持完善农业社会化服务体系。建议国家出台扶持农业社会化服务体系的相关政策，推行合作式、订单式、托管式等服务模式，解决一家一户办不了、办不好的问题。健全农村物流服务体系，支持大型农产品批发市场、集配中心和终端网络基础设施建设，完善服务网点，促进提高流通效率。

4. 调减玉米之后，早日明确马铃薯主粮化地位

这是实现我国粮食安全的根本保证。一是马铃薯全粉可以储存14年，作为食品添加成分，目前可以达到30%左右。二是西方国家及联合国都已

经把马铃薯纳入四大主粮之一。三是吉林省作为农业大省、国家粮食主产区、国家马铃薯主要产区，肩负着国家粮食安全的重任。

5. 玉米调减过程中应当关注精准扶贫问题

一是关注新生贫困人口问题。扶贫具有长期性，长期问题与短期行为要有机结合。短期是解决贫困人口全部脱贫问题；长期是解决脱贫后致富奔小康及新的贫困人口出现问题。2020年全面实现小康社会之后，贫困的标准也会随之提高。"十三五"时期"不愁吃，不愁穿，保障义务教育、基本医疗和住房"的标准要提高。2300元国家标准和吉林省2800元或者有些地方3300元标准不可能一成不变。由于贫困的标准不断提高，在一个具有跨度的时间段中，还会出现一定数量新的贫困人口。二是扶贫要与经济社会发展通盘考虑。精准扶贫已经被纳入各级政府"十三五"规划，扶贫是经济社会发展的一部分，不能游离整个"十三五"规划之外。实现经济社会统筹发展、城乡统筹发展、区域统筹发展，全面建成小康社会才是政府部门全部的职责和任务。三是基础设施建设要适合新型城镇化、新农村建设及农村社区建设等多方面需要。要整合各种规划，推进"多划归一"，不能搞重复建设，避免各种规划各唱各的调。

6. 加快农业结构调整，提高农产品品质

一是调整农业区域结构。吉林省东中西自然条件不同，农业地域特征鲜明，农产品品种差异也较大。调整农业区域结构要立足于不同区域的农业资源禀赋、产业基础，以资源稀缺性、产品唯一性、品质独特性为导向，优化农业的区域生产力布局。西部地区生态脆弱，应重视大力发展节水农业、生态农业和特色农业，着力培育区域特色杂粮杂豆及草原畜牧业农业品牌；中部地区是黄金玉米带，还是要以玉米种植业为主，同时兼顾水稻和农业畜牧业发展；东部山区、半山区，降水充分，适合发展大豆、水稻及林下植被。应发挥农业补贴、价格调控、金融支持、政策保险等政策手段的引导作用，鼓励支持各地结合实际培育区域地标产品，壮大具有区域特色的农业主导产品和品牌，调整优化农业结构。二是调整农业品种结构。农业品种结构决定着农产品的品质和特色，吉林省应该充分利用现有"吉林特产之乡"的品牌，调整好农产品品种结构。目前已经得到吉林省农委认证的"吉林特产之乡"的品种有洮南绿豆、黑水西瓜、松原小

米、草原红牛、白城燕麦、洮南市福顺镇辣椒、延吉市小营镇圆葱、洮南市黑水镇西瓜、公主岭市双城堡镇西甜瓜、敦化市黄泥河镇黑木耳、蛟河市黄松甸镇黑木耳、农安县哈拉海镇三辣、榆树市泗河镇圆葱、东辽凌云韭菜、龙井老头沟苹果梨、德惠市布海镇香瓜、集安市青石镇山葡萄、敦化市秋梨沟镇黑木耳、德惠市菜园子镇西红柿、扶余市三井子镇花生等。应当充分利用"特产之乡"称号，借鉴"特产之乡"建设经验，按照"一村一品、一乡一业"的发展思路，科学规划布局，因地制宜确立主导产业，大力推进规模化、专业化、标准化生产，加快推进特色产品基地建设，全面提升吉林省特色产品国内外市场竞争力和占有率。三是调整农业产业结构。推动农村一二三产业融合发展，成为现代农业的新业态，是农业产业结构，调整的必然要求，是千载难逢的历史机遇。调整农业生物布局，调整种植业结构，调整畜牧业结构调整农产品加工业结构。引导发展传承农耕文化、传统民俗和民间艺术的休闲农业、观光农业和乡村旅游，形成多业态、多功能的现代农业产业体系，提高农业的整体效益。

7. 适应农业供给侧结构性改革，处理好改革与发展的关系

处理好户籍制度改革与土地制度改革的关系，逐步把农产品供给交由市场力量来决定，大力宣传吉林省优质农产品，提高消费者对吉林省农产品质量安全的信心，要不断开发吉林省农产品品牌，赋予其本土文化内涵，实现农村一二三产业融合，注重电子商务和物联网发展，延长农产品供给产业链，增加附加值。

参考文献

[1] 陈文胜：《论中国农业供给侧结构性改革的着力点——以区域地标品牌为战略调整农业结构》，《农村经济》2016 年第 11 期。

[2] 徐刚：《加大对粮食适度规模经营的支持力度促进农业可持续发展——财政部农业部有关负责人就调整完善农业三项补贴政策答记者问》，《农村经营管理》2015 年第 6 期。

[3] 侯刚：《制约农村贫困群体增收的障碍与破解对策》，《经济论坛》2004 年第 18 期。

[4] 郑平：《福建省农产品加工业发展特点及发展策略》，《中国科技信息》2011 年第 1 期。

农业结构优化与质量提升

河南农业融入"一带一路"建设研究[*]

苗　洁[**]

摘　要： 加快农业发展融入"一带一路"建设是推进农业供给侧结构性改革、建设现代农业强省的现实需要。近年来，河南与"一带一路"沿线国家和地区的农业合作与交流不断增强，取得了一定进展，但整体来看，农业"走出去"还存在不少问题。随着"一带一路"建设逐步推进，农业大省河南要在更多领域、更大范围内寻求农业合作，进一步优化农产品贸易结构、创新农业对外投资模式、拓展农业技术交流空间。同时，要加强统筹协调，构建河南参与"一带一路"农业合作的平台；加大政策支持力度，为河南农业融入"一带一路"保驾护航；坚持可持续发展理念，树立河南农业"走出去"的良好形象。

关键词："一带一路"　农业对外合作　农业"走出去"

开展农业合作是"一带一路"建设的重要支撑，是打造"利益共同体"和"命运共同体"的最佳结合点之一。2015年3月，国家发展改革委、外交部、商务部联合发布的《推进共建丝绸之路经济带与21世纪海上丝绸之路的愿景和行动》中提出要"拓展相互投资领域，开展农林牧渔业、农机及农产品生产加工等领域深度合作"。2017年中央一号文件提出"以'一带一路'沿线及周边国家和地区为重点，支持农业企业开展跨国经营"。地方省份是"一带一路"农业合作的重要窗口和主体（姜晔、陈瑞剑等，2016），尤其是河南这样的农业大省，应当充分发挥自身比较优

---

　*　河南省哲学社科规划项目"河南省都市农业发展模式创新及功能优化研究"（批准号：2015BJJ071）阶段性研究成果。

　**　苗洁，河南省社会科学院农村发展研究所。

势，积极参与"一带一路"建设，利用"两个市场、两种资源"，提升现代农业发展水平。

一 河南农业融入"一带一路"建设的现实意义

"一带一路"沿线多数国家适合开展农业合作，市场潜力较大，产能合作空间广阔。河南是农业大省，是全国粮仓、全国厨房，在国家"一带一路"倡议框架下参与国际农业合作，是提升农业竞争力和对外开放水平的必然选择，也是河南推动农业供给侧结构性改革、优化农业供给结构的迫切需要，有利于进一步加快河南现代农业强省建设，也有利于提升沿线相关国家农业发展水平。具体而言，主要体现在以下几个方面。

一是为保障各方粮食安全和农产品供给提供有力支撑。"一带一路"沿线发展中国家普遍存在农业投入不足、基础设施落后、技术水平不高、产业链不完善等问题，加上环境资源约束和气候变化加剧等因素，沿线农业发展的量和质都存在危机，特别是粮食安全面临共同挑战。在"走出去"和"引进来"的过程中，除了进一步加强农产品贸易往来，还可以利用沿线国家土地优势、自然环境优势和劳动力资源优势，结合河南农业生产的经验和技术优势，提升当地农业综合生产能力，从而在缓解和解决当地粮食短缺、增加全球农产品供给的同时，通过中欧班列回程运输的价格优势，调剂和补充国内粮食供给，优化和稳定国内稀缺农产品来源，破解国内农产品需求刚性增长和资源环境约束加剧的瓶颈。

二是有效带动河南农业相关产能转移和供给结构优化。"一带一路"建设为河南农业产能转移提供了广阔空间。河南参与国际农业合作和开发，能推动种养殖、农资生产、农产品加工、食品加工、农业机械、仓储物流等相关产业"走出去"，在全球范围内有效利用和合理配置资源，逐步形成区域农业供应链、产业链和价值链，同时还能带动大量农业专业技术人员和有经验、有能力的农民到沿线国家就业创业，促进河南农业以更开放、更主动的姿态参与国际贸易与分工，这既符合沿线国家的利益诉求，也是河南建设现代农业强省的需要。河南企业通过投资、并购等方式，利用先进技术和知名品牌，参与全球农业市场竞争，有助于提升企业的国际竞争力和影响力。此外，食品农产品国际市场的高门槛、高标准，还会倒逼河南政府、行业、企业采取应对措施，加快农业技术和标准升级,进一步优化河南农业供给结构,提高农产品品质和附加值。

在国家信息中心《"一带一路"大数据报告(2016)》省市参与度评价报告中,河南总体排名第8位,其中,政策文件出台排名第5位,对外贸易增速排名第7位,友好城市数量排名第6位,人文交流合作排名第5位,国外影响力排名第2位。这些都为河南开展农业合作奠定了良好基础。此外,郑州航空港经济综合实验区、国际陆港、郑欧(中欧)班列、跨境E贸易等项目建设,也为河南扩大农产品出口、实施农业"走出去"战略提供了发展机遇。

二　河南农业融入"一带一路"建设的进展

在"一带一路"倡议下,河南主动适应农业发展新常态,不断利用"两个市场、两种资源"提升农业对外开放水平,农业"走出去"步伐逐步加快,与"一带一路"沿线国家和地区的农业合作与交流不断增强。

(一)农产品出口持续快速增长

近年来,河南与"一带一路"沿线国家和地区的农产品贸易交流日益密切,农产品出口较快增长,出口产品结构不断提升,出口转型升级规模显现,高附加值、高效益农产品纷纷进入国际市场,初步形成了以郑州为中心的速冻食品及面制品加工出口基地,以漯河、许昌为重点的肉类出口基地,以郑州、开封为重点的大蒜出口基地,以南阳、三门峡为重点的食用菌出口基地,农产品出口基地发展逐步区域化、集群化、标准化。

2016年河南省对"一带一路"沿线国家进出口801.8亿元,增长15.4%,其中出口603.2亿元,增长20.4%,对捷克、保加利亚、柬埔寨等9个沿线国家出口增长1倍以上。"十二五"期间,三门峡、郑州、南阳农产品出口分别增长75.7%、48.5%、14.0%。西峡县成为全国食用菌出口第一大县。洛阳市鲜切花出口130万枝,其中10万枝出口澳大利亚,成功打开南半球市场。郑州喜万年、华润五丰、永达清真等食品企业出口增幅都在两位数以上,其中永达集团是河南省首家获得蒙古国资格认证的肉类生产企业,每年将有6000吨鸡肉产品出口蒙古国。2010~2016年河南与全国农产品出口增长率对比见图1。

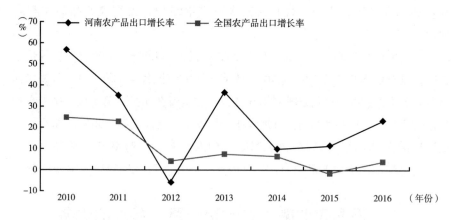

图1　2010～2016年河南与全国农产品出口增长率对比

（二）农业产能合作步伐加快

河南鼓励农业龙头企业到境外购地、租地兴办农场，开展农业种植，建设农产品加工和营销基地，开展境外农产品加工贸易，农业对外合作不断加强。随着"一带一路"建设的实施，河南与沿线国家农业合作交流持续加深，豫塔、豫吉、豫哈、豫乌（乌克兰）等重点农业合作项目有序推进，起到了良好的示范效应。在一系列政策的有力支持下，河南农业"走出去"步伐也显著加快，呈现出多领域、多形式、多渠道的新局面。2016年，河南在中亚、东南亚、欧洲、澳洲等境外国家和地区从事农业种植、养殖及深加工的企业50多家，占全省"走出去"企业的比例超过了10%，投资总额73.6亿美元，境外经营土地面积180万亩，年营业收入136亿美元。河南贵友集团、黄泛区实业集团等一大批企业走出国门，与"一带一路"沿线国家开展了农业合作。此外，河南企业还积极向发达国家进军，如2013年双汇集团并购美国最大的生猪生产加工企业——史密斯菲尔德，借助并购重组，双汇获得外延式扩张，进一步发展壮大；河南天一诺法维它生物科技有限公司与澳大利亚可持续土壤及农场有限公司合作，先后在澳大利亚和我国境内合资设立企业，并在澳大利亚购买了10多处农场550公顷草原，主要发展畜牧养殖和乳制品加工销售，实现了共同受益、共同发展。

（三）农业技术合作交流日益增强

河南农业文明悠久，积累了丰富的种植、养殖先进技术，为农业发展和对外交流提供了强有力的科技支撑。利用差异化优势,河南在"一带一路"沿线相关国家和地区推行棉花、粮食、蔬菜品种和节水滴灌等种植技术,进行农业示范、推广和应用,并实施一批技经贸结合的科技产业化项目,取得了良好效果。在"一带一路"参与省份中,新疆的棉花种植面积占全国的30%,但棉花品种基本都来自河南。河南企业"走出去"时,技术输出是农业合作的重要形式和内容。如黄泛区实业集团在塔吉克斯坦进行饲料配方改良、牛场环境改造和奶牛品种改良,2016年牧场牛奶产量达到3000吨,比上年同期增加近1000吨;经研银海种业有限公司在塔吉克斯坦建设科研育种基地,玉米种子的普及率达90%,种业市场还将辐射吉尔吉斯斯坦、乌兹别克斯坦、哈萨克斯坦、阿富汗、巴基斯坦等国,此外,经研银海还在塔吉克斯坦培训了大批的农业技术人员和农机技术人员。校企合作模式在"一带一路"农业技术交流中也发挥了重要作用。如河南科技学院正与吉尔吉斯斯坦国立农业大学共建吉中农牧业科技示范园区;在东南亚,河南长久农业技术有限公司与老挝国立大学签署合作谅解备忘录,将加强农林业技术科研方面的交流与合作,在万象建立农林示范基地、农林业测试—科学研究中心及学员实习基地,为优秀农林业学员提供赴华留学奖学金,这是老挝国立大学首次跟中国企业签订农林领域合作协议。

三 河南农业融入"一带一路"建设存在的问题

随着"一带一路"建设逐步推进,河南农业对外合作取得了很大进展,但仍处于摸着石头过河的阶段,农业"走出去"整体实力不强,再加上境外农业投资易受气候、国际农产品价格以及东道国政治与安全局势等不可控因素影响,各类自然、政治、经济风险,制约了河南企业在"一带一路"区域开展农业合作。

一是农产品出口绝大部分还是初级农产品,附加值相对较低,高技术含量和深加工农产品出口所占比例有待提高,农产品贸易的地区、种类、结构、规模还有较大改进空间。而且,目前河南农产品出口主要集中在韩国、日本等亚洲国家以及美国、加拿大等北美国家,与"一带一路"沿线发展中国家大都没有签订农产品贸易协议,农产品贸易不活跃,贸易额较小。河南与国内其他农业省份相比,农产品出口贸易额也有较大差距,2015年山东、江苏、辽宁、云南农产品出口创汇分别是河南的9倍、2倍、

2.8倍和2.4倍。再者,大宗农产品国际市场价格持续走低,农产品价格倒挂严重,河南农业生产成本高、效率低,尤其产品质量有待提高,也制约了河南农产品出口。

二是"走出去"的涉农企业以中小企业为主,大多投资规模小、层次不高,投资能力较弱。虽然河南农业对外投资和产能合作正在从种养殖业逐步扩大到农产品加工、仓储、物流等多个领域,但多数投资项目仍主要集中在附加值不高的劳动密集型行业和产业链低端环节,农产品加工投资不足,农业仓储物流和贸易掌控能力薄弱。"走出去"的涉农企业也多是各自为战,产业配套、分工协作的集群效应和海外投资格局尚未形成。而且,这些企业普遍缺乏跨国经营管理的能力和人才,对投资国相关产业政策、投资政策、法律法规、风土人情、市场潜力等情况缺少全面深入的了解,难以从战略上建立农业投资、贸易等互为一体的全球农产品供应链。省内也还未建立起完善的农业产能合作风险防控体系,无法及时发布风险预警并采取有效应对措施。

三是缺乏对"一带一路"农业对外合作的规划引导和统筹协调,政策支持力度有待进一步加强。虽然国家针对农业"走出去"出台了一系列鼓励支持文件,但配套政策及措施没有跟上,导致企业"走出去"之后很难在当地留下和发展起来。这几年,河南与沿线国家和地区开展了多种形式的农业交流与合作,但政府层面尚未形成规范的沟通交流机制,不同部门之间的工作联系机制不健全、合作资源较为分散,涉外服务不到位,对企业境外投资缺少合理指导和协调,一些投资热点地区和项目存在无序竞争、恶性竞争的现象。"一带一路"建设的农业合作项目不少具有援助、公益性质,建设和投资周期长、回报率低,受自然条件、技术适应性、农产品价格波动等因素影响较大,又无法享受国内的农业投资优惠政策,企业缺乏财政、保险、税收方面的政策支持,境外融资难、资金不足、投资便利化程度不高等束缚了企业"走出去"步伐。

四 河南农业融入"一带一路"建设的优化思路

(一) 进一步优化农产品贸易结构

目前河南与"一带一路"沿线农产品贸易集中在少数品种上,需要进一步扩大贸易品种、规模，减少市场和品种集中的风险。出口方面，要充分挖掘河南名优特色农产品资源，进一步扩大劳动密集型、园艺技术型农产品出口，以灵宝市香菇、卢氏县香菇、固始县柳编、内乡县猪肉、汤阴县鸡肉、温县四大怀药、民权县果蔬、洛阳市洛龙区牡丹芍药种苗花卉、三门峡市湖滨区果品、泌阳县食用菌、内黄县尖椒、新野县甜玉米等特色优势产品基地为重点，提高出口农产品的附加值、技术含量和品牌价值。进口方面，在坚持立足保障国家粮食安全、加强农业产业支持保护的基础上，有选择地适度进口在质量、价格、数量等方面具有优势的资源密集型农产品，不断谋求进口来源国的多元化，规避进口贸易过于集中可能带来的风险。在巩固和扩大传统农产品贸易的同时，大力发展现代服务贸易，把农业投资和贸易有机结合起来，同时创新农产品贸易方式，发展跨境电子商务等新商业业态，积极融入"网上丝绸之路"。

（二）进一步创新农业投资合作模式

根据河南农业发展方向、农产品供需前景和进出口形势，对境外农业投资、开展农业合作进行统筹考虑，引导相关主体参与全球农业资源开发和农产品市场建设，多渠道提升农产品有效供给能力。进一步升级和创新农业投资合作模式，推动农业投资由侧重种植环节向农产品育种、收购、仓储、加工、物流以及农资、农机供给等产前、产后环节转移，打造产供销储运加一体化的农业产业链。以国家级农业产业化龙头企业为重点，培育具有一定海外农业投资经验的大型跨国企业，依托技术优势和工业生产优势，提升合作层次，在境外设厂建立生产加工基地，推动农业相关产能有序向外转移。

（三）进一步拓展农业技术合作空间

"一带一路"农业合作的基础是农产品贸易，而核心是技术的交流与合作。河南与沿线国家开展农业技术合作，要将"走出去"与"请进来"相结合，积极支持高校、科研机构和企业与沿线国家开展双边、多边高层次技术交流，共建技术研发、转移机构和科技创业园等合作基地，推动单一技术型合作向技经贸结合型合作转变。对于农业技术相对滞后的沿线国家，河南应充分利用农业技术资源，针对不同地区和领域采取相应的技术合作和转移策略，加强农业技术援助、科技人员交流、农业信息平台建设、农业人员培训和人才培养，重点促进适用农业技术在境外落地，积极设立农业技术示范园，把技术输出和资源开发有效地结合起来。同时，要积极引进、消化、吸收沿线国家的先进农业技术和经验，通过在农产品良种、高效农业、生态农业、农副产品精深加工等方面的交流合作，改善河南农业产业结构和品种结构，不断提高农产品生产加工的产量和品质，进一步提升产品的科技含量和附加值，推动河南农业转型升级。

五 促进河南农业融入"一带一路"建设的对策建议

（一）加强统筹协调，构建河南参与"一带一路"农业合作的平台

一是尽快编制和出台相关战略规划。从全省层面对河南农业融入"一带一路"建设进行总体设计，明确河南参与农业合作的主要区域、重点领域、主导产品、合作方式及支持政策等。二是理顺农业对外合作的领导和协调机制。成立由农业厅、商务厅等多部门组成的领导小组和境外农业资源开发工作小组，统筹解决农业"走出去"和"请进来"过程中有关体制机制方面的问题。三是积极推动政府层面的沟通对接。加快签订政府间协议，包括投资保护协定、避免双重征税协定等，创造有利于农业国际合作的政治经济环境，促进农业贸易、投资和人员往来便利化。四是建立河南参与农业对外合作的信息交流平台。加大对"一带一路"沿线国家和地区农业投资贸易研究力度，加强农产品生产、价格、消费、标准及相关法律法规等信息的收集、分析、预测和分享，逐步建立与全国及其他省份相互衔接、配套的农业基础数据库，为河南农业企业境外投资提供可行性论证和咨询服务。五是密切跟踪企业项目运营状况，及时监测国际政治局势和经济环境的变化，加强合理指导，降低和防范投资风险。

（二）加大政策支持力度，为河南农业融入"一带一路"保驾护航

一是增强财政、金融、税收等支持力度，重点解决河南境外涉农企业资金短缺、融资难问题。探索设立专门扶持河南省涉农企业境外投资的财

政专项资金,支持企业在"一带一路"沿线国家农业基础设施建设前期补助、保费补贴、贷款贴息等。支持金融机构为河南海外农业开发提供金融贷款,进一步简化贷款审批手续,降低企业融资成本。鼓励企业开展多元化融资,探索企业境外资产、股权、土地等抵押和担保,在授信额度范围内,还可通过境内母公司提供担保,为境外项目提供融资支持。加强与境外金融机构的合作,为河南农业"走出去"企业提供融资服务。完善税收优惠政策,对于农业企业境外投资项目需要的生产资料、农机设备等,提供通关便利,减免出口环节税费,支持河南农业产能向国外转移。积极建立和完善农业企业境外投资的保险体系。二是加强国际农业合作人才储备、培养。培养具有农业专业知识、外语能力、经贸谈判、管理经营以及技术推广能力的专家和人才。为境外投资企业和农业院校、科研机构牵线搭桥,支持和推荐农业系统优秀人才参与"一带一路"建设,实现农业专业技术人才的供需对接。三是研究出台对跨国农业企业的其他扶持政策和支持措施,鼓励企业向产业链两端拓展,切实解决农业"走出去"中存在的农产品返销难、话语权较弱等问题。四是全面改善投资环境,健全和实施外资准入与安全管理制度。确定河南农业引进外资的优先行业、重点领域、合作方式和扶持管控政策,引导并规范外商在河南的农业投资行为,提高农业利用外资的水平和效果。

(三)坚持可持续发展理念,树立河南农业"走出去"的良好形象

农业生产中,粗放的生产方式以及过度放牧、开垦森林,盲目建设大型农业项目等,都可能破坏当地的生态环境,而生态环境一旦遭到破坏或污染就很难恢复,甚至可能导致政治风险。在"一带一路"建设中,我国创造性地提出了"绿色丝绸之路"的发展思路。因此,河南农业"走出去"应树立"一损俱损、一荣俱荣"的共体意识,研究并严格遵循投资国环保标准的具体规定,注重对当地环境的保护,积极发展绿色生态循环农业,确保投资对象国农业可持续发展。要在坚持对外农业投资双方受益的原则下,规范农业企业投资和经营行为,合理开发投资国资源环境,防止对当地土地、水源等造成恶劣影响;谨慎将粮食作物用地转种其他作物,以免造成投资国粮食产量锐减,影响投资国粮食安全;与投资国共同努力应对当地已有的生态环境污染问题;公正对待投资国的农业生产者和农村

居民，购买或租赁农地要提供合理补偿，雇用农民要提供合理劳动待遇，并积极帮助当地农民脱贫致富。

参考文献

[1] 李先德、刘合光等：《"一带一路"背景下中国农业对外合作问题研究》，中国农业出版社，2016。

[2] 国家信息中心"一带一路"大数据中心：《"一带一路"大数据报告》，商务印书馆，2016。

[3] 刘政伟：《河南省农业企业走出去案例分析》，《河南农业》2017 年第 2 期。

[4] 潘热新：《河南企业"走出去"农业项目通过国家确认考核》，《中国经济导报》2016 年 8 月 23 日。

[5] 张芸、张斌：《农业合作：共建"一带一路"的突破口》，《农业经济》2016 年第 8 期。

[6] 杨易、陈瑞剑：《农业"走出去"模式研究》，《农村工作通讯》2016 年第 15 期。

[7] 刘志颐、余效宁、陈瑞剑：《中国陕西省参与"一带一路"农业走出去分析》，《世界农业》2015 年第 12 期。

[8] 安晓明：《河南：农业产能向国外转移路径》，《开放导报》2016 年第 10 期。

[9] 沈琼：《"一带一路"战略背景下中国与中亚农业合作探析》，《河南农业大学学报》2016 年第 2 期。

[10] 雷瑛：《积极推动河南农业融入"一带一路"战略》，《河南日报》2015 年 9 月 9 日。

[11] 刘志颐、王琦等：《我国企业在"一带一路"区域农业投资的特征分析》，《世界农业》2016 年第 5 期。

[12] 赵予新：《"一带一路"框架下中国参与区域粮食合作的机遇与对策》，《农村经济》2016 年第 1 期。

[13] 刘合光：《关于中国农业"走出去"的战略思考》，《中国发展观察》2016 年第 2 期。

发展油茶产业助推我国食用油结构转型升级[*]

李志萌　杨志诚　张宜红[**]

摘　要： 粮油安全一直是国家战略安全的重大问题，油茶是我国特有的食用油料树种，是大自然赋予华夏大地的瑰宝。在分析我国油茶产业发展的综合效益、发展潜力的基础上，提出应充分利用丰富的山地资源，把油茶产业作为扶贫、生态、富民产业，以适应农业供给侧结构性改革的需求，优化我国食用油消费结构，提升食用油自给能力和国民健康水平。

关键词： 粮油安全　油茶产业　扶贫富民　健康中国

油茶是我国特有的木本油料植物，已有两千多年的食用历史，由于其优良的品质，在我国被称为"山珍贡品"或"东方橄榄油"。2014年12月，国家出台了《国务院办公厅关于加快木本油料产业发展的若干意见》，标志着我国油茶产业发展上升到国家战略层面。油茶等木本油料大多在山地发展，不与人争粮，不与粮争地，发展潜力和空间较大，不仅可以有效增加食用油供给，逐步实现国产木本油料替代食用植物油进口的目标，优化我国食用油消费结构，保障食用植物油安全，提升人民群众的健康水平；还可以扩大生态资源总量，推进贫困山区群众脱贫致富，实现生态效益和经济效益统一。

---

* 国家社会科学基金项目"绿色长江经济带生态环保一体化与政策协调机制研究"（批准号：16BJL073）；江西财大协同创新中心重点项目"绿色食品产业发展的支持政策"阶段性研究成果。

** 李志萌、杨志诚、张宜红，江西省社会科学院。

一 中国油茶产业发展现状

（一）现状

1. 油茶产业发展迅速

油茶产业是我国的传统产业，栽培历史悠久，主要分布于我国南方 13 省的 642 个县（市、区）。截至 2014 年，全国油茶种植面积 5475 万亩，油茶籽产量 182.2 万吨，茶油产量 51.8 万吨，分别是 2008 年的 120.8%、184.0%、197.0%，其中湖南、江西、广西三省区种植面积和油茶籽产量分别占全国的 74.2% 和 78.8%。油茶产业产值从 2008 年的 110 亿元增加到 2014 年的 552.5 亿元，增长了 4 倍多，取得了快速发展（见表 1、表 2）。

表 1　2008 ~ 2014 年我国油茶产业发展情况

年份	种植面积（万亩）	油茶籽产量（万吨）	茶油产量（万吨）	产值（亿元）
2008	4531.2	99.0	26.3	110
2009	—	116.9	27.5	—
2010	—	109.2	28.1	140
2011	—	148.0	28.8	245
2012	5080.0	172.8	33.5	—
2013	5293.8	177.7	45.0	420
2014	5475.0	182.2	51.8	552.5

资料来源：根据《中国统计年鉴（2015）》和中国林业局数据库整理所得。

表 2　2014 年我国部分油茶主产区发展情况

省份	种植面积（万亩）	油茶籽产量（万吨）	茶油产量（万吨）	产值（亿元）
湖南	1988.0	82.35	16.1	207.28
江西	1300.0	43.46	11.0	164.30
广西	773.5	17.79	4.0	41.02
浙江	256.8	5.84	2.0	20.35
福建	281.9	11.26	1.4	26.46
广东	236.0	8.53	1.8	22.80

资料来源：《中国统计年鉴（2015）》及各省市林业局。

2. 政策支持力度不断加大

国家为了大力发展油茶产业，先后出台了《全国油茶产业发展规划（2009~2020）》《关于发展油茶产业的意见》《国务院办公厅关于加快木本油料产业发展的意见》等政策性文件，湖南、江西、广西等油茶主产区地方政府也纷纷出台了相应的规划。加大了对油茶种植补贴力度，财政对新造林补助标准由以往的300元/亩增至2015年的500元/亩，部分省份如江西从2015年开始连续5年给予100元/亩的抚育补助。

3. 油茶精深加工程度不断提高，知名品牌不断涌现

全国现有油茶加工企业659家，其中被国家林业局认定为"全国油茶产业重点企业"的有43家，培育出了金浩、绿海、润心、金拓天、山润、德尔乐、源森、老知青、贵太太、中富十大油茶知名品牌，还有众多地方油茶品牌和商标。

4. 科技支撑能力不断提升

近年来，我国油茶产业在育种技术上取得了突破性进展，培育出了"亚林系列""湘林系列""赣无系列""赣油系列""闽无系列""华字系列"等优质油茶品种，其中有69个品种通过国家良种审定，这些优良品种（系）产油率均在50千克/亩以上，有的甚至达到70千克/亩以上。除此之外，还在完善配套栽培技术、加快油茶良种推广、推进高产示范建设等方面做出了积极探索。

（二）存在问题

1. 资金投入不足，且缺乏持续投入

种植油茶初期一次性投入大，而且需要连续抚育投入，5~6年才能产果，盛产期需8~10年。农民新种高产油茶林挂果前平均每年每亩需2000元左右的投入，低产油茶林改造需1000元/亩左右的投入。目前，我国财政对油茶补贴属于一次性补助，没有根据油茶生产周期和特性进行后续扶持。由于回报周期太长，见效缓慢，农民缺乏规模化种植的积极性，筹集油茶发展资金的积极性不高。

2. 种植管理粗放

林权制度改革以来，大部分油茶林分山到户，经营者缺乏科学规划，往往单兵作战。种植方法杂乱，标准不一，管护滞后，大部分油茶林长期处于"人种天养"的自然生长状态，难以精耕细作。如赣南苏区近70%的油茶林属于低产老旧油茶林，产量和出油率很低。低产油茶平均亩产茶油只有5公斤左右，低产值、低效益，严重挫伤林农积极性。

3. 综合开发能力较弱

从加工能力看，精深加工的大中型企业少，小微加工作坊企业多。由于缺乏特有的油茶文化宣传、先进工艺技术标准，难以提供高品质油茶产品及多元的副产品来满足国人对高档食用油产品的需求。据笔者调查，赣州油茶品牌影响力不大，品牌打造不足，市场培育不够，以自产自销和礼品经济为主，没有培育形成稳定现代的销售网络。赣州仅2家企业进行茶皂素、脱脂粕、茶油高级化妆品、茶素生物农药等产品的深加工利用，大部分以毛油销售居多，精深加工产品偏少。

4. 科技支撑不足，专业技术人才匮乏

据笔者调查，赣州油茶使用良种更新造林的面积仅占油茶林总面积的10%左右，而且运用现代科技手段经营也远远不够，人工采摘成本高。油茶果实的免摘采集器虽已研发成功，但仍处于试产应用阶段；在加工环节，低温冷榨等先进加工技术只有少数企业采用，油茶加工技术处于传统的粗加工阶段；更为严峻的是油茶专业技术人才匮乏，林业技术人员少且年龄老化，中青年林业专业技术人才严重短缺，难以满足油茶产业建设和发展需要。

二 中国油茶产业效益分析

（一）经济效益分析

一是可望打造成现代农业的新兴产业。2014年我国油茶产值552.5亿元，茶油产量为51.8万吨，由此计算出每公斤茶油综合开发价值为105

元。若按 2020 年实现规划目标产量 250 万吨、按 2014 年价格水平和综合利用水平计算，产值可达 2700 亿元，若实现了以油茶代替进口油脂的目标，则产值可达 8000 亿元以上；若综合利用水平提高 50%，产值将增至12000 亿元以上。以现有综合开发利用水平，油茶产业链的各个环节都有很大的提升空间，如种植环节 2014 年亩产茶油不到 10 公斤，而大面积高产示范区亩产 40～50 公斤，高的达到 70 公斤。加工环节以粗加工为主，若融入现代技术和市场经济体制，油茶价值链提升空间很大。

二是有效增加农民收入。在一般同等集约经营条件下，单位面积的林地种植油茶的产油量和纯收益，并不亚于耕地种植草本油料作物的产油量和收益。根据笔者调查，江西省丰城市白土镇岗霞村于 20 世纪末种植油茶67 公顷，2010 年每公顷产茶油 750 公斤，山茶油毛油市场价 20～40 元/公斤，按平均 30 元/公斤计算，每公顷主产品产值 22500 元，人均增收 4000多元，高于其他草本油料。在集约经营条件下，单产还有进一步提高的潜力，但经营油茶林前期投入较大，该村前四年每公顷共投入 15600 元，后四年每公顷共投入 12000 元，第 5 年开始少量结果，第 8 年开始进入丰产期，进入丰产期后的投入主要是肥料和人工管理费用，每年每公顷 3000～4000 元，而油茶生产期在 50～80 年，茶油加上附产品产值每公顷可达 3万元以上。现将油茶和几种草本油料作物的单位面积产油量和产值比较如下（见表 3）。

表 3　2013 年几种主要植物食用油单位面积产油量和产值比较

	种植面积（万公顷）	总产（万吨）	单产（公斤/公顷）	产油量（公斤/公顷）	市场价（元/吨）	主产品产值（元/公顷）
油菜籽	753.10	1445.80	1920.00	800～1000	5600～5800	5500
大豆	678.26	1595.30	2003	340～350	7000～7200	2500
花生	463.30	1697.20	2663	800～1000	11000～13000	9600～13000
山茶油 1	394.78	177.65	450	120～130	30000～40000	3750
山茶油 2	67	—	2500	750～800	30000～40000	22500～30000

注：1. 山茶油 1 为全国平均，山茶油 2 是在中等集约经营条件下；2. 市场价为郑州商品交易所期货价。

从以上分析可以看出，油茶单位面积的产油量和产值、收益都大大高于草本植物油料，是今后农民特别是山区贫困农民脱贫致富的有效途径。

（二）社会效益分析

1. 可明显提高植物食用油自给水平

我国食用油消费以植物油为主，包括草本油料植物和木本油料植物，大豆油、菜籽油、花生油占草本植物油的85%，油茶占木本油料的90%以上。我国是世界最大的植物食用油消费国，《中华粮油网》资料显示，2011～2013年我国植物食用油消费总量分别为2675万吨、2800万吨、2875万吨，年均增长3.6%左右，人均消费19.85、20.68、21.13公斤，达到世界人均20公斤左右的消费水平，但低于发达国家30公斤的人均消费水平。在消费总量中，植物食用油料自给水平只有40%左右，其中木本油料只占消费总量的2%左右，60%的消费量依靠进口供给，这给我国食用油供给安全带来极大的隐患。根据权威资料编制的2013年我国植物食用油产量统计核算表见表4、表5。

表4　2013年我国植物食用油产量统计核算表

单位：万吨，%

	草本植物油料				木本植物油料		
	大豆	油菜籽	花生	其他草本油料	油茶籽	其他木本油料	总产量
产　量	1395.30	1445.80	1697.20	374.0	177.65		
压榨率	70	100	60	80	100		
出油率	16	40	40	32	28		
出油量	156.27	578.32	293.28	95.74	45.74	5.46	1174.81

注：1. 油料作物产量来源于2014年《中国统计年鉴》。2. 食用油产量核算方法参考何杰夫、张博：《中国食用植物油的供应量和消费量究竟是多少?》，《中国农村经济》杂志2011年4期；压榨率和出油率参数来源于科研机构业内人士和专家咨询资料，并根据当年情况做适当调整；花生产量是带壳统计的，必须去壳0.28%。3. 中国棉区原来有食用棉籽油的习惯，因逐步淘汰，本表未统计在内。

表5　2013年我国食用植物油供需平衡表

供给（万吨）			需求（万吨）			人均消费量（公斤）	自给率（%）
供给总量	国内产量	进口量	国内消费总量	出口	库存		
2897.48	1174.81	1722.67	2875.0	15	—	21.13	40.54

注：1. 供给总量＝国内产量＋进口量。2. 2013年进口量：油脂进口810万吨，再加上进口6338万吨大豆折油，资料来源于《中国统计年鉴》。3. 国内消费总量包括城乡居民家庭消费量人均12公斤（来源于《中国统计年鉴》）；此外，还包括餐饮业食品工业用油，机关、事业单位和学校食堂用油等，消费总量来源于《中华粮油网》2013年资料。

据调查和资料分析，我国油料作物的生产形势不容乐观，东北是我国大豆主产区，由于种大豆的比较收益远不如粮食，许多豆农纷纷改种粮食，大豆播种面积逐年减少，产量下降，2013 年比 2008 年下降 20% 以上，南方的油菜虽然可以利用冬闲田种植，但由于收益低，农民种油菜的积极性不高，据江西省价格成本调查局在 8 个县抽样调查，2014 年油菜生产存在"一升三降"的情况，亩均净利润只有 53.27 元/亩。因此，要依靠增加草木油料的产量来提高我国食用植物油的自给水平是比较困难的。只有利用丰富的林地资源，大力发展以油茶为主的木本油料，才是提高我国植物食用油自给水平的有效途径。

2. 可充分利用荒山荒坡资源，节约耕地资源

我国用于生产大豆和油料作物的播种面积 2013 年达到 3.12 亿亩，占农业总播种面积的 12.64%，相对来说，我国荒山荒坡和低产林业用地资源比较丰富，有 6 亿多亩，大力发展以油茶为主的木本油料，可以使荒山荒坡资源得到高效利用，同时还可以对低效林业用地进行改造，经过若干年努力，大幅度提高我国食用植物油的自给水平。

（三）生态效益分析

油茶是我国特有的多年生常绿树种，根系发达，既是一种高附加值的经济林，又是优质的生态树种，油茶林具有涵养水源、净化空气、美化环境的作用，而且由于根系发达，具有固定土壤保持水土的作用。革命老区和山区、江河源头地区是我国生态环境脆弱的地区，发展油茶林对建立我国生态屏障，提高生态保障功能具有重要的意义。北京林业大学以江西省 2014 年为例评估测算油茶林生态效益结果表明，江西省单位面积油茶林生态效益为 88165.78 元/公顷·年，全省油茶林面积 86.67 万公顷，生态价值为 764.13 亿元/年，超过当年茶油产值，占全省森林生态系统生态服务功能总价值 8233.12 亿元/年的 9.28%。

三 我国油茶产业发展潜力与目标分析

以农业供给侧结构性改革为主线，以建设健康中国为指导，创新我国食用油供给结构，以建设规模化、优质丰产油茶林为基础，实现我国食用油结构转型升级目标。

（一）实现目标的依据

一是市场空间很大。由前所述，我国食用植物油自给水平 40% 左右，严重影响我国食用油的安全供给，大力发展油茶国内和国际市场有很大的需求空间。

二是土地资源丰富。我国的无林地、疏林地、低效灌木林地有 6 亿亩左右，且部分劣质耕地需退耕还林，种植油茶具有丰富的土地资源。

三是经济基础坚实。发展油茶虽然周期长，前期投入较大，但我国有完善的农业支持政策，完全有能力支持油茶产业发展。

四是技术条件成熟。从技术条件分析，我国油茶产业从栽培到加工和综合利用已经有一定基础，有许多大面积高产典型，丰产技术比较成熟，为快速发展油茶产业提供了技术支撑。

五是政策支持力度大。中央和地方有关部门重视发展木本油料，并出台了许多优惠政策。

（二）发展目标预期

在充分认识发展油茶产业的必要性和可行性基础上，用 15 年的时间实现我国油茶产业取得突破性发展，油茶种植面积达到 2 亿亩，每亩平均产茶油 40 公斤以上，食用茶油年总产达到 800 万吨左右（见表 6 中方案），使我国食用植物油的自给水平达到 65% 以上。

表 6　中国油茶产业发展分期目标

年份	种植面积		平均单产				茶油总产			
	面积（万亩）	年均增速（%）	（公斤/亩）		年均增速（%）		（万吨）		年均增速（%）	
2008	4531.3	—	5.79		—		26.25		—	
2014	5475.0	3.2	9.46		8.5		51.80		11.9	
2020	10000.0	10.5	15.00		8.0		150.00		19.4	
2025	15000.0	8.5	低	20	低	6.0	低	300	低	14.9
			中	25	中	10.7	中	375	中	20.1
			高	30	高	14.9	高	450	高	24.6
2030	20000.0	5.9	低	30	低	8.5	低	600	低	14.9
			中	40	中	9.9	中	800	中	16.4
			高	50	高	10.7	高	1000	高	17.3

由于我国土地资源丰富，特别是南方各省丘陵山地都适宜种植油茶，不存在土地资源约束，因此实现目标要以确保种植面积为基础，而单位面积产量和总产量是随着投入和管理水平而变化的。2020年目标保持了与国务院文件提出的目标相衔接，不再分低、中、高目标，2025年和2030年分别设立低、中、高三个目标，我们咨询专家和业内人士意见，认为中目标是比较适宜的，如认识和政策到位，运营顺利，用15年时间实现高目标是完全有可能的。

四　我国油茶产业发展的政策保障

（一）实施油茶一二三产业融合发展，不断做大做强油茶产业链

结合油茶产业链现状，根据补短板的原则，做大一产、做强二产、做活三产，确保种植面积，提高管理水平和单产；提高油茶工业精加工和综合利用水平，提升营养保健功能，提高油茶品牌附加值；根据不同的市场定位开发满足各层次消费者需求的产品（如纯茶油和各种调和油），利用互联网形式和现代物流业不断降低营销成本，不断完善油茶产业链。

（二）加大财政金融资金支持，完善投融资机制

一是加大政府资金投入力度。整合国家退耕还林、农业综合开发、财政扶贫、移民专项、土地整理、水土保持等多渠道财政资金，采取以奖代投、扶贫贴息的办法，对油茶进行支持；对新造、集中连片垦复或低改油茶林补助每亩提高到种植成本的20%~30%，并从次年起连续5年给予每亩适当的抚育管护费；将油茶林道、上山公路等基础设施纳入林业部门森林公路项目予以扶持。二是加大金融扶持力度。国家政策性金融机构应对油茶产业进行专项扶持，根据油茶生长周期长的特点，采取长期低息贷款，将期限延长至5~8年，增加授信额度，并由政府贴息；放活林地使用权、林权证抵押贷款机制，建立和完善小额贷款扶持和银企合作机制。积极引入社会资本，支持油茶生产、加工、销售龙头企业整合并获上市融资。三是设立油茶"精、准、稳"扶贫专项基金。通过精准识别贫困户，由干部、企业"一对一"帮扶贫困户，持续帮助和鼓励贫困户种植良种高产油茶，"精"到户，"准"到有收益，"稳"到长期不变。

（三）强化科技支撑，建设国家级油茶技术集成平台

由国家相关部委、省、市共同组建三大国家级平台，有效解决油茶产业人员素质提高、产品综合开发和产品质量保证的问题。一是组建国家油茶培训中心。利用国家培训中心平台，整合国家科委等农业专业技术培训资金，定期开展油茶专业人员培训，组织国内外知名专家、企业家等对油茶种植户、企业、基层农技推广人员进行油茶育种、栽培、加工、销售等实用技术培训，加快油茶科研成果、技术和产品推广应用。二是组建国家油茶产品研发中心。开展产学研联合协同创新，重点突破油茶高产高抗逆新品种繁育、生态高效栽培、规模经营管理以及油茶综合加工利用等产业共性和关键技术瓶颈问题，使油茶产品向高端延伸、多产品开发和综合利用。三是组建国家油茶产品检测中心。制定和完善油茶种植、采收、加工、储运、销售等生产标准，油脂产品与相关副产品质量标准及其检测方法，确保油茶产品质量，建立油茶市场标准体系，保证市场的规范性。

（四）加大油茶地理标志保护与设定法定油茶产区试点

一是支持油茶商标和地理标志保护。借鉴国外橄榄油地理标志产品做法，做大并依托品牌效应，逐步在国内和国际市场上形成竞争优势。推进油茶地理标志农产品朝专业化、标准化、规模化、品牌化方向发展。设定法定油茶产区试点，规定产品的产地、品种、种植方式、口味特征等，确保茶油产品提供最高等级的质量保障，开拓国内外消费市场。二是提高油茶产地环境监测水平。根据"生态、有机、安全、健康、科学"原则，引导经营者按照绿色、有机的要求使用有机肥料和生物农药，确保原料品质和安全。三是规范油茶加工企业及其产品的市场准入机制。严把油茶加工生产各个环节的质量标准和检测安全关。加大种苗管理和加工贸易执法力度，切实保证油茶种苗和加工产品质量，净化油茶产品市场，让油茶品牌深入人心。

（五）加大油茶产业发展的对口扶贫

一是设立国家扶贫油茶产业示范区。油茶重点县大多是国家贫困县，将油茶产业作为国家部委对口支持的重要内容，设立扶贫油茶产业示范园区，把油茶产业真正打造成绿色扶贫富民的新兴大产业。二是创新油茶产

业扶贫模式。对于油茶龙头企业、专业合作组织、基地与贫困农户构建多种联合经营模式的，国家给予相应的奖励性政策，大力推广贫困农户建立家庭油茶林场致富示范引领作用。三是加大油茶产业的生态修复补助。把发展油茶产业与国家重大生态修复工程以及地方林业重点工程紧密结合起来，因地制宜扩大油茶种植面积。根据不同的立地条件科学选择整地方式，禁止采用全垦整地方式新造油茶林，加大对油茶林生态修复补助。

（六）做好油茶文化的研究、挖掘、打造与宣传

一是充分挖掘我国油茶的传统文化。野生油茶树在中国具有原生性和独具性，历来为皇家指定进贡品，有关油茶的传统栽培技术、使用习惯及相关诗句、传说非常丰富，可通过现代艺术手段展示油茶农耕文明与油茶美丽的传说。二是引导标准产品的产出和消费。让百姓认识到茶油具有优质食用油全部功能特性，是国际粮农组织重点推广的健康型高级食用油，能有效改善国人油料食用结构。利用油茶在欧美、东南亚地区畅销的优势，打造高端产品，提质增效。三是建立"国家油茶博物馆"，开发油茶文化休闲旅游。通过油茶博物馆展示油茶生物特性、油茶农耕文明、民间有关油茶的习俗、历代榨油工艺设备，并配套现代微型榨坊体验及油茶产品展示，让大众更多地了解油茶资源、历史、文化及产业前景，亲身感受榨油工艺，体验农耕乐趣，通过观油茶林、赏油茶花，变资源优势为富民的产业优势。

参考文献

［1］邹锡兰、吴尚清：《千亿油茶产业待破局》，《中国经济周刊》2009 年第 47 期。

［2］王斌、王开良、童杰洁、姚小华：《我国油茶产业现状及发展对策》，《林业科技开发》2011 年第 2 期。

［3］刘跃进、欧日明、陈永忠：《我国油茶产业发展现状与对策》，《林业科技开发》2007 年第 4 期。

［4］郑京津、徐永杰、邓先珍、程军勇：《油茶种质资源利用及关键栽培技术研究进展》，《天津农业科学》2015 年第 9 期。

［5］刘跃祥：《木本油料产业的国家粮油安全战略》，《中国林业产业》2014 年第 1 期。

［6］黎先胜、黄光文：《湖南油茶产业化现状与发展对策》，《中国林业经济》2010 年第 5 期。

［7］邹宽生、郭晓敏、曾赣林：《江西油茶产业现状与发展对策》，《贵州农业科学》2010 年第 7 期。

［8］陈国臣、黄开顺：《广西油茶产业现状与发展对策》，《广西林业科学》2010 年第 3 期。

［9］郑道君等：《海南省油茶产业发展现状调查与分析》，《经济林研究》2015 年第 1 期。

［10］胡长青、欧阳硕龙、陈永忠：《油茶种植效益分析及不同经营模式效益比较》，《湖南林业科技》2015 年第 6 期。

长三角地区有机农产品发展
及一体化管理研究

谢培秀*

摘　要： 有机农产品是安全优质农产品公共品牌的代表，促进其发展有利于促进农业走绿色发展道路及推动供给侧结构性改革、提高农产品质量安全水平。长三角地区是我国经济最具活力、居民生活水平和消费潜力增长最快的地区之一，加快有机农产品发展应当成为该地区农业发展的重要目标。针对长三角地区有机农产品发展中存在的问题，可以采取加强政府扶持及质量安全监管，促进农业的规模化、标准化和品牌化进程，引导有机农产品调结构、促升级等措施，以及加强各省市食安办协调，开展沼气建设、畜禽水产品质量可追溯、农产品采收机械化和电子商务等合作事宜。

关键词： 有机农产品　长三角地区　农产品质量安全

当前农产品质量安全问题突出，引起了全社会的广泛关注。有机农产品生产不使用任何化学物质，具有纯天然、无污染、富营养的特点，为目前国内最高层次的安全优质农产品，也是世界各国推崇的安全消费食品。加快有机农产品发展，为长三角地区城乡居民提供安全、优质、健康食品，应当成为沪苏浙皖农业发展的主要目标。

一　长三角地区发展有机农产品的重要意义

长三角地区城乡居民生活水平和消费能力增长很快，自然、有机、绿

---

* 谢培秀，安徽省社会科学院城乡经济研究所。

色消费正成为时尚，食品需求已经开始由数量型向质量型转变，这为发展有机农产品开辟了广阔的市场空间。

长三角地区发展有机农产品，第一，有利于农业调结构、转方式，实现现代农业发展。我国"十三五"规划提出了创新、协调、开放、绿色和共享发展五大理念。发展有机农产品生产，强调过程管控、减少危害环境的化学投入品使用，更加注重生态，是实施绿色发展战略、推动农业可持续发展的切入点。有机农产品定位于安全、优质和生态文化，能够满足消费者对农产品的多样化需求，应该成为农业推进供给侧结构性改革的重点。目前，农业发展受资源环境瓶颈与生产成本上升、国内外农产品价差拉大与"黄箱"支持政策空间有限的多重约束，发展有机农产品生产，有利于促进农业产业化经营，提高农产品竞争力，促进农业增效和农民增收，起到加快农业"调转促"、支撑现代农业发展的作用。第二，可以有效提升农产品的质量安全水平及有效监管水平。发展有机农产品需要实行全程质量控制和规范生产，好比在农业标准化与品牌化建设、市场准入管理、产地示范创建等方面有了抓手。实施有机农产品认证，原先的农产品质量安全抽检转变为常态化管理，且监管更严格、指标更全面，推动了农产品认证检测、市场准入、质量追溯体系等基础性建设，起到了提升农产品质量安全水平和有效监管水平作用。第三，有利于农村环境保护和促进农业可持续发展。有机农产品生产对产地环境有着严格要求，化学投入品不能用，从而有利于农业节能减排和农村环境治理。第四，有利于促进农业标准化、信息化和品牌化发展。有机农产品生产属于高附加值农业，以此为对象实现的农产品质量安全可追溯管理是一种集标准化生产、规范化控制、品牌化营销和信息化服务于一体的监管模式。第五，便于扩大农产品出口、增加农民就业机会和收入。发展有机农产品需要创新品种与技术、增加投入和改善软硬件环境，这有利于发展新产业、创造新业态和增加新的社会分工，扩大了对多种技术、技能的人才需求，创造了新的就业机会。

二　国内外关于有机农产品发展的研究综述

国外有机农产品需通过相关质量认证或进行标识。比如在法国，官方有4种认可和监督的质量标签，其中生态农业产品标签大体与我国的有机食品对应。在法国，某种产品被贴上这个标签，那就表明其至少95%的配料经过授权认证机构的检验，并符合欧盟法令规定，是精耕细作或精细饲养而成，没用过杀虫剂、化肥、转基因物质，含副作用的添加剂的使用也受到严格限制（范春光，2008）。

国外推崇有机农产品主要基于对食品质量安全的考虑。有关理论认为，食品安全问题产生根源是信息不对称导致的市场失灵，合适的信息制度为纠正食品质量安全信息不对称问题提供了可能，有效的方式是基于第三方认证的产品标识。在发达国家，保障食品安全采取"从农田到餐桌"全过程无缝监控，这其中主要包括检测认证、标签标识和可追溯等环节。很多欧美国家在20世纪中期建立了食品安全认证制度（蒋艳芝等，2016），有机农产品的生产与消费广泛应用了这一制度。认证制度中的标签标识是关于食品信息最重要的载体，其作用不仅在于指导消费者防范食品安全风险，还包括对食品质量做出承诺、对食品本身进行宣传等，也是食品溯源的重要基础。

在确立食品认证及标签标识制度的基础上，建立可追溯制度是发达国家实现有机农产品生产及加强食品安全监管的核心。比如在德国，超市销售的每一枚鸡蛋都印有一行红色的数字，如2-DE-0356352，第一位数字用来表示产蛋母鸡的饲养方式，"2"表示是圈养母鸡生产（即无笼平面饲养或饲养场饲养），如果是0、1、3，则分别代表有机饲养（如我国的有机土鸡蛋）、自然放牧（即我国的散养、放养）和笼养（即工厂化饲养）方式。DE表示出产国是德国；第三部分数字则代表产蛋母鸡所在养鸡场、鸡舍或鸡笼的编号。消费者可以视数字传递的信息进行选购，喜欢有机农产品的消费者可以选购"0"起头的鸡蛋。如果鸡蛋质量出现问题，有关部门可以一直追查到饲养场或鸡笼。

对于肉制品，企业在将牲畜出售到屠宰场时，必须提供饲料的种类与来源、牲畜病史、兽药使用情况等详细记录和信息。同样，屠宰场在出售的牲畜肉上也必须标示强制性标识，标识上详细记录可追溯号、牲畜出生和养殖地、屠宰场名称等内容。在屠宰场生产线的最后环节，工作人员会操作电脑，将每一批肉制品打印追溯码。消费者可以在商店通过电脑查询追溯码上的信息，知道手中的肉是哪个地方哪个企业生产的，是否有机，甚至可以知道是由哪个农场饲养和提供的，以便追踪每块畜禽肉的来源。一旦出了问题，就可以迅速地追溯责任（雷勋平等，2014）。

我国目前有机农产品生产规模、种类扩展迅速，产业发展的重要性和影响力已经提升到前所未有的高度，但相关理论和应用对策研究以及规划、质量标准体系、监管法律法规等软件体系建设较为滞后，远远跟不上实践发展的需求。

有机农产品发展中存在的问题主要包括消费者对有机农产品认识度偏低，对发展有机农产品的重要性认识不足。如对大连消费者的一个调查表明，只有9%的消费者熟悉有机食品标识（蒋艳芝等，2016）。在有机农产品生产方面，存在规模小、组织化程度低、生产随意性大、科技应用水平差异大、缺乏生产过程监控、自律意识淡薄、不易管理等问题。在认证方面，存在认证机构多头、认证费用及门槛过高、认证有效期偏短等问题。在产地建设方面，政府财力扶持有限，缺乏专项资金投入，难以大规模、大范围改善农业生产环境与条件。在产品结构方面，存在初级产品和初加工产品居多、畜牧产品比例较低等问题。在质量控制与市场监管方面，存在食品安全监管机构上下级不完全对应、部门关系未理顺、有机农产品监管责任尚不清晰等管理模式问题，并且在产地环境监管、农资投入品和农产品质量安全例行检查等方面存在诸多问题，不合格甚至假冒伪劣投入品充斥市场，市场监管缺失，有机农产品生产的质量安全监管存在隐患等。

在对策建议上，学者们认为要加大政府扶持力度，制定有机农产品发展规划，坚持稳步推进原则，当前发展重点应是提升品牌影响力、落实监管责任和完善制度，还应当强化人才培训和技术服务，提高从业者素质和建立诚信体系等。

三 长三角有机农产品发展现状及存在问题

长三角地区有机农产品生产状况呈现如下特点。一是生产初具规模。截至2016年5月，长三角地区有机农产品有效证书合计为1816张，占同期全国（14389张）的比重为12.6%；认证产品数合计4519个，占该地区"三品"有效产品数（39290个）的比重为11.5%；产地面积合计达到113.05万亩，认证年产量合计达到422820吨（见表1）。二是产品结构有待调整。虽然各省市认证的有机农产品结构与自身资源优势相匹配，但畜禽水产养殖品生产及认证普遍滞后，长三角合计占比仅为10.69%，远低于我国牧渔业产值占农业总产值41.77%的比重（见表2）。三是各省市有机农产品生产实力悬殊，东部省市"强者恒强"，安徽省有机农产品有效证书、认证产品和认定产地面积占比靠后（见表3）。四是长三角农产品质量安全形势总体不容乐观。经认定的有机农产品产地面积和认证年产量均约占"三品"认定总面积（9483.26 万亩）和认证年总产量（5011.782 万吨）的 1% 左右。五是长三角农产品中畜禽水产养殖品安全值得关注。六是长三角有机农产品发展潜力巨大。

表 1　长三角地区有机农产品有效产品及其占比

项目		有机农产品			
		证书数(张)	产品数(个)	认定产地面积(亩)	认证年产量(吨)
长三角地区	上海市	140	1357	31766	41912
	江苏省	556	1393	152986	166736
	浙江省	736	1186	798969	98898
	安徽省	384	583	146794	115274
长三角有机农产品合计		1816	4519	1130515	422820
长三角有机农产品占"三品"比例 (%)		—	11.5	1.1	0.8
全国有机农产品/长三角占比(%)		14389/12.6	—	—	—

注：①表中有机农产品数据指截止到 2016 年 5 月的有效证书、产品数、面积和产量情况，其余数据指截至 2015 年有效认证的情况；②有机农产品认定面积和认证年产量中包括合作基地，为有资质认证机构在长三角地区认证的总数，认证产量不分品种全部按照吨理论加总；③表中数据根据中国认监委食品农产品认证信息系统（http://ffip.cnca.cn/ffip/publicquery/certSearch.jsp）、农业部农产品质量安全中心和中国绿色食品发展中心等单位资料计算整理。

表 2　长三角地区有机农产品有效产品结构

项目	长三角合计[数量(个)/占总类别比重(%)]	上海[数量(个)/占本类别比重(%)]	江苏[数量(个)/占本类别比重(%)]	浙江[数量(个)/占本类别比重(%)]	安徽[数量(个)/占本类别比重(%)]
畜禽产品	72/4.14	7/9.7	8/11.1	18/25	39/54.2
蔬果及食用菌	225/12.9	52/23.1	79/35.1	62/27.6	32/14.2
水产品	114/6.55	3/2.6	46/40.4	47/41.2	18/15.8
干鲜果品	191/10.98	14/7.3	29/15.2	115/60.2	33/17.3
粮油及加工品	492/28.3	55/11.2	258/52.4	72/14.6	107/21.7
茶叶及加工品	407/23.4		124/30.5	197/48.4	86/21.1
中药材保健品	239/13.7	10/4.2	8/3.3	165/69	56/23.4

注：①根据各省市截至 2016 年 5 月认证的有机农产品有效产品证书记载的产品类别整理，产品证书类别加总数（1740 张）略小于认证的有效产品证书数（1816 张），是因为有些不好进行类别划分的小品种如代用茶、酱油、醋、竹子、金银花、木槿花、银杏叶等没有纳入统计；②少量证书一书记载了两类及以上品种，按照两类计算；同一品种认证了一个以上证书（多指同一认证单位的不同地块），按照认证证书加总计算；③上述情况导致表中的类别证书合计数与表 2、表 3 中的有机农产品有效认证证书合计数不完全对应；④表中数据根据国家认监委食品农产品认证信息系统资料数据计算整理。

表3　长三角地区有机农产品有效产品区域占比

项目		证书数（张）	产品数（个）	认定产地面积（亩）	认证年产量（吨）
长三角有机农产品合计		1816	4519	1130515	422820
长三角各省市占比（%）	上海	7.7	30.0	2.8	9.9
	江苏	30.6	30.8	13.5	39.4
	浙江	40.5	26.2	70.6	23.3
	安徽	21.1	12.9	12.9	27.2

注：①根据表1中数据计算；②表中有机农产品产品数为截至2016年5月统计数。

长三角地区有机农产品发展存在的问题如下。一是在产品认证、市场准入及检测、监管上，由于是市场竞争关系而出现"给钱就认"及监管困难等乱象。有机产品认证有效期只有1年，认证后每年都要检测复审，认证检测手续繁、费用贵，有效期偏短，加重企业负担，导致复审续展率低。二是在农资投入品安全及生产环境上，畜禽水产养殖业存在滥用抗生素、乱用添加剂等问题。三是在生产组织与政府扶持上，有机产品生产企业面临规模小、地租贵、劳动力成本高、保险贷款难、政府扶持力弱等一系列问题。四是在发展方向及生产布局上，由于工业化、城市化对城郊优质耕地的侵占，有机产品生产空间狭小。发展有机农产品重点是发展出口创汇产品，实际却成为国内高消费群体的奢侈品。五是在加工及废弃物处理上，有机畜产品加工难，畜禽养殖业污染问题突出，沼气系统建设滞后。此外，还存在有机农产品生产覆盖面窄、从业者素质偏低，有机产品产销中存在较高的契约与道德风险，有机产品价格贵、品牌效应不足、市场容量小，有机农产品监管体制不完善、认识上有差距等问题。

四　促进长三角地区有机农产品发展的建议

从满足城乡居民对优质安全农产品的需求而言，长三角有机农产品发展还面临着很多困惑，存在许多亟待解决的问题。为此，一是要加强政府对有机农产品生产的扶持和管理。政府首先要增加对有机农产品生产及认证、检测补贴，理顺有机农产品管理体制，引导企业规范生产，规划及优化有机农产品生产布局等。地方政府应鼓励和支持在农产品产销批发市场、大型超市、社区连锁店等农产品集散地设立有机农产品专区专柜、专销网点和展示区，降低门槛费用。

二是要加快长三角地区农业规模化、标准化和信息化进程。长三角地区食品生产及加工企业规模化程度偏低，应当加快农村土地流转步伐，积极培育和壮大合作社、种养殖大户等新型农业经营主体，既有利于扩大规模、降低生产成本，也利于在规模化经营、规范化管理基础上，逐步引入农产品质量安全可追溯制度。要建立有效的食品安全信息披露机制。建议在各省市食安办综合协调下，建立长三角地区覆盖食品安全全程监管的公共服务信息系统和平台，向公众提供及时、准确、科学、权威的信息，使食品安全违法行为在市场上无法生存。

三是引导有机农产品调结构、转方式、促升级。长三角地区有机农产品生产发展不平衡，在蔬菜瓜果、畜禽水产品等农产品方面认证比例偏低，应当鼓励申报认证、大力发展。地区上看，安徽应当增加政府对有机农产品生产及认证的财力扶持，调动农业经营者的认证积极性，做大规模。浙江省应当调整结构，加快蔬果、畜禽水产、粮油或木本粮油类有机农产品生产及认证。江苏省应当加强对根茎类、蔬菜瓜果、畜禽水产类的认证。

四是加强有机农产品监管，提高认证检测效率，简化程序。要加强监管，降低认证、检测费用；加强认证、检测的信息化建设，简化申报认证程序；加强农资投入品管理、包装标识管理等执法监管。目前，有机农产品认证有效期偏短，建议国家认监委出台政策，将有机农产品认证有效期延长为 2 年，切实减轻复审换证企业费用及地方政府补贴负担。

五是加强有机农产品普及性宣传，提升品牌效力。地方政府应利用公共传媒加大宣传力度，通过农交会、绿色食品及有机产品博览会等推广有机农产品。

五　推进长三角有机农产品管理一体化建议

一是建立长三角地区有机农产品质量安全监管协调机制，方向是加强省市（县）级食安办的协调、指导作用，增加编制和人财物支持，建立长三角地区三省一市食安办定期沟通、协调和议事机制，讨论、上报合作事项，布置、指导、检查和推进经批准的合作项目（执行情况）。

二是开展长三角规模化畜禽养殖场沼气系统建设合作。可以将重点放在沼气主副产品利用的市场培育和完善社会化服务组织方面。合作制定沼气产业发展规划，包括畜禽养殖业废弃物利用及规模，沼气主副产品利用及市场开发，沼气系统及配套设备（如储气柜、罐装设备和沼气能源汽车等）开发，沼气产业发展政策等。开展沼气系统建设合作可以起到消化过剩钢铁和水泥产能、开发绿色可再生能源、治理农村畜禽粪便污染和发展生态农业的"一石三鸟"作用。

三是优先建立长三角畜禽水产品质量安全可追溯系统。建议以上海市食安办牵头，各省食安办作为成员参与并负责，吸收各省市农业等部门参加，共同组建长三角食品安全监管网。建议以有机农产品中的畜禽水产品质量安全可追溯为重点，在长三角范围内优先进行可追溯制度建立试点。

四是开展长三角山区特色有机农产品采收机械化研发合作。我国南方山区盛产茶叶和各种干鲜果品，长江中下游河湖平原盛产花生、甘薯、豆类等各种小杂粮，这些都是认证有机农产品的"新宠"，但目前普遍缺乏专业采收机械。安徽芜湖三山区的中联重科，可以成为未来打造特色农产品采收机械的行业龙头。长三角区域内集中了诸多擅长机械工业、食品工业、农业工程与技术的大学和科研院所，可以通过跨省市政产学研合作方式，采取招商引资、风险（股权）投资、技术入股、合作研发等方式，集中打造一个国内领先的先进农机制造基地和产业（集群），解决长三角乃至南方山区特色农产品采收瓶颈问题，促进有机农产品的快速发展。

五是开展长三角地区有机农产品电子商务营销、物流仓储合作。有机农产品流通具有"小、散、多"特点，适合采用"互联网＋农业"的电商平台及快递物流技术走向城市大市场。建议加强三省一市地方政府的密切合作，加快建立长三角地区有机农产品网络信息平台，采用"互联网＋"技术促进有机农产品发展。

参考文献

[1] 蒋艳芝等：《消费者认证标识食品信任的影响因素分析》，《湖南农业大学学报》（社会科学版）2016年第1期。

[2] 马爱国：《新时期我国"三品一标"的发展形势和任务》，《农产品质量与安全》2015年第2期。

[3] 雷勋平、陈兆荣、王亮：《国外食品安全监管经验与借鉴》，《合作经济与科

技》2014 年第 10 期。

［4］周应恒、王二朋：《中国食品安全监管：一个总体框架》，《改革》2013 年第
4 期。

［5］彭亚拉、郑风田、齐思媛：《关于我国食品安全财政投入的思考及对策——基
于对比分析美国的食品安全财政预算》，《中国软科学》2012 年第 10 期。

［6］范春光：《国外食品安全监管制度及其借鉴——建立"从农田到餐桌"的质
量信息披露制度》，《国家行政学院学报》2008 年第 3 期。

农业标准化促进农业转型的难点与对策

——以江苏为例

金高峰　张立冬[*]

摘　要：农业标准化是推进农业转型升级的动力源。本文以江苏省为例，系统分析了农业标准化工作面临的挑战与障碍：标准内容不足、管理机制不完善、生产与市场分散、外部环境不成熟等诸多问题，使其难与国际接轨、难以组织实施、难以检验监测。借鉴国外先进经验，结合江苏实际，提出：应突出政府引导，进一步完善标准化机制、加强组织载体培育、突出示范推广、改善生产与消费环境。

关键词：农业标准化　转型升级　政策建议　江苏省

农业标准化是现代农业的重要标志，为农业转型升级提供了动力源。2016年中央经济工作会议指出，要把增加绿色优质农产品供给放在突出位置，狠抓农产品标准化生产、品牌创建、质量安全监管……江苏省省委自2005年以来每年将农业标准化工作写入省委一号文件，并列入省政府农业、农村工作重点任务，通过农业标准化的实施，有力促进了全省优质安全农产品的品牌化、规模化生产，推进了农业的转型升级。然而，调研发现，近年来江苏省农业标准化在推进与实施中仍面临经营主体意识不强、农业标准内容滞后、检测监管体系不健全、外部环境不适应等问题。基于此，本文在借鉴国外经验的基础上，提出了相应的政策思路。

---

* 金高峰、张立冬，江苏省社会科学院农村发展研究所。

一 农业标准化与农业转型升级

迎接农产品供需失衡、农业国际竞争力下降、农业经营方式粗放等诸多挑战，需要推行农业标准化生产。

（一）农业标准化提升农产品市场适应度

随着城乡居民收入水平的提高，农产品的需求结构发生了很大改变，人们更加关注农产品安全、美观、养生等方面的功能。然而，我国农产品仍然停留在传统的大路货供给阶段，优质、生态、高端品牌农产品缺失，难以应对市场需求的变化，出现阶段性、结构性过剩问题。农业标准化通过统一的技术与管理手段，对农业生产实行全过程监测，能够保证优质绿色无公害农产品的有效供给，适应了农产品需求结构的变化趋势。

（二）农业标准化增强农产品竞争力

近年来，受国际油价下降、人民币汇率调整、农产品生产的人工与土地成本上升等多方面因素的影响，我国大宗农产品在国际市场上出现了"价格倒挂"、"三量齐增"（产出量、进口量与库存量）、"绿色壁垒"等不利局面，除了要在降成本方面狠下功夫外，也需要积极参与到国际贸易规则的制定中，从根本上破解壁垒束缚。农业标准化既是一种农业生产的组织方式，有助于提升农产品品质，又能通过制定一系列的标准生产规程，规范贸易要求，提升谈判地位，从而增强我国农产品的国际竞争力。

（三）农业标准化促进绿色发展

长期以来，我国的农业生产过多关注产量的提升，一方面，大量施用化肥农药、农用薄膜等，造成严重的农业面源污染；另一方面，过度开荒种田、挖塘养鱼，造成土地沙化、生产力下降。这种粗放式的生产方式大大超出了资源环境的承载能力，已经难以为继，发展绿色农业是唯一出路。农业标准化要求在农业生产的全过程中，严格遵循相关标准规程，将科学技术融入生产的各个环节中，是绿色农业发展的基础与保障，也为绿色农产品的生产提供技术支撑。

二 农业标准化的江苏实践及其难点与问题

(一) 江苏农业标准化的现状

1. 基本形成了农业标准化的领导网络

农业标准化覆盖范围广、牵扯链条长、涉及主体多,需要建立并完善一套农业标准化领导与责任机制。近年来,江苏省除将农业标准化工作列入一号文件外,还连续多年列入省委常委会年度重点工作和省政府年度十大主要任务百项重点工作。全省各有关部门、各级党委政府还就农业标准化工作,出台了一系列具体的保障措施。不少市县还将农业标准制(修)订、农业标准化示范区建设列入下级政府年度考核目标。一些部门(如水利厅等)、科研院所还将农业地方标准制定成果与科技进步奖、核心论文等同等对待,有效地激发了科技人员参与农业标准化的积极性。

2. 初步建立了农业标准化体系

一方面,结合江苏省农业产业优势与实际需求,不断完善修订农业产前、产中和产后等不同环节的标准。至 2015 年底,江苏省先后制(修)订农业地方标准 2156 项,主要涉及粮食、蔬菜、果品、畜牧、水产、农机、水利等领域,覆盖农产品品种、产地环境、生产技术、分等分级、检验检测等环节,为提升全省农产品整体质量水平、促进现代农业发展提供了坚实的技术支撑。另一方面,注重转化利用农业科技成果,将需要在全省推广实施的重要科技成果及时转化为地方标准。其中,秸秆机械还田、草莓立体种植、稻鸭共作、食用菌工厂化生产、园艺标准园建设等一批现代农业科技创新成果通过标准得到及时推广并产生效益。

3. 建立了一批农业标准化示范区

全省以促进农业增效、农民增收为核心,以实施农产品质量安全和生产技术标准为重点,以农业标准化试点示范项目为抓手,不断增强农业标准推广实施效果。在农业标准化试点示范项目的建设管理上,严格执行《江苏省标准化试点示范项目管理办法(试行)》,坚持试点与示范项目并存，严格立项与源头把关，加强跟踪检查与长效管理，根据不同农产品及产业的特点，采取"公司＋协会＋农户＋标准""公司＋基地＋农户＋标准"等多种模式实施试点示范。

4. 农业标准化的社会影响不断增强

一方面，积极推动标准化农产品与市场的对接。通过参加两届全国农业标准化成果展、组织建设并开通江苏省标准化成果展示平台，重点展示全省农业标准化的工作成果及地理标志产品，宣传由江苏省主导或参与制定的国际标准、国家标准以及有特色的江苏地方标准；另一方面，加强农业标准化能力建设，提高农业标准化实施水平，分层次、多形式组织开展农业标准化培训，举办由基层农业推广人员、新型农业经营主体、农业标准化项目承担单位负责人、标准化行政管理人员等对象参加的农业标准化专题培训。通过培训，有效提高了当地农业生产者、经营者实施标准化的意识和水平。

5. 农业标准化实施成效明显

一是促进了农业科技成果的转化。借助农业标准化示范区这一载体，使更多的农业科技成果转变为看得见、学得会的具体标准，如仪征食用菌生产标准示范区牵头起草了《瓶装金针菇工厂化生产技术规程》和《杏鲍菇全程工厂化生产技术规程》，有力提升了全省的食用菌生产技术。二是培育了一大批优质品牌。全省各级示范区内先后培育洞庭（山）碧螺春茶、阳澄湖大闸蟹、宝应荷（莲）藕等39个地方特色农产品，并取得国家地理标志产品保护。三是加快了农业产业化进程。如东海（老）淮猪养殖标准化示范区积极推广全程技术服务与管理的标准化，实行统一供应种（苗）猪、统一供应饲料、统一消毒防疫、统一技术指导、统一屠宰加工、统一使用古淮牌商标销售，有效提升了当地生猪产业化水平。

（二）农业标准化建设的难点与问题

尽管江苏省在农业标准化方面做了大量工作，也取得了一定的成绩。但由于农业标准化是一项涉及面广、关系复杂的系统工程，从全省各地区的实践情况看，农业标准化的推进工作仍存在以下难点与问题。

1. 农业标准内容不足，难以与国际接轨

与全国其他地区相比，江苏省农业标准化工作虽然处于前列，但是与国际水平还有不小的差距。首先，无标生产与流通问题还较突出，有关农产品生产规程、种源、产地环境条件、检验检测等方面的标准还较缺乏；其次，农业标准的技术指标与国际标准和先进国家标准相比，存在较大不足。目前，我国农业方面的国际采标率不足20%，有80%的农产品难以与国际标准接轨。

2. 标准管理与组织机制不完善，标准化实施难

首先，主体意识不强。不少政府部门并没有真正意识到贯彻实施标准的重要性，缺乏农业标准化要素投入、宣传推广的动力；许多企业、基层农业技术人员和农民对农业标准还不了解，实施标准化还不能成为自觉行动，有标不依情况普遍，难以真正发挥农业标准的作用。其次，农业标准的制定、修订与实施，需要有相应健全的执行组织作为保障，以确保统一和协调的实现。目前，江苏省仍有一部分农业标准化示范区农产品以初级品为主，缺乏具有现代生产规模的龙头加工企业。

3. 农产品市场监测体系分散，标准化检验执行难

首先，农业生产者及农产品批发市场分散，分散了农业检测力量，影响了农产品质量的提高和农产品进入国际市场的进程。仅就农产品市场而言，存在大型农产品批发市场、城市超级市场、农产品专卖市场和农村集贸市场等不同层次、不同规模的组织，这些市场主体都可能在利润驱使下尽最大可能地降低成本、规避监管。其次，农业标准化监测体系不健全，检验、监测不及时。虽然近年来江苏省加大了农产品质量检测力度，但对农药残留量、有毒有害物定量测定的技术支撑仍不够，不同地区间农产品动态检测工作差距较大。

4. 农业标准化的外部环境改善难

首先，农业生态环境恶化使生产安全合格的农产品较为困难。其次，农产品优质优价市场机制还没有建立。当前，江苏省农产品的优质优价机制还不成熟，民众的优质优价意识还不强，受限于群众的购买力和辨别能

力等因素，冒牌产品和劣质产品的情况不同程度地存在。最后，农业标准化急需的人才不能适应需求。江苏省一些经济落后地区农业技术人员不足、人员知识老化的现象还较突出，影响了农业标准化的实施质量。

三　农业标准化的国外经验

国外发达国家主要从农产品质量安全管理的角度，落实农业标准的制定、宣传、推广、监测等工作。凭着先进的科技水平与一流的管理经验，农业生产始终按专业化、标准化的操作流程实施。其经验可以概括为以下五个方面。

（一）根据地方实际制定相应的国家标准与地方标准

各地适应自身地理环境差异、区域间经济发展不平衡的特点，参照国际标准，结合国家标准，制定适合本地区的农业标准以及围绕地方标准衍生的农业规范和简明的生产技术规程。发达国家除履行 ISO9001、《动植物卫生检疫措施协议》等国际标准外，各国政府还参照国际通行标准、依据本国具体情况，颁布一系列农产品质量标准化的政策法律法规，如欧盟统一标准（HAC‐CP）、国家标准（BRC）以及美国的水产品和禽肉生产加工操作规程等，以保证其农产品的加工生产达到安全与质量标准。

（二）制定贯穿农业生产全过程的标准化体系

发达国家在农业标准化的推行过程中，不但看重对农业生产环境的标准化要求，还关注农业生产与工艺的标准化。例如，日本的农业生产标准化包含农产品生产环境、生产过程和工艺以及农产品的标准化等方面，每个方面都有详尽的规定和标准。再如，欧盟从农作物种子选育、育苗培土到肥料与农药使用、农产品加工车间卫生与加储运的具体材料等方方面面，都严格遵守 ISO9001（国际统一标准）、HACCP（欧盟统一标准）、BRC（国家标准）、EUREP（行业标准）等标准。美国则主要从农产品生产的源头入手，通过全国性联邦法和地方法规的制定约束，严格规范前期生长环境。另外，各地都将农产品品种、质量等级、生产技术规程、运输储藏、加工等各个方面纳入了标准化管理，统一农产品质量标准、检验方法标准与仪器等的执行。

（三） 政府的重视与支持为农业标准化工作保驾护航

首先，各地在建设农业标准化示范区的过程中，采取了部门分工负责、相互协作的管理模式。如欧盟农业标准的实施监督采取政府部门分工负责的方式来实施，农产品的安全、卫生标准由检验检疫局负责贯彻实施，种子标准由初级产业和能源部负责实施监督，农药安全标准由国家注册管理局负责。其次，加强法律法规支持。政府用法规方式对进入市场的产品做出规定，并用统一标准对法规进行技术上的细化，降低企业标准化工作贯彻实施的难度。三是资金支持。农业标准化需要规模的扩大、投入成本的增加，也要求有相配套的运输业、信息产业、服务业等，在发展初期必然需要雄厚的资金投入，单个企业或生产个体是很难满足的，这就需要获得政府的强力支持。如欧盟15国1999年柏林协定规定，2000～2006年新的共同农业政策安排财政预算支出，平均每年达405亿欧元，用于共同体农业的各项措施及改革。

（四） 接轨国际先进标准，培植核心竞争力

国际标准的竞争与各国产业竞争力密切相关，能够控制市场才能控制标准，能够控制标准才能扩大市场，为此，各国均非常重视国际标准化活动。如美、欧、日等发达国家和地区都积极采用国际上的农业和食品工业标准，积极参与国际性和地区性标准化活动，为提高本国的农业水平、发展对外贸易创造有利的条件。作为企业发展战略，很多企业通过将自己的标准转化为国际标准而在国际竞争中取得优势。如日本企业为了生存与发展，不仅注重将公司自身的标准形成事实上的标准，而且注重将企业标准转化为国际标准，以便获得国际市场。

四　以农业标准化促进农业转型升级的政策建议

针对当前江苏省农业标准化推进工作中的难点问题，借鉴国外发达地区的实践经验，系统推进江苏省农业标准化进程，助力农业转型升级，应着重做好以下工作。

（一） 培育新型农业标准化生产载体

农业龙头企业、专业合作社和有一定规模的家庭农场是发达国家推进

农业标准化的重要载体，这些主体能够结合自身优势，自主制定等同于甚至高于同类企业的农业生产标准，加强产品研发与技术革新，提升自身的核心竞争力。为此，要进一步加强对这些经营主体的培育，一是推进农业生产的规模化。进一步加大农业剩余劳动力转移步伐，加快土地使用权的有序流转，培育农业专业大户，推进小而散、细碎化的小规模经营向专业大户、家庭农场、土地股份合作社等集中，实现适度的规模化经营。在此基础上，提升农业生产专业化水平，提升相关组织进行农业标准化生产的主观能动性。二是扩大订单化农业生产。加快推进农业龙头企业与农户的联结，进一步加大订单农业等的发展步伐，引导农民以订单签订的农业投入品标准、生产流程标准与产品质量标准，开展统一的农业生产。三是鼓励与支持小农户采用"企业＋农户""中介＋农户""协会＋农户"等集中管理生产和销售的农业生产组织模式，推进农民与农业协会、专业合作社和农技人员的合作，建立内部约束机制，提高生产组织化程度。

（二）完善农业标准制定与认证机制

一是加强对农业标准化的研究与标准的制定。要积极对接国际标准，充分发挥江苏省在科研教学、技术推广、企业等机构人才和技术方面的优势，进一步加强农业标准化的科技攻关。各地区结合自身的主导产业与产品，按照"两个市场、一个标准"原则，参照农产品进口标准，加快制定地方标准规程，形成覆盖农业产前、产中、产后全过程的"江苏标准"体系。二是建立强制认证机制。结合江苏省农业生产的实际，借鉴美国的良好农业操作规范（GAP），针对初级农产品的种植、采收、清洗、摆放、包装和运输过程制定相关操作标准，对农业生产组织进行分级，规定一定规模的农场和专业农业生产大户、家庭农场需要通过认证才能生产相关产品。

（三）加快农业标准化的示范推广与实施

积极围绕优势农产品与无公害农产品生产，建立健全农产品标准化生产示范基地的示范与推广机制。一是围绕全省各地区的农业主导产业，继续开展以大宗作物区域化布局、畜牧水产规模化养殖及农业产业化经营为重点的省级示范区建设，扩大市县级示范区覆盖面。鼓励示范区建设，与农业现代化示范基地、高科技园区，以及有机食品、绿色食品、无公害食品等基地建设相结合。二是要加快标准化示范区建设经验的推广。发挥示范区建设的良好示范机制与辐射网络，加快农业产加销等标准的示范推广应用，适时向周边地区传授先进实施经验，并以示范户的经验与经济效益（增收）的提升等作用带动更多农户，推进各类农业标准的实施。

（四） 进一步加强农产品质量安全体系建设

要以农产品质量安全为根本，推进标准化生产。要坚持从源头治理、标本兼治，从"产"和"管"两个环节入手，严格标准的监管。一是强化源头监管。要充分发挥基层干部覆盖面广、与群众联系紧密的优势，强化基层监管与社会监督；要严把农业投入品特别是高毒农药经营使用关，净化生产源头，严厉打击制售假劣农药和非法销售、使用高毒农药行为，实行农产品强制性例行速测制度和定量检测制度，不合格农产品一律不准进入市场。二是整合提升现有检测体系。加快建立由各方社会力量参与的社会化检测服务体系，引导民众积极参与，抓紧开发研制便捷化的检测方法与技术，提升检测能力。三是加快农产品质量追溯体系建设。以现代农业信息技术为支撑，建立健全农产品质量追溯公共服务平台和符合国际通用规则的农产品安全追溯系统，探索建立产品质量安全追溯制度，出台农产品追溯相关管理办法，对农业投入品供应商、农产品生产商、农产品销售商、农产品消费者各关键点进行质量跟踪；与此同时，要积极推进与国外有关协会组织、质量检测认证机构的检测认证标准和结果互认，确保农产品质量安全。

（五） 积极推进农产品品牌认证与维护

品牌是农产品的"敲门砖"，要依托各地区的发展基础与农业资源禀赋，开展以品牌企业、品牌产品、品牌产业为主的品牌创建活动，财政给予适当扶持。同时，统筹苏中、苏北农产品品牌优势较突出的地市资源，打包对外宣传、推介，并从中筛选一批优质农产品生产加工龙头企业、专业合作社、家庭农场等，组建苏中、苏北农业品牌联盟，推进品牌联盟单位共保、共建、共享品牌；积极落实品牌农业发展计划，大力开展"三品一标"（无公害、绿色、有机和农产品地理标志）认证和国际认证，扩大产地证明和市场准入、准出覆盖面。

（六）注重改善农业标准化的外部环境

一是树立人文、生态、绿色的发展理念。借鉴发达国家的先进经验，引进生产过程的环境标准化建设理念，完善相关环境保护的法律法规，研究制定农业生产中关键技术的标准化体系，如农业面源污染治理、农业化肥农药施控技术、农田节水技术及重大动植物疫病监控及防疫技术等。二是加强对农业标准化工作的培训推广。健全农技、科研等多方力量参与的多元化指导队伍，针对不同的培训内容、不同的生产阶段，采取多样化（如田间地头等）的培训或指导方式，提升农业标准化生产意识与执行能力。三是加快拓宽农业信息化的服务渠道。建立健全各级农业标准化的信息网络数据库，实现农业数据资源共享与安全交换，完善信息平台服务内容，让相关利益主体全面了解标准化的准确信息；要充分利用"互联网+农业"的发展机遇，探索建立农业田间地头标准化监管的物联网体系。

参考文献

［1］高宁：《我国农业标准化若干问题的探讨》，《中国新技术新产品》2015 年第7 期。

［2］郝思思、强晓燕、邱睿等：《从国外发展经验探究北京农业标准化建设思路》，《中国农业信息》2015 年第 10 期。

［3］蒋和平、彭成圆：《我国推进农业标准化的实践探索与政策建议》，《蔬菜》2014 年第 10 期。

［4］李长健、杨婵：《我国农业标准化动力机制探析》，《农产品质量与安全》2010 年第 3 期。

［5］钱永忠：《我国农业标准化战略与增强农业竞争力研究》，中国农业出版社，2014。

加快推进广西现代特色农业
示范区建设的对策思考

刘东燕*

摘　要： 加快广西现代特色农业示范区建设，有利于促进广西农业转方式、调结构，梯度推进农业现代化、深化农业改革创新，也对实现广西农业稳步增效、农民持续增收具有重要意义。当前，广西现代特色农业示范区建设以注入现代化要素为核心，以突出特色化发展为重点，以增强示范辐射带动为导向，以强化支持保护系统为基础，取得了阶段性成效，正展现出日益旺盛的生命力，但同时也存在不少问题和困难。在新形势下，加快推进广西现代特色农业示范区建设，必须推动示范区建设与"10＋3"特色与新兴产业、与全面打赢脱贫攻坚战、与农业科技创新应用、与产业融合发展、与"美丽广西"乡村建设相结合，从而实现农业更强、农民更富、农村更美。

关键词： 现代特色农业　农业示范区　广西

现代特色农业示范区是广西促进农业转方式、调结构，梯度推进农业现代化的"排头兵"，是深化农业改革创新、释放发展红利的"试验田"，是实现农业稳步增效、农民持续增收的"展示板"。当前，广西已进入传统农业向现代农业加快转型跨越发展的关键阶段，必须树立协调惠农、共享富农和绿色兴农等理念，加快推动示范区建设与"10＋3"特色与新兴产业、与全面打赢脱贫攻坚战、与农业科技创新应用、与产业融合发展、与"美丽广西"乡村建设相结合，这是一项重大而紧迫的战略任务。

---

* 刘东燕，广西社会科学院农村发展研究所。

一 深刻把握现代特色农业示范区
建设的重要意义

（一）促进农业转方式、调结构，梯度推进农业现代化的迫切需要

没有农业现代化，就没有广西的现代化。当前，广西经济发展步入新常态，农业现代化仍是实现"四化同步"的短腿，明显滞后于工业化、信息化和城镇化；与此同时，农业发展面临农产品价格"天花板"封顶、生产成本"地板"抬升、资源环境"硬约束"加剧等新挑战，亟须加快农业现代化步伐，努力开创具有广西特色的产出高效、产品安全、资源节约、环境友好的农业发展新局面。而通过立足当地资源条件、产业基础等特点，发挥比较优势，统筹推进一批高水平、网格化、带动力强的示范区建设，推动农业发展进一步挖掘潜力、提高质量效益、增强竞争力，促进农业结构不断优化升级，把示范区打造成为广西现代农业发展的第一梯队，强化其"排头兵"的示范引领作用，将有利于破解全区发展水平不一、必须梯度推进农业现代化进程等难题。

（二）深化农业改革创新，释放发展红利的关键途径

目前，广西农业农村改革已进入攻坚期和深水期，推进农业结构性改革涉及的利益关系更加复杂化，影响因素更加多样化，发展任务也更加急难险重，万一处理不当极易引发农村社会矛盾和冲突。这迫切需要我们坚定信心，找准路子，攻坚克难，才能为农业农村发展释放改革的红利。而示范区担当着探路先锋的职责，不仅在加大供给侧结构性改革、构建城乡生产要素自由流动机制、培育壮大新型经营主体、创新农业农村投入机制、推动农业经营方式转变、健全农业公共服务体系等方面具有改革创新"试验田"的先机，而且能为找准牵一发而动全身的"牛鼻子"和主要矛盾、构建适应现代农业发展要求的新体制和新机制提供强有力的支撑，从而推动农业向改革要红利，向创新要动力。

（三）形成区域现代农业发展新一极，促进农民持续较快增收的重要支撑

广西提出了实现城乡居民人均收入"十三五"时期比 2010 年翻一番

以上、全面建成小康社会的目标。"小康不小康,关键看老乡",使农民尤其是农村贫困人口全部脱贫,与全区同步实现全面小康,重中之重必须加快形成区域现代农业发展极,实现农业稳步增效,才能拓宽农民增收渠道。实践证明,近年来,不少示范区在促进农民增收上发挥了先行先试、辐射带动的"展示板"作用。比如,一些示范区在稳定土地流转、发展规模农业和提升现代农业层级的基础上,积极探索农户土地入股的"底金+分红+劳务收入"等模式,切实维护好了农民的土地承包权、流转收益权、农业用工优先权,跟农民算好了土地即期收益账、整体产出效益账和长期发展得益账,使示范区农户人均纯收入明显提高,且对当地农户增加收入形成了较强的辐射带动。

二 当前广西现代特色农业示范区建设的基本状况

2014年,广西认真贯彻中央关于加强政策创设、加快转变农业发展方式、推进农业现代化建设的总体部署,开始启动现代特色农业示范区创建工作,做出了创建"广西现代特色农业(核心)示范区"的重大决策,各地各部门高度重视,统筹谋划,协力配合,加大支持。截至2016年6月,全区已累计启动创建了917个示范区,完成了"点""线""面"的战略部署,其中,启动创建自治区级106个,获自治区认定的有30个;启动创建市级131个、县级227个、乡级453个。当前,示范区创建取得了明显成效,正展现出日益旺盛的生命力,在促进农业转型升级、农业增效和农民增收,深化农村改革等方面,发挥了十分重要的作用。

一是以注入现代化要素为核心,逐步形成适度规模经营发展的新态势。各级示范区结合土地确权,鼓励农民以转包、出租、互换、转让等形式流转承包土地的经营权,探索推进土地经营权入股、托管、小块并大块等改革,引导一家一户分散的小农经济,改变生产方式,转变产业结构,拓展生产功能,初步突破"规模化"难题,发展了多种形式的适度规模经营,区域产业带正在壮大发展,成为引领县域农业现代化的重要力量。比如,扶绥县通过引进广西中凯利科技公司等4家龙头企业,培育3家农民专业合作社,创建了"甜蜜之光"甘蔗产业示范区,大力推行甘蔗全程机械化、专业化、标准化生产,打造出现代甘蔗产业发展的典范样本。

二是以突出特色化发展为重点,打造形成一批产业集聚、优势明显的农业产业金字招牌。众多示范区立足当地资源优势、产业基础和人文特点，落实与广西现代特色农业产业品种、品质、品牌"10＋3"提升行动紧密结合的战略部署，坚持"市场主导，政府引导、多元投入、特色兴区"的原则，确立了因地制宜、突出特色、一业为主、多元发展的建设思路，推动十大种养产业转型升级，在富硒农业、有机循环农业、休闲农业3个新兴产业上集中发力，促使一大批优势特色产业成为支撑各级示范区的基本内核，示范区正逐步成为推动广西现代特色农业转型、优化和升级的先导力量。同时，在特色产业的打造上，众多示范区坚持绿色发展理念，凸显"山水广西"天蓝、地绿、水净的农业特色，加快推动一二三产业融合发展，进一步深化农业生产生活生态的全功能，不断形成农文结合、农旅结合等发展新业态，铸造了一批示范区发展的金字招牌。

三是以增强示范辐射带动为导向，让农民主体更公平地分享示范区建设成果。各地示范区紧紧扣住农民这一主体，充分调动农民参与的积极性，通过探索农村土地流转托管、土地股份合作等新模式，积极培育职业农民、家庭农场、职业经纪人等新型经营主体，重视农民的主体责任和利益诉求，撬动金融资金和社会资金投入示范区，努力打造"示范区＋企业＋合作组织＋农户"的利益共同体，统筹解决好示范区经营主体和农民主体之间的利益关系，有效确保农民更公平地分享示范区建设发展的成果。

四是以强化支持保护系统为基石，逐步形成可持续发展的体制机制和特色模式。围绕示范区建设，广西出台了行动方案、建设标准、管理办法、选派干部挂职、强化支持、星级动态管理等一系列政策，示范区建设在顶层设计、科学规划到系统实施等方面，实现了诸多创新，建立健全了示范区可持续发展的体制机制。与此同时，围绕示范区"产业发展、农民致富、业主赚钱"的目标，各地示范区积极破解农业发展的瓶颈制约，初步形成了一批具有一定区域代表性、类型多样、路径清晰的创建典范，为探索具有广西特色的新型农业现代化道路提供了丰富的实践样本。比如，天峨县在自然环境恶劣的条件下，已建立153个"三特"山地现代特色农业示范区，采取创新经营模式、发展生态循环产业、农旅结合开发等措施助农增收，闯出了一条现代特色农业示范区建设和脱贫攻坚相结合的山区群众脱贫致富之路，这一模式对广西乃至全国贫困山区发展具有重要启示。

与此同时，必须清醒认识到，示范区建设虽然取得了明显成效，但在广西经济发展进入新常态、农村改革步入攻坚期和深水区、农业现代化仍是"四化同步"的短腿等形势下，示范区建设不平衡、不协调、不可持续等问题依然十分突出，主要表现为：示范区的引领和集聚效应不强，对周边农村尤其对贫困地区农业的辐射带动仍十分有限，"藏富于民"、促进农民持续增收的机制尚未健全，对贫困农户的帮扶力度不足，亟待适应连片开发与精准滴灌相结合的新要求；产业特色化、组织化和集群化程度较低，未能与广西"10＋3"特色与新兴产业充分衔接，要素集中、产业集聚、技术集成、经营集约的发展格局还需加快构建；示范区农产品生产基地建设与新型城镇化建设、新农村建设结合不足，在拓展农业功能、推动产村相融和一体发展等关键问题上亟须进一步深化改革、大胆创新；政策支持体系有待完善，指导服务不到位、扶持资金不到位等问题突出。

三　推动广西现代特色农业示范区建设的对策思考

（一）坚持协调惠农，推动示范区建设与"10＋3"特色与新兴产业相结合

各地要从当地产业基础、资源禀赋等条件要素的实际出发，进一步围绕自治区"10＋3"特色与新兴产业行动计划的战略要求，以"一村一品、一乡（镇）一业"为主线，以"因地制宜、市场导向、效益优先"为原则，以点带面，点面结合，统筹布局各类特色产业示范区，有序推进特色产业示范区建设，培育壮大具有区域鲜明特色的农业主导产品、支柱产业和特色品牌。同时，坚持要素集中、产业集聚、技术集成、经营集约的发展方式，引导农产品加工企业向示范区集聚，鼓励有条件的示范区创建区域特色品牌，加快推进产业品牌化集群化发展。

（二）坚持共享富农，推动示范区建设与全面打赢脱贫攻坚战相结合

依托示范辐射平台，因地制宜推进贫困地区特色优势产业发展，加大贫困地区农产品品牌培育和营销支持力度。借鉴飞地经济模式及其经验，打破行政区划限制，鼓励和引导具备条件的示范区与贫困县共同创建

独具特色的县域现代农业（林业）示范区，以增强对贫困村（屯）和贫困群众的辐射带动，实现互利共赢。同时，深化农村产权制度改革，鼓励示范区构建贫困户产权及资产收益的创新机制，引导财政专项扶贫资金或部分支农资金，以"贫困优先股""贫困户股份"等方式，优先入股示范区，让贫困农户更多地分享农业全产业链和价值链增值收益。开展示范区及相关企业帮扶行动，鼓励示范区承接政府扶贫项目，打造扶贫公益品牌。完善示范区及相关企业精准帮扶的激励政策，依法落实税收等优惠政策。

（三）坚持创新强农，推动示范区建设与农业科技创新应用相结合

引导示范区深入实施创新驱动战略，支持示范区在科技成果创新、转化和应用上发挥先导作用，强化示范区科技支撑能力，率先在示范区普及应用现代科技成果，推进农业节本增效、节本降耗，促进示范区主导产业和农产品向价值链中高端跃升。加快推进示范区农业机械化建设，促进农机农艺融合，推动农机购置补贴等政策进一步向示范区倾斜，加快水稻插秧、水稻联合收割、甘蔗种植、甘蔗收获机械、秸秆机械化还田配套机械的推广应用。加快推进"互联网＋"现代农业，建设一批依托示范区的农产品交易市场和物流配送中心，推动物联网在示范区广泛应用。大力发展农业标准化生产。探索建立示范区协同创新机制，促进产学研、农科教紧密结合。

（四）坚持协调惠农，推动示范区建设与产业融合发展相结合

积极推进示范区农业优化调整种养业结构，创新"接二连三""隔二连三"联动经营新机制，推动粮经饲统筹、农林牧渔结合、种养加一体、一二三产业融合发展。围绕农产品加工"八桂品牌"战略行动，优化农产品加工业结构，加快促进示范区农产品加工业转型升级，加快推进"桂茶"、蚕桑、食用菌、中药材、林特产品、水产品、富硒农产品等特色优势农产品的精深加工，加快推进农产品加工副产物综合利用，促进循环、全值、梯次利用。把示范区建设规划纳入当地城乡发展总体规划，充分发挥示范区辐射带动作用，建立城乡要素平等交换体制机制，推动示范区及其农产品生产基地与新型城镇化建设、乡村建设和谐共融，增强发展的整体协调性，努力形成"区村城"协调发展新格局。大力挖掘农村文化资

源，发展休闲农业、创新农业等新型业态，形成乡土文化和现代文明融合发展的文化纽带，为全面统筹城乡发展探索路径，积累经验。

（五）坚持绿色兴农，推动示范区建设与"美丽广西"乡村建设相结合

一是发展高产高效生态循环农业。坚持"优质、高产、高效、生态、安全"，推动示范区大力发展资源节约、环境友好、生态保育型农业，促进种养循环、农牧结合、农林结合。鼓励示范区率先开展粮改饲和种养结合型循环农业试点，因地制宜推广"稻鱼共生"、"猪沼果"、林下经济等生态农业模式，力争示范区在全区率先实现农业废弃物趋零排放目标。二是带动改善乡村人居环境。充分发挥示范区的引领示范作用，强化农村居民节约意识、环保意识和生态意识，引导形成爱护环境、节约资源的生活习惯、生产方式和良好风气。鼓励示范区积极参与形式多样的乡村公共空间、公共设施、公共绿化管护行动。发挥示范区在加强农村环境整治和生态保护，保持乡村乡土特色及田园风光，建设持续健康、环境友好新农村中的重要作用。

参考文献

[1] 农业部等：《关于扎实推进国家现代农业示范区改革与建设率先实现农业现代化的指导意见》，2015 年 9 月。

[2] 广西壮族自治区农村工作领导小组：《广西现代特色农业示范区建设管理办法（修订稿）》，2015 年 10 月。

[3] 詹新华、余向东、彭瑶、高飞：《"山水广西"织锦绣——广西现代特色农业示范区建设关键词解读》，《农民日报》2016 年 11 月 4 日。

[4] 刘东燕：《加快广西现代特色农业示范区建设》，《广西日报》2016 年 1 月 19 日。

[5] 高云、陈伟忠等：《现代农业示范区农业产业集群发展分析》，《江苏农业科学》2014 年第 1 期。

以花木产业引领农村三产融合发展

——对鄢陵现代农业发展的调查与思考

安晓明[*]

摘　要： 实现农村一二三产业融合发展，是推进农业供给侧结构性改革的重要内容。近年来，鄢陵县依托特色优势资源，以科学规划和功能定位为引领，以龙头企业和大型项目为带动，以科技创新和文化创意为驱动，以大型展会和互联网为平台，以配套政策和公共设施为保障，探索出了以"花木种植＋"模式推进农村一二三产业深度融合的若干典型模式。不仅大幅提升了花木产业的综合效益，而且带动了县域经济全方位发展，形成了得天独厚的生态优势，并呈现出休闲农业和乡村旅游的品牌效应。鄢陵以花木产业引领农村三产融合发展具有以下启示：整合优势资源，以特色产业为主导促融合；培育龙头企业，以新兴业态培育促融合；加强科技创新，以延伸产业链条促融合；营造良好环境，以完善配套服务促融合。

关键词： 鄢陵　花木产业　农村产业融合　现代农业

实现农村一二三产业融合发展，是推进农业供给侧结构性改革的重要内容和突破口。2017年的中央一号文件和河南省省委一号文件指出，要壮大新产业新业态，积极开发农业多种功能，推进农业、林业与旅游、教育、文化、康养等产业深度融合，拓展农业产业链、价值链。近年来，鄢陵县依托特色优势资源，以"花木种植＋"模式推进农村一二三产业深度融合，走出了一条以花木产业引领三产融合，推进农业供给侧结构性改革的新路子。在深入推进农业供给侧结构性改革的背景下，鄢陵县的探索实践，对其他地区开拓思路、找准农村三产融合切入点，具有一定的借鉴价值和启发意义。

---

* 安晓明，河南省社会科学院农村发展所。

一　鄢陵以花木产业引领三产融合的成效与主要做法

鄢陵县隶属于河南省许昌市，总人口66万人，总面积866平方公里，耕地99.6万亩。鄢陵自然条件和地理位置优越，地处我国南北气候过渡带，是南花北移、北花南迁的天然驯化场，花木生产自唐代就已开始。经过多年发展，鄢陵已经成为全国重要的花木生产销售集散地。近年来，鄢陵围绕花木产业推进一二三产业融合，不仅提升了花木附加值，而且优化了生态环境，带动了县域经济发展。2016年，全县花木种植面积60万亩，产值57亿元，带动21万人就业，全县农民人均收入位居全省前列，花木主产区农民人均纯收入达22640元。60万亩的花卉苗木形成了一个"天然大氧吧"，每立方厘米空气负离子含量高达1.3万~1.6万个，形成了得天独厚的生态优势，获得了"国家级生态示范区"、"国家全域旅游示范区"、"中国长寿之乡"、"全国休闲农业与乡村旅游示范县"、"河南省乡村游十大热点景区"等称号。2016年，全县各景区（点）接待游客635万人次，旅游综合收入约23亿元。鄢陵在以花木产业引领三产融合方面主要采取了以下做法。

（一）以科学规划和功能定位为引领

鄢陵坚持"以花木改善生态、以生态承载旅游、以旅游繁荣三产"的发展思路，按照"养生福地、休闲天堂、宜居花城"的融合发展定位，科学编制发展规划。以花卉苗木聚集区为重点，规划建设"三带、五廊、六基地、十二园"。即沿花博大道、花海大道、花溪大道两侧三条生产景观带，沿许鄢快速通道、311国道、230国道、222省道、郑合高铁两侧兼具生产销售和生态旅游功能的五条绿色长廊，樱花、海棠、玉兰、蜡梅、药用植物、乡土树种六大特色花木生产基地，特色园、专类园、精品园等各类专业园12个。明确功能定位，提升花木产业集聚区的生态旅游功能、花博园的会展旅游功能、鹤鸣湖风景区的休闲度假功能、花木特色商业区的市场交易功能。同时，根据鄢陵各类花木、林木空间分布现状，划定林业生态保护区。

（二）以龙头企业和大型项目为带动

鄢陵十分重视龙头企业和大型项目的示范带动作用。通过政策引导、项目扶持、技术支持等措施，大力培育本地龙头企业，并积极引进德众花卉等外地龙头企业。企业推行"运行公司制、投资业主制、科技推广承包制、联结农户合同制"的运行模式，通过"公司＋农户""公司＋基地"等多种经营模式，提高了对广大农户的示范带动能力。建设花木和鲜切花示范园区，吸引国内外知名的花木企业入驻。充分发挥花艺公司、万绿园林、德锦公司、建业绿色基地等龙头企业带动作用，引导扶持有实力的花木企业开展"精品园、专类园"建设，与生态休闲、观光旅游等有机融合，并通过大型项目，如总体规划面积 10000 亩的金雨玫瑰庄园、5000 亩的五彩大地、5000 亩的建业绿色基地、4000 亩的龙源花木基地等，推动形成现代农业多功能综合体。

（三） 以科技创新和文化创意为驱动

鄢陵先后与中国农业大学、北京林业大学、河南省林业科学院等科研院所建立长期合作，并通过龙头企业与科研院所开展合作，推动花木种植的产学研一体化。如龙源公司与北京林业大学合作共建"北京林业大学鄢陵协同创新中心"，目前拥有 3 项发明专利、1 项实用新型专利，5 项科技成果。景缘园林与北京林业大学、中国农业大学进行技术合作，建立了多个研发团队及科研中心。在加强花木种植产学研一体化的同时，鄢陵还通过在花木种植中巧妙地融入文化创意元素，提升了花木产业的文化内涵和吸引力。一方面是将三国文化、蜡梅文化、休闲文化、养生文化、生态文化等融入鄢陵花木产业园区和景观带的打造中，另一方面是将风车、主题公园等创意元素巧妙地融入花木多功能综合体中。

（四） 以大型展会和互联网为平台

鄢陵依托花木资源举办大型展会，以会展带动花木产业发展和产业融合。以中国·中原花木交易博览会（简称花博会）、苗木交易会、樱花节、美食节、郁金香节、玫瑰花节、蜡梅展等大型展会为平台，推动花木产业与休闲农业、生态旅游深度融合。同时，加强信息网络建设，实现了上下贯通的县、乡、村三级信息网络。依托"国家级电子商务进农村示范县"，鼓励支持花木企业和花农发展电子商务，目前全县花木专业网站达 700 多个，其中"鄢陵花木市场网""花木中国网"覆盖农户 1.5 万户以上，点击率居全国同类网站前茅。此外，鄢陵还投资 5.1 亿元建设了 660 亩的鄢陵花木交易市场，给广大花木生产经营者提供了一个广阔的销售、交流平台，现入驻商户 383 户（其中省外商户 134 户），被评为"全国重点花卉市场"。

（五）以配套政策和公共设施为保障

在土地政策方面予以支持。对流转土地 100 亩以上进行花木工厂化生产、科研的，优先安排解决 15 亩以内的农用附属设施用地；用于生产办公用房的建设用地指标，按企业占地面积的 1% 供应。建立生态补偿机制。对花木产业集聚区景观道路两侧各 50 米以内的大规格树木和景观林，经过有关部门登记、认定，5 年以上不出售的，予以补贴；10 年以上不出售的，予以重奖。对在县 I 级林业生态保护区内现有主干道两侧新种植花木，消除空挡并按照廊道旅游景观打造的，给予每亩 1000 元的生态建设补助金，分三次发放。此外，县财政每年拿出不低于 600 万元的资金用于企业发展花木生产和相关延伸产业贷款的贴息。同时，建成河南省内首条 15 公里长的花乡林海自行车绿道，开通鄢陵至郑州、洛阳等地的旅游直通车，结合花木特色资源规划观光、休闲、养老等旅游线路。

二　鄢陵以花木产业引领三产融合的"花木种植＋"模式

在推进以花木产业引领三产融合发展，促进农业供给侧结构性改革的实践中，鄢陵探索出了"花木种植＋"的若干典型模式。

（一）花木种植＋林下经济

林区种植中药材、食用菌和养殖畜禽，发展林下经济。由农民合作社、龙源花木公司、建业绿色基地建立林下产业科技示范基地，用纯粮食和中草药喂养散养土鸡、珍珠鸡，养殖蜜蜂，种植中药材，种植羊肚菌。羊肚菌是发展林下经济的珍稀食用菌品种。2017 年 3 月，龙源花木公司在银杏苗圃林地下引种的 20 余亩羊肚菌全部成功出菇，并达到采收标准。这是鄢陵县首次引种羊肚菌并在林下种植成功。截至目前，鄢陵县种养结合型规模场达到 90 多个，重点发展林下柴鸡、肉鹅等有机绿色养殖，同时大力推广林禽一体化养殖，全县林下养殖企业达到 56 家。

（二） 花木种植 + 休闲农业

将花木种植与农事体验、休闲娱乐相结合，发展休闲农业。建业绿色基地规划建设鲜切花生产、建业大食堂、中原民俗文化养生项目、绿色农产品、乡村旅游等板块，致力于打造国内一流的集"研发、生产、示范、体验"于一体的现代农业综合体。五彩大地一期项目集休闲娱乐、观光度假、特色餐饮于一体，包括花田花海观赏区、特色餐饮区、特色采摘区、大型游乐区等。同时，鄢陵以千亩赏荷园、万亩枣林生态园、樱桃沟等花木园区为依托，开通了"赏荷游""打枣一日游""樱桃观光采摘二日游""花香农家乐"等独具特色的农家游。

（三） 花木种植 + 精深加工

对优质花木资源进行精深加工，拉伸产业链条，重点在花卉精油提取、蜡梅茶研制、药用花木加工等方面。鄢陵蜡梅品质上乘，素有"鄢陵蜡梅冠天下"之美誉，2011 年鄢陵蜡梅精油被成功萃取，填补了国内蜡梅精油提取的空白，蜡梅护肤品、保健品、食品、工艺品等也相继开发上市。金雨玫瑰庄园建成"芳香植物萃取应用工程技术研究中心"，开发化妆品、精油、花茶等系列产品，旗下品牌莎古蔓精油及植物护肤品均采用园区种植的玫瑰香草为原料。此外，鄢陵还围绕花肥花械、园艺资材、花卉深加工等，促进花木产业链条延伸、多元化发展。

（四） 花木种植 + 生态旅游

以花木种植为基础，规划建设鄢陵国家花木博览园、万亩花卉游览区、花都庄园、生态农业观光区、阳光生态旅游度假区等一批精品景区景点（其中，国家花木博览园、花都温泉小镇、金雨玫瑰庄园为 4A 级景区），实现了花木种植与生态旅游的有机结合。如园中缘步行景区着重围绕园林园艺打造生态休闲观光步行景区，实现了花木生产与旅游观赏相统一、一产与三产相融合。鄢陵还围绕四季特点策划推出"花都之春""林海清凉""花博盛会""蜡梅文化节"四大系列旅游活动，做到月月有活动、季季有项目，最大限度地满足了游客需求。

（五） 花木种植 + 健康养生

除了花木资源和生态优势，鄢陵还有着优质地下水和中医人才资源，并被国家长寿之乡评审组授予"中国长寿之乡"称号，同时鄢陵是养生鼻祖彭祖的故乡，养生文化传承已经有千百年历史，非常适宜发展健康养生产业。鄢陵积极整合优势资源，打造"一园三镇"（即药膳植物园、健康医养小镇、休闲养生小镇、温泉疗养小镇），推动花木种植与健康养生产业深度融合。药膳植物园以马坊乡、彭店镇为重点区域集中规划种植草本类、木本类药膳食用植物，并积极开发绿色有机保健养生食品、膳用健康养生产品和护理养生用品等时尚类健康产品。

（六）花木种植+会展业

依托花木资源优势打造区域性会展中心。目前，鄢陵已连续成功举办了16届中国·中原花木交易博览会（自第八届开始由国家林业局和省人民政府主办），规格、档次、品位均实现了重大提升。同时，中国梅花蜡梅展览会已经在鄢陵成功举办15届，中国·鄢陵蜡梅梅花文化节已成功举办六届，进一步打响了"鄢陵蜡梅冠天下"的品牌。自2013年开始，每年春秋两季举办河南·鄢陵苗木交易会，不仅促进了鄢陵花木的展示和交易，也提升了鄢陵的"花城"影响力。此外，还有樱花节、美食节、郁金香节、玫瑰花节等大型展会。

（七）花木种植+休闲商业

立足丰富的花木资源、良好的生态优势和优质地下水资源，发展独具特色的休闲商业。如荷兰风情花街花市依托鄢陵花卉资源和优质的生态环境，以荷兰风情文化为特色，以花卉专业市场为载体，以文化旅游观光为目的，将购物、展示、游览、休闲有机结合在一起。陈化店镇依托花木资源、优质地下水和当地悠久的茶文化，在陈化店镇政府所在地，沿311国道打造茶文化一条街，街道两旁饭店、茶社林立，既有中高档的饭店茶楼，又有路边的茶社。每逢周末和节假日，来此休闲、品茶者络绎不绝。

（八）花木种植+多功能复合型

多功能复合型模式也已形成。如花博园规划建设了博览会展示区、蜡梅文化展示区、名优花木展示区、水生植物景观区、休闲度假区、游乐区、健身娱乐区、生态科普展示区、鄢陵历史浮雕区、三国文化区等13个功能区域，集花木展示、市场交易、观光旅游、休闲度假、科普示范于一体。金雨玫瑰庄园依托花木和温泉资源，成为一产玫瑰规模化种植、二产香草精油深加工、三产配套温泉酒店融合发展的现代农业产业综合体，包括香草植物种植、精油研发、休闲度假、观光旅游等多种功能。

三 鄢陵以花木产业引领三产融合的启示

鄢陵在以花木产业引领三产融合的实践中，积累了有益经验，形成了可借鉴的模式，对于其他地区以三产融合推进农业供给侧结构性改革和发展现代农业具有一定的启示作用。

（一）整合优势资源，以特色产业为主导促融合

找准当地的特色产业，以特色产业为主导整合其他优势资源促进产业融合，既特色鲜明、主题突出，也有利于树立品牌和形象，打造核心竞争力。鄢陵正是抓住了花木产业这个"牛鼻子"，整合生态环境、优质地下水、养生文化、中医人才等优势资源，坚持"以花木改善生态、以生态承载旅游、以旅游繁荣三产"的发展思路，形成了花木种植＋生态旅游、花木种植＋健康养生、花木种植＋休闲农业、花木种植＋会展业等模式，从而走出了一条以花木产业引领三产融合发展的路子。中国幅员辽阔，自然地理和人文条件存在很大的地域差别，各地都有自身的特色资源和相对优势，有的地区可能交通区位优势明显，有的地区可能临近大都市区，有的地区可能历史人文资源丰富，有的地区具备发展某种特定产业的独特自然地理条件，等等。当然，这些优势可能叠加，如果同时具备多种优势资源，也就具备了多产业融合发展的客观条件，这也更需要选取特色产业作为主导。因此，农村三产融合必须因地制宜，或依托人文、地理资源，或依托区位优势，或依托产业基础，通过科学规划和合理引导，突出特色，以之为主导整合优势资源，形成特色鲜明、优势互补、功能叠加的产业融合体。

（二）培育龙头企业，以新兴业态培育促融合

培育壮大农业新兴业态是农业供给侧结构性改革的重要内容。当前，我国各地农业龙头企业、农业合作社、新型职业农民等新型农业经营主体蓬勃发展，有力地推动着农业新产业新业态的发展和壮大。而龙头企业对

于培育壮大农业新兴业态及促进产业融合发展具有带动和示范作用。鄢陵非常重视龙头企业和大项目的示范带动作用，对龙头企业给予大力扶持，支持其科技创新和新技术应用，对大项目在用地、基础设施、财政金融等方面大力支持。因此，各地区在推进农业供给侧结构性改革进程中，要积极推进新型农业经营主体培育，特别要重视龙头企业在产业融合中的示范和带动作用。一方面，要积极支持各地形成一批龙头企业，通过龙头企业推进大项目建设，培育壮大新产业新业态，形成具有规模效应和集聚优势的大型农业综合体；另一方面，要大力支持有条件的农村建设一批以农民合作社为主要载体，农民充分参与和受益，集循环农业、创意农业、农事体验于一体的田园综合体。

（三）加强科技创新，以延伸产业链条促融合

中央一号文件指出，要支持农业科技园区产学研合作建立各类研发机构，支持地方开展特色优势产业的技术研发，支持农技推广人员与家庭农场、农民合作社、龙头企业开展技术合作。鄢陵非常注重科技创新和技术推广，不仅实现了花木种植的产学研一体化，而且通过科技创新促进了花木的出新出彩，实现了花木的精深加工，通过延伸花木产业链条促进了产业融合发展。同时通过文化创意元素的融入，提升了花木产业附加值，拓展了农业多种功能。在农村三产融合及推进农业供给侧结构性改革和发展现代农业中，应当特别注重创新。一方面，各地必须加强农业科技创新和技术推广，支持农业企业与科研院所进行深入合作，持续深入推进农产品精深加工，着力提升农产品附加值，尽可能地延伸农业的产业链、价值链；另一方面，各地要深入挖掘当地的文化底蕴，在农村产业融合发展中融入文化创意元素，拓展农业的文化内涵，形成现代农业多功能综合体。

（四）营造良好环境，以完善配套服务促融合

产业融合发展，需要良好的硬环境和软环境。鄢陵不仅通过大型展会和互联网平台促进花木产业和其他产业融合发展，同时通过各种土地政策、生态补偿机制、财政金融、公共服务设施等为产业融合营造良好环境。鄢陵灵活运用土地政策，对花木产业和大规模流转土地给予优先支持。鄢陵划定了三级林业生态保护区，建立生态补偿机制，对花木产业集聚区和县Ⅰ级林业生态保护区内绿色廊道达到规定年限和景观要求的花木

给予相应补贴，引导花农从"出售花木"转变为"出售景观"。县财政还对设施花卉生产、花卉苗木新品种的研发和实验种植、花木生产和相关延伸产业等给予支持。并规划建设自行车绿道、游客服务中心、旅游直通车等公共设施，通过各项配套服务促进了花木产业的融合发展。各地要探索建立农业农村发展用地保障机制，推进农村土地"三权分置"改革，着力盘活农村存量建设用地，完善农业用地政策，重点支持乡村休闲旅游养老等产业和农村三产融合发展。完善农产品主产区补偿制度和生态补偿制度，通过财政金融等方式支持农村三产融合发展。同时，要积极完善产业融合的各项配套服务。

参考文献

[1] 唐园结等：《鄢陵："中国花木第一县"的绿色崛起》，《农民日报》2016 年 9 月 22 日。
[2] 常钦：《鄢陵，花木旅游融起来》，《人民日报》2016 年 11 月 13 日。
[3] 安晓明：《河南：农业产能向国外转移路径》，《开放导报》2016 年第 5 期。
[4] 周蕾、段龙龙、王冲：《农业与旅游产业融合发展的耦合机制——以四川省为例》，《农村经济》2016 年第 10 期。
[5] 郭晓杰：《现代农村视域下的三次产业融合发展模式及路径分析》，《商业经济研究》2014 年第 5 期。
[6] 《发展特色 强化基础 全面推进鄢陵县现代农业加快发展》，鄢陵政府信息网，http：//www.yanling.gov.cn/yl/web/news/new – 531 – 8621.html，2016 年 9 月 1 日。
[7] 马晓河：《农村产业融合的发展现状》，《经济日报》2016 年 2 月 25 日。
[8] 宋洪远：《关于农业供给侧结构性改革若干问题的思考和建议》，《中国农村经济》2016 年第 10 期。

致谢：鄢陵县政府办、农业局在本次调研中提供了大量的第一手资料，特此致谢！

河南省"互联网+"现代农业的发展态势分析

侯红昌[*]

摘 要： 在我国经济发展进入新常态的背景下，研究利用"互联网+"促进现代农业经济发展具有重要现实意义。通过分析益农信息社在全国的发展态势和特征，详细梳理了河南省"互联网+"现代农业的发展态势、存在问题与挑战，并给出了包括提高认识、加强顶层设计、提速发展农村电子商务、提升农民信息应用能力、创新发展现代农业科技等针对性较强的对策建议。期望"互联网+"带动现代农业再次飞跃，有效地解决河南"三农"问题，推进农业现代化的实现进程，实现粮食增产、农民增收，进而实现全面建成小康社会的目标。

关键词： "互联网+" 现代农业 态势分析

当前，我国已进入新型工业化、信息化、城镇化和农业现代化同步推进的新时期，信息化已经成为衡量现代化水平的重要标志。党中央、国务院高度重视信息进村入户，2014年以来连续四年中央一号文件和《国务院关于积极推进"互联网+"行动的指导意见》都对信息进村入户做出战略部署，提出明确要求。"互联网+"是中国抓住信息革命历史机遇的战略选择，是国民经济和社会发展的创新推动力，而"互联网+农业"将信息经济与传统产业结合，必将给传统产业以新机遇，给小企业发展以空间，给农民就业以机会。信息进村入户是发展"互联网+"现代农业的一项基础性工程，对促进农业现代化、缩小城乡差距意义重大。目前，农业部门

---

* 侯红昌，河南省社会科学院农村发展研究所。

已经在全国 26 个省份 116 个县开展了试点工作，益农信息社已覆盖 2.4 万个行政村。总体来看，信息进村入户已经探索出一套较为可行的制度机制，对加快农业现代化建设、促进农民增收致富、助力城乡一体化、全面建成小康社会发挥了重要作用。

一 全国"互联网＋"现代农业发展态势：益农信息社特征分析

（一）聚焦农村，服务农民

在我国大部分城市地区成功迈入互联网时代的今天，在信息化领域，城乡之间仍然存在巨大的数字鸿沟。全国农村仍有 5 万多个行政村没有通宽带，拥有电脑的农村家庭不足 30%，近七成的农民没有使用互联网。农业农村信息化不仅是整个国家信息化的短板，也是农业现代化的短板。农业部门将信息进村入户工作作为推动农业农村实现"弯道超车"的重要手段。自 2014 年开展信息进村入户试点工作以来，以满足农民生产生活的信息需求为出发点和落脚点，把村级益农信息社建设作为重点，统筹整合农业公益服务和农村社会化服务两类资源，提升村级综合信息服务能力。在益农信息社的建设上，明确了益农信息社的建设标准，即按照"有场所、有人员、有设备、有宽带、有网页、有持续运营能力"的统一标准为农民提供服务。2016 年 11 月，农业部印发《关于全面推进信息进村入户工程的实施意见》，明确了"力争到 2020 年，信息进村入户基本覆盖全国所有行政村"的总体目标。推动试点地区聚合教育、卫生、就业、气象、电信、邮政、银行、保险、供销、电商等涉农资源，构建集公益服务、便民服务、电子商务和培训体验服务于一体的综合信息服务平台，并将这些服务资源延伸汇入益农信息社，发挥互联网的集聚共享效应，让农民进一个门，就能办多样事。设立在村口的益农信息社，不仅能查询各类农业政策信息，还能代缴水电网费，网购农资和日用品。随着信息进村入户工程的不断推进，农民生产生活方式正渐渐地被影响和改变。

（二）政府主导，主体多样

信息进村入户兼具公益性和经营性，既要发挥政府的主导作用，又必须充分发挥市场配置资源的决定性作用。据国家统计局调查，2016 年农林牧渔民间投资增速远高于工业、房地产、基础设施行业。阿里、京东等电商巨头近年来开始实施"千县万村""渠道下沉"战略，不少企业都把农村看作"蓝海"，愿意借助信息进村入户这个平台开拓农村市场。信息进村入户工程是农业农村信息化的重头戏，在一些入户试点村，主要采取"政府 + 运营商 + 服务商"的运营模式。通常由政府修通修好信息高速公路，为信息进村入户顺利推进提供有力保障。同时，敞开大门让企业唱主角，充分调动相关社会主体投资建设、参与运营的主动性、积极性。农业部门在主动入位、牵好头、扛起旗的前提下，积极吸收相关部门、有关企业和社会各方力量广泛参与，同时分清政府、运营商和服务商的职责定位，相互配合，形成命运共同体，从而有效整合各类服务资源，使公益性服务与经营性服务相得益彰，真正打通农村信息服务"最后一公里"，确保信息进村入户工程顺利推进。

（三）线上线下，融合发展

有别于传统商业"线下"门店式、面对面的经营形态，电商是一个以网络技术和现代物流为依托，在"线上"进行购销活动的商业渠道和商业模式。随着互联网加速向农业农村延伸、渗透、融合，"线上农业"初见雏形，并且作用日益凸显。信息进村入户工程能够推进"线上""线下"农业统筹发展，在信息入户的工程中，农业部门把信息进村入户作为推进"线上农业"与"线下农业"融合发展的重要抓手，加强信息基础设施建设，大力推动信息服务、电子商务、农业物联网、农业农村大数据发展，强化互联网与农业生产、经营、管理、服务和创业创新的深入融合，积极探索线下农业的数字化、智能化改造，一二三产业融合发展。作为一张联通全国市场的大网，益农信息社促成了专业大户、家庭农场、农民合作社、农业龙头企业等新型农业经营主体与电商平台对接，把村里的优质农产品卖出去、卖上好价钱，还能够让农民买到质优价廉的农业生产资料和生活消费品，帮助农民实现节支增收。各地涌现出"云农场""定制农业""互联网农业小镇"等一大批新的商业模式和经济业态，促进了农业供给侧结构性改革，为农村大众创业、万众创新提供了重要平台。信息进村入户过程中催生的这些产业新业态正是信息流带动技术流、资金流、人才流、物资流向农业农村汇集的体现。农业现代化为农业信息化提供了广阔的应用空间和创新领域，农业信息化为农业现代化架起了通往未来的桥梁。益农社成为信息进村入户，打通农业信息化"最后一公里"的重要载体和支撑。

二 河南省"互联网＋"现代农业的发展态势

作为全国第一农业大省、粮食大省和农村人口大省，河南省在国家区域经济发展布局中具有极其重要的地位，农业经济发展关系全局，影响深远。河南省委省政府强调把推进"互联网＋"行动作为紧迫的战略举措，并出台了《河南省"互联网＋"行动实施方案》（豫政〔2015〕65号）。"互联网＋"行动计划的提出，为河南省农业经济的发展开辟了新的空间，拓宽了新的渠道。

（一）信息枢纽建设加快

作为国家农村信息化示范省，河南省近年来先后出台多项政策并通过实施"宽带中原"战略、"村村通"工程等一系列举措提高农村信息化水平，截至2015年12月底，全省光纤入户端口达到1531万个，网络出口带宽增至4160G，省辖市城区和县城100%实现全光纤网络覆盖，行政村光纤进村率达到96.4%，4G基站达到9.4万个，全省所有行政村实现TD-LTE网络全覆盖。2015年底，河南联通累计为650万用户免费提速，其中93万用户提至8M，400万用户提至12M，144万用户提至20M，13万用户提至50M；宽带用户上网体验主要指标继续优于全国平均水平，位居中部首位。2015年11月6日，河南省政府与中国联通、中国移动、中国电信、中国铁塔四大央企在郑州签署战略合作协议，围绕深入推进"互联网＋"发展、打造"米"字形信息网络枢纽、加快信息化建设等进一步深化战略合作，有力地确保了河南省的"网络经济强省"建设。

（二）智慧农业成效初显

经过近年来的努力，河南在全省部分地区和农业领域利用"互联网＋"技术、打造智慧农业已初具成效。作为小麦主产区，河南目前已经在9个市建成20个类似站点的"作物生长远程感知系统"，该系统综合利用物联网技术，使科研人员可以在郑州的监控室实时监测小麦产地的各项指标数据，及时掌握小麦生长状态，做出诊断分析。河南农科院曾对该系统项目效果进行对比试验，结果显示示范区小麦平均比非示范区亩均增产26公斤、化肥成本节约30元。鹤壁市近年来大力推进农业信息化建设，2013年被认定为全国首批、全省唯一的农业农村信息化示范基地，通过搭建"农业信息化综合管理服务平台"系统和建设中国（鹤壁）农业硅谷产业园，将农业物联网技术成功应用于农业生产，先后完成并上线运行"大田智能物联系统""设施农业物联系统""农畜产品质量安全监管与追溯系统""农业地理信息系统"等，极大地提升了科技进步对农业经济的贡献率。12316"三农"热线和网络，基本覆盖全省各乡镇，解决了大量农民群众在生产中遇到的市场信息、生产技术、农资维权、劳务需求等难题，日均呼叫次数达4000人次以上，已经成为农民与专家的"直通线"、农民与市场的"中继线"、农民与政府的"连心线"。

（三）农村电商发展正旺

电子商务作为"互联网＋"技术最成功的应用，近年来发展速度和规模十分惊人。河南省近年来电子商务发展也非常迅速，交易额年增长率均超过30％。在涉农领域电子商务发展同样迅猛。一是农产品电商发展速度、规模令人瞩目。2013年河南农村网店数量超过5.25万家，同比增长76％，其中淘宝网经营农产品的卖家为1.4万家，同比增长22％。在淘宝网土特产的名录中，来自河南农村的商品信息已超过10万条。全省经营农产品的农村网店从2013年的1.8万家增长到2014年底的3万家。二是电子商务进农村进程加快，推动农业经济发展效果显著。2014年，河南省被确定为全国首批"电子商务进农村"综合示范试点省份，并于2015年初确定新安县、淇县、光山县等7县为第一批综合示范县，获得国家支持1.4亿元，带动社会投资3亿元左右；2015年8月又有睢县、泌阳县等8个县进入第二批国家"电子商务进农村"示范县，获得1.6亿元国家扶助资金。三是与多家大型电商、物流企业合作发展。相比全国农村的一般状况，河南农村市场具有"人口多、密度大、交通便、起点低、资源足"等鲜明特征，极大地吸引了各大电商与物流企业的注意，纷纷将河南设为一级战略市场。阿里、京东、苏宁等电商巨头先后将竞争重心转移到农村。2014年6月阿里巴巴集团与河南省签订战略合作协议，"农村淘宝"项目在河南落地生根，截至2015

年底已在新乡、孟州、汝州等 20 个县市开业，共计辐射 1100 个行政村，成为河南省农村电商的重要支撑。

（四） 农民培训效果良好

自 2014 年 7 月启动"农村青年电子商务创业就业"项目，河南省从强化创业培训、提供金融资金支持等 5 个方面为农村青年提供服务。比如，在"淘宝网特色中国·河南馆"专门设立省青农联农产品展销页面；举办"河南省青年电子商务创业就业培训班"，开展农村青年网上创业帮扶、培育；开展"河南省青年电子商务创业小额贷款项目"；创立"河南省青年电子商务创业园"，实行农产品电商规模化运营。该项目实施时间拟为 3 年，计划开展青年电子商务创业培训 5000 人次，发放青年电商小额贷款 1000 万元，帮助 1000 名青农联会员建立淘宝店铺。截至 2014 年底，河南省新型农业经营主体总数达到 15.85 万个，其中，依法登记的农民合作社 9.7 万个，合作社成员达 380 万户，家庭农场 1.6 万家，种粮大户 3.9 万户。农业社会化服务组织形成了多层次、多形式、多元化的格局，强有力地支撑了河南省的"互联网＋农业"建设。

三 河南省"互联网＋"现代农业面临的挑战

虽然近年来河南省"互联网＋农业"取得了许多显著的成绩，但也存在以下一些亟待解决的问题，面临不少发展中的挑战。

（一） 政策支持力度不足，建设资金缺乏

自 2015 年提出"互联网＋"概念以来，"互联网＋"在政务、金融、工业、智慧城市、旅游、医疗等领域得到了迅速发展，但在传统行业，尤其是农业现代化方面，虽然也制定了相关的政策，但作为第一产业的农业，发展状况不能与其他产业相提并论。由于农业关系国计民生，是经济发展、社会和谐的基础，是国民经济的命脉，而且农业大多分布在广大的乡村，各方面基础条件薄弱，需要政府出台有力的倾斜政策，予以重点优先扶持。此外，在资金投入方面，河南省正在推进美丽乡村建设，投入并带动了一些资金进入农村，但这些投资依旧呈现流向非农业部门的趋势，追求较高资本收益率的思想一直存在。直接投资在农村基础设施上的资金

在社会总投资中的比重仍然较低，成为制约"互联网＋现代农业"建设的一大瓶颈。

（二）对网络认识不够，信息人才匮乏

作为农业经济发展的主体，河南省农民的素质普遍较低，受教育程度低下。截至 2014 年底，河南省农村劳动力中文盲率达到 4.07%，受教育程度为小学及以下的占到 24.59%，初中及以下的超过 83%，大专及以上的仅占 3.63%。农业劳动力素质低下使得农民接受新技术、新事物的速度相对较慢，对互联网的认识不足，甚至不了解互联网对于农业的意义和作用，也就无法将先进的"互联网＋"应用于农业生产经营。正是因为农村网民的学历水平整体偏低，对互联网的使用大多停留在娱乐类应用、网络购物等初级阶段，缺乏获取互联网信息的能力和正确使用互联网的方法。这势必影响"互联网＋现代农业"建设在广大农村地区的发展。随着经济水平的提高，电脑、智能手机越来越普及，急需专业的信息化人才对农村用户进行使用培训，提高其互联网使用效率，从而真正发挥信息时代网络的作用。

（三）网络建设失衡，信息更新缓慢

2015 年 5 月，中国互联网信息中心发布的乡村互联网发展状况报告指出，我国乡村网民数量、互联网普及率在不断地上涨，但由于城乡一体化进程掩盖了互联网普及的问题、地域经济发展不平衡、基础设施条件差异等因素，农村互联网增速放缓，城乡互联网普及率差别增大。2014 年城镇普及率较乡村高 34 个百分点，城乡信息鸿沟加剧，乡村信息孤岛仍普遍存在。农业互联网信息平台建设不够完善。网络农业信息平台是农户获取农业技术信息的重要渠道，其完善与否会对农业发展产生巨大影响。但就河南省目前情况来看，河南省农业互联网信息平台建设并不完善，表现为相关农业科研机构、管理部门的网络建设滞后，网页信息更新少，网络平台互动性差，网上农业信息不全面，农户的难题不能得到及时解决，难以满足农业从业人员的信息需求。

（四）配套服务欠缺，电商发展受限

完备的物流体系和金融支持是电子商务发展所必备的条件。涉农电子

商务是"互联网＋农业"的核心组成部分。河南省目前涉农电子商务发展所需的农村物流、金融服务等跟不上。如目前农村物流已经实现县城和乡镇全覆盖,但是绝大多数行政村还没有物流点,存在"最后一公里"难题,农民网上经营农产品销售面临发货难问题。金融服务方面更显落后,目前大多数银行只在县城有网点,在乡镇只有农村信用社、邮政储蓄银行或者农业银行,而且大多数网点并没有自动存取款的 ATM,金融服务跟不上,影响农民的网上交易。

四 河南省"互联网＋"现代农业的发展建议

(一) 提高认识,加强顶层设计

首先,提高认识,将利用"互联网＋"促进农业经济发展放在战略优先地位。认识决定行动,要利用"互联网＋"促进河南农业经济发展,要求全省上下认识到"互联网＋"的重大意义,从发展战略上重视"互联网＋",将加快利用"互联网＋"作为河南省农村经济发展的战略支撑。这不仅要求全省各级政府和相关部门提高对"互联网＋"的认识,也要求提高农民对"互联网＋"的认识水平,从而才能重视和积极利用"互联网＋"。其次,必须从全省层面加强和完善"互联网＋农业"的顶层设计,制定"互联网＋农业"的发展战略规划,从基础设施、专项应用和服务体系等方面入手,明确入手环节、支持重点、推进措施,用互联网思维方式,将互联网有机融入现代农业发展的各个环节,对"互联网＋农业"发展的建设任务进行合理布局和优化配置,形成全省统筹布局、部门协同推进、各市分类指导的"互联网＋农业"发展新体系。

(二) 提速发展农村电子商务

首先,要继续发挥好首批国家电商进农村综合试点省优势,抓好 15 个国家级电子商务进村示范县,利用好政策资金,加快建设一批县级电商运营中心、配送中心和服务站。支持新型农业经营主体和农产品、农资批发市场对接电商平台,积极发展以销定产模式。开展生鲜农产品和农业生产资料电子商务试点,促进农业大宗商品电子商务发展。按照有场所、有人员、有设备、有宽带、有网页、有持续运营能力的"六有"标准,以村级超市、农资店、党员活动中心等为主体，实施信息进村入户工程，鼓励通过移动互联网为农民提供生产生活信息服务。其次，要完善"硬件"配置，实现"互联网＋农村"。一是加快推进"中原信息港"工程，推进光网到村和互联网入户率，持续推动电信运营商在乡村地域进一步提速降费，完成农村家庭宽带升级；二是增强涉农信息资源的深度挖掘分析，以建立农业大数据、农业物联网、农业机械化调度、农业监测与决策系统、农业综合服务平台为核心，共享数据资源，发掘信息潜力，提升农业生产智能化水平；三是制定优惠政策措施，邀请社会资本通过资本募集（PPP）等形式参与投资"互联网＋现代农业"基础设施和应用系统建设。

（三） 提升农民信息应用能力

首先，要加强对农村居民"互联网＋"知识和应用的培训，提高农业从业者的素质和水平。以电子商务应用为突破口，通过在农村地区举办以网络购物或农产品交易等应用展示为主的互联网基础应用培训，进行系统引导，鼓励农民积极应用互联网工具，提高农民利用"互联网＋"发展农业经济的素质。通过对农民开展手机应用技能和信息化能力培训，提升农民信息供给能力、传输能力、获取能力，特别是运用手机上网发展生产、便利生活和增收致富的能力。其次，培育新型职业农民，实现"互联网＋农民"。一是根据地域特色，因地制宜，大力提升新型职业农民种植管理水平。二是以农民需求为中心，紧紧围绕乡村农民务农需求、政策需求、科技需求开展培训，力求全面发展。三是认真遴选培训机构，加强师资队伍建设。依托农广校、职业技术学校、短期培训班、科技下乡等形式，分对象、分专业建设实训基地，吸纳一批"土秀才""田专家"加入。四是加大宣传，实现精准培训，使农民由"被培训"转变为"想培训""要培训"。

（四） 创新发展现代农业科技

首先，开展农业大数据、物联网应用示范，建立农业生产全程监测管理网络体系，促进农业生产智能化、集约化、精准化。结合实施高标准粮田"百千万"建设工程，选择条件较好的千亩方、万亩方，建立大田种植全程智能监测分析系统，实现环境参数远程感知、智能节水灌溉、测土配方施肥等精准化作业，提高病虫害、水旱灾情等实时监测预警能力。结合实施现代农业产业化集群培育工程，建立远程视频诊断及智能管理信息系统，推行设施农业精细化管理，畜禽、水产标准化规模养殖。结合实施都市生态农业培育工程，加快都市生态农业示范园区建设，推动休闲观光农业、乡村旅游业等网络化管理、规范化服务。其次，推进"互联网＋现代种植业"，发展精准农业。高标准设计、高水平规划现代农业示范区，提高粮食产能，大力发展现代种业，加强农作物种子物联网的推广应用，广泛收集品种大数据，形成以种子"身份证"为主体的市场监管体系。持续保持"产管结合"，坚持不懈地转变农业生产模式。创新农业种植模式，建立精准化气象灾害防御体系，做好地理信息服务，加强对天气的人工干预，建立工厂化育苗、种植生育期全程监控、作物生长发育水分需求监测、测土配方施肥、跨区智能播收作业等精准化运用系统，发展"智慧农业决策系统"。最后，建设"互联网＋农副产品"质量安全追溯体系。充分利用现有互联网资源，构建农副产品质量安全追溯公共服务平台，推进制度标准建设，建立产地准出与市场准入衔接机制。支持新型农业生产经营主体利用互联网技术，对生产经营过程进行精细化、信息化管理，加快推动移动互联网、物联网、二维码、无线射频识别等信息技术在生产加工和流通销售各环节的推广应用，强化上下游追溯体系对接和信息互通共享，不断扩大追溯体系覆盖面，完善农副产品产业链追溯制度、技术标准和规范，加强网络监管，对信息采集、发布行为实行追溯，对发布不实信息行为追责惩戒。

参考文献

[1] 李国英：《产业互联网模式下现代农业产业发展路径》，《现代经济探讨》2015 年第 7 期。

[2] 李敏：《"互联网＋农业"视域下河南省现代农业发展研究》，《创新科技》2015 年第 6 期。

[3] 金志广：《鹤壁"互联网＋农业"实践探索》，《农村工作通讯》2015 年第 15 期。

[4] 王艳华：《"互联网＋农业"开启中国农业升级新模式》，《人民论坛》2015 年第 23 期。

[5] 刘玉忠：《"互联网＋农业"现代农业发展研究》，《创新科技》2015 年第 7 期。

［6］陈红川：《"互联网＋"背景下现代农业发展路径研究》，《广东农业科学》2015 年第 16 期。

［7］魏国强：《河南省"互联网＋"现代农业行动的实践与思考》，《种业导刊》2016 年第 7 期。

［8］郭瑞强：《基于互联网思维的河南农业经济研究》，《中国农业资源与区划》2016 年第 6 期。

［9］范毅：《河南将推"互联网＋"现代农业》，《人民邮电报》2016 年 11 月 14 日。

［10］苗洁：《推进农业供给侧结构性改革的探索与建议——以河南省为例》，《农村经济》2016 年第 6 期。

供给侧结构性改革背景下河北省
农业转型升级研究

唐丙元[*]

摘 要： 推进农业供给侧结构性改革，是提高农业供给质量与效率的必然选择。河北省农业发展形势总体较好，但部分农产品供求结构难以适应需求变化。本文在分析河北省农业生产特点、供给结构的基础上，提出必须从供给侧入手、从体制机制创新发力，综合采取优化结构、完善设施、创新科技、深化改革等举措，扩大有效供给，提高农业质量、效益和整体素质。

关键词： 供给侧 农业结构 转型升级

自 2010 年以来，我国经济增速波动下行，低成本资源和要素投入形成的驱动力明显减弱，经济发展面临动力转换。我国农业发展形势总体较好，但部分农业供给难以适应需求变化，农业发展的主要矛盾由总量不足转变为结构性矛盾，突出表现为阶段性供过于求和供给不足并存。这就需要在适度扩大总需求的同时，加快推进供给侧结构性改革，用改革的办法推进农业结构调整，减少无效和低端供给，扩大有效和中高端供给，增强农业供给结构对需求变化的适应性和灵活性，提高全要素生产率。因此，2017 年中央一号文件明确提出，要深入推进农业供给侧结构性改革，加快培育农业农村发展新动能。

一 河北省农业经济运行特征分析

近年来，河北农业发展不断迈上新台阶，农业生产稳定发展，主要农

---

* 唐丙元，河北省社会科学院农村经济研究所。

产品供给数量充足;农业产业化经营稳步推进,有效带动农业发展;农业物质技术装备水平不断提高,生产可控能力进一步增强;农民收入稳定增长,继续高于同期城镇居民收入增幅。

1. 农业生产稳定发展

河北省是我国重要的粮、棉、油、菜、肉、奶、蛋和水果等农产品生产基地,农业综合生产能力不断提高,有效满足了社会对农产品总量的需求。2015年,河北省粮、棉、油、菜、肉、奶、蛋和水果产量分别占全国总产量的 5.4%、6.7%、4.3%、10.5%、5.4%、12.6%、12.5% 和 8.6%。其中,粮食产量 3363.8 万吨,较 2004 年增长 883.7 万吨,年均增产 80.3 万吨。蔬菜产业通过大力发展现代蔬菜产业园和生产基地,设施菜、反季节菜比重明显提高,2015 年全省蔬菜播种面积 135.67 万公顷,设施菜面积占 51.1%,较 2008 年提高 7.4 个百分点;蔬菜产量仅次于山东,居全国第 2 位(见表 1)。畜牧业通过良繁体系建设和标准化、规模化设施养殖,肉类、牛奶产量均大幅增长,10 年来,肉、奶产量分别年均增长 7.6 万吨、18.5 万吨。

表 1　2015 年河北省主要农产品产量情况

项目	粮食	棉花	油料	蔬菜	肉类	牛奶	禽蛋	水果
产量(万吨)	3363.8	37.3	151.5	8243.7	462.5	473.1	373.6	1508.6
占全国产量比例(%)	5.4	6.7	4.3	10.5	5.4	12.6	12.5	8.6
全国排名	8	3	8	2	5	3	3	4

2. 农业产业化经营水平稳步提升

河北省大力发展现代农业园区,培育农业龙头经营组织,推进一二三产业融合发展,全省农业产业化经营率明显提升。2015 年,全省农业产业化经营总量 6934 亿元,较 2010 年增长 70.7%;农业产业化经营率达到 65.6%,较 2010 年提高 7 个百分点。全省农业产业化龙头经营组织达到 2181 个,较 2010 年增加 716 个,其中龙头企业带动型的产业化龙头经营组织 1899 个,龙头企业销售收入 3296.7 亿元,较 2010 年增长 67.9%。河北省农产品加工转化能力进一步增强,农产品加工比值超过 150%,较

2010 年提高 45.1 个百分点。按照"生产要素集聚、科技装备先进、管理体制科学、经营机制完善、带动效应明显"的要求，河北省谋划建设了一批现代农业园区和农产品加工基地，截至 2016 年底共评审认定现代农业园区 1213 家（其中省级 39 家、市级 269 家、县级 905 家），现代农业园区规划面积 49.33 万公顷，建成面积约 33.33 万公顷，有效促进了一二三产业融合发展和农业生产要素聚集。河北省大力推进农业产业化示范基地建设，年产值超 100 亿元的农产品加工聚集区达到 10 个，有效延伸了农业产业链条。

3. 农业物质技术装备水平不断提高

农业生产受自然灾害影响较大，加之河北水利等基础设施欠账较多，农业发展基础不牢。用现代物质技术装备农业，对河北来说就是用节水灌溉设施、现代农机具、优良品种等武装农业，以大幅度提升农业生产水平。河北省以农田水利建设为重点，持续加大引水、蓄水、清淤、灌区改造、高效节水灌溉建设和地下水超采综合治理。同时，统筹使用各类涉农资金，集中力量开展土地平整、土地深松、土壤改良、机耕道路和配套电网林网建设，并推进农村土地制度改革、农村金融改革、农村股份合作经济发展等，农业物质装备水平快速提升。2015 年，河北省机械耕地面积 547.53 万公顷、机械播种面积 662.46 万公顷、机械收获面积 519.24 万公顷，分别占农作物播种面积的 62.6%、75.8%、59.4%，较 2009 年分别提高 2.1 个、4.6 个和 23.1 个百分点。2015 年河北省节水灌溉面积 314.00 万公顷，比 2005 年增加 73.48 万公顷。10 年来，河北省节水灌溉面积占有效灌溉面积的比例由 2005 年的 52.9% 提高到 70.6%（见表 2）。

表 2　2005~2015 年河北省农业灌溉情况

单位：万公顷

年　份	2005	2010	2012	2013	2014	2015
有效灌溉面积	454.77	452.09	416.50	434.90	440.42	444.80
节水灌溉面积	240.52	269.88	297.18	290.19	302.40	314.00
其中,喷滴灌面积	36.66	24.19	20.18	13.63	16.18	19.34

4. 农民收入稳定增长

2010年以来，在国家惠农政策的有力带动下，河北省农民收入增长速度连续多年快于同期城镇居民收入增速，2015年以后受经济发展增速放缓、玉米等粮食价格下跌等因素影响，全省农民收入增速放缓。2015年，河北省农民人均可支配收入11051元，比上年增长8.5%，增速与城镇居民收入增速持平。2016年，河北省农村居民人均可支配收入11919元，增长7.9%，增速回落0.6个百分点。从收入增速变化来看，河北省农村居民人均可支配收入增速在2011年达到近年来的顶点，增速达到19.5%（见图1）。主要原因是2008年国际金融危机爆发后，我国实施扩大内需、促进经济平稳较快增长的投资措施，到2010年共投资约4万亿元，在投资带动下农民工资性收入增长较快，其对当年农民增收的贡献率达到66.3%。

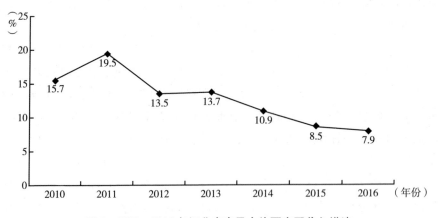

图1　2010～2016年河北省农民人均可支配收入增速

从收入构成看，近年来河北省农村居民的工资性收入增长较快，是农民收入增长的主要拉动因素。2011年河北省农民工资性收入所占比重首次超过人均经营净收入所占比重，2014年农民工资性收入所占比重首次超过50%，成为农民收入的最大来源，2015年农民对工资性收入的依赖程度进一步提高。转移性收入增长也较快，主要是农村养老标准、低保标准不断提高所致。受部分农产品市场波动的影响，农业收益下滑，第一产业净收入占农民人均可支配收入的比重下降明显，由2010年的34.5%下降到2015年的19.4%，五年间下降了15.1个百分点（见表1）。

表 3　2010~2015 年河北省农村居民各项收入占比

单位：%

项目	2010 年	2011 年	2012 年	2013 年	2014 年	2015 年
工资性收入占人均可支配收入比重	44.5	48.1	49.6	48.5	50.4	52.6
经营净收入占人均可支配收入比重	45.8	42.2	40.3	34.5	33.7	33.3
第一产业净收入占人均可支配收入比重	34.5	31.3	28.7	22.6	20.3	19.4
第二产业净收入占人均可支配收入比重	3.6	3.1	3.2	2.6	2.6	2.5
第三产业净收入占人均可支配收入比重	7.8	7.8	8.4	9.3	10.8	11.4
财产净收入占人均可支配收入比重	9.6	9.7	2.7	1.8	2.0	2.1
转移净收入占人均可支配收入比重			7.5	15.3	13.9	11.9

二　河北省农业供给结构存在的主要矛盾

尽管河北省农业生产形势总体较好，但农产品供求结构失衡、要素配置不合理、资源环境压力较大、农民收入持续增长乏力等问题仍很突出，增加产量与提升品质、成本攀升与价格低迷、小生产与大市场等矛盾亟待破解。

1. 农产品结构性过剩明显

我国人多地少的特有国情，决定了农业生产主要依靠自己，因此国家对农业高度重视，2004 年以来连续发布以"三农"为主题的中央一号文件，指导农业农村发展。在政策引导下，河北省粮棉油、肉蛋奶、瓜果菜产量快速增长。但受农民决策滞后、科技素质不高、生产组织方式不够先进等影响，全省主要农产品总量不低，但品质不高、结构不优，有效供给不足。

从总量看，粮棉油、肉蛋奶、瓜果菜等农产品产量均呈增长态势，在全国占据重要地位。河北省粮食产量居全国第 8 位、蔬菜产量居全国第 2 位、牛奶产量居全国第 3 位、禽蛋产量居全国第 3 位、棉花产量居全国第 3 位。但从结构看，高端优质农产品供给仍显不足、农业产业链条不健全。2015 年，河北省农副产品转化率仅为 42.9%，农产品加工业总值与农业总产值之比仅为 1.5:1，远低于全国平均水平的 2.2:1。全省驰名商标仅有 44 个，省级农业龙头企业仅有 31.6% 获得了省级以上品牌。

根据河北省城镇居民和农村居民人均农产品消费量计算，2015年全省粮食、肉类、禽蛋、牛奶和蔬菜总需求量分别为966.8万吨、173.9万吨、93.8万吨、107.9万吨、658.7万吨；省内农产品总供给量分别为3363.8万吨、462.5万吨、373.6万吨、473.1万吨、8243.7万吨；供需结余率分别达到71.3%、62.4%、74.9%、77.2%、92.0%。考虑到畜牧业发展对粮食（主要是玉米）的需求，按照2.4的料肉比、2.1的料蛋比、0.3的料奶比计算，全省畜牧业需消耗饲用玉米2030万吨，再扣除城乡居民生活耗粮，则每年富余粮食300万吨以上。在小麦、玉米供给充足的同时，河北省每年还需进口大量大豆，2015年进口大豆376万吨，是本省大豆产量的16.6倍。因此，从整体上看，河北省农业结构调整尚无法满足市场需求，农业经济发展质量依然较低。

2. 资源环境压力加大

河北省多年平均水资源总量为205亿立方米，可用水资源总量为150亿立方米；人均水资源量为307立方米，为全国平均水平的1/7，远低于国际公认的500立方米的极度缺水标准。随着经济社会发展，河北省用水量从20世纪50年代初的约40亿立方米，增加到目前的约200亿立方米，近年来年均超采地下水50亿立方米，平原超采区面积达6.7万平方公里，超采量和超采区面积均占全国的1/3。农业是用水大户，河北省农业主要种植品种为小麦、玉米、蔬菜等高耗水作物，三种作物播种面积占全省的77.9%。杂粮杂豆、薯类等雨养旱作作物和苜蓿、青贮玉米等饲草作物种植比例不高，高耗水作物的大面积种植对生态环境造成巨大压力。同时，河北省不仅人均耕地面积少，而且土壤肥力保持能力较低，局部地区草地生态系统退化、土地沙化问题严重，部分土壤遭到污染，中度、重度污染土壤占耕地面积的2.1%，影响到优质农产品的生产。

3. 农业经营规模偏小

河北省土地流转面积由2010年的48.51万公顷增长到2015年的154.93万公顷，流转面积年均增加21.29万公顷；土地流转率由2010年的8.6%增长到2015年的27.65%，年均提高3.8个百分点。尽管土地流转规模迅速扩大，但河北人多地少、城镇化水平不高等特点，决定了仍有较多的人口从事农业生产，单个生产经营者的生产规模仍然较小。全省人均耕地 1.33 亩，低于全国人均 1.48 亩的平均水平，农户户均耕地 6.2 亩，属于典型的小规模经营。多轮的农村耕地承包，使农户经营的土地碎片化、分散化现象比较普遍。据河北省农业厅调查，全省平均每户农民承包耕地的地块数量在 5 块以上，且分布在不同区域。流转时，土地流入方需与众多农户协商谈判，花费时间、精力较多，并且往往由于少数农民不愿意流转，土地连片经营难以实现。部分农民因担心土地流转后难以收回或改变用途等而不愿意流转土地。因此，虽然河北省农村耕地流转面积不断增加，但平均经营规模仍然有限，经营规模发展滞后。

4. 农业增收较为困难

从农民收入构成看，工资性收入和家庭经营收入是农民收入的主要组成部分，对农民增收的贡献率保持在 80% 左右。2005~2015 年十年间，河北省农产品生产价格指数总体呈现波动运行态势，除 2009 年和 2015 年外，其他年份均高于 100。2009 年受全球金融危机和甲型流感等因素影响，农产品生产价格指数下滑到 99.7。2015 年受宏观经济下滑和生产、进口、库存齐增的影响，加之国际农产品价格倒挂，导致农产品生产价格指数下滑到 97.5，达到十年来的最低点。

同时，受农资价格、人工成本、土地流转费用等因素影响，国内农业生产已进入高成本时代，部分抵消了农业补贴效果，农业生产利润大幅下滑。2015 年，河北省平均每公顷播面使用化肥 383.9 公斤，高于全国平均水平 21.9 公斤；每公顷播面使用农膜 15.8 公斤，比 2009 年增加 2.1 公斤。同期，小麦亩净收益为 84.9 元，比 2009 年减少 145.1 元；玉米亩净收益为 1.48 元，仅相当于 2009 年的 0.5%；棉花亩净亏损 783 元，亩净收益比 2009 年减少 1055.7 元（见表 4）。农业收益的下降严重影响了农民从事农业生产的积极性和农民收入的增加。

表 4　河北省主要农作物亩净收益

单位：元

类别	2009 年	2010 年	2011 年	2012 年	2013 年	2014 年	2015 年
小麦	230.03	122.23	154.16	137.38	195.75	234.01	84.91
玉米	296.2	337.39	435.68	424.71	381.21	310.91	1.48
棉花	272.73	1104.91	146.73	86.22	38.46	-240.22	-783.01

三 推动河北省农业转型升级的主要举措

当前，我国经济发展进入新常态，农业农村发展的内外部环境更加复杂多变，农业发展面临的主要矛盾在供给侧，重点是结构性、体制性矛盾。因此，必须从供给侧入手，从体制机制创新发力，综合采取应对举措，从根本上解决这些结构性矛盾和问题。

1. 优化农业结构，提高供给质量

一是调整优化生产结构。要按照稳粮、优经、扩饲的要求，加快构建粮经饲协调发展的种植结构。在确保口粮安全的基础上，稳步调减小麦、玉米等耗水作物，增加优质食用大豆、薯类、杂粮杂豆等旱作雨养农业。稳定发展"菜篮子"产品，加强设施蔬菜、反季节蔬菜、精细菜种植，优化经济作物品种品质。积极扩大饲料作物种植，重点发展青贮玉米、苜蓿等优质饲草料种植。加快发展牛羊等草食畜牧业，重点支持适度规模家庭牧场发展。大力发展核桃、大枣、板栗、食用菌、中药材和特色养殖等，促进优势特色产业提档升级。二是加快发展农产品加工业。以大宗农产品初加工和精深加工为重点，引进培育一批优质企业和加工项目，打造一批农产品加工航母级企业，提升全省农产品加工能力。加快发展优质原料基地和加工专用品种种植，鼓励企业开发多元化主食产品和药食同源功能食品，合理引导消费换档升级。支持农产品加工龙头企业与上下游中小企业共同壮大，建设一批农业产业化示范基地、农产品加工聚集区，推动农业产业集群发展。三是培育农业新业态。推进农业与旅游、教育、文化、健康养老等产业深度融合，加快实施休闲农业和乡村旅游工程，积极发展休闲度假、旅游观光、养生养老、创意农业和农耕体验，拓展农业新功能。推动新型农业经营主体、加工流通企业与电商企业全面对接融合，培育壮大农村电商市场主体，推动线上、线下互动发展。四是全面提升农产品质量安全水平。健全完善农产品质量和食品安全标准体系，支持新型农业经营主体进行"三品一标"认证，加大农业品牌保护，提升产品市场信誉度。推行农业良好生产规范，严格农业投入品生产销售使用管理，加强产地环境保护和源头治理，推动农业绿色生产。

2. 完善农业基础设施，夯实发展基础

现代设施、装备和技术手段是提高农业生产自动化、智能化，提高农业抗风险能力的重要保障。一是加强农田水利基本建设。推进大型灌区续建配套和节水改造、病险水库除险加固等工程，推广节水节肥灌溉和水肥一体化技术，建设一批高标准节水农业示范区。加强中低产田改造和农田综合整治，推广测土配方施肥和保护性耕作，提升耕地质量。加强调水、引水、蓄水工程建设，推进农业水价综合改革、农田水利工程产权制度改革，做好地下水超采区综合治理。二是加快农业生产设施建设。优先支持良种繁育和生产基地建设，加快农业高新技术普及应用，促进"藏粮于地""藏粮于技"。加强农产品产地预冷等冷链物流基础设施网络建设，完善鲜活农产品直供直销体系，推动农产品向城市直销、城市物流向农村物流双向覆盖。三是完善农村生活配套设施。要加大农村饮水保障体系、村庄道路体系、电力电网设施、通信网络设施建设，为传统农业向现代农业、休闲农业、特色农业发展提供基础保障。加快提升农村教育、医疗、养老、环卫等基本公共服务设施建设，打造美丽宜居乡村。

3. 推进农业科技进步，补齐发展短板

一要加快农业科技创新。适应农业供给侧结构性改革要求，以农产品良种培育、农产品精深加工、高效节水、旱作雨养种植、化肥农药减施增效、农业面源污染防治、地下水超采治理等重大技术及装备研发推广为重点，加强与科研院所、农业高科技企业在研发、应用等领域的合作，提升技术创新应用能力。强化农业科技成果转化扶持，健全农业科技成果转化机制，创新公益性农技推广服务方式，引导各类社会力量广泛参与农业科技推广。二要完善农业科技创新激励机制。深化农业科技体制改革，完善落实科技成果转化收益、科技人员兼职取酬等制度规定，建立差别化农业科技评价制度，支持发展面向市场的新型农业技术研发、成果转化和产业孵化机构。加强农业知识产权保护和运用，依法打击侵权行为。三要大力培育现代农业经营人才。健全新型职业农民和农村实用人才培训政策体系，完善培训机制，创新培训方式，提高农民培训效率。深入实施万名青年职业农民创业计划、现代青年农场主计划和农村实用人才培养计划，引

导大学生、退伍军人等各类人才回归农村,培育造就一批高素质、懂经营、会管理的新型职业农民。

4. 深化农村改革,激发发展活力

一是深化农村土地制度改革。加快推进农村承包地"三权分置",规范土地流转,健全农村土地承包经营纠纷调解仲裁体系,研究制定农村承包土地抵押融资办法,为农业规模经营、产业化经营创造条件。引导和规范农村集体经营性建设用地入市,让农民分享土地增值和经济发展红利。二是完善农业支持政策。适度增加财政支农投入,优化投入结构,创新使用方式,提升财政支农资金效能。支持金融机构增加县域网点,规范发展农村资金互助组织,鼓励发展农业互助保险,推进信用户、信用村、信用乡镇创建,增强农村金融服务能力。积极推行"政府 + 龙头企业 + 金融机构 + 科研机构 + 合作社 + 农户"的股份合作模式,实现资源变资本、资金变股金、农民变股东、自然人农业变法人农业,增加农民资产收益。研究出台新形势下粮食价格保护支持政策,保护农民种粮积极性。三是提升农业社会化服务水平。加快建立以市县乡为中心,集农业技术信息、农业生产服务信息、农产品质量安全、农产品供求信息等资源于一体的农业社会化服务平台和农业信息服务网络数据库,推动信息进村入户,保障农产品绿色生产、高效生产。

参考文献

[1] 孔祥智:《农业供给侧结构性改革的基本内涵与政策建议》,《改革》2016 年第 2 期。

[2] 原伟鹏、田童、刘新平:《浅谈供给侧结构性改革背景下农村改革与农业现代化发展》,《农业经济》2017 年第 1 期。

[3] 姜长云、杜志雄:《关于推进农业供给侧结构性改革的思考》,《南京农业大学学报》(社会科学版)2017 年第 1 期。

[4] 宋洪远:《关于农业供给侧结构性改革若干问题的思考和建议》,《中国农村经济》2016 年第 10 期。

[5] 沈贵银:《关于推进江苏农业供给侧结构性改革的若干问题》,《江苏农业科学》2016 年第 8 期。

[6] 李国祥:《供给侧改革与我国农业发展转型升级》,《农经》2016 年第 1 期。

[7] 许瑞泉:《经济新常态下我国农业供给侧结构性改革路径》,《甘肃社会科学》

2016 年第 6 期。

［8］汪建华、常伟：《如何推进安徽农业供给侧结构性改革》，《安徽日报》2016年 3 月 28 日。

［9］李海楠：《实施农业供给侧结构性改革推动农业绿色转型》，《中国经济时报》2017 年 1 月 13 日。

［10］杨建利、邢娇阳：《我国农业供给侧结构性改革研究》，《农业现代化研究》2016 年第 4 期。

农业经营主体与农民福祉

基于职业选择构建新型
职业农民培育机制

李小丽 *

摘　要： 新型职业农民的培育是农业供给侧结构性改革的重要内容，现代农业发展需要"具有科学文化素质、掌握现代农业生产技能、具备一定经营管理能力"的专业职业者。农业从业者从身份农民到职业农民的转化经历了漫长的过程，无论是西方发达国家如英国、美国、日本等，还是发展中国家包括我国在内，农民职业化过程就是工业推动农业、城市带动农村的发展过程。职业农民选择具有深厚的理论基础，目前我国已经具备了职业农民选择的条件。近年来，我国加快培育新型职业农民步伐，新型职业农民培育体系初步构建。但是从职业选择的角度，还应建立相应的补充和配套的培育机制，使新型职业农民成为具有时代意义的新的职业选择。

关键词： 职业选择　新型职业农民　培育机制

新型职业农民是我国实现农业现代化的主体力量，农业供给侧结构性改革的重要内容之一是新型职业农民的培育。"优化农业产业体系、生产体系、经营体系"，首先要优化农业新型经营主体。农业发展方式的转变，要求从事农业生产的职业者必须"具有科学文化素质、掌握现代农业生产技能、具备一定经营管理能力"。习近平总书记在 2017 年参加"两会"四川代表团审议时用九个字清晰解读了新型职业农民的内涵："爱农业、懂技术、善经营"。新型职业农民的培育成为当前和今后一个时期我国"三农"工作的重中之重。

---

* 李小丽，黑龙江省社会科学院农村发展研究所。

一 从身份农民到职业农民的转化

在农业发展进程中，从事农业生产的劳动者由固化的身份农民到职业农民经历了漫长的转化过程。工业化发展、城市化进程是促使农民职业化的内生动力。尽管目前国内外学者对职业农民内涵仍没有形成规范的、统一的定义，但农民成为一种职业的趋向已经明晰，传统农民向职业农民转化成为必然。

（一）国外农民职业化

国外农民职业化就是迅速崛起的工业推动农业、城市带动农村的发展过程。西方发达国家农民职业化的道路各有不同，但其共同的特点是随着市场经济发展，劳动生产率提高，专业化分工明确，分门别类的职业逐步产生，从事农业产业的职业农民也随之形成。对于职业农民的含义，比较经典的解析是美国人类学家艾瑞克·沃尔夫提出的，他认为"传统农民"是身份意义上的农民，其主要追求是维持自身的生计，而职业农民则将农业作为产业，充分自由地进入市场，并利用一切可能的选择使报酬最大化。职业农民具有职业性、动态性、技能性、市场性等特征。

西方发达国家中英国比较早地实现农民职业化，通过工业化和城市化带动农村市场化，实现农业现代化，进而实现传统农民向职业农民转化。在英国政府的主导下，以专业协会或合作组织为载体，将分散经营的农民与市场连接，再通过农民的职业教育、农业科技推广、农业发展和咨询中心与农场主建立长期的咨询联系，提高职业农民的专业化水平。

美国的农民职业化是以扩大规模经营提高农业劳动生产率、提高市场化程度来实现的，通过农业机械化、农业科技化和农民市民化，加之美国政府对土地利用保护政策和家庭农场制度的实行，为农民职业化的教育和培养创造了良好的客观条件。

日本通过发展工业，鼓励分散的小农户脱农向工，通过政府调控农村剩余劳动力转移以实现农村土地规模经营。尽管日本土地流转速度缓慢，集中经营程度低于欧美国家，但将行政立法作为保障，并通过土地改革、建立农协组织、农业技术改良等一系列措施，在提高农业生产力的同时，由国家统筹规划、分层次实施农民教育培训，以实现农业生产及其相关的农民职业化。

（二）国内农民职业化

近年来国内学者对我国农民职业化的探讨和研究不断深入，党中央和国务院对此高度重视，推动的力度不断加大。2005 年，农业部在《关于实施农村实用人才培养"百万中专生计划"的意见》中首次提出职业农民概念，指出"农村实用人才培养'百万中专生计划'的培养对象是：农村劳动力中具有初中（或相当于初中）及以上文化程度，从事农业生产、经营、服务以及农村经济社会发展等领域的职业农民"。2012 年中央在一号文件中明确提出了要"大力培育新型职业农民"，赋予了职业农民新的内涵。同年 8 月开始在全国范围内进行新型职业农民培育试点工作，在具有一定代表性、具备相应条件和工作基础的地区，探索形成本地区"新型职业农民教育培养模式、认定管理办法和政策扶持意见"。2014 年 7 月，农业部正式启动实施新型职业农民培育工程，从培育对象、培育模式、培育机构、培育资金、培育措施、培育机制等多方面进行系统构建。2017 年 1 月 9 日，农业部发布具有战略意义的《"十三五"全国新型职业农民培育发展规划》（以下简称《规划》），要求在 2015 年全国新型职业农民 1272 万人基础上以年均增长 146 万人的速度，到 2020 年预期新型职业农民数量达到 2000 万人。《规划》的发布表明"具有中国特色的新型职业农民培育制度基本确立"。

二 新型职业农民职业选择的可行性

随着农业现代化的不断推进，以加快培育农业农村发展新动能为重点的农业供给侧结构性改革不断深入，农业产业结构的转型升级、农业现代产业体系发展，为新型职业农民创造了基础条件；打造新业态、催生新动能、扶持新主体的创新发展模式，使新型职业农民成为新一代的现代农业生产主体成为可能。

（一）新型职业农民职业选择的理论基础

新型职业农民职业选择具有深厚的理论基础。美国波士顿大学教授弗兰克·帕森斯（Frank Parsons）在其 1909 年出版的著作《选择一个职业》中提出的特质因素论，对职业选择应是人与职业相匹配的论点进行了精辟而清晰的阐释，所谓"特质"是指个人的人格特征，包括能力倾向、兴趣、价值观和人格等；所谓"因素"是指在工作上取得成功所必须具备的条件或资格。他认为，个人都有自己独特的人格模式，每种人格模式的个人都有其相应的职业类型。并明确了职业选择的三大要素：第一，自我了解，包括性向、能力、兴趣、自身局限和其他特质等；第二，获得有关职业知识，包括职业描述、工作条件、薪水、机会和前途等；第三，整合有关自我与职业的知识。关于职业的选择，美国霍普金斯大学心理学教授约翰·霍兰德（John Holland）1959 年从兴趣角度提出了职业兴趣理论，认为人的人格类型、兴趣与职业密切相关，兴趣是人们活动的巨大动力，凡是具有兴趣的职业，都可以提高人们的积极性，促使人们积极、愉快地从事该职业，且职业兴趣与人格之间存在很高的相关性。

（二）新型职业农民职业选择已具备必要条件

我国新型职业农民能够成为具有社会化、专业化、规范化等属性特征的新兴职业，归根结底是其已经具备了内在与外在的选择条件。目前正在从事农业生产经营的种植大户、家庭农场主和农村专业经济合作组织的组织者是新型职业农民的主要力量；农二代和农三代是新型职业农民职业选择的潜在力量，他们会在种类繁多、眼花缭乱的职业中将新型职业农民作为最适合的职业热点选择。

1. 新型职业农民职业选择的内在条件

农民及其后代能够将农业生产及相关产业作为职业选择取向，是新型职业农民形成的内在条件。第一，在职业兴趣方面，职业农民对农二代或农三代的职业影响是与生俱来的，他们人生第一次接触的职业就是父母所从事着的农民职业，当其或许还没来得及理解职业农民的含义时，职业的心理认同伴随着兴趣感会逐步产生和建立。从职业兴趣出发，他们会将新型职业农民作为人生的职业奋斗目标，并全身心地投入其中。第二，在价值取向方面，从小生长于农村使农民及其后代对农业生产过程和环境熟知与习惯，选择新型职业农民具有得天独厚的优势。这种优势会变为潜移默化的暗示，让其对农民这个职业产生偏好。与其他"陌生"的职业相比，对自己熟悉的职业向往的可能性最大并最"适合"。第三，在职业能力方面，正因为生活在农村的农民及其后代具有职业熟知和职业经验的优势，这种优势成为能够胜任新型职业农民职业能力的前提和必要条件。长期从事农业生产劳动的劳动者必然能够掌握专业的农业知识、技能和生产经验，并在长期的生产实践中得到提升和加强，为其胜任新型职业农民奠定了良好基础。

2. 新型职业农民职业选择的外在条件

新型职业农民培育体系的初步建立、国家对农业农村扶持力度加大、农村基本公共服务水平不断提高、美丽宜居乡村建设等——在现代化农业体系构建的同时，社会主义新农村崭新的面貌已经呈现。生产条件、环境影响、经济利益、教育手段等多维因素综合改善，奠定了新型职业农民职业选择的客观基础和条件。

（1）新型职业农民培育体系初步建立，是新型职业农民职业选择的基础

2012 年新型职业农民概念在我国明确提出，并在有条件的地区试行新型职业农民培育，标志着新型职业农民培育工程在全国范围内全面铺开。依托国家教育部和省级教育厅下属的一百多所农业高等专科及以上院校，以及全国近 10 万所农村成人文化技术培训学校（机构）的农业职业教育资源，从 2014 年起我国探索建立了"强化生产经营型、专业技能型和社会服务型'三类协同'""实行教育培训、认定管理和政策扶持'三位一体'"新型职业农民培育制度。针对专业大户、家庭农场主、农民合作社等农业生产骨干和农业社会化服务人员，先期展开规范性、实效性培训。在培育模式、培育内容、培育手段、培育机制等方面进行了探索式创新。

（2）国家对农业生产扶持力度不断加大，为从事农业生产的农民创造了有利条件

2015 年，中央财政扶持农资综合补贴、种粮农民直接补贴和农作物良种补贴"三项补贴"的资金额度比 2011 年增长了 16.5%。2016 年通过调整和完善，中央支持农业保护补贴、农机购置补贴、农业技术推广与服务补助、现代农业生产发展、农田水利设施建设补助及农业防灾增产等相关资金 2011 亿元，创国家农业补贴历史新高。

（3）鼓励农民工返乡创业，为新型职业农民培育开辟新路径

2015 年 6 月 17 日，国务院办公厅发布的《关于支持农民工等人员返乡创业的意见》（国办发〔2015〕47 号）指出，"以人力资本、社会资本的提升、扩散、共享为纽带，加快建立多层次多样化的返乡创业格局，全面激发农民工等人员返乡创业热情，创造更多就地就近就业机会，加快输出地新型工业化、城镇化进程，全面汇入大众创业、万众创新热潮，加快培育经济社会发展新动力"；2016 年 6 月 22 日，人力资源和社会保障部、农业部、国务院扶贫办、共青团中央、全国妇联办公厅共同发布《关于实施农民工等人员返乡创业培训五年行动计划（2016～2020 年）的通知》（人社厅发〔2016〕90 号），要求用 5 年的时间形成"全覆盖、多层次、多样化的创业培训体系"，"使创业培训总量、结构、内容、模式与经济社会发展和农民工等人员创业需求相适应"，有效提升农民工的创业能力。农民工返乡创业及培训政策实施对于吸纳农村剩余劳动力向第二、第三产业转移，提高农民职业能力和素质起到推动作用。

（4）户籍制度改革，破除了农民市民化的体制障碍

2014 年 7 月 30 日，国务院发布了《关于进一步推进户籍制度改革的意见》（以下简称《意见》），《意见》的实施标志着农民与市民身份长期二元结构的最大制度障碍被破除，农民市民化更加顺畅便利。2016 年 1 月 1 日《居住证暂行条例》实施，当年全国累计发放居住证 2890 万张。居住证制度助推了农业转移人口落户城镇的速度，同时，国家配套出台一系列相应政策措施，为"广大农业转移人口最为关心的教育、就业、医疗、养老、住房保障以及农村'三权'等方面的实际问题"能够积极稳妥、渐进有效地解决提供了有效手段。

（5）美丽乡村建设，改善了农民宜居的生活环境

早在 2005 年我国已开始社会主义新农村建设，党的十六届五中全会将新农村建设作为重大历史任务，提出建设"生产发展、生活宽裕、乡风文明、村容整洁、管理民主"的社会主义新农村的具体要求。2013 年"美丽乡村"建设在全国范围内正式启动，美丽乡村建设是新农村建设的升级版，但并不是做简单的复制，而是要在"新起点、新高度、新平台的新期待中"，将"生态文明融入经济建设、政治建设、文化建设、社会建设各方面和全过程"，使"生产""生活""生态"三生和谐发展，将社会主义新农村建设成宜居、宜业、宜游的更富活力的现代文明家园。

三 新型职业农民职业选择的现实性

改革开放近 40 年我国农业已经开始向现代化迈进，但是与工业、科技、通信、医疗等其他领域相比仍属于短板，而农业生产的主体弱化则是短板中的短板。目前我国大部分地区的农村劳动力出现"断层"危机，农村人口老龄化、农村人口流失严重、现有农村劳动力文化素质低等成为阻碍农村发展的不可回避的现实。面对严峻的现实挑战，党中央及时做出培育新型职业农民的战略部署，并制定相应政策措施，全力解决"谁来种地"和"怎么种地"的问题。

（一）农业现代化需要新型职业农民

农业现代化的实现过程就是农业工业化过程，是现代科学技术和科学管理方法在农业生产实践中应用的过程。据了解，精准农业思想已经在中国产生，并为新科技界和社会广泛接受。农业机械化、农业产业化、农业科技化、农业信息化以及高新技术、智能控制在农业生产中的应用，需要"懂经营、会管理、有技术"的现代新型职业农民，因为只有他们才能够成为先进生产力的代表，能够适应现代农业生产的高新精细的工作要求。同时，新型职业农民这一职业要求其本身必须具备较高的文化素质和道德修养，具有较强的法律意识和创新精神，能够同其他行业的职业一样为创造和谐社会贡献应有的力量。

（二）农业可持续发展需要新型职业农民

农业可持续发展是指在不损害后代利益的前提下，满足当代人对农产品的需求；保护好人们赖以生存的生态资源，使其保持良性循环，使子孙后代能够永续利用。农业可持续发展不单纯是农业生产内部问题，还涉及一二三产业及其之间关系；既需要先进的生产力，又需要与之相适应的先进的生产关系；既包含"生产、技术、资源、环境、生态、人口"等经济因素，还有"市场、分配、消费、生活、社会以及与之相关的政策、法律、法规、管理、观念"等社会、思想因素。面对农业可持续发展这样一个复杂的系统工程，只有新型职业农民才能够积极转变思想观念，提高对农业可持续发展的认识，正确理解生态环境保护的相关政策与法律法规，利用所掌握的先进的农业生产技术和管理经验寻求现代农业发展的新动能和新方向，成为推动农业可持续发展的重要力量。

（三）深化农业供给侧结构性改革需要新型职业农民

党的十八大提出"构建集约化、专业化、组织化、社会化相结合的新型农业经营体系"，为深化农业供给侧结构性改革、转变农业生产方式和组织方式指明发展方向。新型农业经营体系是现代农业发展的客观要求，是传统农业向现代农业跨越过程中农业经营组织方式的创新，也是以家庭承包经营为基础、统分结合的双层经营机制创新，为过去传统农业中的"一家一户"小规模经营、粗放式经营、组织化程度低、社会化服务体系不健全等制约现代农业发展的突出问题的解决提供了有效措施。专业大户、家庭农场、专业合作社、农业企业、涉农社会化服务组织等新型农业经营主体是新型职业农民的组织载体，代表着新型职业农民队伍的骨干力量。因此，构建新型农业经营体系，必须从培育新型职业农民入手，培养懂技术、有专业、能经营、会管理，具有现代理念的新型职业农民，就是培育新型农业经营体系的主体力量。

（四）消除城乡二元结构需要新型职业农民

新型职业农民与职业农民的不同之处在于"新"，"新"首先是浓郁的时代感；其次凸显出中国现代职业农民的特征。国家对农业产业的扶持力度、对农民权益的保障、对农村环境的治理，从体制机制改革到政策措施实施，推动新型职业农民在受教育程度、知识结构、思想理念、工作能力、经济收入，以及所享受的养老、教育、医疗、交通、供水、供电等国民待遇各个方面发生了前所未有的改变，与城市居民或其他行业职业的差距在逐步缩小。新型职业农民的涌现，不仅会"拉近"城乡之间的地域距离，也会"模糊"城乡之间的空间差别，对消除城乡二元经济结构产生倒逼效应。

四 新型职业农民培育机制构建

基于职业选择的角度构建新型职业农民培育机制，有利于选择农民为职业者充分地认识这个职业，在了解新型职业农民职业要求的基础上，做出自己正确的判断和选择，增强新型职业农民的工作信心和社会责任感。

（一）职业引导机制

目前我国农民身份的转换刚刚开始，新型职业农民培育仍处于起步阶段，农民对职业的认知和理解仍处于懵懂阶段和浅层次，有许多农民是"被动"地在接受培训。改变这种局面的有效办法就要对农民进行必要的职业引导，使其从"被"培训变成"要"培训。

1. 职业宣传机制

有国内学者在农村调研时发现，农民有接受培训的意愿，但实际去培训的行动者与意愿者在数量上存在差距。原因一是农民认为"种地是本行，无须去学习"；二是受经济条件制约，不情愿为了学习而支付。这种思想在农村普遍存在，固定的生产模式已经常态化，条框难以打破。因此，为了让6亿农民及农民职业爱好者对新型职业农民培育产生共鸣，有必要对新型职业农民这个现代化的新兴职业进行大力宣传，从国家层面到乡镇村屯，在各级政府主导下利用各种媒体对新型职业农民的相关职业知识及培育的意义和重要性进行广泛的宣传和宣讲，让新型职业农民培育深入人心。

2. 心理引导机制

为了让广大农民对新型职业农民从心理上予以认可，应当探索建立农村农民心理引导机制。针对农民对身份与职业转换中的不适应、对新型职业农民选择的迷茫、对"突然"要成为家庭农场主或专业合作社骨干的不知所措，除了知识、技术、专业、能力的强化，还需要对其进行必要的解惑和疏导。建立由专业的社会心理学者组成的心理辅导团队或志愿者团队，定期深入农村对农民进行有针对性的心理引导。

3. 骨干带动机制

"'十三五'全国新型职业农民培育发展规划"要求到2020年达到新型职业农民培育2000万人的目标。2000万人的"专业大户、家庭农场经营者、农民合作社带头人、农业企业骨干和返乡涉农创业者"，将成为新型职业农民的职业先锋和引领者，带领更多的农民走上职业化道路。俗话说"火车跑得快全靠车头带"，让每一个培育成熟的新型农业经营主体充分发挥"火车头"的牵动作用,每一个家庭农场、专业大户、农民合作社都成为可能的田间学校、实训基地或小型创业孵化器,让骨干带动机制成为新型职业农民培育机制的新亮点,新型经营主体的示范带动效应会明显加强。

(二) 职业保障机制

新型职业农民培育是一项系统工程,需要政府、学校及职业教育机构、企业、农民等全社会共同参与完成,为了保证新型职业农民培育的效果,国家应从资金、政策、制度等方面出台一系列保障措施,但除此之外,还应建立相应的补充和配套机制,保障新型职业农民更具吸引力、新型职业农民培育更加长久和可持续。

1. 基础教育机制

新型职业农民培育绝非一朝一夕所能完成,从基础教育到职业培训、从九年义务教育到高等教育,是合格的农民职业者所必须经历的受教育过程。我国自 2006 年《义务教育法》修订之后,强制推行适龄儿童和少年接受九年义务教育,相关统计数据表明,目前我国适龄儿童入学率已达到 90%以上,但实际情况却不容乐观,根据《中国教育发展报告 (2016)》(教育蓝皮书) 的调查分析,农村义务教育薄弱、农村留守儿童监护缺失问题依然严峻。为了防止新型职业农民出现"断层",各级政府应当采取措施尽快改变目前农村青少年上学难的局面,针对农村基础教育制定出台一套既适合农青少年"受教",又适合乡村教师"施教"的基础教育机制,让新型职业农民与其他职业者一样不"输"在起跑线上。

2. 收入稳定机制

职业收入稳定是职业选择的重要基础条件,近年来国家为了增加农民收入,惠农支农政策和农民增收措施密集发布和实施,李克强总理在 2017 年《政府工作报告》中再次强调"促进农业稳定发展和农民持续增收"。但农民收入偏低和不稳定仍然是现代化农业发展中需要重视和急需破解的问题,也是农业供给侧结构性改革中的重点问题。一是农民收入偏低。从近五年情况看,全国农村居民人均可支配收入增长速度快于城镇居民人均可支配收入增长速度,2012~2016 年分别快 1.1 个、2.3 个、2.4 个、0.9

个和 0.6 个百分点，但收入差距依然存在而且有扩大趋势，从 2012 年农村与城镇居民收入差距 16648 元逐步扩大到 2016 年的 20405 元。二是农民收入不稳定。由自然灾害等不可抗力导致的农业生产收益不稳定，影响了农民收入的稳定性，进而会影响农民生产的积极性。三是农村公共服务发展滞后及基础设施薄弱，使返乡创业和立志到农村创业的有志者的基本生活条件无法保障。因此，构建新型职业农民收入稳定、可持续的保障机制迫在眉睫。

参考文献

[1] 杨阳：《国外有关农民职业化的研究综述》，《科教导刊》2014 年第 6 期。

[2] 屈锡华、王红波、李宏伟：《新型职业农民形成与发展的条件——基于国际经验的总结》，《北京农业》2015 年第 5 期。

[3] 农业部：《关于实施农村实用人才培养"百万中专生计划"的意见》（农人发〔2005〕11 号），2005 年 11 月。

[4] 《中共中央国务院关于加快推进农业科技创新持续增强农产品供给保障能力的若干意见》，2012 年 1 月。

[5] 农业部办公厅：《新型职业农民培育试点工作方案》（农办科〔2012〕56 号），2012 年 8 月。

[6] 农业部：《新型职业农民培育工程》，www. gov. cn。

[7] 农业部：《"十三五"全国新型职业农民培育发展规划》（农科教发〔2017〕2 号），2017 年 1 月。

[8] 宋剑祥：《影响职业选择的因素分析与对策探讨》，http：//www. hnyzzy. com/s/37/t/290/a/13657/info. jspy。

[9] 刘奕湛：《我国户籍制度改革取得重大进展》，http：//finance. sina. com. cn/roll/2017 - 02 - 11/doc - ifyamvns4799291. shtml。

[10] 彭珂珊：《农业可持续发展的作用和意义》，http：//business. sohu. com/61/04/article212430461. shtml。

[11] 赵强社：《职业农民培育路径探微》，《理论导刊》2009 年第 3 期。

[12] 徐俊蕾：《论新型职业农民的生成》，《农业经济》2015 年第 8 期。

[13] 陈正华：《新型职业农民培育理论与机制》，《高等农业教育》2013 年第 5 期。

破解合作社建设中的马太效应

——以陕西省商南县为例

李　冰[*]

　　摘　要： 合作社建设受到各地重视，数量不断增加，同时出现合作社强弱分明、数量不均、建设主动性不等、合作社作用不尽如人意等显著的马太效应。本文认为推动农业供给侧结构性改革需要大量建设合作社，依托合作社这一载体来发展现代农业、提高农民收入。考虑到合作社建设受到成员的经营基础、成员对合作社的认识、合作社的发起者、合作社规范经营、相关扶持政策、市场环境等因素的影响，破解合作社建设中的马太效应需从产业培育、人才供应、外部监管、市场建设、内部管理等方面着手。

　　关键词： 合作社　合作社建设　马太效应　非正式权力

　　合作社是现代农业发展中最主要的经营主体。与工商企业相比，农民专业合作社源自农村、贴近农民，最容易形成和运行。合作社的建设也推动了农业的集约化、规模化经营，推动了现代农业发展。因此，中央非常重视合作社的建设与发展。从 2007 年《中华人民共和国农民专业合作社法》出台，合作社建成数量得到迅猛增长，截至 2016 年 10 月底，全国依法登记的农民合作社已达到 174.9 万家，平均每个县 613.68 家，每个行政村 2.55 家，超过四成农户加入合作社。但要看到，我国农业总体上仍以传统生产经营方式为主，合作社的建设还不足以承担起推动农业转型、现代农业发展的重任，更为重要的是，合作社建设不平衡现象显著存在，尤其在落后地区、交通不便的山区，合作社建设缓慢，极大

＊ 李冰，陕西省社会科学院农村发展研究所。

地影响了当地农业的发展，如位于陕西省东南部秦巴山区的商南县，其合作社发展实践基本就反映出这样的事实。

一　合作社建设中的马太效应

单个农户自行采购生产资料，联系市场销售，造成经营成本较高、市场谈判能力较弱，而与其他生产经营相似的农户联合起来共同面对市场，采用规模经营、团队作战的方式则可能化解单个农户经营时面临的困难，收益相应增加。从我国国情来看，在改造传统农业、发展现代农业的过程中，农民专业合作社是必然会被大量运用的经营载体，农民愿意相互联合、抱团经营，政府也对此寄予极大期待。但实际情况是，农民专业合作社的建设并没有像预期的那样遍地涌现、普遍发展，成为推动农业转型、农民脱贫致富的利器；相反，合作社建设出现极不平衡的马太效应。

（一）合作社实力强弱分明

几乎每个地区都存在合作社发展的两极分化——实力型和虚弱型。实力型合作社成立较早，合作社领头人能力强，成员稳定，产业规模和市场影响较大，合作社收益、成员收益都保持较高水平。虚弱型合作社徒有其名，或者仅为一个农户的合作社，或者有若干成员但经营惨淡，或者合作社名存实亡，合作社并不能为社员带来实际好处。实力型合作社具有较强的获取资源、利用资源的能力，在社会融资、争取发展项目、获取上级部门扶持等方面明显强于虚弱型合作社，它们更可能获得国家级、省级、市级、县级合作社荣誉称号，这些合作社基本上成为一个地区合作社的代表和名片，是当地政府最愿意扶持的对象，而且随着合作社规模的扩大，农户更愿意加入实力型合作社。随着合作社建设的深入，合作社强弱分明的马太效应会越来越明显。

（二）合作社数量差距明显

合作社建设并没有齐头并进、遍地开花，合作社建设成效在地区之间、村子之间参差不齐。有的村子甚至每个主导产业都有合作社——生猪养殖合作社、茶叶种植合作社、香菇种植合作社等；但有的村子甚至没有建成一家合作社，农民并不了解合作社及其功能。

比较而言，平原地区、农业发展水平较高地区的合作社多于山区和农业发展较慢的地区，靠近城镇地区的合作社要比远离城镇、立地条件较差、交通不便地区的数量多。商南县靠近城镇的村子的合作社相对较多，个别村子有 4～5 家合作社，但在南部群山中的村子，合作社极少，有的村子只有农业协会而没有合作社。由于建成的合作社数量差距较大，合作社越多的村子、地区，农民越容易联合起来继续注册新的合作社，经济发展速度快，农民收入水平高；而数量越少甚至没有合作社的村子、地区，合作社建设步伐非常慢，同时，经济发展速度慢，农民收入低。

（三）合作社建设主动性泾渭分明

合作社是带动农业规模经营、促进农民脱贫致富的主要载体和重要路径，政府在合作社建设中的热情、主动性只增不减，十余年来的中央一号文件，省、市、县的农业发展规划以及相关农业政策，几乎都有建设合作社这样新型农业经营组织的措施。"十三五"时期，面对脱贫摘帽重任，贫困地区竞相建立合作社，企图由此带动农业、农村发展，实现脱贫摘帽目标。相比较，农村、农民的主动性要低很多，不仅存在没有任何合作社的村子，也有农民不了解如何注册成立合作社、如何参与合作社运营管理、如何进行分成。商南县丹南地区的村子里，有的村干部不了解合作社是什么样的组织，有的村负责人则较热衷于注册成立合作社，而普通村民反应淡漠，缺乏组建合作社的积极性。

（四）合作社作用不尽如人意

合作社建设没有与农业发展、农民增收完全成正比，合作社建设速度明显快于农业产值和农民收入增长。2008～2016 年，商南全县注册的合作社从 20 家暴增到 420 家，8 年时间增长了 20 倍，同期，全县农业产值、农民收入分别增长了 1.13 倍、2.50 倍。即使在 2014～2016 年，在脱贫摘帽压力下加快组建合作社，三年间全县合作社数量增长了 1.28 倍，但全县农业产值仅有 4% 的微弱增长，农民收入也只有 17% 较小幅度的增长。很显然，大量合作社注册成立了，但农业发展、农民增收并不明显，合作社的实际作用并未得到有效发挥（见表 1）。

表1　2008～2016年商南县合作社建设及农业、农民收入情况对照

年份	合作社数量（家）	第一产业增加值（亿元）	农民人均收入（元）
2016	420	12.32	8420
2015	306	11.72	7963
2014	184	11.86	7219
2013	172	11.97	6400
2012	117	11.12	5529
2011	89	9.78	4678
2010	64	8.17	3681
2009	47	6.05	2998
2008	20	5.79	2408

资料来源：商南县农业局、工商局。

二　影响合作社建设的因素

从1844年英国兰开夏郡罗虚代尔公平先锋消费合作社诞生以来，合作社已经走过170余年的历史，先后形成罗虚代尔原则、1966年原则及1995年原则等办社原则，合作社这种农户互助组织在各国被大量运用。2007年，全国人大通过的《中华人民共和国农民专业合作社法》（以下简称《合作社法》）明确规定农民专业合作社是在农村家庭承包经营基础上，同类农产品的生产经营者或者同类农业生产经营服务的提供者、利用者，自愿联合、民主管理的互助性经济组织。五条办社原则分别是：成员以农民为主体，以服务成员为宗旨，谋求全体成员的共同利益，入社自愿、退社自由，成员地位平等，实行民主管理，盈余主要按照成员与农民专业合作社的交易量（额）比例返还。不论是国外还是国内的合作社，都以服务农户为目标。农民愿意组建或者加入合作社，是因为依托合作社能够获得比农户单独经营更高的收益。从合作社入社原则以及合作社发展的实践来看，影响农民组建或者加入合作社主要有六方面因素。

一是农民生产经营初具规模。只满足于解决温饱的农民不可能主动入社，即使被拉进合作社也不可能与其他社员积极合作，或者不会按照合作社的章程、《合作社法》的要求规范经营。当农民用心经营而且其产业达到一定的规模时，便有追求更高收益的期待，有需求就能产生动机，就会

有行动，这是农民入社的前提条件。

二是对合作社有认识。合作社是为社员提供生产、经营帮助的合作性组织，加入合作社能够得到国家在财政、税收、融资以及项目设置等方面的扶持，在农民理解了合作社的性质，掌握了合作社的入社规定、基本章程等后，加入合作社便有可能。

三是有合作社组建的发起者。普通农民受制于生产经营能力自行组建合作社相对较难。将松散的农民组织起来形成合作社需要发起人，村级负责人、返乡创业者、高校毕业生、企业家都可能是合作社建设的倡导者、组织者，农村需要培育这样的能人，应鼓励他们发起建设合作社。

四是合作社经营规范。如果合作社能真正按照《合作社法》要求的成员平等、民主管理进行经营，定期召开成员大会，社员可以行使自己的知情权、收益分配权、选举权等权利，那么会有更多的农民愿意加入合作社。

五是政策环境公正透明。合作社扶持政策的制定、实施始终做到公开、公正、透明，农民、合作社成员完全知晓，既增加农民对合作社的认识，也帮助农民掌握扶持合作社发展的政策福利，能有效激发农民合作建设、抱团发展的意愿。

六是良好的外部市场环境。合作社有稳定的生产资料供应和科技、金融服务环境，市场销售顺畅便捷，合作社广阔的发展前景能极大地激发农民入社的积极性。

建设合作社是为了通过合作经营提高农民的收益，必须从农民的实际需要出发，同时应该为农民成立合作社创造良好的外部环境，让农民认识、理解合作社，然后自愿加入。拉郎配式的建设尽管增加了合作社数量，但实际成效难以显现。以上六项条件仅为影响农民组建或者加入合作社的主要因素，建设能够长久运行的合作社以及实力型的合作社群体，需要考虑所有的影响因素。

三 合作社建设中马太效应产生原因分析

合作社建设中马太效应的产生不是偶然的，在城镇化快速发展、农村主力人口大幅下降、区域发展不平衡以及农村社会发生较大变化的情况下，为加快农业发展、提高农民收入，不少地方在较短时间内主导、引导建起大量合作社，但由于合作社本身不具备生存条件，即使匆忙建起也难以长期维系，导致出现徒有其名的空壳子、僵尸式合作社，产生合作社建设的马太效应。

（一）城镇化的影响

合作社需要懂得经营管理的发起人和致力于农业经营的农民，但当前是国内城镇化加速推进的时期，或为了子女求学，或为了改善生活，或响应移民搬迁，离乡进城的农民人数不断增加。与难舍故土的老年人相比，离乡进城的农民是农村最活跃、最具创造力的劳动力，他们多数为中青年农民，是农村建设、农业发展的骨干，当中有思维活跃的创新型人才，有组织能力强的创业型人才，有学习能力强的科技型人才，他们的进城导致农村劳动力高龄化，农业劳动力严重不足，农业发展缺少带头人，合作社建设缺少领军人物。

（二）非正式权力的影响

非正式权力是基于个人能力对他人的影响力。农村在社会转型过程中形成四类人：以村干部为主的政治精英，敢闯敢干懂经营的较年轻的经济能人，年龄较大、基本退出村子事务管理的传统政治经济能人，普通农民。这四类人由于所掌握资源、社会影响力的不同，所拥有的非正式权力并不相同，从大到小依次是村干部、经济能人、传统政治经济能人、普通农民。合作社发起人基本上是前两类人，他们凭借较强的非正式权力实际掌控合作社，以普通农民为主的社员难以实际参与到合作社运营管理中来，合作社运行难以规范。而且，合作社实际拥有者并不希望规范运行，在某种程度上，合作社的运行越不规范，他们对合作社的掌控力越强。

（三）监管缺位的影响

《合作社法》、《农民专业合作社登记管理条例》（以下简称《合作社登记条例》）已经明确规定了农民组建合作社的登记过程，缺少的是对合作社实际运行的监管。按照《合作社登记条例》，工商部门仅对合作社申请资料进行审核，在规定时间内将营业执照发给合作社，不会对合作社的日常经营进行监管。合作社不同于企业，构成多为普通农民，建设的目的不只是让合作社赢利，更重要的是让作为普通农民的社员赢利、收益提高。尽管合作社内部有监事会这样的监管机制，但是在非正式权力等因素的影响下，合作社难以完全规范运行，普通社员的利益得不到保障。尤其以获取政府补助为目的而建设的合作社，由于缺乏监管，普通社员根本获得不了政府的扶持福利。

（四）市场竞争的影响

农业本身特点决定其生产经营周期较长、投入大，往往需要三至五年甚至更长时间才能收回成本。组建或者加入合作社需要稳定的市场预期。在山区地带，坡地较多，交通不便，农业产出低、效益低，随着青壮年劳动力的流失，愿意从事农业生产、通过经营农业致富的人越来越少，更谈不上组建、加入合作社。农业产业化建设落后，农产品经销市场不完善，农民辛苦生产出的农产品找不到适宜的市场销售，只能任由上门收购的商贩肆意压价，即使流行的电子商务，也由于竞争激烈、物流成本较高、供应体系不成熟而难以成为农民经销农产品的有效渠道。农业市场滞后及不确定性打击了农民继续投入农业的意愿，更影响合作社的建设。

四 破解合作社建设马太效应的对策建议

合作社建设需要尊重其发展规律，事实证明，拔苗助长建成的合作社起不到应有的作用，甚至成为少数人牟取私利的工具。由以上分析可知，合作社建设过程中出现的马太效应现象既有合作社内部的原因，又有合作社外部监管缺失的原因。破解合作社建设过程中的马太效应，应从产业培育、人才培养、外部监管、市场营建和内部管理入手。

（一）培育特色产业，奠定合作社建设的产业基础

产业是农业合作社得以存立的基础，没有实际产业运行的合作社是空转或者难以长期存活的合作社。合作社组建前需要农户有一定的产业基础，合作社建成运行更需要相当的产业规模。当前农业供给侧结构性改革全面推行，合作社产业培育和建设面临难得的机遇，应该以绿色农业为合作社建设的产业方向，不断培育合作社的核心竞争力，实现提高农民收入、壮大合作社实力的目标。一是加快土地流转。建设土地流转市场，完善土地流转制度，引导、鼓励农民流转土地，将土地集中到少数以农业为事业、懂技术善经营的农民或从高等院校毕业的青年手中，

促成单个农业经营者的规模经营。二是发展绿色农业。单个社员经营的产业强，组建的合作社竞争力就强。当前农产品市场中缺乏优质、绿色农产品，农业供给侧结构性改革的主要方向便是改造传统农业、发展现代绿色农业。农户、合作社的产业发展需以此方向进行，深挖地方资源，引进农业科技，培养特色产业，按照绿色农业生产经营方式向市场提供最需要的绿色安全农产品。三是促进农产品深加工。种、养只是农业产业链的低级阶段，应该以农业的绿色化为方向，尽力延伸产业链，推动绿色农业的深加工，提高农业附加值，提高农民及合作社的经营收益和竞争能力。

（二）加大人才供给，夯实合作社发展的内生动力

人才是农业发展的核心，也是合作社建设的关键。合作社建设、运行需要能创新敢担当的倡导者、发起人，需要会管理善经营的管理人员，需要懂生产、肯吃苦的新型农民，缺少哪类人都会影响合作社的建设和运行。在经济下行趋势影响下，返乡农民不断增加，不少高校毕业学生将就业方向转向农业，而随着城乡居民生活水平的提高、市场需求的变化及供给侧结构性改革的推进，社会资本投资农业速度大大加快。增强农业人才供给，一是注重引进人才。重点引进在合作社建设、运行、管理以及科研方面的领军人才和高素质人才，凭借他们开阔的视野、丰富的经验，帮助农民组建合作社，按照市场需求生产产品，维持合作社稳定持续运行。二是提升农民能力。加大对农民的针对性培训，创造机会带领农民外出考察，通过培训提升农民的生产经营能力、市场经销能力，扩大农民从事农业的经营视野，培养一批农业经营的带头人，夯实农业合作社的运行基础。三是创新用人机制。破解农业用人难题，尤其在偏远山区，针对农业高级经管人才、高校毕业的高素质青年人才，采取公聘民用的方式，或者给予聘用人才一定的待遇等方式，吸引农业人才到农村创业，带领农民兴办合作社发展现代农业。

（三）加强外部监管，强化合作社运营的规范公正

管理规范、透明、公正是合作社得以保持活力持续发展的重要条件，也是赢得农民信任、增大农民加入合作社意愿的重要前提。由于非正式权力及其他影响因素的存在，普通农民在合作社经营中的应得权益受损现象

极为普遍,当发生不公平的利益分配后,作为合作社社员的普通农民找不到合适的途径进行申诉,一般农民选择忍气吞声,由此导致农民对合作社的不信赖、不支持。合作社不同于企业,政府对合作社格外重视,经常在项目设置、资金扶持方面给予倾斜,希望通过合作社带动农业发展、农民致富,所以外部监管在合作社建设、运行中非常必要,能促使合作社运行规范,保护普通社员的合法权益,也为农民权益受损提供申诉的渠道。一是建立合作社外部监管体系。由工商、扶贫、国土、水利等部门共同参与组成合作社外部监管机构,形成合作社监管信息共享机制,主要负责对合作社运行的监督考核,参与单位辅助监督。二是制定科学的监管制度。保障所有社员的知情权、参与权,严格合作社的代表大会召开制度、财务公开制度、收益分配制度,建立完善的合作社外部监管考核制度、奖惩制度。三是建立科学的监管方式。建立外部监管联席会议制度,采取定期与不定期相结合的监管方式,确保合作社运行规范、公开公正,全体社员满意。

(四) 完善市场体系,增强合作社发展的运行活力

未参加合作社前,农民生产经营主要是自产自销。由于生产规模小、产出低,农民一般就近选择批发市场销售或者在田间地头坐等商贩收购,但是农民谈判能力低,难以获得较高的收益。农民组织起来通过合作社对外营销,提高了谈判能力,但依然面临市场开拓及营销问题。建设完善的市场体系,有助于合作社运营中的生产资料采购、农产品销售,进而保持合作社的运行活力。一方面,要完善城乡农产品批发、零售市场体系。平原地区、城镇附近有相对成熟的农产品交易,但偏远山区农产品交易市场相对紧缺,应该根据产业分布、人口聚集、交通条件等因素,建设农产品交易市场、批发市场,为合作社等农业经营组织提供农产品交易平台。另一方面,顺应互联网发展趋势,大力发展电子商务。电子商务是合作社建设中新的经销渠道。发展电子商务必然要建设电商供给基地、电商产业集聚区,培育多元电商业态,扶持电商经营主体,完善电商服务体系。合作社应该紧紧抓住电子商务逐步普及的良好机遇,提升经营产品的品质,主动通过电商渠道销售农产品,或者与其他电商主体、国内知名电商平台联系成为其供给主体,通过电商经销提高合作社销售,从而促进农民入社。

（五）规范内部管理，提升合作社发展的竞争能力

无论是实力型还是虚弱型合作社，都需要规范的内部管理。合作社内部管理若能完全按照法律要求、合作社章程要求进行，则可以增强社员之间的相互信任，提升合作社整体的凝聚力和竞争力，激发起农民加入合作社的意愿。一是要加强内部机构建设。组建合作社必须严格按照《合作社法》的规定完善成员代表大会、理事会、监事会"三会"体系，选择适合的人员担任相应的职务，社员中农民比重必须保证高于80%。二是完善内部管理制度。制定完善的会议召开、财务公开、收益分配等制度，能完全按照《合作社法》要求定期召开合作社成员大会或者成员代表大会，完整记录会议内容并对外公开，让每一位社员都能参与、知晓合作社的运行情况。三是提高成员的维权能力。通过培训使社员掌握合作社法律法规、政府的扶持政策、资助项目以及正当权益受损时的申诉渠道等，由此提高社员的维权意识。建立合作社监管信息系统，设立公开透明的社员申诉通道，完善监管体系中的维权渠道，方便社员正当维权。

参考文献

［1］胡宗山、付强：《国外农村合作社：历史、经验与借鉴》，《社会主义研究》2006 年第 5 期。

［2］黄祖辉、邵科：《合作社的本质规定性及其漂移》，《浙江大学学报》（人文社会科学版）2009 年第 4 期。

［3］张晓山、党国英：《丹麦的农业合作社》，《农村经济管理》2003 年第 4 期。

［4］李尚勇：《农民合作社的制度逻辑——兼谈其发展存在的问题》，《农业经济问题》2011 年第 7 期。

［5］任轶：《政治精英在村庄治理中的角色：一种比较发展的视角》，《南京社会科学》2013 年第 9 期。

［6］何小青、江美塘：《"正式权力"与"非正式权力"——对政治权力的一项基础性研究》，《学术论坛》2001 年第 5 期。

［7］武霞：《关于把农民合作社做大、做强、做长远的思考》，《农业经济》2014 年第 12 期。

内蒙古培育新型农牧业经营
主体问题调查研究[*]

文　明　陈晓燕^{**}

摘　要：通过对内蒙古全区范围内 100 个嘎查村 1011 户农牧户的抽样调查发现，91.3% 的农牧户仍属于传统意义上的中小农牧户。而新型农牧业经营主体发展的基本情况为：集体经济微乎其微，专业大户和家庭农牧场自我发展能力不足，专业合作社处在艰难的转型升级阶段，而涉农涉牧企业并没有与农牧户建立紧密的利益联结机制，工商户仍然只是农牧业的补充。可见，培育农牧业新型经营主体关键不在于框架，而在于内容，在于生产经营主体自身能力的提升，即培养新型职业农牧民才是培育新型农牧业经营主体的核心。

关键词：新型农牧业经营主体　中小农牧户　职业农牧民

培育新型农牧业经营主体，加快现有以中小农牧民为经营主体的传统经营模式向适度规模化的现代农业经营模式转型，从而解决我国农牧业发展中的"谁来种地养畜"和"怎样提效"的问题，是深入推进农牧业供给侧结构性改革的关键因素。为考察内蒙古培育农牧业新型经营主体发展情况，我们对区域内 100 个嘎查村 1011 个农牧户进行了相关调查研究。

一　调查方法及样本信息

本次调研以嘎查村社区为抽样单位，以内蒙古地理空间与民族人口分

---

* 国家社科基金特别委托项目"北部边疆历史与现状研究"（批准号 BJXM2013 - 82）、内蒙古社科基金特别项目"内蒙古民族文化建设研究工程"阶段性研究成果。

** 文明、陈晓燕，内蒙古社会科学院牧区发展研究所。

布、行政区划与经济类型区划为主要依据，突出内蒙古农村牧区少数民族聚居区（从民族构成看，本次抽样中蒙古族人口占总样本人口的53.4%，汉族人口占总样本人口的44.7%，其他少数民族占1.9%）。根据三种经济类型（典型牧业区、半农半牧区和农业区）的各自特点，采用分层多段抽样和简单随机抽样相结合的方法，从全区范围内10个盟市13个旗县区中，随机抽取100个嘎查村（其中，典型牧业区33个、半农半牧区30个、农业区37个），进行了嘎查村社区问卷调查，建立嘎查村数据文件。同时，在上述100个嘎查村中进一步采用随机抽样法，收集1011户农牧户家庭基础性数据，建立农牧户数据文件。

二 内蒙古农牧业新型经营主体发展程度及存在问题

（一）嘎查村集体经济

1. 土地资源依然是嘎查村集体经济的唯一来源

不同于内地农村集体经济，内蒙古嘎查村集体经济仍停留在村（嘎查）民委员会与村（嘎查）党支部实际履行集体经济组织职能的初级阶段，即对集体土地进行发包、为家庭分散经营提供产前产中产后服务以及进行集体积累等经济活动，几乎没有所谓集体所有的实体经济。有些嘎查村仍然保留部分未承包到户的集体所有耕地、草牧场或林地（一般称为嘎查村机动地），少数嘎查村则拥有少量畜群和机械设备。

据调查，在总样本中，64%的嘎查村村民委员会和村党支部对集体土地（草牧场）进行发包、流转登记，为农牧民家庭经营提供相关服务。在日常生产生活活动中，嘎查村集体经济组织更多地发挥政令与民情上传下达之功能，将各级政府及相关部门下达的政策法令、规定意见、农牧业与扶贫开发项目、新农村新牧区建设项目、生态环境治理与保护政策措施等传达落实到农牧民，并把农牧民生产生活中的需求与困难反映到苏木镇及以上人民政府和相关部门。

其余36%的嘎查村集体经济组织则有一定程度的可自主支配的集体资源。其中，38.89%的嘎查村拥有未承包到户集体草牧场，平均规模约为

38200 亩，亩均年收益为 1 元；47.22% 的嘎查村拥有未承包到户集体耕地，其平均规模为 690 亩左右，亩均年收益为 85.18 元；30.56% 的嘎查村拥有未承包到户集体林地，其平均规模为 255 亩左右，亩均年收益为 88.75 元；13.89% 的嘎查村拥有集体饲料基地，其平均规模为 21000 亩左右，亩均年收益为 1.49 元；此外，2.78% 的嘎查村拥有集体牲畜，平均规模为 377 头（只），畜均年收益为 79.78 元。无一嘎查村拥有嘎查村所有或控股、参股等工商企业。

可见，除少量集体所有牲畜外，集体所有土地资源是嘎查村集体经济组织最主要的经济来源。而且其利用方式相对单一，村民委员会或村党支部将把嘎查村机动地以转包、出租等方式流转给集体经济组织成员，或非集体经济组织成员的法人或自然人，获取普遍低于市场平均收益率的经济收入，经营效益普遍较低。

2. 嘎查村集体经济在各类经济类型区发展程度不一

通过各经济类型区域之间的比较发现，牧区嘎查集体经济组织拥有的资源量最多，人均获取利益也最高，但资源利用总体效率却最低。在所抽样的牧业区嘎查中，51.51% 的嘎查村拥有未承包到户的集体草牧场、集体所有牲畜。未承包到户草牧场总面积达 640845 亩，亩均年收益 1.13 元；集体经营畜群规模 377 头（只），畜均年收益 79.78 元。嘎查村集体经济组织成员人均获得的年收益约 70.72 元。

在所抽样的农业区嘎查村中，37.84% 的嘎查村拥有未承包到户的集体耕地，其总面积约 4545 亩，亩均年收益 216.5 元，集体经济组织成员人均获得的年收益约 38.49 元。而在半农半牧区，只有 16.67% 的嘎查村拥有未承包到户的集体土地。虽然半农半牧区嘎查村拥有的集体可支配的未承包到户的集体土地资源比农区丰富，但效益却低于农区。据调查，半农半牧区拥有未承包到户集体土地约 7551 亩，但其亩均年收益仅为 18.47 元，集体经济组织成员人均获得的年收益在三个经济类型区域中最低，为 21.14 元。

当然，即使在同一经济类型区内，不同的嘎查村集体经济组织因土质差异、资源稀缺性、地理位置和农牧业发展程度的不同，集体经济收益程度也不同。比如，在农业发展程度相对较高的巴彦淖尔五原县，未承包到户集体耕地的经济效益（291.67 元/亩）明显高于兴安盟科右前旗（103.48 元/亩）；在植被条件尚可且牧草资源相对紧张的鄂尔多斯市乌审旗，未承包到户集体草牧场的经济效益（4.29 元/亩）明显高于植被条件较好且面积较大的新右旗（1.58 元/亩）；等等。

（二）种养专业大户和家庭牧场

在总样本中，各类专业大户和家庭农牧场共有 454 家。其中，种植类116 家、养殖类 308 家、服务类 30 家（详见图 1）。

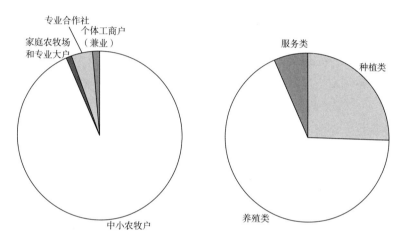

图 1　各类专业大户和家庭农场占比情况

1. 种植类专业大户和家庭农牧场劳均效益最高

116 家种植类专业大户和家庭农牧场户均经营土地规模约 467 亩，户均劳动力 4.4 人，年均收益能达到 12.77 万元，劳动力人均收益则达 2.90万元。其中，玉米种植户的收益相对较高，每亩达 980 元左右，而水稻和葵花每亩收益则仅为 160 元左右。从外部资源输入情况看，种植类专业大户和家庭农场中，31.90% 的农牧户（户次）获得了政府部门提供的各类项目支持，平均受助资金大约 3.2 万元。

养殖类专业大户和家庭牧场劳均效益则相对较低，其户均草牧场规模为 1229 亩左右，户均劳动力规模为 2.7 人，每户平均年收益仅为 6.4 万元，劳动力人均收益 2.37 万元。从外部获得资源情况看，养殖类专业大户和家庭牧场中 34.09% 的农牧户（户次）获得了政府部门提供的各类项目支持，平均受助资金达到 8.94 万元。

2. 牧区专业大户和家庭农牧场比例最高，而半农半牧区平均收益更高

从各经济类型区培育专业大户和家庭农牧场情况看，牧区比例最高，各类专业大户和家庭农牧场大概占总样本的 2.44%，而半农半牧区培育比例则最低，仅为 0.11%（见图 2）。

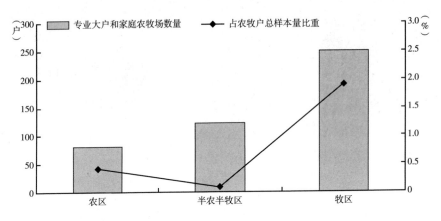

图 2　各经济类型区专业大户和家庭农牧场培育情况

从各经济类型区专业大户和家庭农牧场经营效益情况看，半农半牧区则更好一些。典型牧区各类专业大户和家庭农牧场户均草牧场规模为 4100 余亩，户均劳动力规模 2.17 人，劳动力人均受益 1.69 万元。从农区各类专业大户和家庭农牧场情况看，种植类专业大户平均耕地规模 546 亩/户，平均劳动力规模 4.45 人/户，劳动力人均受益 2.69 万元；而养殖类专业大户户均劳动力规模约 3 人，劳动力平均收益为 3.33 万元。半农半牧区养殖类专业大户平均草牧场规模 465 亩/户，平均劳动力规模 2.74 人/户，劳动力人均受益 3.08 万元；种植类专业大户平均耕地规模 278 亩/户，平均劳动力规模 2.46 人/户，劳动力人均受益 6.14 万元，均高于典型牧区和农区。

3. 政府及相关部门对专业大户和家庭农牧场的能力建设不足

在培育专业大户和家庭农牧场过程中，政府及相关部门提供了各种政策和资金支持。从嘎查村数据文件看，专业大户和家庭农牧场受到的要素外部输入比例达 30% 以上，而从农牧户数据文件看，这一比例更是达到

46.67%（户次），包括提供无息或免息贷款、基础设施建设、免费的技术指导等。然而，从外部输入分类看，近67%的外部输入为水利设施、棚圈等基础设施建设，以及启动资金等资金支持，只有25%的要素输入为提供免费的技术服务和免息或低息贷款。从专业大户和家庭农牧场农畜产品销售途径看，更多的专业大户和家庭农牧场仍然依靠流动商贩销售农畜产品，以订单、农超对接等形式出售的比例不足5%。可见，专业大户和家庭农牧场在与市场对接过程中仍处在较低水平，与普通农牧户并无两样，其能力建设严重不足。

（三）农牧民专业合作社

内蒙古农村牧区农牧民专业合作社正处在转型升级阶段。农牧民认识不足、合作社带动力不强、合作组织成立运作和内部管理不规范、流动资金短缺、产业化进程缓慢等合作社运行质量不高的问题依然存在，反过来又影响广大牧民对建立、参与合作组织的主动性和积极性。

1. 农牧民专业合作社初建受政策影响明显

在我们所抽取的总样本中，59%的嘎查村建有1家以上农牧民专业合作社，抽样区农牧户中专业合作社的覆盖面达到4.02%。从专业合作社成立时间看，61.70%的专业合作社是2013年（中央高度重视新型经营主体培育问题并给予政策倾斜）之后注册成立的，3.19%的农牧民专业合作社则是2007年（颁布《中华人民共和国农民专业合作社法》）之前注册成立的。

2. 能人带动是农牧民专业合作社的主要类型

从合作社带头人属性来看，样本合作社中89.36%的农牧民专业合作社由本嘎查村农牧民带头组建，属于能人带动型；其余10.64%则由嘎查村支部书记、嘎查村主任或小组组长等村干部带头组建，属于村干部带动型。从农牧户数据文件看，合作社成员户中45.71%的户主（或主要劳动力）是中共党员，其受教育程度为高中以上比例也比样本总体高出近6个百分点。这些合作社成员户多数属于当地中等以上农牧户，其中34.29%的农牧户都有不同程度的土地草牧场流入行为，耕地流入规模平均为84亩，草牧场流入面积则为12000亩左右，45.71%的农牧户存在常年性或季节性不同程度的雇用劳动力行为。

3. 同一集体组织内部以生产性合作为主

从入社农牧户结构看，93.41%的合作社全部社员为同一村嘎查集体经济组织成员，只有6.59%的合作社社员中有来自周围其他集体经济组织的社员，属于跨社区性质的合作社。从合作社主体功能上看，74.14%的专业合作社属于生产性合作组织，20.69%的专业合作社则属于销售性合作组织，两者占总数的94.83%，其余5.17%属于服务型、信用合作型的合作组织。

4. 合作社对入社农牧户的带动作用并不显著

通过农牧户数据文件分析发现，参加专业合作社的农牧户中只有25.71%的农牧户表示获得来自合作社的益处，其余74.29%的农牧户均没有得到任何好处。究其原因，有合作社自身原因，也有外部环境问题。22%左右的入社农牧户认为所加入的合作社没有具体合作内容而无效益，而17%左右的入社农牧户认为所加入合作社经营不善而无效益；另外，还有39%的入社农牧户表示，他所在的农牧民专业合作社成立时间不久，还没有到产生具体效益的时候。这使部分农牧户对合作经营的期望值有所下降，影响农牧户加入合作组织的主动性和积极性。在入社农牧户中，12.5%的农牧户表示今后要转向专业大户或家庭农牧场模式，甚至有25%的农牧户表示在今后的经营方式上选择一家一户的单户经营模式更有利于自身发展。

（四）涉农涉牧企业

从嘎查村数据文件看，13%的嘎查村有1家以上各类涉农涉牧企业，但均不属于嘎查村集体所有或入股企业。其中，71.43%属于私营企业，21.43%属于股份制企业，其余为混合所有制企业。从企业法人角度看，40%的企业法人属于本村嘎查集体经济组织成员，20%为嘎查村所在旗县人员，而其余40%企业法人则为非本旗县人员。其中，60%的企业注册地为该旗县。

从涉农涉牧企业主营业务看，26.32%的企业直接参与农牧业生产经营，73.68%的企业则属于农畜产品加工、销售类，如土特产开发加工、农畜产品流通批发、小型农畜产品加工销售等。无论从嘎查村数据文件，还是农牧户数据文件分析，涉农涉牧企业对当地农牧民增收及农牧业发展的带动作用都不显著，更多只是租赁或征用当地土地资源。虽然上述企业中70%有不同程度的雇用当地农牧民劳动力的情况，但企业规模普遍较小，雇用劳动力多采取季节性或临时性雇工，且工资待遇普遍较低。

显然，在嘎查村层面上，内蒙古农牧业龙头企业自身发展中的小、散、弱、不平衡等特点均有体现。同时，龙头企业在外围环境建设中并没有与农牧户建立起紧密型利益联结机制。多数农牧业龙头企业缺乏稳定的基地建设，原料供求不稳定，从而使杂牌之间的低效率无序竞争长期存在，极易伤及农牧户利益。

（五）个体工商户

从本次调查结果看，各地嘎查村工商户数量并不少，几乎每个村嘎查都有4~5家工商户，从区域分布上，东部农区和半农半牧区工商户占比明显高于西部牧区。他们以农家乐（牧家乐）、农畜产品初级加工销售、小型屠宰场、百货商店、餐饮（饭店）、服装加工店、农牧民工程队等多种形式活跃在农村牧区（见图3）。然而，近90%的工商户均属于农牧业兼营式工商业，农牧户出于增加收入渠道、改善生活水平的考虑，利用剩余劳动力或农闲时间经营，只有10%左右的工商户属于专营性质，多集中在农家乐（牧家乐）、小型屠宰场、农畜产品初级加工等领域。当然，这些工商户也通过自我投资、民间借贷等形式为自身或当地农牧民的种养业简单再生产和扩大再生产提供了一定的资金来源。

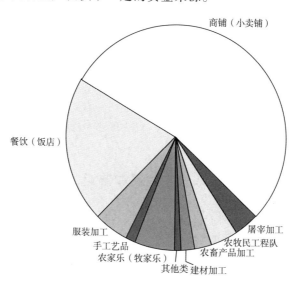

图3 样本区工商户类型

三 培育农牧业新型经营主体的几点建议

对于内蒙古广大农村牧区而言，中小农牧户家庭经营仍然是农牧业经营体制之基础，这一基本格局短时间内难以改变（见图4）。培育新型经营主体需要更长的培育时间和更强的外部推力。因此，内蒙古在培育农牧业新型经营主体过程中，要以坚持和完善农村牧区基本经营制度为前提，以培养新型职业农牧民和培育专业大户、家庭牧场为重点，以鼓励和指导农牧民专业合作组织为桥梁，以建立农牧户与农牧业产业化龙头企业紧密型利益联结机制为突破口，不断建立健全农村牧区农牧业社会化服务体系。

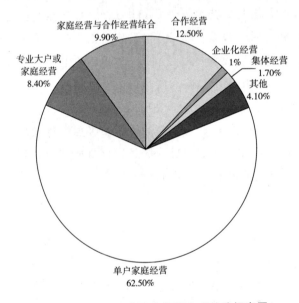

图4 农牧户对未来生产经营方式的选择意愿

（一） 加快培养新型职业农牧民和产业工人

首先，要强调农牧民转型问题，即提高现有农牧民自身素质，使其主动接受新的生产技术、新的管理模式，主动适应农牧业生产及农村牧区环境变化的新常态。农牧民精英的重点培养和农牧民职业教育并行。

其次，要强调新生农牧民培育问题，对符合条件的中高等院校毕业生、返乡农牧民及青年农牧民提供资金支持、信贷优惠、最低工资保障等倾斜性鼓励政策。要通过建立健全农村牧区社会保障体系，为农牧业新生从业者提供与城镇就业相同的社会环境，使其工作和生活更加便利。同时，将农牧民职业培训纳入中高等免费职业教育范围，为不断提升职业农牧民科技文化程度提供智力支撑。

最后，要认可和重视农牧业产业工人的存在，并尽快着手建立保障和发展农牧业产业工人权利的规章制度。应通过建立农牧业产业工人用工机制、工资标准和社会保障机制等，使牧业用工现象规范化，从而向畜牧业发展提供持续的、高素质的产业工人，向农牧业产业工人提供稳定的、有保障的工作，使农牧业产业工人与其他产业工人一样受到社会认可和职业认可。

（二）大力培育专业大户和家庭农牧场

家庭农牧场是舶来词，是发源于欧美农业发达国家的农牧业生产组织形式，其发源地与我国基本国情、土地制度与户籍制度均存在一定差异。因此，从定义上，将家庭农牧场本土化，对其运作模式进行界定，而不能简单搬套。同时，探索家庭农牧场认定标准，探索不同生产领域、不同生产区域内专业大户、家庭农牧场的认定标准。当然，培育专业大户和家庭农牧场，关键还在于政策扶持和职业培训，并提高针对性和有效性。比如，家庭农牧场在通过流转市场获得土地（草牧场）经营权时、通过金融机构获得信用贷款时、通过工商认定获得自主商标时……可获得比普通农牧户更优惠的政策扶持；对专业大户、家庭农牧场（主）进行财务管理、成本收益核算和生产经营管理方面的职业培训等。当然，在政策倾斜过程中，也应避免掀起一哄而起的"补贴型家庭农牧场"热潮。

（三）发展壮大农牧民专业合作社

主动推进农牧民专业合作社从数量扩张到规模扩张和效益提升的转变。通过建设示范合作社，进一步规范合作社注册成立到运作过程，扶持和推广具有实际合作内容的，具有发展前景的规范的"真"合作社。同时，推动具有相同功能合作社的联合与合并，形成跨苏木、旗县，甚至跨盟市区划的地域性合作社，从而提高合作社的规模效益。

鉴别有作为的农牧民合作社，淡化和淘汰无实际合作内容、无明显合作功能的合作社。从农牧民专业合作社实际调查，以及国内外成功案例分析，以销售、购买、服务为功能定位的合作社更符合农牧业生产经营特点。

强化农牧民专业合作社内部管理，从初期的松散型合伙组织向规范化合作企业转变。合作社内部管理应遵循公司化管理模式，建立健全合作社人事、财务、营销管理机制，通过培养、聘请、招聘人才组建公司化管理团队。

（四）做强做实农牧业产业化龙头企业

做强做实农牧业产业化龙头企业，首要任务必然是自身发展，即通过借助市场运作、外围政策和公共平台，强化企业知名度，加大绿色、有机、纯天然农产品品牌影响力和品牌效应，进一步做强企业实力，做大企业产业。其次，必须健全利益联结机制，做实做活龙头企业。鼓励农牧业产业化龙头企业采取订单农牧业等成功模式，与农畜产品供给者建立风险共担机制，为牧户提供承贷承还和信贷担保等多种形式的信贷服务，建立与农牧户、家庭农牧场及农牧民专业合作社之间的利益共享、风险共担机制。

同时，引导产业化龙头企业创办或领办各类专业合作组织，为农牧民专业合作社注入公司化管理模式和管理理念，促进农牧民专业合作组织的快速发展；支持产业化龙头企业自建生产基地，为基地内产业工人（农牧户）提供生产资料供应、农牧业机械作业、技术指导、疫病防治、市场信息、产品营销等各类服务，发展"企业＋合作社＋农户＋贫困户"等工业反哺农业、产业扶贫模式。

（五）营造持续稳定的农牧业发展环境

稳定的宏观政策和强有力的自然风险防范机制对培育发展农牧业新型经营主体具有有力的保障作用。其中包括家庭承包经营制度的稳定与完善、土地（草牧场）承包经营权流转机制的规范与完善、草原生态补偿的长效化、畜产品最低保护价格制度的建立、防灾减灾机制的建立健全等，均为农牧业新型经营主体的培育和发展提供了坚实基础。当然，建立健全农村牧区公共服务体系，进一步强化道路、通信、信息、教育、医疗等公共物品及准公共物品的供给能力也同样重要。

参考文献

［1］陈文：《草原畜牧业经济探讨》，内蒙古社会科学院杂志社，1989。

［2］李彦萱：《内蒙古近 39 万农牧民在产业化龙头企业中实现就业》，http：//inews. nmgnews. com. cn/system/2016/02/19/011885338. shtml。

［3］李佳：《在自治区党委农村牧区工作会议上的讲话》，2017 年 2 月 16 日。

［4］农业部等：《关于公布国家农民合作社示范社名单的通知》（农经发〔2014〕10 号），2014 年 11 月。

［5］农业部：《农业部关于公布第七次监测合格农业产业化国家重点龙头企业名单的通知》（农经发〔2016〕15 号），2016 年 10 月。

河南省新型农业经营主体的现状分析与对策研究

刘依杭[*]

摘　要： 随着农业供给侧结构性改革的不断推进，近年来河南省逐渐形成了以专业大户、家庭农场、农民专业合作社和农业产业化龙头企业为主的新型农业经营主体，并取得了显著成效，但也在规模化组织化程度、土地流转、劳动力结构、服务体系和相关政策等方面存在一些问题。因此，培育新型农业经营主体需要从提高新型农业经营主体发展水平、稳步推进农村土地"三权分置"、完善农业社会化服务体系等方面努力。

关键词： 新型农业经营主体　农业供给侧结构性改革　对策

2017 年中央一号文件提出："深入推进农业供给侧结构性改革，加快培育农业农村发展新动能，开创农业现代化建设新局面。"推进农业供给侧结构性改革，要充分发挥新型农业经营主体的主导作用，更好地调整政府行为，精准发力、稳重求进，为加快实现农业现代化打下坚实基础。近年来，河南农业发展有了长足的进步，呈现出由数量型过渡到质量型、由单一型过渡到多样型的良好发展势头，但随着河南农村劳动力持续向城市转移，农村空心化、农民老龄化、农业兼业化现象日益严重，导致农业生产管理粗放，土地生产能力不能有效发挥，对河南的农业生产形成了较大的制约。因此，加快培育新型农业经营主体对河南农业多元化发展具有重要意义。

---

* 刘依杭，河南省社会科学院农村发展研究所。

一　河南培育新型农业经营主体的必要性

（一）　新型农业经营主体是现实发展的需要

河南人多地少，承包农户规模小，经营相对分散，劳动生产率相对偏低，农户兼业化的趋势较为明显，"大市场"和"小农户"的矛盾日益突出。2016 年底，河南农村劳动力就业转移 2876 万人，比上年增长 2.2%，省内转移就业 1709 万人，占总量的 59.42%（见图 1）。农村劳动力的快速转移导致农业劳动力短缺、传统农户分化，造成大部分农村土地被遗弃、土地资源被浪费，"谁来种地、如何种地"的问题日益突出，迫切需要提高农业社会化服务和组织化水平。因此，培育新型农业经营主体能有效使农村承包土地流转到家庭农场、专业大户，使土地等其他农业资源得到最大限度的发挥，有利于各类农业社会化服务的承接和实施，利用机械化作业降低农业生产成本，从而充分发挥规模效应，促进土地生产率和产出率的提高。

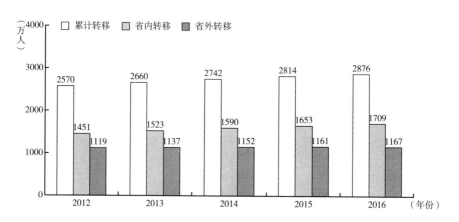

图 1　2012～2016 年河南省农村劳动力转移就业情况

资料来源：河南省人力资源和社会保障厅。

（二）　新型农业经营主体是解放农业农村生产力的主要力量

从河南农业实际情况看，传统农业生产关系已不能满足当前生产力发展的需要，传统农业经营方式逐渐成为推进农业供给侧结构性改革的瓶颈。解放和发展农业农村生产力是客观的要求，其核心任务是坚持以家庭承包经营为前提，积极培育和扶持新型农业经营主体。在运用现代农业科技成果提高土地生产率方面，新型农业经营主体已逐步成为农技推广的重要载体，是紧跟农村新形势新要求和推进农业供给侧结构性改革的重要力量。

（三）新型农业经营主体是增加农民收入的有效途径

新型农业经营主体培育可以有效加快农业发展方式的转变，提高农民收入水平。通过农业专业大户、农民专业合作社和家庭农场的发展，不仅加快了土地流转的步伐，而且促进了农村劳动力的转移。土地流转出让后，农民进城务工获得更高的收益，还能获得不低于种地收益的土地租金，为部分留守人员创造了在企业打工的机会，有效提高了农民收入水平。

二 河南新型农业经营主体发展现状

近年来，河南立足于自身农业发展情况，在遵循农业供给侧结构性改革的前提下，通过农业科技的快速推广、劳动生产率的有效提高，使新型农业经营主体发展取得了长足进步。

（一）农民专业合作社快速发展

农民专业合作社作为连接农民与市场的纽带，有助于推进农业供给侧结构性改革，实现河南农业生产区域化、标准化和专业化。近年来，河南农民专业合作社快速发展，截至 2016 年底，河南省工商部门登记注册的农民合作社达 12.3 万家，比上年同期增长 4.32%，是 2010 年合作社数量的 4.6 倍（见图 2），数量居全国第二位。其业务范围包括种植业、养殖业、技术服务业等行业，其中种植业占主导地位，技术服务业、农产品加工业、销售业比重呈稳定上升趋势。目前，合作社除了农业领域外，还发展了土地股份合作社、信用互助合作社、联合社等多种合作形式。

（二）农业产业化龙头企业成效显著

随着农业供给侧结构性改革的不断深入，河南不断加大农业产业化龙头企业的培育力度，积极解决龙头企业发展中遇到的困难和问题。目前，

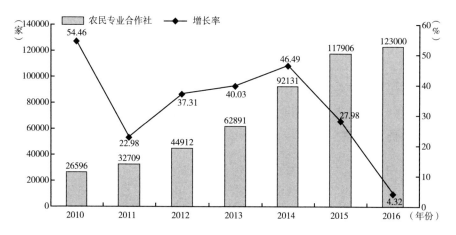

图2 2010～2016年河南省农民专业合作社数量变化及增长率情况

资料来源：河南省农业厅。

河南龙头企业规模逐步扩大，农业产业化龙头企业规模近6800家，其中国家级龙头企业60家，省级龙头企业760家。国内外上市涉农企业17家，新三板上市23家。农业产业化集群517个，分布全省农业领域11个产业、50多个子产业，基本覆盖全省优势农产品产业和区域特色产业，实现年销售收入10152亿元，其中年销售收入超过30亿元的61家，超过50亿元的17家，超过100亿元的6家，吸纳农民就业140.5万人，促进农民增收2180亿元。

（三）专业大户快速成长，家庭农场有所起步

近年来，河南大量农户开始跨区域、跨村流转土地进行专业化经营，形成种粮专业大户。种粮专业大户的出现对改善粮食生产条件和提高粮食生产能力起到了重要作用。同时，由于其家庭性、适度规模性和盈利性等特点，近年来家庭农场也呈现出快速发展的态势。据河南省农业厅统计，截至2016年底，河南共有4.3万户种粮专业大户，家庭农场2.7万家；农村土地流转面积3897亩，占家庭承包面积的38.9%，粮食生产经营面积在100亩以上的经营主体6.9万个。

（四）粮食等农副产品得到有效供给，农业科技发展快速推广应用

种粮专业大户、家庭农场等新型农业经营主体，已逐渐成为河南省粮

食生产的重要力量，农业产业化龙头企业成为河南农副产品加工、食品行业的主力军，从事蔬菜生产的农民合作社蔬菜供应逐年攀升，市场份额持续扩大。与此同时，新型农业经营主体在生产中大多采用新品种、新技术，已逐渐成为农技推广的理想平台和重要载体。

（五）劳动生产率和土地利用率有效提高，农业生产应对市场能力显著增加

一方面，河南农村土地承包集中流向专业大户、农民专业合作社等农业经营主体，土地等农业资源得到最大化利用，充分发挥了规模效应，提高了土地生产力和农业生产率。另一方面，新型农业经营主体有组织地引导农民进入市场，在降低农业生产成本、提高农产品定价、规范企业经营行为和市场竞争力等方面发挥了强有力的组织支撑作用，提高了农民应对市场的能力和组织化程度。

三　河南新型农业经营主体发展中存在的主要问题

虽然河南在加快培育新型农业经营主体方面取得了一些积极进展，但在规模化、组织化方面与现代农业新形势要求相差甚远，迫切需要认识到当前的问题和不足。

（一）新型农业经营主体规模小、组织化程度低

近年来，河南新型农业经营主体培育呈现多元化发展特点，从发展数量来看，截至 2016 年底，全省种粮专业大户 4.3 万户，家庭农场 2.7 万家，农民专业合作社注册登记 12.3 万家，农业产业化龙头企业近 6800 家，发展速度明显提升。但总体发展水平不高，存在经营面积大、土地生产率低等现象，导致农业生产缺乏科学经营理念。由于农村人口转移和土地流转期限制约，生产稳定性差，基础设施薄弱，不利于农业规模化经营。农民专业合作社规模较小，经济实力较低，利益关系不密切，在种养、加工、运输等方面的服务水平偏低，服务范围不广，合作社对发展现代农业知识的重要性和优越性认识不足，无法实现规模化经营的预期成果，缺乏示范和科学指导。农业产业化龙头企业由于经济发展的制约，发展不平衡，生产经营规模小，管理水平低，农民分配利益不健全，驱动能力不

强。新型农业经营主体覆盖率较低，目前河南每万户农民拥有新型农业经营主体仅 18.16 户，列全国第 21 位，在中部六省中位居第四（见图 3）。

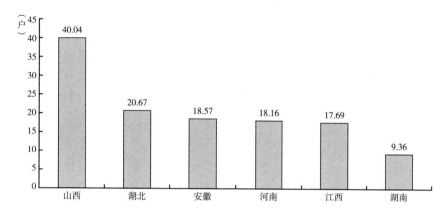

图 3　中部六省每万户农民新型农业经营主体拥有量

资料来源：《河南省新型农业经营主体发展分析报告（2015）》。

（二）土地流转效益不显著

土地流转作为农业适度规模经营的一个重要组成方式，是推进农业供给侧结构性改革的关键举措。据统计，2016 年，河南农村土地流转总面积达 3897 万亩，占家庭承包经营土地的 38.9%。从 2011 年到 2016 年的数据显示，土地总流转面积年均增长率为 5%，呈现出流转速度加快、流转方式多元化的特点。虽然土地流转速度加快，但其利用效率普遍偏低。一是在土地流转中 80% 是以小规模分散经营农户为主，只有 20% 的土地流转到新型农业经营主体中，使得集约化、组织化程度偏低；二是工商资本盲目下乡投资，缺乏引导和制度规范，个别地方出现提高土地流转成本，挤压经营主体种粮收益，以及由于缺乏农业生产经营管理经验，土地流转后遭遗弃等现象。结合河南人多地少省情，应完善土地流转规定，确保农民成为适度规模经营的参与者和受益者，以农业粮食为重心，禁止耕地"非农化"现象发生。使土地流转成为农业发展的重要方式，更好地保障粮食安全问题。

（三）农村劳动力结构性短缺加剧

河南是农民外出务工的主要省份，河南省统计局的调查显示，每年农村家庭劳动力转移率约为85%，越来越多的农村青年劳动力大规模转移，导致农村农业发展受到制约，农业劳动力减少，老龄化现象非常突出，不利于新型农业经营主体的发展。从受教育程度来看，农村劳动力文化素质普遍偏低，具有初中文化程度的较多，占农村劳动力的55.29%，具有高中文化程度以上的仅占21.99%，导致使用新技术能力低，农业生产储备力量薄弱。从农民收入来看，农民工收入的比重逐渐上升，农业收入所占的比例不断下降，收入结构发生了显著变化。据统计，从2012年至2015年，河南省农民家庭人均收入从9829元增加到13667元，但收入结构略有变化，经营性收入从63.05%下降到51.83%，下降了11.22个百分点，在农民经营性收入中，第一产业的收入占比也显著下降。务农已成为农民的一个"副业"，外出务工成为农民的选择，甚至造成农地的荒废。同时，由于农民工进城的市民化配套政策不完善，农民惜地情结较重，不愿进行农地流转，影响现代农业的发展进程。

（四） 相关政策法规体系不完善

当前河南培育新型农业经营主体尚未有统一的标准和模式。从发展的经验来看，培育新型农业经营主体需要政策的指导和鼓励，但现有的扶持政策比较分散。一是扶持政策法规不完善。没有专门针对新型农业经营主体的主要扶持政策，大多数农业政策法规之间缺乏兼容性和整合性，导致很多经营主体在土地流转后，仍在农业生产性用地落实方面面临一定的难度，缺乏制度安排，限制了新型农业经营主体的规模化生产管理。二是涉农贷款担保难。虽然国家农业支持资金正在迅速增长，但许多支农政策仍然用于农业基础设施建设、民生事业以及支持传统农民，缺乏对家庭农场、农民专业合作社等新型农业经营主体涉农建设项目和资金的相关支持。三是现行营业税和所得税优惠政策落后，缺乏有效激励，对于困难的问题不能予以及时有效的解决。

四　河南新型农业经营主体发展的对策建议

目前，河南农村土地流转迅速，各类主体规模经营大幅增长，新型农业经营主体构建条件日趋成熟。今后一个时期，要以农民的利益为基础，全面尊重农民的意愿，以提高河南农业综合能力为中心，解放和发展生产力。建立健全农业基本经营制度，以家庭承包经营模式为基础，以家庭农场为主力，以龙头企业为纽带，以社会化服务为保障，努力形成"以城带乡""以工促农""工农互惠""城乡一体"的城乡关系。通过提高农业装备水平，提升农业综合效益，努力改善农村民生，实现"环境友好型""资源节约型"的可持续农业发展。

（一）不断提高新型农业经营主体水平

改革农村土地制度，出台减负惠农扶持政策，积极引导农村设施配套建设，大力改善环境。使主体发展的内因与政策扶持的外因相结合，促进新型农业经营主体的进一步发展。一是加强组织领导，科学制定发展规划，各级政府要把培育新型农业经营主体纳入"四化同步"和"城乡一体化"发展的整体中，分解任务指标，落实责任部门；二是加强政策保障，强化农村承包土地关系，农民在"三农"中处于核心位置，必须以农民为主体，不能代替农民兼并土地，以扶持政策促进土地有序流动，维护社会稳定，创造良好的环境。

1. 加强政府建设新型农业经营主体的组织领导作用

新型农业经营主体培育关系到推进农业供给侧结构性改革的大局。因此，要加强对新型农业经营主体的组织领导作用，通过政府宏观管理和组织调控创新农业发展等方式，促进农业现代化和农村的科学发展。一是各级地方政府要把农村农业工作置于优先位置，集中精力做好科学规划、政策制定、资金筹集、组织实施和过程监测等工作；二是要充分发挥政府的领导和协调作用，确定正确的方向，积极借鉴国内外先进经验，创造有利于新型农业经营主体培育的环境和条件。

2. 加强农业保障体系建设

农业保险是推进农业供给侧结构性改革的重要组成部分，是新型农业经营主体抵御风险的基本保障。加强农业保障体系建设要结合各类新型农业经营主体的特点，扩大农业政策性补贴范围，提高补贴标准，引进有针对性的农产品保险，简化理赔流程，提高服务水平。一是积极为农产品生产、加工、经营等方面提供保险服务，扩大政策覆盖面，以创新农业风险基金等方式筹集资金；二是扶持商业保险公司开展农业保险业务，降低保费，完善农业相关业务；三是完善农业保障制度，引导发展农业合作社保险形式，健全农业保险在生产过程中的预警系统，提高抵御市场风险和自然风险的能力。

（二）稳步推进农村土地"三权分置"

要提高农村土地利用程度，提升农产品质量和投入产出率，就要发展农业适度规模经营。实施"三权分置"是完善农村土地制度、稳定土地流转关系的重要举措，在确保"三权分置"有序实施的基础上，坚持统筹谋划、稳步推进。一是明确农民土地财产权，按照农民土地承包合同法的规定，加强政府部门服务规范化管理；二是抓住土地流转的方向，严格监督土地用途，确保家庭经营主体地位，培育土地流转市场，规范流转中介服务。

1. 切实做好农村土地确权登记颁证工作

确认"三权"权利主体，明确归属权，稳定土地承包关系。通过坚持和完善土地使用管理制度，在完成集体土地所有权登记颁证工作基础上，进一步完善相关政策，及时提供确权登记成果，有效保护农民集体土地权益。在加快推进农村承包地确权登记颁证的同时，形成承包合同网签管理系统，完善承包合同取得权利、登记记载权利、证书证明权利的确权登记制度。倡导通过流转合同签证、交易签证等方式确认土地经营权，促进土地经营权更好地实现。

2. 建立健全土地流转管理制度

一是规范土地经营权流转交易，按照当地情况加强农村产权交易市场建设，逐步实现涉农县全面覆盖，完善市场运作规范，提高服务水平，为流转双方提供信息发布、产权交易、法律咨询、抵押融资等服务。二是加强流转合同管理，引导流转双方使用合同示范文本，完善工商资本租赁农地监督和风险防范机制，严格限制门槛，确保土地经营权有序流转，更好地与城镇化进程和农村劳动力转移规模相适应，与农业科技进步和生产方式改进相适应，与农业社会化服务水平相适应。三是加强农村土地承包经营纠纷调解仲裁制度建设，完善基层农村土地承包调解机制，妥善解决土地承包经营纠纷，切实维护主体合法权益。

（三） 加快完善农业社会化服务体系

新型农业经营主体与农业社会化服务相结合，是加快河南由农业大省转向农业强省的基本路径。推进农业供给侧结构性改革的关键支撑就是农业农村社会化服务的功能。需要从农村现实情况出发，发挥政府和市场的作用。一是坚持专业化、主体多元化、以市场为导向的发展方向；二是积极创新服务方式，通过拨款资助鼓励经营性组织发展，采取定向委托等方式将经营型服务和公益型服务相互融合。

1. 大力培育农业经营性服务组织

突出政策扶持，支持各类服务组织，为农户提供全方位服务，采取有效措施降低成本，发展多元化服务组织，提高农民生产经营服务水平。在农业技术、信息等方面进行指导，开展病虫统防统治、肥料统测统配、种子统供统种、农机统一作业等，提高农技推广的有效性和覆盖率。

2. 建立农业社会化服务示范县

在河南110个农业县市中，培育发展一批农业社会化服务基础较好，经验具有普遍性的县市，开展农业社会化服务示范县创建和推广，促进服务领域扩大，创造农业型社会化服务环境。通过总结典型模式，加强示范引领效应，探索专业化服务和各类新型经营主体更加紧密的发展模式，形成河南多种服务相配套的服务体系。

（四） 大力扶持培育专业大户、家庭农场建设

从实践的角度来看，专业大户和家庭农场不仅坚持以农民为基础的农业生产经营特点，而且在扩大经营规模方面，承担了农产品生产和家庭经营的带动作用，解决了低、小、散等问题。通过适度规模经营，以专业化、商品化提高农业效率，提升农民收入，但由于这些经营主体处在起步阶段，需根据不同的特点和功能，以市场为导向，依当地情况进行分类指导。专业大户和家庭农场是规模化生产的主体，具有很高的稳定性，将成为河南省未来农业发展最具前景和发挥主导作用的经营主体，要在农业保险、奖补、金融服务、注册登记等方面加强支持。同时，省政府要根据各地资源禀赋情况规定其规模，发展多元化经营，建立注册登记制度。一是

支持承包土地流转，为适度规模经营创造条件，根据省情支持农户采取横向联合、农户流通、土地股份合作等方式，加强县乡土地流转服务；二是实施以奖代补，加强对各类新型农业经营主体补贴的倾斜，从省财政支持层面给予扶持，将新增补贴向主产区和优势区集中，向新型农业经营主体倾斜；三是要充分发挥科研部门的推广作用，促进新技术、新品种的利用，提高农产品质量，提升管理水平和农产品市场的竞争力。

（五）着力培育标准化、规范化农民专业合作社

2007 年颁布的《中华人民共和国农民专业合作社法》有效带动了河南依法登记注册的农民专业合作社数量的增加，在带动散户、提高农民组织化程度、对接企业和市场功能、促进农业技术等方面发挥了积极作用，有效解决了传统家庭经营规模缺陷，是实现集约化、产业化、标准化、规范化的重要平台和载体，因此要加大对农民合作社的扶持力度，提高其组织能力。

改进扶持政策。要清晰认识农民专业合作社是实现规模化生产、农产品组织化销售的有效形式。作为新型农业经营主体重要组成部分，新增农业补贴应倾向于农民合作社，增加合作社发展基金，不断改善生产经营条件，规范信用合作制度，完善税收优惠政策，创造新的服务和保险产品。相关政策要对技术人员、实施用地、资金等方面有所倾斜。

实现多元化合作。要围绕新型农业经营主体构建多元化合作组织，拓展农业产业链，大力扩大合作领域和范围，建设多类型、新形式、多元化的农民专业合作社。促进种植类组织和养殖类组织的合作，引导种养结合，以解决销售问题；促进种养类组织和加工企业之间的合作，通过财政贷款贴息支持，解决农产品销售、融资和企业原材料供应等难题。通过引导农机作业、技术培训等服务型合作社发展，推进示范社建设，促进农民合作社标准化、规范化运行。

（六）加快培育高素质新型职业农民队伍

农业供给侧结构性改革以人才构成为基础，对人才的需求旺盛，对农民的业务水平具有较高的要求。加强河南农业人才队伍建设，应做好四个方面：一是加强农民的教育学习，把建立强大的农业人才队伍作为主要战略，通过制订学习规划，普及培训和教育，培养农业致富能人，促进农业

高效发展；二是鼓励与农业相关的大学毕业生和专业技术人员进入，鼓励回乡人员自主创业，为河南农业发展提供支持和指导；三是进行科研院所的人才培养，通过开展人才实地培训，有效提高服务农业农村的能力；四是加快农民就业体系建设，培养农业农村实用人才，制定职业农民资格审核制度，按照先培训后上岗的方式，完善行业准入制度，将职业农民培训体系规范化建设，促进新型农业经营主体的培育。

参考文献

［1］钟真、孔祥智：《"十三五"中国农业改革发展的起点与展望》，《教学与研究》2016 年第 2 期。

［2］孟丽、钟永玲、李楠：《我国新型农业经营主体功能定位及结构演变研究》，《农业现代化研究》2015 年第 1 期。

［3］王征兵：《论新型农业经营体系》，《理论探索》2016 年第 1 期。

［4］杜志雄、金书秦：《中国农业政策新目标的形成与实现》，《东岳论丛》2016 年第 2 期。

［5］刘勇：《江西构建新型农业经营体系的现实困境与路径选择》，《江西行政学院学报》2014 年第 1 期。

［6］江维国、李立清：《互联网金融下我国新型农业经营主体的融资模式创新》，《财经科学》2015 年第 8 期。

［7］王德福：《新型农业经营体系建设的实践错位与路径反思》，《毛泽东邓小平理论研究》2016 年第 2 期。

宁夏农民增收富民对策研究

李文庆[*]

摘　要："三农"问题一直是制约宁夏全面建成小康社会的障碍之一，而"三农"问题的核心是农民收入持续增长问题。"十二五"期间，宁夏农民收入增长为实现全面小康奠定了坚实基础，收入增长水平与全国同步，收入结构发生了明显变化，收入区域不平衡性相对减弱，收入横向比较差距继续扩大。影响宁夏农民增收的主要因素是，粮价"天花板"和要素价格下降制约农民增收、结构性失业制约农民增收、产权制度对农民财产性收入的制约、农村剩余劳动力就业形势的影响、劳动力文化程度低制约农民增收。在此基础上，提出了宁夏农民收入增长的对策建议。

关键词：宁夏　农民增收　影响因素

"三农"问题一直是制约宁夏全面建成小康社会的障碍之一，而"三农"问题的核心是农民收入持续增长问题，只有不断地增加收入，才能从根本上提高农民的生活质量。但在经济发展新常态背景下，由于国家粮食政策调整、农村经营方式改变、农民职业分化等因素，农民收入结构呈现多元化，农民收入增长速度不断降低。为了适应形势的不断变化，必须掌握影响农民收入增长的影响因素，为地方党委、政府调整政策提供决策参考。

一　宁夏农民收入状况分析

宁夏大力实施强农惠农政策，使广大农民得到了更多实惠，农民收入

---

* 李文庆，宁夏社会科学院农村经济研究所。

保持两位数增长，增长态势良好，收入结构发生明显变化，区域不平衡性相对减弱，为实现全面小康奠定了坚实基础，但也应看到农民收入增长速度呈不断下降之势。

（一）农民收入增长为实现全面小康奠定了坚实基础

2015 年，宁夏农民人均可支配收入达到 9119 元，同比增长 8.4%，扣除价格因素实际增长 7.3%，增幅较全国水平低 0.5 个百分点，收入水平在全国各省（市）区中居第 25 位，绝对值占全国平均水平 11422 元的 79.8%（见表 1）。"十二五"期间，宁夏农民人均可支配收入增长 77.9%，年均增长 12.2%，均高于城镇居民可支配收入和 GDP 的增速；城乡居民收入差距连续 5 年缩小，由 2010 年的 2.94∶1 下降到 2015 年的 2.76∶1；居民生活水平明显提高，食品消费支出比重明显降低，为全面建成小康社会奠定了坚实基础。

表 1　2011～2017 年宁夏农村居民家庭人均纯收入来源情况

单位：元

年份	农民纯收入	其中		
		工资性收入	家庭经营净收入	财产性及转移收入
2011	5410	2164	2730	515
2012	6180	2511	3072	598
2013	6931	2878	3250	803
2014	8410	3391	3645	1374
2015	9119	3614	3837	1667
2016	9852	3906	3938	2008
2017	10738	4224	4252	2262

（二）收入增长水平与全国同步

"十二五"期间，宁夏农民人均可支配收入增长 77.9%，年均增长率为 12.2%，均高于城镇居民可支配收入和 GDP 的增速，收入翻番目标实现程度为 89%。近年来，受工资性收入的拉动，宁夏农民收入延续了"十一五"以来的高速增长。随着农村外出务工人数快速增长阶段的结束，工资性收入增长逐步稳定，农民收入增速也明显趋缓，增速出现前高后低、平稳回落的走势，与全国农民可支配收入增长趋势基本同步。

（三）收入结构发生明显变化

"十二五"期间农民财产性和转移性收入出现了高速增长，年均增长率为 21.8%，比"十一五"期间 13.7% 的年均增长率高 8.1 个百分点。农民家庭经营净收入占可支配收入的比重由 2010 年的 50.9% 降至 2015 年的 42.1%。同时经营净收入的内部结构也发生了变化，一产收入所占比重降低，二、三产业收入所占比重提高。从收入结构变化来看，一是工资性收入成为收入的重要来源和支柱，2015 年宁夏农民人均工资性收入 3614 元，增长 6.6%，占农民人均可支配收入的比重为 39.6%，对农民人均可支配收入增长的贡献率为 31.5%。二是经营净收入仍占农民收入的最大份额，2015 年宁夏农民家庭经营净收入 3837 元，增长 5.3%，占农民人均可支配收入的 42.1%。三是财产净收入增幅最大，2015 年宁夏农民人均财产净收入 190 元，较上年增长 27.5%。四是转移性净收入成为农民增收最强引擎，2015 年宁夏农民人均转移性净收入 1477 元，比上年增加 252.1 元，增长 20.6%，对农民人均可支配收入增长的贡献率达到 35.6%。

（四）收入区域不平衡性相对减弱

"十二五"期间，尽管宁夏城乡居民收入、山川农民可支配收入继续呈现不平衡的态势，但区域不平衡性相对减弱。2010～2015 年，宁夏城乡居民收入绝对差距从 9967.9 元扩大到 16067.3 元，沿黄灌区与中南部地区农民可支配收入绝对差距由 2610.0 元增至 4002.7 元。但城乡收入比从 2010 年的 2.94∶1 下降到 2015 年的 2.76∶1，灌区与山区收入比由 1.72∶1 降为 1.59∶1，差距均呈现相对缩小的态势。

（五）收入横向比较差距继续扩大

与全国平均水平及西部地区其他省份相比，"十二五"期间宁夏农民人均可支配收入在全国的位次由 2011 年的第 24 位下降至 2015 年的第 25 位，在西北五省区中居新疆之后，列第二位；与全国平均水平及中、东部地区相比差距明显，并有继续扩大的趋势。宁夏农民人均可支配收入与全国平均水平的绝对差距从 2010 年的 1147 元扩大到 2015 年的 2303 元，与新疆的绝对差距从比新疆高 132 元变为比新疆低 306 元。在城乡收入差距上，宁夏城乡居民收入比（以农村居民可支配收入为1）由2010年的2.94缩至2015年的2.76，城乡收入差距在西北五省中最小（见表2）。

表2 "十二五"期间西北五省区农民可支配收入对比

单位：元，%

项目	全国	陕西	甘肃	青海	宁夏	新疆
2010年	6272	4477	3747	4028	5125	4993
2011年	7394	5484	4278	4806	5931	5853
2012年	8389	6285	4931	5594	6776	6876
2013年	9430	7092	5589	6462	7599	7847
2014年	10489	7932	6277	7283	8410	8724
2015年	11421.70	8689	6936	7933	9119	9425
2015年增幅	8.90	9.50	10.50	8.90	8.40	8.00
2015年城乡收入比	2.73:1	3.04:1	3.43:1	3.09:1	2.76:1	2.79:1
年均增长率	12.70	14.20	13.10	14.50	12.20	13.60

（六）农民收入增速不断下降

"十二五"期间宁夏农民纯收入与全国一样呈不断下降的态势，且增速由2011年的15.7%下降到2015年的8.4%，预计在我国经济发展新常态背景下，"十三五"期间宁夏农民纯收入仍将呈降低之势。

二 影响宁夏农民增收的主要因素分析

随着我国经济发展进入新常态、农业发展进入新阶段，影响农民增收的一些关键因素正在发生深刻的变化，"十三五"时期，农民增收面临诸多的新挑战。

（一）粮价"天花板"和要素价格下降制约农民增收

当前，我国粮食储备充足，与国际粮食市场的接轨条件基本成熟，但由于我国农产品缺乏国际竞争力，特别是农业生产成本的"地板"在不断抬高，农产品价格遇到"天花板"的限制，提高空间有限，直接限制了农民家庭经营收入的增长空间。在我国农产品与国际市场接轨过程中，地租价格也处于"天花板"状态，但由于地租存在刚性和价格下跌的滞后性，今后几年土地要素价格有可能持续下降，特别是产业资本存在土地弃租的风险，不但制约农民增收，还有可能带来农村的不稳定。在宁夏，农牧业收入一直是农民收入的主要构成部分，近几年农牧产品价格的大幅波动对农民稳定增收影响较大，2014 年蔬菜价格大幅下跌，导致部分菜农损失惨重；而牛奶价格的大幅下跌致使一些奶牛养殖户低价出售奶牛并停止养殖；羊肉价格的下跌使一些养羊专业户不得不改变生产经营方式；玉米价格下跌更是让大范围的玉米种植户只能选择存粮观望。农民种养殖业多是小规模经营，避险能力弱，承受损失能力弱，一旦出现大的经营亏损需要两三年才能恢复再生产能力，也不利于农民收入持续稳定增长。

（二）结构性失业制约农民增收

我国经济增长从高速转向中高速，企业开工不足，用工减少，农民工外出就业不稳定性增加，农民工工资性收入增长放缓。2015 年农民工外出务工人员数量和工资水平还在增长，但是增长的幅度与往年相比明显收窄。宁夏在产业转型升级和结构性调整过程中必然伴随着结构性失业问题，产业要转型升级，意味着一部分企业要关停、退出市场，也意味着一部分农村剩余劳动力要从传统的房地产、煤炭等行业转入新行业，这对知识技能的要求将更高。一些大型企业停产或者降低产能，导致部分农民工只能待业或者遭遇找活难。"十二五"期间，宁夏农民工资性收入占可支配收入的比重，由 2010 年的 36.9% 快速上升至 2013 年的 39.9%，但到了2015 年这一比重较上年下降了 0.7 个百分点，而且连续多年上涨的工资标准从 2014 年开始再未上涨。

（三）产权制度对农民财产性收入的制约

近年来，农民财产性收入在农民收入中占的比重越来越大，但是财产性收入的进一步增长也与产权制度改革直接相关，产权制度改革本身是一个十分复杂的过程，改革红利的释放还需要一段时间，近期内也不可能有大幅度的提高。所以，在经济发展新常态下增加农民收入除了要在努力稳定农产品价格、促进农民就业转移等方面想办法之外，还要以改革创新的思路推进农业的结构性改革，开创农民增收新的增长点。

（四） 农村剩余劳动力就业形势的影响

宁夏工业基础薄弱，发展相对滞后，在很多高附加值的扩展行业领域都是空白，在全国知名或畅销的品牌少，竞争力弱，对农民持续增收有明显的制约。现阶段，东中部地区对农村剩余劳动力就业的吸纳作用减弱，造成大批农民工返乡。从宁夏就业市场情况来看，农民工就业存在结构性差异，银川市第三产业以及生态纺织、羊绒等轻工行业对技术工人、女工的吸纳能力较强，但男工、普工出现结构性过剩，一方面部分行业招工难，另一方面部分没有一技之长的农民工又找工作难，影响部分农民收入稳定增长。

（五） 劳动力文化程度低制约农民增收

劳动力文化程度低一直是制约宁夏农民增收的主要因素，一方面是用工单位长期招聘技术工，另一方面是闲散劳动力就业难。在我国经济发展新常态下，宁夏大多数有一定技能的农民工收入在产业结构调整中并未受到影响，遭遇就业难题的基本都是受教育程度低或年龄偏大者。未来劳动力市场将发生深刻变化，随着产业结构调整向中西部地区逐步扩散和转移，低技能劳动力务工难的情况会长期存在并不断深化。

三 持续提高宁夏农民收入的政策建议

在农民收入的四大构成中，家庭经营收入对农民增收影响显著；工资性收入是中西部劳动力外出务工农民增收的重要支撑；财产性收入寄希望于深化改革，盘活农村土地和集体经营性资产；转移性收入需要强化政府对农民收入的支持，加大政策扶持力度。在我国经济发展新常态背景下，应将农民增收与促进就业、推动创业、拓宽渠道、完善政策等相结合，持续提高宁夏农民收入。

（一） 制度创新，实现农民增收新突破

新时期推动农民收入增长，必须在尊重农民主体地位、发挥市场机制基础作用的前提下，着力强化制度创新和政策创设，建立起有利于农民增收的制度环境和内生机制。在制度创新层面，主要是深化农村土地制度、

农业经营制度、人力资本创新和农村产权制度四个方面的改革。一是农村土地制度改革。农村土地制度改革是制度创新和政策创设中的核心问题。农村土地制度改革对增加农民收入意义重大，一个重要前提是做好农村土地确权登记颁证工作。二是农业经营制度创新。在坚持农户家庭承包的基础上，发展家庭农场、合作社和各种各样的产业化经营组织，有利于提高农业生产专业化水平，增加务农的主业收入。三是人力资本创新。加强职业农民教育培训，以生产经营类新型职业农民培育为重点，对农业基础经营者、获证农民、农业后继者和农业服务人员实行分层培养。四是农村集体产权制度改革。农村集体产权制度改革对增加农民的财产性收入意义重大。改革的目标是边界清晰、权责明确、保护严格、运转流畅，改革的范围是资产、资源、资金，包括经营性资产、公益性资产和资源性资产。通过股份合作发展壮大集体经济，通过农民经营权入股发展壮大集体经济，通过国家对集体的投入发展壮大集体经济，通过重构集体经济积累新机制发展壮大集体经济，增加农民从集体经济发展中获得的收入。

（二）促进就业，确保就业者工资收入可持续增长

一是通过产业结构调整促进就业。一方面要大力提升第一产业劳动者综合素质，增强其进城就业能力，另一方面通过保持第二产业的持续、稳定、健康发展，创造就业岗位，同时要充分挖掘第三产业的就业空间，提高就业率。二是通过创新带动就业。一方面可以创新带动就业，另一方面还可通过创业带动就业。在创新创业带动下，一些新的就业岗位不断涌现，包括网络方面的就业岗位。新型的行业和职业都不断涌现，新常态下经济的发展、结构的调整与过去相比，给就业创造的机会更多了。

（三）推动创业，确保农民经营收入可持续增长

一是创新农村家庭生产销售和经营方式。一方面要大力推广高效、生态循环的新型种养模式，加快发展绿色农业，从根本上提高农产品质量和安全系数，提高农产品在市场上的竞争力；另一方面要创新农业生产销售模式。大力发展农村电子商务，推动农业生产经营规模化、网络化、品牌化，把高品质的农产品和手工工艺品以便捷的渠道和公道的价格销售出去，提高农村居民来自第一、第二产业的经营收入。二是要加快发展休闲观光农业，鼓励和支持农民利用特色资源发展农家乐、乡村民宿、休闲农

庄等乡村旅游，鼓励有条件的地方加快推进乡村旅游景区化，提高农村居民来自第三产业的经营收入。三是扶持发展宁夏清真餐饮业"走出去"，适应东中部地区清真餐饮市场需求，进一步完善扶持政策，推动个体经济业态创新，不断提高清真餐饮业经营者的经营收入水平。

（四）拓展渠道，确保城乡居民财产收入可持续增长

保障农村居民土地及房屋权益，拓宽农民增加财产性收入渠道。一方面要深化资本市场和农村土地确权改革，另一方面对集体资产股份行使占有、收益、有偿退出及抵押、担保、继承权，同时对宅基地行使用益物权，慎重稳妥推进农民住房财产权抵押、担保、转让。通过上述三个渠道提高农村居民财产性收入。

（五）不断完善农业政策性补贴制度，提高农村居民转移收入

一是加大农业补贴资金整合力度，调整优化涉农专项资金支出结构，建立农业补贴标准动态调整机制，尽快完善耕地保护、土地承包经营权和林权流转以及粮油生产等直补办法，确保农村居民转移性收入。二是完善生态公益林补偿制度和激励制度，按规模、成本和收益情况每年按不同标准给予适当补贴。三是逐步扩大农业保险保费补贴范围。有重点地逐步将补贴范围扩大到具有风险性、创新性的农业生产和经营项目，并逐年提高相关补贴项目标准。

参考文献

［1］〔美〕D. 盖尔·约翰逊：《经济发展中的农业、农村、农民问题》，林毅夫、赵耀辉译，商务印书馆，2004。

［2］樊胜根、张林秀、张晓波：《中国农村公共投资在农村经济增长和反贫困中的作用》，《华南农业大学学报》（社会科学版）2002 年第 1 期。

［3］李锐：《农村公共基础设施投资效益的数量分析》，《农业技术经济》2003 年第 2 期。

［4］闫俊强、李大胜：《我国农村基础设施投资对农民收入影响的实证分析》，《华南农业大学学报》（社会科学版）2008 年第 4 期。

［5］辛岭、王艳华：《农民受教育水平与农民收入关系的实证研究》，《中国农村经济》2007 年第 1 期。

［6］董运来、董玉珍、武翔宇：《农民收入主要影响因素的实证分析》，《沈阳农业大学学报》（社会科学版）2005 年第 3 期。

［7］颜晓飞、焦钢、李业荣、王爱玲：《云南省农民增收影响因素的实证分析》，《经济研究导刊》2008 年第 13 期。

［8］何蒲明、黎东升：《粮食价格对农民收入增长影响的实证研究》，《乡镇经济》2009 年第 4 期。

推进农民工市民化的公共成本测算研究

——以山东为例

刘爱梅[*]

摘　要： 本文主要测算农民工市民化的公共成本，采用分类加总法，以山东为例，分别测算了农民工市民化的公共服务和管理成本、社会保障成本、随迁子女义务教育保障成本、保障性住房成本和城镇基础设施维护成本，并进行加总。通过测算得出政府需要对每位农民工每年多投入 16213 元的公共成本，才能保障农民工市民化顺利推进。

关键词： 市民化　公共成本　公共服务

推进农民工市民化是近些年来我国政府面临的重要任务，为此，政府部门要承担农民工市民化过程中的公共成本。公共成本（即政府承担的部分）是指政府为容纳新市民化人口而在城镇建设和公共服务等方面所需增加的财政投入，主要包括公共服务和管理成本、社会保障成本、随迁子女义务教育保障成本、保障性住房成本和城镇基础设施维护成本。

一　推进农民工市民化的公共成本测算

为简单直观地反映推进农民工市民化过程中的成本，本文采用分类加总法，分别测算转移人口市民化的公共服务和管理成本、社会保障成本、随迁子女义务教育保障成本、保障性住房成本和城镇基础设施维护成本，并进行加总。同时，本文测算的是政府为容纳市民化人口需要额外支付的

＊　刘爱梅，山东社会科学院农村发展研究所。

公共成本，是对城镇人口的人均公共成本支出减去农村人口的人均公共成本支出的加总。

（一）公共服务和管理成本

推进"人的城镇化"的公共服务和管理成本是指为容纳新的市民化人口，城镇在进行日常管理和公共服务方面所需增加的资金投入。其中，农民工社会保障和随迁子女义务教育成本将在下文中单独论述，鉴于数据可得性，本文将全省公共财政预算支出项下的一般公共服务、公共安全、文化体育与传媒、城乡社会事务支出作为公共管理成本的主体进行测算。根据已有的经验数据，假设公共管理成本90%投入城镇，10%投入农村。

2015年山东全省公共财政预算支出项下的一般公共服务、公共安全、文化体育与传媒、城乡社会事务支出分别是738.1亿元、425.7亿元、137.3亿元、920.5亿元，合计2221.6亿元。通过计算，城镇人口和农村人口享受的公共服务和管理成本分别为3562元、525元。城乡居民享有的上述公共服务和管理成本差额为3038元。即政府每年需要为每位转移人口的市民化付出3038元的公共服务和管理成本。

（二）社会保障成本

社会保障成本是指为使市民化人口能够平等享有城镇基本养老、医疗、最低生活保障、失业等社会保障，政府财政所必须投入的资金。

1. 养老保险和医疗保险

由于山东省已经在全省建立了城乡一体的居民养老保险制度和医疗保险制度，所以养老保险和医疗保险的城乡差别已经不复存在。不需要为实现农民工市民化额外进行财政补助。

2. 最低生活保障

2015年山东城镇最低生活保障人数37.2万人，年人均保障标准5664元，农村最低生活保障人数237.4万人，年人均保障标准3391元。享受城镇最低生活保障的人数占城镇人口数量的0.8%，由于转移到城镇的农民工基本是青壮年的劳动力及其家属，在农村不享受最低生活保障，因此该项成本仅是城镇增加的最低生活保障支出费用，为5664元×0.8%=45元。

3. 失业保障

失业保障金是指为保障失业人员和下岗职工基本生活、促进其再就业等支出的基金总额，包括失业救济金、医疗费、死亡丧葬补助、转业培训费等。2015 年全省登记的失业人员为 43.7 万人，登记失业率 3.4%，2015 年失业保障基金支出 57.3 亿元，因此人均失业保障金支出为 57.3 亿元 ÷ 43.7 万人 × 3.4% = 445 元。由于失业保障金的支出对象主要为城镇失业人员，农村居民的失业保障金计为 0，所以农村转移人口实现"人的城镇化"的失业保障成本为 445 元。

（三）随迁子女义务教育保障成本

2016 年 1 月，山东省人民政府下发了《关于贯彻国发〔2015〕67 号文件进一步完善城乡义务教育经费保障机制的通知》（鲁政发〔2016〕1号），自 2016 年起，调整完善山东省义务教育经费保障机制，用 2 年的时间，建立统一的、各级政府分项目按比例分担的城乡义务教育经费保障机制，推进城乡义务教育均衡发展。主要内容包括：统一城乡义务教育"两免一补"政策，统一城乡义务教育学校生均公用经费基准定额。规定：自 2016 年春季学期起，统一城乡义务教育学校生均公用经费基准定额，自 2017 年春季学期起，统一城乡义务教育学生"两免一补"政策。山东省义务教育经费在 2017 年实现城乡统一标准，因此推进"人的城镇化"所需增加的随迁子女义务教育保障成本主要指为随迁子女入学提供学校建设的成本。根据《山东省教育事业统计年报》等相关数据，目前，城市新建一所 24 个班（1080 人）的小学造价约为 2000 万元，新建一所 30 个班（1500 人）的初级中学造价约为 3782 万元，那么转移人口随迁子女在城镇接受义务教育的人均建校成本为 4.37 万元/生。按照转移人口人均儿童抚养比例为 0.5 计算，则农村转移人口随迁子女义务教育成本为 43700 元/生 × 0.5 = 21850 元/生。上述成本是一次性投入成本，假设 2025 年山东实现农民工市民化，那么上述成本可以分摊到未来 10 年，则农村转移人口随迁子女义务教育成本为每人每年 2185 元。当然，这一数据没有考虑随迁子女在农村学校就读的建校成本，由于随迁子女在农村学校就读的校舍成本相对较低，且农村学校数量处于萎缩的趋势，现有的农村学校一般处于"吃不饱"的状态，所以不考虑农村学校的建校成本也是合理的。

（四）保障性住房成本

推进农民工市民化，住房保障对农村转移人口来说十分重要。笔者在调研过程中发现，目前为外来人口提供公租房的实践仅处于起步阶段。保障性住房成本，主要是指为把农村转移人口纳入城镇住房保障体系，政府所需要增加的资金投入。农村转移人口迁入城市，需要保障性住房的愿望比当地居民更加迫切，人群比例也高于城镇人口，因此，推算转移人口市民化保障性住房需求就不能按照目前城镇申请公租房的比例推算。根据国家统计口径，城镇最低收入家庭和较低收入家庭占所有家庭总数的20%，而农民工群体中的低收入人群所占比例更高，且普遍缺乏住房。目前公租房套型建筑面积大多控制在50平方米以内，人均住房保障面积一般在20平方米之内。据此，本文假设省政府需为30%的农民工提供公租房，人均住房面积20平方米，根据调研获得数据，公租房主要为高层和小高层，全省平均建筑安装成本等约为3000元/平方米，那么保障性住房成本支出为3000元/平方米×20平方米×30% = 18000元。保障性住房成本为一次性投入成本，假设到2025年山东基本实现"人的城镇化"，那么未来10年每位农民工每年市民化的保障性住房成本就是18000元÷10年 = 1800元/年。

（五）城镇基础设施维护成本

推进"人的城镇化"，实现农民工市民化的城镇建设维护成本，主要指为容纳新农村转移人口，城镇在给排水、电力、燃气、道路、交通、环卫等各类市政公用设施的建设和维护方面所必须投入的资金。由于市政公用设施具有公用性，目前转移到城镇的转移人口已经基本享受到了现有的城镇市政公用设施。因此，计算城镇人口和农村人口的人均建设维护费用是按照常住人口的比例计算的，本文根据各年《山东统计年鉴》《山东省城市建设统计年报》等数据资料，测算2015年农业转移人口市民化人均城镇基础设施建设和维护成本为8700元。

综合上述测算结果：实现一位农民工市民化需要政府对每位农民工每年多投入16213元的公共成本（见表1）。根据2017年2月山东省发布的《山东省农业转移人口市民化发展规划（2016~2020年）》，确定到2020年，实现1000万农业转移人口市民化。根据以上推算，5年落实1000万农业转移人口市民化问题需要政府额外投入的公共成本约为1621亿元，平均每年约320亿元。

表 1　容纳市民化人口需要额外支付的公共成本（政府承担部分）

成本项目	公共成本（元/人/年）
公共服务和管理成本	3038
社会保障成本	490
城镇基础设施维护成本	8700
随迁子女义务教育保障成本	2185
保障性住房成本	1800
总　　计	16213

资料来源：《山东统计年鉴（2016）》《山东省城市建设统计年报》等。

二　推进农民工市民化成本的分担机制

国家应在促进区域协调发展和引导农民工合理流动的基础上，逐步建立以常住人口为依据、"人财"挂钩的财政分成和转移支付制度。省级政府应尽快完善农业转移人口市民化的配套政策体系。省级政府应以专项转移支付为主要手段，逐步加大对农业转移人口集中流入地的财政支持，鼓励和推动地方政府在农业转移人口住房保障、技能培训、公共卫生、公共服务、义务教育等方面的建设。同时，要分担涉及农业转移人口跨省（市）、跨设区市转移的市民化成本，以及市民化成本中支出压力较大、外部性较强领域的成本。

地方政府（包括各市、县或县级市、区政府）应重点担负起农民工市民化过程中的城市建设与公共服务成本，着力为新市民化人口提供良好的生活环境和均等化的公共服务，包括为应对城镇人口的日益增长，新建、扩建城市基础设施和公共服务设施，承担相应的建设、维护和管理成本，提高城市的人口吸纳和承载能力；承担提供基本公共服务的成本，包括就业扶持、权益维护、计划生育、公共卫生、社会救助、保障性住房等方面的投入，为市民化人口提供均等化的基本公共服务。

本文主要讨论的是财政对"农民工市民化"的支持作用，没有测算企业和个人的市民化成本，企业应在确保农民工享有合理工资待遇和福利保障的基础上，严格按照国家法律规定，为农民工办理养老、医疗、失业、工伤和生育等基本保险，分摊农民工市民化的社会保障成本；同时加强对农民工的职业技能培训，不断提高农民工的自我发展能力。农民工作为市民化的主体，应在力所能及的范围内积极担负起个人及其家庭生活与发展的成本，尽可能减轻政府和社会的压力。

三 推进农民工市民化的资金保障机制

（一） 建立与常住人口规模挂钩的公共资源配置和财政转移支付制度

按照财力和事权相匹配的原则，省级财政不断加大对各地城镇化发展工作的支持力度。要发挥政府的资金引领作用，调动各方力量，构建协调推进机制。各地方政府要承担农业转移人口的保障性住房、市政设施等方面的公共成本及公共教育、医疗等服务。完善流动人口居住证制度，逐步推行凭居住证享受与当地城镇居民同等的公共服务和社会福利。

（二） 加快建立规范的地方政府举债融资机制

2015 年开始实施新的《预算法》，明确提出省级政府可以在国务院确定的限额内通过发行地方政府债券举借债务，建立起地方政府举债融资新机制，加大对各地政府违法举债或担保的惩处力度。山东省政府可以在国家政策规定的范围内进一步规范政府债务管理，同时借助发行地方债加大融资力度，通过发行城镇化专项政府债券等，为推进"人的城镇化"提供资金支持。

（三） 着力推进政府和社会资本合作 （PPP）

政府和社会资本合作的 PPP 模式是政府寻求基建投资的新路径，也是公共服务供给机制的重大创新。PPP 模式能促进财政投入体制和政府管理方式的创新，在一定程度上化解了政府债务性风险。政府可在城市供水、污水处理、垃圾处理、供热、供气、道路桥梁等市政公用领域放宽市场准入，逐步加大采用 PPP 模式的比例，解决城镇化建设资金"人的城镇化"的问题。

（四） 发挥财政性资金的引导和杠杆作用，撬动社会资金参与新型城镇化建设

通过政府和社会资本合作、特许经营、投资补助等多种形式，鼓励引

导社会资本参与基础设施和公用事业建设运营，适当调整和放开企业债的发行条件，鼓励城市停车场、地下综合管廊、战略性新兴产业和养老产业等专项债券发行。通过发挥财政投入杠杆效应，激活社会投资，形成财政资金—信贷资金—社会资金逐级放大的投入模式，为推进"人的城镇化"建设提供资金支持。

参考文献

［1］单菁菁：《农民工市民化的成本及其分担机制》，《学海》2015 年第 1 期。

［2］王志燕、魏云海、董文超：《山东省农业转移人口市民化成本测算及分担机制构建》，《经济与管理评论》2015 年第 2 期。

［3］国务院发展研究中心课题组：《农民工市民化进程的总体态势与战略取向》，《改革》2011 年第 5 期。

［4］姚毅、明亮：《我国农民工市民化成本测算及分摊机制设计》，《财经科学》2015 年第 7 期。

［5］申兵：《通过政府分担机制提高农民工市民化程度》，《宏观经济管理》2010 年第 11 期。

新型城镇化进程中农民工市民化
与土地信托流转的发展

林发彬[*]

林发彬[*]

摘 要： 当前新型城镇化的重点是农民工市民化。农民工通过土地信托流转的方式带土进城，可在一定程度上扩大消费能力，为其成功实现市民化提供支撑。目前，土地信托流转尚处于实践探索阶段，面临的现实困境是：土地信托盈利前景尚不明朗；参与利益分配的主体趋向多元化；流转的农地非粮化经营倾向。今后一个可着力发展的方向是，通过以土地股份合作社为中介的入股形式开展土地信托流转。对此，需要鼓励和规范以土地股份合作社为中介的入股形式，加强对土地信托流转的监管和风险防控，进一步发挥信托公司跨界资源整合的优势。

关键词： 土地信托流转 农民工市民化 带土进城

中共中央、国务院印发的《国家新型城镇化规划（2014～2020年)》提出，到2020年努力实现1亿左右农业转移人口和其他常住人口在城镇落户。为此，"十三五"规划以及政府工作安排，都在加快农民工市民化方面做出不遗余力的努力。现有的突破口主要是在户籍改革和土地制度上。这一户籍改革的新特点是，允许农民带土进城，并让其享有与城镇居民同等待遇。《国务院关于进一步推进户籍制度改革的意见》提出，现阶段不得以退出土地承包经营权、宅基地使用权、集体收益分配权作为农民进城落户的条件。进城农民可依据自己意愿保留土地承包经营权，或依法有偿转让，实行土地流转。然而，问题在于现有农村土地用途管制严格，农村

---

* 林发彬，福建社会科学院亚太研究所。

资产的资本化渠道也并不畅通，农民工带土进城后很难将不能移动的资产变现。

一 相关文献回顾

从历史进程来看，农民工市民化是城市化的内在要求。国外一些经典理论，如以刘易斯模型、费景汉—拉尼斯模型、乔根森理论模型和托达罗模型为代表的二元经济理论，以推—拉理论、舒尔茨成本—收益模型、斯加斯塔人力资本迁移理论和网络理论为代表的人口迁移理论，均对此做了不同角度的理论解释。

国内的相关研究也颇为活跃，主要聚焦在农民工市民化对经济的影响、进程测度、受影响因素、成本测算和路径等方面。国务院发展研究中心课题组（2010）关注到农民工消费模式单一、消费水平低下，与城市本地居民有非常大的差别。从对经济最直接的影响看，这些农民工逐步在城市定居落户，会明显推进消费扩大和升级，从而有效扩大内需，促进经济增长。这些显著增加的消费支出，是农民工市民化成本的重要组成部分。从农民工市民化成本的分担主体看，农民工并不是唯一承担者，还有企业和政府共同分担。杜海峰等（2015）利用广东省2009～2013年的普查数据和实地调研数据，测算农民工市民化的年度人均总成本。结果表明，成本的最大承担者是农民工个体，其次是企业，而非作为主要推动者的政府。

从农民工来看，农民工自身承担市民化成本的能力相对薄弱（胡拥军、高庆鹏，2014）。对于如何最大限度降低个体在农民工市民化过程中所承担成本，现有的研究还略显不足。本文认为在农村土地权益的保障及流转上下功夫，当是一个努力的方向。

二 土地信托流转的基本运作模式及其对农民工市民化所起的作用

（一）土地信托流转的基本运作模式

整个土地信托流转计划成立和实施过程牵涉到多个环节和不同的主

体。首先是农户依据自愿原则,向村委会或与政府相关的一个公共机构委托其土地承包经营权,由后者对土地进行考察、评估、整理、规划及整合,然后再委托给信托公司(或政府单独设立的信托中介机构)建立信托关系。

在土地信托流转中,信托财产即为农户的土地承包经营权,而不是土地所有权或承包权。在信托关系形成后,受托土地由信托公司或中介机构进行集中统一管理,并视情况开展土地整理以及农业基础设施建设投资。在确保土地使用符合国家农业规划指定用途的前提下,信托公司或中介机构将土地转给农业经营公司、家庭农场或种养殖大户等,通过其集约化经营提升农户的地租收益;向社会募集信托资金用于农业设施建设和提供流动性支持(周萍,2014)。

在收益分配中,农户可获得土地租金和增值收益。增值收益分为两部分。一部分是土地集中到信托公司以后,经过土地整治、改良后(如高标准农田建设)的增值部分。其中,土地整治之所以会带来增值,主要是因为土地连片整理后,耕地中的田埂、河沟等土地都被利用了起来。另一部分是土地由信托公司流转给经营方后,由信托公司申请各级项目配套资金,其中部分用于无偿扶持经营方,其余按信托公司的投入计算,逐年向经营方收回,回收资金返还村集体(王东宾,2015)。

(二) 对农民工市民化所起的作用

2007 年的《物权法》把农地承包经营权明确为农民的用益物权,包括占有、使用和收益以及部分处分权能。这意味着,除了公益性项目建设用地外,农户可在土地承包期内自主决定农地权益转让与否,以及决定以什么方式、以何种价格流转土地权利。通过土地信托流转,变现土地权利,既有利于农地专业化和规模化经营,也为农民工市民化提供了经济基础。

2014 年我国外出农民工人均月收入达 2864 元,月均生活消费支出 944元,支出占收入的比重仅为 33%,远低于城镇居民的水平(61%)。随着农业转移人口市民化各项政策的落实,农民工的消费行为转为城镇居民的消费行为,农民工月均消费支出将增加 802 元。按照 2014 年外出农民工从业时间平均为 10 个月计算,那么每个农民工全年将增加 8020 元消费支出(徐绍史,2016)。就目前而言,农民工大多是通过获得农地租金收入的方式,实现其土地权利的。2014 年全国家庭承包耕地流转面积 4.03 亿亩,按每亩年租金 800～1200 元计算，共计有 3224 亿～4836 亿元的租金收入，每个农民工年平均可获得 1176.86～1765.29 元的租金收入，占其全年增加消费的 14.7%～22%。因此，农民工以土地信托流转的方式带土进城，可在一定程度上扩大其消费能力，为其成功实现市民化提供支撑。

当然，农民工手中可流转的土地越多，或者农地租金越高，从中获益也就越大。《中国农村经济形势分析与预测（2014～2015）》指出，农地租金在 2008 年后逐渐上升，实物支付的比例已经很低。因各地区的经济发展水平、流转农地的地理位置、土地用途不同，农地租金差异较大。北京、上海、广东、江苏等经济发达区和城市周围的农地租金要高于其他地区，农地流转后用于蔬菜、水果、畜牧业、水产品生产的农地租金要高于用于粮食生产的农地租金。

与其他方式的土地流转不同，土地信托除了为农民工提供农地租金收入外，还可以将农户承包土地的收益权结构化、标准化，变为标准的商业合约。这有利于开展以标准化收益权为标的的金融创新。对于农民工而言，他们可以借助收益权金融创新申请小额贷款，更好地在城镇生活与创业。

三　带土进城下土地信托流转的实践探索与现实困境

（一）　实践探索

目前，土地信托流转尚处于实践探索阶段，法无禁止即可为，各方均可充分地"因地制宜"。因此，土地信托流转并无标准划分模式，按参与主体可分为政府信托模式和商业信托模式。前者是由政府出资设立土地信托服务机构或土地信托公司，直接主导土地流转，主要有浙江的"绍兴模式"、湖南益阳的"草尾模式"和福建的"沙县模式"；后者是由中信信托、中粮信托、北京信托等商业化信托公司介入开展的土地信托流转项目。

1. 从土地收益分配来看，农户顺利得享土地租金而其他收益部分尚不确定

农户通过信托方式流转土地后，可从中获取土地租金、股金和薪金等不同的收益。其中，土地租金是"刚性兑付"，必须获得保障。这是因为

土地信托涉及的农户往往数量众多，若不能按期发放相应的租金，很容易引发群体性事件。

从目前的实践来看，农户流转土地租金部分基本上能顺利得享，但是浮动收益部分则要视项目开展情况而定，具有不确定性。在安徽宿州土地信托流转项目中，帝元公司的农业示范园就因用地问题进展不顺利，农民没能获得70%的土地增值收益。

2. 从分布的地区来看，土地信托流转大多以较好的农业基础为依托

土地信托至今已在浙江、湖南、黑龙江、福建、安徽、江苏、山东、贵州、河南、湖北、陕西、上海、北京等地广泛开展，其依托的农业基础至少存在以下两点共性。

（1）以上地区的土地流转、归集在信托介入之前多已初具规模。其中，土地归集工作由两种方式完成。一种是由当地政府负责归集土地并作为委托人。福建沙县与河南济源开展的土地信托流转，均为此类情况。另一种是由农户以农村土地承包经营权入股合作社，由后者作为委托人。北京市密云县穆家峪镇水漳村就是此类情况。北京国际信托公司在介入之前，土地就已经被归集整理到一起，因此直接与合作社订立信托合同，即可开展土地信托流转。

（2）以上地区在开展土地信托流转前多已具备农业集约化、产业化生产的能力。这是因为，信托公司在现代农业的资源整合、开发管理等方面的专业能力不足，需要与当地富有土地运营经验的农民专业合作社、合作组织及农业经营公司等合作。

3. 从信托角色来看，信托的功能在实践过程中已日趋完善

从目前我国已经开展的土地信托流转项目情况来看，信托在其中主要扮演以下三个角色。

（1）充当土地承包经营权的受托管理和名义所有人的角色。无论是政府信托模式还是商业信托模式，这一角色都是必不可少的。区别在于，在土地流转的信息归集和服务方面，政府信托模式具有相对优势。当然，政府设立的信托平台如果仅仅是进行信息的归集和服务，还是不够的，充其量只能算作中介。因此，更为重要的是，信托平台在进行常态化的土地收

储（一次流转）的同时，受让农户委托的信托财产，为农户流转土地争取利益。

（2）充当融资借贷的角色。融资难一直是农村土地经营面临的重大难题。黑龙江肇东市五里明镇、安徽宿州埇桥区、河南济源、信阳淮滨县固城乡和安徽马鞍山含山县以及江苏省镇江新区丁岗镇等地的土地信托流转项目，均是为了解决发展中的资金约束。目前，随着农村土地承包经营权抵押贷款的实施，当地农民专业合作社、合作组织及农业经营公司等所面临的资金难题，通过银行贷款而非土地信托也能得到解决。尽管如此，由于信托贷款的利率有一定的浮动幅度，因此信托贷款与银行贷款相比仍具有很强的灵活性，可在国家政策允许的范围内，满足企业一些特殊而又合理的资金需求。

（3）扮演搭建平台进行资源整合的角色。较为典型的是农事服务一体化信托，它主要指的是一种将农产品产前的土地流转环节、产中的种养环节以及产后的加工销售环节整合起来，由信托公司提供信托资金支持，以保证农业生产全产业链一体化经营的农业信托方式（王自文、赵连静，2016）。例如，江苏省句容市后白镇项目、山东潍坊青州市何官镇南小王村项目、安徽霍邱县叶集项目以及吉林省公主岭项目均是此类情况。

（二）现实困境

由于土地信托流转尚属实践探索阶段，要让农民工带土进城获得长期稳定的收益，且要高于以其他方式进行土地流转的收益，还面临以下方面的现实困境。

1. 土地信托盈利前景尚不明朗

在土地信托流转中，信托公司的收入主要有两个方面：一是土地信托和资金信托的管理费，二是土地增值收益。目前，信托公司并未向农户收取费用，也还没有资金信托的管理费可收取。这是因为，农作物耕种或者渔业养殖等的收入季节性强，且受自然条件影响很大，现金流很不稳定。受此影响，期限多达10年以上的土地信托几乎不可能得到投资者的认可，他们不愿意长期持有这样的信托产品。以信托方式吸引社会资本进入农业，在短期内还无法实现。而在获取土地增值收益方面，信托公司自身还不具备对农地的管理经验与能力，需要与土地运营方（种养殖大户、农民专业合作社、涉农公司等）展开合作。在很大程度上，项目收益受土地运营方的管理水平和能力，以及信托公司的管控能力和联动能力所影响。

从法律关系上看，信托公司可选择的关系有：合作经营、承包经营、出租或委托经营（陈进，2015）。其中，（1）在合作经营关系中，信托公司可为土地运营方提供资金支持，并与土地运营方共担经营风险和收益。（2）承包经营和出租关系非常相似。尽管如此，二者还是有本质区别的。前者是土地运营方按照信托公司的意愿经营，其经营收益无论盈亏原则上均由信托公司承担；后者是土地运营方以自己的名义，按自己的意愿经营，同时也承担盈亏后果。作为出租方，信托公司很难享有超出租金之外的经营收益。（3）在委托经营关系中，信托公司与受托方约定收益分配方式，并由受托方对最低经营收益做出承诺。出于防范风险的考虑，信托公司选择更多的是出租关系。北京市密云县穆家峪镇水漳村、安徽宿州埇桥区、江苏省无锡市阳山镇桃园村、江苏省句容市后白镇、福建邵武市等地，均是此类情况。这也在一定程度上影响了农户从农地流转中所获得的收益。

2. 参与利益分配的主体趋向多元化

前期的政府信托模式所涉及主体多为农户及当地政府设立的土地信托流转机构。由于此种信托机构没有金融牌照，无法对接金融资源，也不利于正确处理政府与市场之间的关系，后期引入中信信托、北京信托等商业信托模式，可以弥补政府信托模式的不足。然而，随之而来的是参与的主体的不断增加，从简单的农户和政府，增加到农户、专业合作社、土地合作社、政府、信托公司和土地运营方等多个主体。

农业生产具有投入大、周期长、收益慢、风险高等特点。据某信托公司的调研结果，土地信托一般能保证年化回报率8%，而这并非资金回报率，信托公司投入资金成本5%，剩下的3%的利润点也不确定（张菲菲，2014）。可见，土地信托的盈利空间并不大，更何况还要在那么多主体之间进行利益分配。各方要实现各自期望的回报率，难度非常大。目前，很多地方都出台了鼓励土地流转的财政支持政策，政府对达到一定流转规模的土地运营方提供粮补、油补和秋翻地补贴等支持政策。土地运营方不改变流转土地的种植结构，一方面可以获得一定的规模效益，另一方面则是为了争取更多的财政补贴。一旦土地运营方经营失败或出现严重亏损，政府支出的这些项目资金和补贴就会打了水漂，农户也随之成为最终受害者。

3. 流转的农地非粮化经营倾向

流转的农地非粮化经营，一方面固然可以使土地利用的比较效益得到提升，使农户得到实惠，但是另一方面又会使国家粮食安全受到威胁。《土地管理法》《农村土地承包法》等法律法规，均对改变耕地用途的"非农化"，占用基本农田挖塘造湖、种植林果、建绿色通道，以及其他毁坏基本农田种植条件等行为做出禁止性规定（陈桐花，2014）。安徽宿州埇桥区的项目就出现了这种情况。帝元公司规划从事养殖等循环经济项目，在流转的土地上需要建设用地和农业设施用地，这样就得改变农地用途。按照规定，农地改变用途需要政府批准，帝元公司在与中信信托签订协议之后，其项目一直未获批准，中信信托的专项融资款也没有到位，信托也就此搁置。事实上，中央决策部门已经意识到农地流转非粮化经营对粮食生产的不利影响。因此，从法律层面看，政府会采取更为严格、具体的管理措施，严防流转农地的"非粮化"及"非农化"倾向。

从市场供求层面看，流转的农地转向高品质的蔬菜、水果、肉类、水产品等农产品的大规模生产，极易造成这些农产品市场供给过剩。若市场对此类农产品的需求大幅度下降，生产这些农产品的农民专业合作社、家庭农场、种养大户以及企业就会随之陷入困境，从而影响到地租的按时支付。

总之，无论是从法律层面还是从市场供求层面看，若只是用于蔬菜、水果、鱼肉等高值农产品生产，土地信托流转项目还不具备大规模推广的可能，只适合少数信托公司和特定市场开展。

四　今后可着力发展的方向及针对性建议

（一）今后可着力发展的方向

土地信托流转通过赋予农村生产要素流动性，激活了土地的金融功能，为推动农民工市民化提供了可能。从上述实践探索与现实困境来看，土地信托流转在这方面的作用还有待于进一步挖掘。信托公司将农用地转租出去，或者选择合作经营（土地承包经营权不入股）的方式，对推动农民工带土进城的意义还不大。今后一个可着力发展的方向是，通过以土地股份合作社为中介的入股形式开展土地信托流转。也就是，农户先以土地承包经营权入股合作社，然后合作社再以土地承包经营权入股农产品加工企业。

首先，组建土地股份合作社可极大地节约土地逐户确权的成本。土地确权是开展土地信托流转的重要前提。然而，在实施过程中，有的农户实际拥有的农地面积与承包地面积不符，或存在较大误差，因此要对农村承包地进行逐户确权面临很大的困难，费时费力。农户若按土地承包面积确认股权而不确地的方式组建土地股份合作社，则可极大节约土地逐户确权的成本，快速推进土地流转。

其次，农户通过两次入股可获取更大的收益。对粮食、棉花、油料、竹木等初级农产品进行深加工所获取的利润可以增加数倍。然而，农产品加工企业直接吸收土地经营权入股，将农业生产环节纳入企业内部价值链的积极性并不高。这是因为，单个农户用于入股的面积不大，且其位置、肥沃程度差异也很大，农产品加工业企业需要面对众多分散的农民，逐一与之协商和谈判需要耗费巨大的成本。以土地股份合作社为中介的入股形式，可以较好地解决这个问题。农户以其土地承包经营权入股，就可根据合作社当年的经营情况参与分红，从而获取更大收益。

此外，合作社采取入股的方式，无须预付租金，可以在一年经营结束后分红，这样缓解了其流动资金短缺的压力。

（二）针对性建议

1. 鼓励和规范以土地股份合作社为中介的入股形式

目前，为了吸引农户入股，大多数的土地股份合作社采取"保底收益 + 分红"的收益分配方式。其中，保底收益部分在一些地方已经高出了流转价格，给合作社的持续发展造成了压力。对此，政府应出台法规意见进行规范，引导土地股份合作社在服务的功能和质量上进一步完善。这是因为，良好的服务功能和质量，是吸引农户广泛参与合作社的根本动因之一。

2. 加强对土地信托流转的监管和风险防控

当前，土地信托流转尚处于实践探索阶段，有很多土地信托流转项目开展在前,土地确权颁证工作开展在后。实际上,这等于政府对该项目进行了信用背书。随着土地信托项目涉及的土地流转面积不断增大,参与各方极易因项目经营不善或出现寻租等问题而陷入权益纠纷。一旦发生这种情况,农民就很难维权,只能转而寻求政府解决。对此,政府需要在土地信托流转中加强监管和风险防控。一是坚决制止和纠正违背农民意愿的土地信托行为;二是对属于农地的禁止搞"非农化",属于耕地的严禁搞"非粮化",对政府投入的大量项目资金和财政支农资金的去向加强监管,避免以信托名义行改变土地用途之实;三是鼓励信托流转机构引入农业保险,进行风险转移。

3. 进一步发挥信托公司跨界资源整合的优势

通过以股份合作社为中介的入股形式开展土地信托流转,若要使参与利益分配的各方主体都能实现其期望的回报率,就需要农业生产资料的供应、生产、加工、仓储、运输和贸易等各个环节都紧密相连、相互协作。就目前而言,并不是所有的农产品加工企业都能依靠自身力量进行产业链的整合。信托公司有融资能力和社会资源,可以帮助农产品加工企业整合农业生产、经营、销售等各个环节,实现多元盈利。

参考文献

[1] 中华人民共和国国务院:《国务院关于进一步推进户籍制度改革的意见》,《人民日报》2014年7月31日。

[2] 国务院发展研究中心课题组:《农民工市民化对扩大内需和经济增长的影响》,《经济研究》2010年第6期。

[3] 范红忠:《我国农村劳动力转移过程的成本分析》,《农村经济》2006年第3期。

[4] 张国胜:《基于社会成本考虑的农民工市民化:一个转轨中发展大国的视角与政策选择》,《中国软科学》2009年第4期。

[5] 杜海峰、顾东东、杜巍:《农民工市民化成本测算模型的改进及应用》,《当代经济科学》2015年第2期。

[6] 胡拥军、高庆鹏:《处理好农民工市民化成本分摊的五大关系》,《中国发展观察》2014年第6期。

[7] 周萍:《以信托为手段践行农村土地流转》,《特区经济》2014年第1期。

[8] 王东宾:《我国土地流转信托的模式探讨》,《文化纵横》2015年第1期。

［9］徐绍史：《国家新型城镇化报告 2015》，中国计划出版社，2016。

［10］中国社会科学院农村发展研究所、国家统计局农村社会经济调查司：《中国农村经济形势分析与预测（2014～2015）》，社会科学文献出版社，2015。

［11］王自文、赵连静：《现代农业引入农业信托的运行模式分析》，《经济师》2016 年第 5 期。

［12］陈进：《泛资管格局下土地流转信托研究》，《2015 年信托行业研究报告》2015 年 11 月 1 日。

［13］张菲菲：《土地经营权流转潮起土地信托仍是难啃的骨头?》，《第一财经日报》2014 年 12 月 26 日。

［14］陈相花：《土地流转"非粮化"必须遏制》，《中国国土资源报》2014 年 2 月 27 日。

欠发达地区农村扶贫与农业转型发展

——以云南省 L 县为例

宋剑奇*

摘　要： 我国欠发达地区大部分是农业县，完成扶贫工作就要使广大的农民富裕起来，要使农民脱贫致富必须转变传统农业生产方式，进行农业转型。本文以云南省 L 县为例，将欠发达地区的扶贫工作和农业供给侧结构性改革与农业转型结合起来进行研究，着重分析了在当前精准扶贫的政策引导下，欠发达地区利用扶贫政策进行农业转型取得的成绩、存在的问题及对策建议，为新形势下欠发达地区的农业转型提供了一个新思路。

关键词： 欠发达地区　扶贫开发　农业转型

一　问题提出

依据产业经济学的基本原理，产业进步包含技术、制度和结构的变迁三方面内容，而农业转型升级本质上是农业产业的进步。因此，在一般意义上，可以从农业技术进步、农业经营方式变革及农业结构升级角度，将农业转型升级的内涵界定为农业技术体系的全面升级、农业经营方式的全面转变和农业产业结构的全面高度化。

农业技术体系的全面升级包括农业生产手段由传统农业技术向低资本技术转变以及低资本技术向高资本技术转变，还包括在产出上由增加产量及简单加工的技术向提高品质、改善品种及深加工技术转变，它最终使农

---

* 宋剑奇，云南师范大学。。

业生产在工艺、农产品的品质和功能等层面得以全面升级；农业经营和管理方式的全面转变是指农业经营从分散化、粗放式、小而全的小农生产方式，转向规模化、集约化、专业化的企业化生产方式，它最终使农业生产方式升级；农业产业结构的全面高度化是指农业从提供粮食和初级原料为主向提供食物、原料及生态、服务等产品结构转变，与此相应，农业部门从传统的农、林、牧、渔业向种养业、农产品加工业及现代服务业协调发展的多层次、复合型的现代产业体系转变。

相比而言，技术体系升级是农业转型中最容易做到的，而农业经营方式的转变和产业结构的调整比较困难。现阶段，高产良种、化肥农药、农业机械等现代生产要素作为技术代表在农业生产上有不同程度的推广应用。而经营方式和管理手段的变化具有文化特征，变化相对缓慢。由于采用的先进生产技术与经营制度、管理手段以及产业结构转型不匹配，农业还没有真正突破传统农业的框架。

我国欠发达地区大部分是农业县，要完成扶贫工作就要使广大的农民富裕起来，要使农民脱贫致富就要求转变传统农业生产方式，从而必须进行农业转型。传统农业向现代农业转型的关键是推动农业发展由依靠资源和物质投入向提高全要素生产率转变，这也是农业供给侧结构性改革的重要内容。农业全要素生产率的提高来源于农业科技进步、农业组织创新、生产专业化、经营模式创新、要素有效配置等非物质投入方面的改善。

当前对我国欠发达地区的扶贫和农业供给侧结构性改革与农业转型的结合研究不足。因此，本文以云南省 L 县为例，将欠发达地区的扶贫工作和农业供给侧结构性改革与农业转型结合起来进行研究，试图在新形势下为欠发达地区的农业转型提供一个新思路。L 县是国家级贫困县，位于云南省西部，早在 2000 多年前就是中国"南方陆上丝绸之路"的必经之地。L 县也是一个典型的农业县，由于历史、自然、地理的原因，一直以来，L 县经济发展缓慢，边疆民族地区经济落后，是云南省扶贫开发工作的主战场之一。

二　欠发达地区农村扶贫与农业转型发展

（一）我国的扶贫开发历程

新中国的扶贫开发可以大致分为如下四个阶段。

第一阶段为 1949 ~ 1979 年，主要是通过工农剪刀差和城乡二元化，为工业发展做积累。从积极的角度看，通过这三十年的发展，我国农村卫生、教育体系基本健全，乡村治理得到极大改善，村两委即村民委、村党委能够发挥重要作用，农村组织体系完善，政府扶贫工作能够有序推进，下放的扶贫款能够及时到位。

第二阶段为 1979 ~ 1994 年，我国打破了原来的计划经济体制，推行了农村土地的家庭联产承包责任制，使农村又回到了原有的以农户为单位的基本生产单元，解放了农村生产力。15 年间农民收入大幅提高，以收入来衡量的贫困人口大幅减少，贫困发生率从 80% 降到 10%，绝对贫困人口减少了 2 亿 ~ 3 亿人。虽然农民收入大幅提高、生产力大幅解放，但是农村的教育、卫生、文化设施没有太大发展。并且，实施了家庭联产承包责任制，也使分散的农户不愿意参与集体事业，因此许多集体事业进展缓慢。乡村治理有所弱化。总体来看，该阶段是我国农民收入大规模提升、农村面貌大幅改善的时期，从政策角度来看却是扶贫工作的空档期。

第三阶段为 1994 ~ 2000 年，我国扶贫状况有了新的变化，多元化贫困凸显。20 世纪 90 年代中后期以来，城镇化和工业化的快速推进挤占了农村资源，城乡二元化体系进一步强化，农村多元化贫困开始出现。城乡资源分布不均，农民为了摆脱贫困和改善自身生活，开始大规模外出打工。从微观角度来看，这个时期的乡村治理进一步弱化，村委会、村支书的作用越来越小，个别农村开始呈现无人管理的状态。虽然我国提出效率优先、兼顾公平，但实际上公平兼顾得并不够，无论是城乡差距还是农村内部差距都在逐步拉大。

第四阶段为 2001 年至今，国家制定《中国农村扶贫开发纲要（2001—2010 年）》，调整并确定了新时期贫困人口界定标准。2013 年 11 月，习近平到湖南湘西考察时首次做出了"实事求是、因地制宜、分类指导、精准扶贫"的重要指示。要求增加扶贫投入，出台优惠政策措施，坚持中国制度优势，注重六个精准，坚持分类施策，因人因地施策，因贫困原因施策，因贫困类型施策，通过扶持生产和就业发展一批，通过易地搬迁安置一批，通过生态保护脱贫一批，通过教育扶贫脱贫一批，通过低保政策兜底一批，广泛动员全社会力量参与扶贫。

（二）我国所处的农业转型阶段

农业转型理论在西方经济学界主要有三阶段和四阶段论。皮特·蒂莫尔提出农业转型四阶段，包括传统农业阶段、农业为经济增长贡献阶段、生产要素流出阶段和现代农业阶段四个阶段。约翰·米勒的农业转型三阶段论，将农业转型分为传统农业阶段、劳动密集型农业阶段和资本密集型农业阶段。不论哪种理论，其基本思想都具有一致性，农业生产都需要经过技术的升级和经营管理的变革以及产业结构的调整，才会发生现代意义上的转型。

改革开放之后，以安徽小岗村为发端，家庭联产承包责任制在农村广泛开展。受制度红利的影响，农业产出增加、农民收入增加、农村各项建设都呈现高速增长状态，并持续到 20 世纪 80 年代末。之后，我国农业进入了缓慢发展阶段，城乡差距越来越大。大量的农村人口流动至东南沿海发达地区，土地撂荒，机械化应用程度不深。这是上述两种理论中所谓生产要素流出阶段和劳动密集型阶段所不能合理解释的现象，需要深入我国实际进行调查研究，才能有针对性地解决农业转型发展问题。

（三）欠发达地区利用精准扶贫机遇，因地制宜进行农业转型

从历史发展的进程来看，L 县的扶贫工作自 20 世纪 80 年代中期开始，分为四个阶段，第一阶段（1978 ~ 1985 年）是扶贫试点阶段。1978 年 11 月，在认真贯彻全国民政工作会议精神之后，云南省及地州政府派出工作组到 L 县进行扶贫试点，帮助贫困户解决生活中迫切需要的吃、穿、用、住及治病问题。第二阶段（1986 ~ 1994 年）是有计划、有组织、大规模开发式扶贫阶段。1986 年，国家对普遍贫困中的最贫困地区实施扶贫战略，被国务院确定为首批重点扶持的贫困县。第三阶段（1995 ~ 2000 年）是扶贫攻坚阶段。1995 年，根据国家"八七"和云南省"七七"扶贫攻坚计划的要求，提出集中人力、物力、财力，动员社会各界力量，到 2000 年基本解决贫困人口的温饱问题的攻坚计划。第四阶段（2001 年以来）是新时期扶贫开发阶段。云南省积极部署新形势下的扶贫开发攻坚方案，加快民族地区经济社会发展。在精准扶贫思想的指导下，发动全省各处级以上干部精准定点，到户扶贫，同时，

发动各党政机关事业单位为贫困县提供资金、技术、教育资源等进行全方位的对口扶贫。

L县在新形势下，抓住精准扶贫的机遇，利用云南省的扶贫政策推进扶贫开发和农业转型发展相结合的新方案。以"一社一村一户一专业"为帮扶模式，以L县现有的养牛场为基础，成立养牛专业合作社，整村发展规模养殖，树立脱贫致富的典型示范户，着力在当地实施沼气利用、木耳改良、养殖业、马铃薯种植等系列科技帮扶项目，让挂钩贫困村尽快走上脱贫致富的道路。

2015年，中国启动马铃薯主粮化战略。L县利用主粮化的国家战略机遇和精准扶贫政策机遇，在相关单位的技术指导下，通过土地规模经营和扶贫开发相结合的方式进行农业转型。利用当地的南亚热带季风气候条件，一年两季作物，在秋冬季引种马铃薯。主要以两种方式进行，其一为市场主导的形式，种植大户利用土地流转市场承租农户在秋冬季闲置土地种植马铃薯，在春季到夏季返还农民种植粮食等相应作物；其二是政府主导的形式，政府主导推动土地规模经营，在秋冬季种植马铃薯，春夏季种植甘蔗、烤烟等经济作物。

市场主导形式下的土地规模经营的农业转型生产，是在L县的许多青壮人口外出从事非农生产、许多土地撂荒、耕种土地存在利用率不足的情况下进行的。L县由于许多家庭的年轻人和主要劳动力都外出务工，留守的中老年人和妇女的体力有限，一年只种植一季稻谷，农业生产就只是维持口粮的粮食生产。大量的土地处于不饱和生产或者撂荒状态，这给土地流转提供了基础。那些家庭主要劳动力无法外出的农户和以种植大户为代表的本地精英，通过公开市场或者私人关系以每亩400元左右的承租价格，从外出的农户手上流转到土地。种植能手的土地规模从十多亩到几十亩不等，其中大部分在20～30亩。种植大户的土地规模一般在200～300亩，以种植大户为代表的本地精英使用机械化工具和人工种植结合的方式进行生产。

由于云南省的扶贫政策，相关的扶贫单位向L县提供马铃薯的种植技术、田间管理培训、市场销售支持，构建了现代生产方式以及现代营销模式，增强了群众的现代市场意识，通过指导村民们使用电商平台，拓宽特色农产品销售渠道，强化农产品原产地注册，使农业转型的发展势头良好。L县的红皮马铃薯包装成礼品盒销售，已经在重庆、新疆甚至在马铃薯的主产地甘肃都打开了销路，既提高了农业生产水平，又促进了当地经济发展。不足之处在于，由于欠发达地区的经营手段和发展思路以及我国土地制度和社会福利制度的限制，发展规模过小，带动作用不强。

政府主导形式下的土地规模经营的农业转型生产，主要是以行政命令的方式集中分散在农户手中的 320 亩土地，利用相关单位的资金和技术，采取"5 + 3 + 2"模式种植马铃薯。其中，"5"是指相关扶贫单位承担 50% 购买马铃薯原种资金，"3"是指 L 县农业局承担 30% 购买马铃薯原种资金，另外 20% 由耕种农民承担。集中的 320 亩土地由 50 户建档立卡的贫困农户种植，种植技术由扶贫单位提供，种植收益完全归种植农民所有。预计产量 1.5 吨/亩左右，可产生 100 万元/年的收益。政府主导下，土地规模明显比市场主导下规模大，行动迅速，土地集中的交易成本和生产成本低。目前，实际产量 2.7 吨/亩，但是，实际收益出现问题。市场收购马铃薯价格为 0.5 元/公斤，不足以收回扶贫单位的成本，需要扶贫单位包销马铃薯，才能取得利润。因为政府主导使得成本过低，不能正确反映经营状态，也不能得到真正的市场反馈，而且扶贫支持期过后生产经营情况不明朗，所以无法准确知道真实的扶贫效果。

利用精准扶贫政策推进欠发达地区的农业转型是一个逐渐探索的过程。政策鼓励和政府的强力推动是目前成功的关键，由于政策本身具有不可预测性，扶贫政策的持续性、农业转型的可持续发展，以及如何长期利用扶贫政策实现农业转型，这些都是需要着重研究的重大课题。

三 当前扶贫工作存在的问题与农业转型的障碍

（一）相关要求脱离实际

从当前扶贫工作实践看，还有许多不尽如人意的地方。以土地规模经营为核心的农业转型发展还没有形成规模。工作中政府强力推进，不顾农民合作意愿等情况时有发生。甚至为了完成精准扶贫任务，确定扶贫对象时不选最困难的，只选可完成任务的。能三年脱贫的规定一年，能一年脱贫的规定半年，个别要求有些急功近利。

L 县政府担忧农民的收入不能达到脱贫要求，常常对农民种植作物的品种下达各种指示。例如，云南是烟草生产大省，对烤烟的需求很大，种植烤烟的收益具有保障，甘蔗可以加工生产红糖和白糖，为了确保农民增收任务完成，L 县政府要求农民种植这两种作物。但从发展现实看，烤烟对土壤肥力破坏较大，对土地持续利用不利，农民不愿意种植；制糖厂存在拖欠农民甘蔗款项的现象，农民也不愿意种植。只管种植，不管经济收益，且对生态环境的影响考虑不多的现象还普遍存在。相关工作的推进导致当地干群关系有些紧张，普通群众参与度低，这些极大地影响了农业转型升级，也给扶贫工作造成了一定的困难。

（二）管理制度不健全导致扶贫和农业转型生产受到约束

从 L 县的案例中我们发现了几个值得思考的现象。农业生产中的农业劳动力在减少，但是，以土地规模经营为表征的农业现代化转型非常缓慢。城市中农产品价格不断提高，但是农民的收入增长缓慢。

在我国农村现行的土地产权制度中，村集体拥有土地的占有权、部分收益权和最终处置权，而农民拥有土地使用权和部分收益权。这种农地产权制度最重要的特征就是产权不完整、不清晰。虽然土地承包法规定任何组织和个人不得剥夺和非法限制农村集体经济组织成员承包土地的权利。但是，实际工作中一直存在村委会进行土地细微调整的情况，也存在政府部门影响农民使用土地的情况。这种不完全的使用权以及生产权使得农民对土地这一资产的使用和收益存在不确定性。

因此，即便有精准扶贫政策的支持，农业的转型在土地利用方面也存在管理制度的障碍，并由此带来了扶贫工作的不便利，使得欠发达地区在非农产业缺乏的情况下，脱贫工作异常困难。

（三）扶贫方式的局限导致农业转型困难

扶贫的难点在于扶贫项目的长期有效性。找到项目投资之后，如果市场变化导致不能产生长期收益，扶贫的效果就会受到影响，甚至可能对扶贫人员的信任产生影响，继而影响对整个扶贫工作的信任，导致前期的扶贫工作前功尽弃。

习近平总书记强调，扶贫开发贵在精准，重在精准，成败之举在于精准。必须实施精准扶贫、精准脱贫，因人因地施策，提高扶贫实效。目前，要求各地方政府按照"严格对象标准、规范识别程序、坚持公平公正、直接到户到人"的原则，全面准确掌握贫困人口的规模、分布以及居住条件、就业渠道、收入来源、致贫因素等情况，建立贫困人口动态管理机制。在摸清贫困群众规模和情况的前提下，精准脱贫。集中各类资源，聚焦扶贫对象，提高扶贫工作的精准度和有效性。

扶贫工作在推进过程中具体的方法有待进一步改进。许多地方对精准扶贫工作采取处级领导定点扶持一户，厅级领导扶持两户的模式。所采用的扶贫形式多为一家一户地发猪崽、鸡崽，或者全村都种中药材等，没有考虑市场需求波动，难以形成长期有效的脱贫模式。

习近平总书记指出，扶贫重在提高脱贫攻坚成效。关键是要找准路子、构建好的体制机制，在精准施策上出实招、在精准推进上下实功、在精准落地上见实效。这就要求我们在扶贫工作开始时，对当地资源和面临问题有一个清醒的认识，这样才能有针对性地开展工作。因此，要求专业人士进行分析和规划。长期来看，缺乏长期规划，必定会回到原来的问题上来，这也是某些地方反复致贫的原因。

四 政策建议

（一）坚持用市场的办法推进扶贫工作，带动农业转型

在市场经济背景下，要避免短期调控措施长期化，优化政府调控的取向和办法，既补市场机制之短，又不伤市场运行之本。调整效率较低的行政指导的扶贫方式，采用专业化的市场方式，鼓励成立扶贫公司，利用社会招标的形式，雇请扶贫开发公司，形成专业化扶贫工作应该是一个新的选择。着力推动扶贫开发工作由粗放式的非专业性向精准化的专业性转变，由行政性向市场性转变，要依靠市场提高贫困群众生活水平，要依靠市场提高扶贫开发的成效。在 L 县的实践中，政府主导的方式固然可以在短期内帮助大量的贫困群众，但是以扭曲的价格信号为代价，使得扶贫退出问题突出。如何使困难群众从保护中平稳过渡到市场中是一个比较大的

课题。推进市场化扶贫，带动困难群众脱贫致富从而促进农业转型发展，应该成为广泛使用的方式。

（二）坚持用改革的办法进行扶贫，促进农业转型

政府调控制度和市场运行机制不健全不完善，必须通过改革来推动。完善农业补贴制度和扶贫制度的结合，使扶贫和农业转型发展有机结合，发挥补贴对优化农业转型和农民脱贫的促进作用。形成市场配置资源有效、政府支持保护有力的农业发展制度。推动扶贫资金向鼓励自主生产、发展产业方向投入。健全有利于农业资源要素流动配置的体制机制，加快破除妨碍资源要素优化配置的体制障碍。

（三）坚持对干部队伍的建设

在全力推进扶贫攻坚战的过程中，资金不是最大的问题。资金投放下去，能取得应有的效果才是最大的问题。扶贫工作需要当地领导干部配合，才能有的放矢地进行，让困难群众在领导干部们的引导下具备与贫困作斗争的能力。因此，当地的领导干部必须起到应有的作用。要把贫困地区领导干部队伍建设起来，使他们能够利用精准扶贫政策，通过市场进行农业转型，转变政府包揽一切的工作作风。

参考文献

[1] 〔日〕速水佑次郎、〔美〕弗农·拉坦：《农业发展：国际前景》，吴伟东等译，商务印书馆，2014。

[2] 〔美〕西奥多·W. 舒尔茨：《改造传统农业》，梁小民译，商务印书馆，2006。

[3] 笛木昭：《農業構造の歴史的変動に立った土地利用型農業の改革推進課題：農地改革自作農の体制的消滅と新しい担い手形成の段差を埋める組織・農政対応》，《土地と農業》2012年第42期。

[4] 安藤光義、山浦陽一、大仲克俊：《大規模経営の成立条件：日本型農場制農業のダイナミズムと苦悩》，農山漁村文化協会，2013。

[5] 赵家凤：《欠发达地区承接产业转移与农业转型升级研究》，《农业现代化》2012年第3期。

[6] 孟奎：《我国农业转型所处阶段、面临问题与对策思考》，《商业时代》2013年第19期。

［7］袁国龙、林金忠：《农业土地制度变迁对我国农业转型的影响》，《华南农业大学学报》（社会科学版）2013年第2期。

［8］郑有贵：《农业转型升级对政府强依赖的原因及其对策——兼论农业组织化实现形式的优化和转型》，《农业经济问题》2016年第10期。

［9］张磊：《中国扶贫开发历程（1949～2005）》，中国财政经济出版社，2007。

农村改革与转型发展

农村"三变"改革特点、风险
把控与难点突破

孔令刚　蒋晓岚[*]

　　摘　要：农村"三变"改革是我国农村历次改革的升华，体现了改革与制度建设同进，确保农民享受改革成果的目标。下一步还需进一步突破难点，把控风险，坚持依法推进，注重契约精神和制度建设。一方面，在制订实施方案、资产确权、股权评估、生产要素交易等过程中做到有法有据；另一方面，明确"三变"改革中政策制度建设的法制路径。通过制度建设体现农民集体组织共同利益基础上的民主协商精神，克服村级议事会存在的有形无实、代表性不够、机制不健全、群众反映不佳等问题，形成有效传达最基层群众意愿的通道，保障村集体成员的话语权和收益权。

　　关键词："三变"改革　农村"三资"　农民"三权"

　　2017 年中央一号文件要求："从实际出发探索发展集体经济有效途径，鼓励地方开展资源变资产、资金变股金、农民变股东等改革，增强集体经济发展活力和实力。"2014 年，六盘水市创造性地提出"资源变资产、资金变股金、农民变股东"的"三变"改革模式，2016 年，贵州由点到面推进"三变"改革。经过两年多的实践，贵州"三变"改革为破解农村资源、资金、农民分散难题走出了一条有别于东部、不同于西部的农村集体产权制度改革新路，以科学的举措响应和落实中央精准扶贫战略，为推进农业供给侧结构性改革找到了突破口（罗凌、崔云霞，2016）。2016 年 9 月，安徽省积极借鉴贵州等省开展"三变"改革的经验，在宿州市埇桥区

---

　　* 孔令刚、蒋晓岚，安徽省社会科学院城乡经济研究所。

等 11 个县区的 13 个村开展以"三变"为主要内容的改革试点,探索"村社一体、合股联营"的农村经济发展新模式和集体经济有效实现形式,旨在盘活农村"三资"(资源、资产、资金),激活农民"三权"(土地承包经营权、住房财产权、集体收益分配权),建立农业增效、农民增收、集体资产增值的长效机制。截至 2016 年底,13 个试点村共引进 16 家企业(合作社),联合入股农户 1763 家,整合土地资源 4439 亩,各类资金 8934 万元,开发产业项目 16 个,为全省农民增收、农业增效和农村改革发展培育示范样本,取得了预期效果。贵州和安徽在"三变"改革推进过程也发现不少亟待突破的难点问题,特别是一些风险点需要研究并通过进一步改革予以化解。

一 农村"三变"改革的特点及成效

"三变"改革将农村集体资源性资产和经营性资产作价入股,将财政投入农村的生产发展类、扶持类资金,在不改变使用性质和用途的前提下量化为村集体经济组织或农民的股金,将农民的承包土地经营权、住房财产权以及资金、实物、技术、劳动力等生产要素入股农业产业化龙头企业、农民合作社等新型农业经营主体,促进了农业适度规模经营。"三变"改革是农村产权制度、生产方式和组织形式的改革创新,是稳定完善农村基本经营制度、破解"三农"发展难题的新路径,壮大农村集体经济的新举措,有利于形成"农民主体、政府主导、市场引导、企业带动、城乡协同"的经济社会和谐发展新格局。

1. "三变"改革是历次改革的升华,体现农村改革的延续性和系统性

家庭联产承包责任制是党的农村政策的基石。"三变"改革以家庭联产承包责任制为基础。贵州六盘水市在推进改革时首先从农村土地承包经营权确权这项基础性工程开始。"三变"改革首先明晰集体组织的权属,即所有权,包括集体土地、林地、荒山、池塘、房屋、场地、小型水利设施等,颁发所有权证。在此基础上明晰农民的权属,即承包经营权。通过土地承包经营权确权,切实保障了国家农村政策在六盘水得到不折不扣的

执行，切实保障了农民最根本、最基本的核心利益（孔祥智、穆娜娜，2016）。2013 年，安徽省在 20 个县（区）开展农村综合改革示范试点工作，通过发展土地股份合作社、推进征地制度改革，建立宅基地退出补偿激励机制，探索土地"三权分置"有效办法，探索建设城乡统一的土地交易市场。随后，作为全国首批整省推进农村土地承包经营权、集体建设用地使用权"确权"试点的省份之一，安徽 3 年内完成了确权登记颁证工作，初步建立起"两权"抵押、流转、评估、收储的专业化服务机制。可以说，近 10 年来贵州和安徽统筹推进构建新型农业经营体系、完善农业支持保护制度、健全城乡发展一体化体制机制等领域的改革，为"三变"改革奠定和夯实了良好的制度、组织、人才、实体基础与实践基础。因此，"三变"改革是对农村家庭联产承包责任制的坚持和深化，是对我国农村历次改革的拓展和升华，体现了我国农村改革的延续性和系统性。

2. 丰富联产承包责任制内涵，探索规模经营的有效实现形式

引导农民以土地经营权入股、托管等方式发展适度规模经营，是实现农业现代化的必由之路。"三变"改革以村为单位建立土地股份合作社，引导农民以土地承包经营权入股农业经营主体，一方面，顺应乡村熟人社会自治的现状，便于村民民意表达和协商沟通；另一方面实现了农民自身角色转变、土地流转方式转变、生产经营模式转变，切实提高了农民组织化程度，探索了规模经营有效的实现形式。村集体将土地、林地、水域等自然资源要素，通过入股等方式盘活，变"死资源"为"活资产"。因此，可以说，"三变"改革以股份合作为纽带，推动了农村经济规模化、组织化、市场化发展，对解决资源、资金、农民分散这一阻碍农村发展的顽症又前进了一大步，创新了我国基本经济制度在农村的实现形式，丰富了联产承包责任制的内涵。

3. 壮大集体经济实力，探索集体经济有效实现形式

"三变"改革破解集体经济长期虚置化和缺位难题，补齐农村集体产权缺失造成利益流失的短板（张绪清，2017）。将村集体经营性资产折股量化到本集体经济组织成员，赋予农民对集体资产占有、收益等权能，将集体土地、林地、水域等资源和闲置房屋、设备等，以契约合同形式入股

农民合作社、农业产业化龙头企业等承接经营主体，取得股份权利，或作为抵质押物进行融资贷款，实现集体财产变现和增值，是农民的基本意愿，也是本次改革的动力之一。六盘水市通过股权收益，盘活农村资源资产，至 2015 年底，全市新增村集体经济收入 1.08 亿元，村集体经济累计达到 2.7 亿元，已全部消除"空壳村"。

4. 搭建平台，建立财政资金运营管理的长效机制

近年来，国家扶持农村发展的项目和资金日益增加，但是资金到村后的分配和使用存在账目不清、用途不合理、效益低下等问题。"三变"改革整合财政生产发展类资金、农业生态修复和治理资金、农村基础设施建设资金、支持村集体经济发展的专项资金和农业综合开发、加工仓储物流、基建投资等涉农及扶贫项目资金，加大各类资金整合力度，通过"资金变股金"激活和放大资金使用效益，量化为村集体的股金（补贴类、救济类、应急类资金除外），集中投入相关承接经营主体，同时量化到农户，搭建起财政信贷资金支持农村的操作平台和增值渠道，"三变"激活"三资"，既解决了财政资金分配和管理的难题，又提升了资金使用效益，变"一次性"投入为"持续性"增收（郭沛，2016）。

5. 开辟财产性收入增长途径，建立农民收入长期增长机制

"三变"改革通过引导和组织农民以土地（林地）承包经营权、住房财产权、所分享的集体资产股权，以及自有大中型农机具、资金、技术、无形资产等生产要素，通过协商或者评估折价后，投资入股经营主体，按股分红，开辟财产性收入增长途径，建立了农民财产性收入的长期增长机制。同时，选择"经营主体＋基地＋农户""经营主体＋集体＋基地＋农户"等多种产业化经营模式，以合同契约构成"收益保底＋股权分红＋工资性收入"的分配结构，建立农民分享农业产业链增值收益的保障机制，保障农民分享农业产业链的增值收益，建立农民收入长期增长机制。

6. 提高资金使用效益，创新精准扶贫新机制

把精准到户的扶贫专项资金，量化折股到户，合理确定贫困户股份比例，将扶贫专项资金变为股金，并投入效益较好的企业，交给懂经营、善管理的承接经营主体运作，投入本地具有较强竞争优势的主导产业，生产

经营实行专账核算，对贫困户占股收益实行动态监督管理，既可确保扶贫资金专款专用，也可提高资金使用效益。同时，使得贫困户规避了由于技能、市场经营、管理水平低而形成的投入回报与农村能人的差距，形成扶贫脱贫的保障机制。

7. 改善城乡关系，为农业可持续发展打下制度基础

通过构建"生产资料共有、生产主体共建、生产收益共享共管"的农村生产经营体制，推动形成以企业（合作社、家庭农场）为龙头，以产业为平台，以股权为纽带，在法人治理、政府监管、村民监督的制度框架下，以股权形式选择实力强、信誉好、有社会责任感的经营主体开展合作。一方面，股份合作制将经营主体的管理、技术、资金优势与农村资源要素叠加，将农村落后的小农经济转化为城市先进的社会化大生产模式，有利于实现资金使用效益最大化；另一方面，以农民为主体的"村社合一"型治理结构，搭建了城乡人才、资金、劳动力双向流动的平台，改变了分散小农的弱势地位，既符合乡村熟人社会自治现状，又兼容了新生产要素的输入，为传统乡村社会注入生机活力，改善和调整了农村生产关系，推动农业可持续发展，为城乡一体发展打开空间，为农业可持续发展奠定制度基础。

二 "三变"改革问题：难点及风险

2016 年 2 月，贵州省出台《关于在全省开展农村资源变资产资金变股金农民变股东改革试点工作方案（试行）》，要求在全省推广六盘水市"三变"改革经验。2017 年安徽将进一步扩大试点范围，在 11 个试点县（区）实施整县推进。从贵州和安徽两省的推进力度看，"三变"改革进入较大层面的实践和探索阶段。改革利益相关方涉及多个复杂的社会群体，改革成果的落实和成效鉴定也需要时间检验。在试点阶段同步深入分析和评估改革风险，进行风险防范和问题规避具有重要意义。

一是如何妥善处理复杂的法律关系。"三变"改革涉及的法律法规很多，如物权法、土地法、农村土地承包法、公司法、农民专业合作社法、村民委员会组织法、乡村集体所有制企业条例、农村土地流转办法等，法律关系复杂。《宪法》规定农村的土地属于农民集体所有。同时有集体所

有的土地使用权不得抵押的法律规定，如《物权法》第 184 条规定："下列财产不得抵押……（二）耕地、宅基地、自留地、自留山等集体所有的土地使用权，但法律规定可以抵押的除外。"《土地管理法》第 63 条规定："农民集体所有的土地使用权不得出让、转让或者出租于非农业建设。"《物权法》第 184 条、《担保法》第 37 条规定："集体所有的宅基地使用权不得抵押。"国务院办公厅在《关于加强土地转让管理严禁炒卖土地的通知》中规定："农民的住宅不得向城市居民出售，也不得批准城市居民占用农民集体土地建住宅。"也就是说现有法律明确规定宅基地所有权属于农村集体经济组织，不是商品，农民不能到市场上自由交易，也不能作为抵押担保。在"三变"改革实际操作中势必会突破这些法律条文的规定。妥善处理"三变"改革过程中涉及复杂的法律关系，包括土地的确权登记、签订土地承包经营权入股合同、制定入股企业章程等，一方面需要探索突破现行法律规定，解决与现行法律规定冲突问题；另一方面又必须按照法律法规政策的要求办理相关手续，建立完善的法定权益档案，提高风险防范水平，保障经营主体和农民利益。

二是如何化解经营风险。农业生产面临自然风险和市场风险双重压力，所以农业不仅是弱势产业，更是高风险产业。"三变"改革后，村集体、农民的有关资产权利通过相关入股进入了相关生产经营实体（有限公司、合伙企业、专业合作社等），这些经营实体是自负盈亏的经济实体，生产经营过程中受到冰冻、旱灾、水灾、雹灾等不可抗拒的自然因素和不可预见的市场因素双重影响，出现经营性亏损风险的概率非常高。而且经营主体与入股村集体、农民按照市场经济主体明确责任，经营主体按照市场规律进行生产经营活动，市场风险更加不确定，经营性亏损的风险将更大。2016 年安徽在 11 个县区 13 个村开展试点，在起步阶段政府主导作用大，选择相对比较优质的参与企业和项目，出现经营性风险的概率相对较小。但从 2017 年全面推广后，各地情况千差万别，政府支持力度与惠及面也可能降低，经营主体出现亏损的概率势必上升。如何在农村、农民风险承受能力偏低的背景下，建立有针对性的生产经营风险防控机制，化解经营风险或者将经营风险有效分担、降到最低，守住农村、农民生产生活的底线，是当下"三变"改革推广所要面对的难点。

三是如何防范农业资源非农化风险。一方面生产经营主体（有限公司、合伙企业、专业合作社等）都是规模化生产，追求成本最小化和利润最大化是市场经济主体的最原始动力，加之在土地流转或入股后必然会导致田块边界不清，有的可能被改变用途将耕地"非农化""非粮化"。"非粮化"虽然是农业种植比较效益的正常反应，但从长远来看可能危及粮食安全。另一方面，经营主体为追求最大利润，不可避免地存在过度使用、不当使用农业生产资源等现象，导致农业生产资源被破坏，将来即使农民退股，土地也难以进行农业生产。

四是如何解决集体经营性资产折股量化实际操作中存在的难点。农村集体资产"折股量化"，是指让农民成为村集体的"股东"，赋予农民对集体资产股份的占有、收益、有偿退出及抵押、担保、继承权六项权能，解决长期以来农村集体资产不明晰、所有权被虚置等问题，使村集体的每个"股东"都能从集体经济发展中公平获得红利。在实际操作过程中还存在折股量化难以实现的问题。如安徽省首批"三变"改革试点村来安县半塔镇罗庄村在清产核资过程中，清理的集体经营性资产共折股 140460 股。但在实际操作中，该股份只是固定资产，在折股量化到户的操作上无法变现为股份。反映出目前"三变"改革中缺乏产权价值评估、交易中介组织和平台，没有可供操作的产权资源价值评估标准，缺少交易规则，难以对入股资产、抵押贷款资产量化操作的现实困境。

三 建议：难点突破与风险把控

一是坚持依法改革。推进农村"三变"改革要做到"重大改革于法有据"，对三变"改革中涉及的中央政策和法律、法规，如有关集体所有的土地使用权不得抵押的法律规定的相关条款，进行系统梳理。因此，应根据"三变"改革实践，参考贵州等省做法，对于"三变"改革涉及突破中央政策和法律、行政法规相关条款的，按程序报请国家权力机关授权。在国家权力机关尚未对有关法律和政策调整之前，积极争取中央支持，将安徽"三变"改革列为全国试点，给予改革授权。

二是加强制度建设。正确把握改革与制度建设关系，在改革中不断调整完善制度，在制度建设中不断推进改革深入发展。加强对各地试点改革经验的总结提炼，在实践中积极推进农村"三变"改革制度体系建设，重点针对"三变"改革中重要节点建立和完善相关制度，如建立和完善农村产权确权登记、农村集体资产股份合作、农村产权流转交易、融资担保、风险防控、财政资金整合使用等重要制度，各地政府法制机构应加强指导，进行合法性把关，明确"三变"改革中政策制度建设的法制路径。

三是构建多层次的农村"三变"改革风险防控机制。一方面建立经营风险补偿机制，探索设立政府性风险补偿保障金、农业经营主体风险保证金制度，引导和鼓励参加农村"三变"改革的合作社等农业经营主体，树立现代化经营理念，倡导科学经营管理，增强市场竞争能力。另一方面，建立参与"三变"农民最低生活保障制度。当由于生产经营原因参与"三变"农民收益严重减少，不能维持最低生活需要时，由政府发放最低生活保障金。

四是做好集体经营性资产折股量化基础性工作。由乡镇和县一级农委会、农经站指导，村民代表参与共同估算或者聘请第三方会计师事务所对集体"三资"进行清产核资，全面清理核实集体经营性资产、非经营性资产、资源性资产，并召开居民代表大会等对结果进行认定。建立完善农村产权价值评估和交易中介组织及平台，出台可供操作的产权资源价值评估标准和交易规则，健全农村产权交易市场体系、农村资产评估体系；同时针对难以折股量化到户的村集体经营性资产，加大招商支持力度，吸引社会资本盘活村集体经营性资产，以集体经营性资产折股入股方式，采取灵活措施盘活资产，实现资产转换变股。

五是探索建立基本农田保护经济补偿制度。在全省范围内建立和实施基本农田保护经济补偿制度，加大粮食生产扶持力度，有效提高农业生产的比较经济效益，降低农业资源"非农化"风险。

安徽农村"三变"改革是安徽农村历次改革的继续与升华，体现了改革与制度建设同进，确保农民享受改革成果的目标。下一步还需进一步突破难点，把控风险，坚持依法推进，注重契约精神和制度建设。一方面，在制订实施方案、资产确权、股权评估、生产要素交易等过程中做到有法有据；另一方面，明确农村"三变"改革中政策制度建设的法制路径，通过制度建设体现农民集体组织共同利益基础上的民主协商精神，克服村级议事会存在的有形无实、代表性不够、机制不健全、群众反映不佳等问题，形成有效传达最基层群众意愿的通道，保障村集体成员的话语权和收益权。

参考文献

［1］罗凌、崔云霞：《再造与重构：贵州六盘水"三变"改革研究》，《农村经济》2016 年第 12 期。

［2］孔祥智、穆娜娜：《农村集体产权制度改革对农民增收的影响研究——以六盘水市的"三变"改革为例》，《新疆农垦经济》2016 年第 6 期。

［3］中共中央党校农村改革调查课题组：《中国农村改革发展的新探索——贵州省六盘水市"三变"改革工作调查》，《中国党政干部论坛》2016 年第 11 期。

［4］张绪清：《农村"三变"改革助推精准扶贫的政治经济学解析——基于六盘水的地方性实践》，《贵州师范大学学报》（社会科学版）2017 年第 1 期。

［5］郭沛：《贵州省六盘水市"三变"的基本经验、面临的挑战和相关建议》，载中共六盘水市委、六盘水市人民政府主编《六盘水"三变"改革：中国农村改革的新路探索》，人民出版社，2016。

以农业供给侧改革促进湖北农业强省建设

邹进泰[*]

摘　要： 当前中国农业面临诸多矛盾和难题，农业结构性失衡问题突出，农业供给侧改革势在必行。要实现农业永续发展，必须转变农业发展方式，调整农业发展思路，从根本上解决农业的结构性失衡问题，提高农业的质量和效益。湖北是农业大省，要充分发挥农业发展优势，以农业供给侧改革为契机，深入推进种植业结构调整，加快推进畜牧业转型升级，大力发展优质高效渔业，促进农村一二三次产业融合发展，实现湖北农业强省建设。

关键词： 农业供给侧改革　结构调整　农业强省

习近平总书记指出："在适度扩大总需求的同时，着力加强供给侧结构性改革，着力提高供给体系质量和效率。"我国是一个人口大国，也是一个农业大国，一方面要通过发展现代农业提高我国农产品特别是粮食供给能力，另一方面又必须与消费者对农产品质量及多样化的需求相适应，因此必须注重农业供给侧改革。湖北要建设农业强省也必须以农业供给侧改革为契机，实现农业大省向农业强省的转变。

一　为什么要进行供给侧改革

改革开放初期，我国推动计划经济体制向市场经济体制转轨的同时，十分重视需求管理，即通常所说的投资、消费与出口"三驾马车"拉动经济增长。比如，在沿海一带发展"三来一补"产业，通过出口消费拉动经

＊ 邹进泰，湖北省社会科学院农村经济研究所。

济增长。在国内，由于基础设施匮乏，长期依靠以政府投资为主的大规模基础设施建设拉动经济增长。1998 年亚洲金融危机和 2008 年全球经济危机后，先后都采用了"积极财政政策"与"稳健货币政策"的搭配。多年以来，无论是中央还是地方，政府拉动经济增长均主要在投资与出口两个方向上用力。可以说，过去相当长一个时期我国政府都是通过需求侧管理推动经济增长的。

但是，随着时间的推移，需求侧管理所产生的副作用正日渐明显。2008 年全球金融危机之后，外需一路下滑，已不能对中国经济形成重要支撑。由于存在诸多结构性问题，中国经济也进入了下行通道，增速由此前的两位数下降为一位数。进入 2015 年以来，经济下行的基本态势不变，各类衡量经济发展的指标如 GDP、CPI、PPI 等，连续多月低迷。整体上看，我国经济出现了"四降一升"的状况，即经济增速下降、工业品价格下降、实体企业盈利下降、财政收入增幅下降、经济风险发生概率上升。为保持经济稳定，政府先后通过加大投资、降息降准等，试图稳住经济下行的态势，但较之从前，以需求侧为主的管理所取得的效果日益下降，同时，为此付出的代价则越发明显。进入"三期叠加"的中国经济，转型升级的需要比以往任何时候都更加迫切。但解决中长期经济问题，传统的凯恩斯主义"药方"有局限性，根本解决之道在于结构性改革。我国必须适时向供给侧结构性改革转化。

在农业领域，改革开放初期，基于长期的农产品短缺，一直提倡的是产量多多益善，一切举措都是围绕"增产"二字展开，到 20 世纪 80 年代末期，各种主要农产品产量连年攀升，极大地满足了我国居民对农产品的需求。从 1990 年前后开始，我国的初级农产品生产开始出现供过于求和卖粮难的苗头，如何应对新形势的变化和预判未来"供给侧"和"需求侧"的走势，对我们国家是一个新课题。

由于传统思维的惯性，以及对国际政治环境的担忧，中国的农业生产还在单纯地扩大面积和不断增产的快车道上继续猛跑，忽视了对市场需求变化的敏感和未雨绸缪；其结果一方面是对食品安全、品质、口味和多样性市场需求的忽视；另一方面是在有限的土地和水资源条件下，低端和无效的农产品被大量生产和浪费。与许多其他行业一样，中国的农业供给侧改革也已经势在必行。

二　当前我国农业面临的困难与问题

当前中国农业面临诸多矛盾和难题，如在粮食生产上呈现出生产量、进口量、库存量"三量齐增"的怪现象；农事生产还受农产品价格"天花板"封顶、生产成本"地板"抬升等因素的影响和挑战；国内外农业资源配置扭曲严重，国内过高的粮食生产成本在海外不具备竞争优势，农产品供给结构调整对需求变化回应不足，农产品结构性短缺问题依然突出。

一方面，国外大部分农产品价格持续走弱，国内同类产品价格大多已经高于国际市场价格，大豆、棉花、糖料等一些主要农产品国内外价格倒挂，国内市场价格高于配额外完税价格；国内农产品涨价空间面临全球农产品供给相对宽松的挤压。农业增长质量、产出效益的提高仍不明显，农产品质量安全状况亟待改善，农业产业链的长度和宽度延伸不够，限制了农产品价值增值空间，农产品价格攀升基本见顶，而由于农业要素投入成本趋高，农业生产成本"地板"抬升，两者对向挤压，农产品利润空间越来越窄，家庭经营收入增长受限，农民持续增收的难度进一步加大。此外，受国际上一些高标准自由贸易和投资规则、全球气候变化、金融资本投机、跨国公司控制农业产业链等非传统因素影响，未来农产品市场面临的波动性和不确定性加剧。

另一方面，我国农业补贴幅度已逼近国际贸易"黄线"，补贴空间受限。财政收入增幅放缓，农业补贴支出压力加大。受农业补贴政策与农产品临时收储政策调整影响，未来新增农业补贴将逐步向新型经营主体倾斜，棉花、大豆、油菜籽等大宗农产品实施"目标价格"直补政策，一定时期内可能会影响农民种植积极性，进而对整个农业生产、农产品加工、市场运行产生较大的直接影响，农民增收压力加大。同时，长期靠拼资源、拼投入的粗放型农业增长方式，导致农业资源过度开发，生态环境不堪重负，农村畜禽养殖废弃物年排放量、农膜年残留量过高，农药化肥利用率不高，耕地数量减少、质量总体下降的趋势未得到根本性转变。

三　农业供给侧改革的核心是农业结构调整

农业供给侧改革应该立足我国农业生产现状及中国经济社会特点，既要解决结构问题，也要转变发展方式、调整发展思路，实现农业的永续发展。尽管多年来我们一直在调整农业结构，但总体上一直存在农业结构性失衡，主要是因为过去农业结构调整的思路往往就事论事。解决农业的结构性失衡问题，必须找到造成这种失衡的内在原因。通过分析可以看出：有的产品早已供大于求，但在政策信号上没有及时做出调整，生产源头与市场需求脱节。比如这些年施行的农产品收购补贴政策，对保供给发挥了直接作用，但同时也使得生产者远离市场甚至不看市场，长年累积，财政包袱沉重，补贴一有变化，就容易造成不种甚至弃耕，给保供给带来隐患。因此，解决农业供给侧结构性失衡问题，根本的、首要的是转变农业发展方式，调整发展思路。

明确了这点，农业供给侧改革就能在思路上立足现实、着眼长远，把解决即期难题与远期发展结合起来。在发展思路上，要从源头牢固树立围绕需求、围绕消费进行生产和调整的观念，充分发挥市场这只手的作用，让农业生产者真正成为市场经营主体，使种养殖结构与市场需求匹配。同时，更加注重政策的长远导向作用，在现代农业进程中，哪些是政策确保的，哪些是市场做主的，让生产者清清楚楚，让经营者明明白白，既要保障粮食安全和农民利益，也要从源头增强赢利能力和抗市场风险能力，增强对价格涨跌的容忍度，推动现代农业真正强壮起来。

结构调整是农业供给侧改革的核心内容。通过结构调整，促进国际、国内两个市场联动，能够减轻国内耕地、水等自然资源的压力，缓解经济发展和环境容量之间的矛盾；促进农业生产由以数量为主转向数量、质量并重，更加注重效益，注重市场导向，更好地满足消费者需求。结构调整的基本要点在于"促进一二三产业融合互动，提高农业发展的质量和效益"。结构调整的主体是近年来的新型经营主体，即专业大户、家庭农场、农民合作社和农业企业，包括农业产业化龙头企业，它们是农产品供给的主体，也是农业现代化的主体。

去库存，就是加快消化过大的农产品库存量，通过大力发展农产品加工业，加快粮食等农产品的加工转化，实现一二三产业的融合发展。降成本，就是通过培育新型农业经营主体，发展适度规模经营；通过农业科技进步、测土配方等方式，减少化肥农药不合理使用，减少农业物化投入；通过开展社会化服务等途径降低生产成本，提高农业效益和竞争力。补短板，就是加强农业基础设施等农业供给的薄弱环节，增加市场紧缺农产品的生产。

四 湖北必须下大力气推动农业供给侧改革

湖北是一个农业大省，粮食、棉花、油料、生猪、水产品产量在全国名列前茅，如何去产能、调结构、去库存、补短板、降成本是湖北农业的重大课题。农业供给侧改革的核心是通过自身的努力调整，让农民生产出的产品，包括质量和数量，符合消费者的需求，实现产地与消费地的无缝对接。

湖北农业供给侧改革必须牢固树立"创新、协调、绿色、开放、共享"发展理念，以稳粮增收为重任，以提质增效为目标，以转变方式为主线，以创新驱动为引擎，以依法兴农为保障，充分发挥湖北农业发展优势，推进农业供给侧改革，着力稳定产能、调优结构、提升质量、激活市场、提高效益，努力走出一条产出高效、产品安全、资源节约、环境友好的农业现代化道路，向功能更加全面、形态更加高级、分工更加深入、结构更加合理、发展更可持续的中高端迈进。

一是要深入推进种植业结构调整。以稳定粮油生产为前提，因地制宜发展双季稻、再生稻和粳稻，适度扩大玉米和马铃薯面积。全面开展优质高产创建，实施水稻产业提升计划，探索建立"双低"油菜生产保护区。调减露地大路菜，扩大设施精细菜规模，加快发展特色蔬菜。全面开展菜果茶标准园创建，推动菜果茶产业提质增效。合理发展油莎豆、优质牧草等新型产业。充分利用硒资源，大力发展富硒农产品。

二是要加快推进畜牧业转型升级。优化畜产品区域布局，加快构建各具特色的优势畜产品产区。开展畜牧强县和现代畜牧业示范区创建，推进畜牧业规模化、集约化、标准化发展。突出生猪、禽蛋、肉鸡、肉牛羊等畜禽产品，打造一批竞争力强的现代畜牧产业基地。加快建设现代饲草料生产体系，大力发展草食畜牧业，扎实推进新一轮退耕还林还草、肉牛基础母牛扩群增量等项目，调整优化奶业结构，抓好品种改良、品质提升、品牌创建。

三是要大力发展优质高效渔业。进一步优化渔业养殖布局，加快形成平原湖区规模渔业、丘岗山区特色精品渔业、江河湖库增殖渔业格局。在做强常规渔业品种的基础上，大力推广新品种、新技术和新模式，深入推进"一鱼一产业"，继续做强小龙虾、河蟹、鳝鳅三大百亿元产业。加快创建一批水产大县、特色乡镇、专业渔村，建立一批现代渔业示范基地。深入推进精养池塘标准化改造和水产健康养殖示范创建活动，大力推广"稻渔共作"模式。

四是促进农村一二三产业融合发展。围绕农业增效、农民增收，以"做优一产、做强二产、做活三产"为发展思路，把产业链、价值链、生态链等现代产业组织方式和绿色发展理念引入农业，积极探索"一产接二连三"的互动型、融合型发展模式，构建多业态、多功能的现代农业产业体系。培育壮大农业龙头企业，积极构建企业与农户利益紧密联结机制，探索发展公司＋基地＋合作社＋农户的模式，发展区域性一二三产业融合互动示范区。围绕"去库存、降成本、补短板"关键点，加快主要农产品加工转化。大力推进农产品产地初加工，发展农产品精深加工，开展农副产物综合利用。大力发展农业第三产业，拓展农业发展的深度和广度。发展农村电子商务试点示范，加快发展订单直销、连锁配送等现代流通方式，推动传统农村服务业转型升级。

推进农业供给侧结构性改革，涉及理念更新、体制改革、实践创新等方方面面。农民增收是农业农村发展的根本目的，也是衡量结构性改革成效的重要标志。总之，要通过供给侧改革让农民不断分享改革成果。

参考文献

［1］陈锡文：《农业供给侧改革势在必行》，《视野》2016 年第 19 期。

［2］黄祖辉：《我国农业供给侧结构调整：历史回顾、问题实质与改革重点》，《南京农业大学学报》（社会科学版）2016 年第 6 期。

［3］魏后凯：《农业供给侧结构性改革的推进策略》，《区域经济评论》2017 年第 6 期。

［4］郑风田：《关于推进农业供给侧结构性改革若干问题思考》，《价格理论与实践》2016 年第 12 期。

供给侧改革视角下农村劳动力
结构与潜力分析

胡　苗　王建兵[*]

摘　要：农村劳动力人口的转移对经济发展起到了重要作用，但随着时代的变革，以往粗放自发的农村劳动力转移已不能适应当前需要，本文通过分析劳动力资源供需现状，探讨劳动力资源如何优化配置，最终在供给侧结构性改革视角下提出相应措施以提升农村劳动力转移效率，促进经济的持续增长。

关键词：农村劳动力　结构变化　潜力分析　供给侧结构性改革　甘肃省

一　引言

为应对当前国际经济形势的变化以及国内经济转型的要求，党中央于 2015 年提出了经济改革的新主张——供给侧结构性改革。而劳动力是供给的四大要素之一，应快速完成要素的优化配置，促进经济同时做到质量和数量的增长。这一创造性改革新思路的提出为中国经济的发展指出了一条新的路径，也为充分利用农村劳动力人口提供了新的方向。

甘肃省作为农村人口占 60% 以上的西部欠发达的农业大省，从农村发展的现实情况看，由于从事农业的农村劳动力逐年减少，农业发展面临着巨大的挑战。那么，甘肃省在未来还有多少农村剩余劳动力可以向城市转移？其发展潜力到底有多大？如何优化劳动力配置呢？这一系列问题不仅

---

[*]　胡苗、王建兵，甘肃省社会科学院农村发展研究所。

关系到解决"三农"问题的根本，又是甘肃省能否实现城乡经济社会协调发展的关键。

近年来国内关于农村劳动力结构和潜力分析的研究成果很多，农村劳动力结构变化的研究，主要集中在对全国、区域性的农村劳动力结构研究以及劳动力的变化对农村经济和农民生活的影响上；而对农村劳动力潜力的研究主要集中在对劳动力非农化转移的潜力和趋势研究上。目前只有个别学者对未来劳动力非农化转移的潜力和趋势进行过估算，但因为缺乏统一和连续的公开调查数据，而缺乏专门的系统定量分析。总体来看，在宏观层面有关农村劳动力变动及其影响的研究取得了积极进展，但在微观层面对农村劳动力具体结构因素方面的研究还比较少。本研究从农村劳动力供给、农业劳动力需求以及农村剩余劳动力可能的转移趋势等不同角度，通过时间序列数据，采用模型分析，测算了未来甘肃省农村劳动力非农化转移的总潜力和剩余潜力。

二 甘肃省农村劳动力供给的特征

2015年甘肃省农村人口为2072.56万人，其中，农村劳动力1129.74万人，占农村总人口的54.51%。从农村劳动力供给年龄构成看，中青年劳动力占总供给量的65.26%，这一群体是甘肃省农村劳动力供给的主体。劳动年龄外的劳动力（20岁以下、60岁以上劳动力）约占12.48%，其中，超过劳动年龄参加社会劳动的劳动力占7.51%，劳动年龄内丧失劳动能力者占1.97%。从地域分布来看，农村经济发展相对落后的天水市、庆阳市、平凉市、定西市、陇南市，其农村劳动力占甘肃省农村劳动力总数的60%以上，且农村经济发展缓慢，农民以粗放式生产为主，造成农村剩余劳动力数量较大，农村人力资源开发程度低；而农村经济发展相对较好的河西走廊地区，农村生产中的资本和技术投入相对较高，农村经济属于农、工、商一体化的结构，剩余劳动力的比例较低。由此可见，农村经济发展相对落后地区应该是甘肃省农村剩余劳动力转移的重点区域。

（一）农村劳动力供给的数量变化

1980年以来，甘肃省农村劳动力供给变化总体呈现上升的态势。1980~1990年是快速增长期，这一时期农村劳动力供给表现出快速增长特点。农村劳动力供给从 574.03 万人增长到 821.06 万人，10 年间增长了 247.03 万人，但由于经济刚刚起步，劳动力转移也才刚刚起步，且此阶段私营企业数量较少，对重体力劳动者需求不高，与此同时，大部分农民没有意识到城乡收入差距，体力劳动者的供给也不多。1991～2000 年，农村劳动力供给从 834.45 万人增长到 934.45 万人，10 年增长了 100 万人，这是由于国家实行严格控制人口增长的计划生育政策，从而引起农村劳动力供给的减少。随着我国"严格控制大城市规模，合理发展中小城市，积极发展小城市"战略方针的实施，劳动力流动的限制也逐渐放开。在城乡收入差距的驱动下，大量农村剩余劳动力涌入城市，劳动力流动规模较大。2001～2010 年，农村劳动力供给从 942.24 万人增长到 1113.19 万人，10 年增长了 170.95 万人，这一情况的出现主要是由于生育高峰期出生的人口逐步进入劳动年龄，农村劳动力供给出现增长。2011～2015 年，农村劳动力从 1118.23 万人增加到 1129.74 万人，5 年增长了 11.51 万人，这一时期农村劳动力供给趋势下降明显，供给情况令人担忧，在部分地区出现民工荒、技工荒等现象。从需求角度看，良好的经济发展环境导致大量劳动密集型企业成立，这将增大对非熟练工的需求。此外，随着企业的不断升级创新，由原来劳动密集型不断向资本、技术密集型转变，对工人技术要求也越来越高，从而对技术熟练工需求较大。

（二）农村劳动力结构变动分析

1. 男性仍是农村劳动力供给的主力军

从纵向比较来看，2000 年农村劳动力供给中男性占 52.49%，2015 年达到 53.65%，女性所占比重从 47.51% 下降到 46.35%，变化幅度都不是很大；从横向比较来看，2000～2015 年农村劳动力中男女性别比例基本保持在 1.105～1.158。出现这种情况的主要原因是受农村"重男轻女"传统观念的影响。

2. 农村劳动力供给以小学、初中文化程度为主

2000～2015 年，初中和高中以上文化程度的农村劳动力所占比例逐年递增，分别从 27.84%、10.98% 增加到 38.35%、18.24%，文盲、半文盲和小学文化程度的农村劳动力所占比例逐年递减，分别从 19.41%、

41.77%减少到7.63%、35.77%（见图1）。农村劳动力文化程度构成表明，大部分农村劳动力接受过义务教育，农村劳动力供给以初中、小学文化程度为主。与此同时，城市劳动力文盲、半文盲率为1.97%，该数据显示了甘肃农村劳动力与城市劳动力在内在素质上存在一定差异，导致农村劳动力供给在能力上欠缺，即在对劳动力素质要求比较低时农村劳动力供给充足。因此，专业技能及素质的不足对农村劳动力转移形成了内部制约。

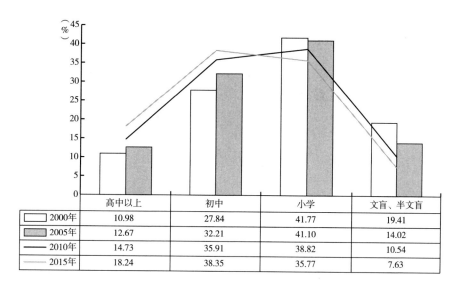

	高中以上	初中	小学	文盲、半文盲
2000年	10.98	27.84	41.77	19.41
2005年	12.67	32.21	41.10	14.02
2010年	14.73	35.91	38.82	10.54
2015年	18.24	38.35	35.77	7.63

图1　甘肃省农村劳动力文化程度变化

资料来源：《甘肃农村年鉴》（2001~2016）。

3. 农村劳动力供给以中青年为主，劳动年龄外劳动力所占比重增加

2000~2015年，劳动年龄内的劳动力、超过劳动年龄参加社会劳动所占比例呈上升趋势，分别从89.46%、6.72%增加到89.63%、7.51%，而不足劳动年龄参加社会劳动、劳动年龄内丧失劳动能力的劳动力呈下降趋势，分别从6.00%、2.18%减少到4.85%、1.99%。这一情况出现的原因是医疗条件的改善和人民生活水平的提高，人的寿命不断延长；同时，可以看出当前甘肃省农村老龄化、"留守老人"问题严峻。

（三）农村劳动力转移情况分析

1. 劳动力转移的规模逐年增大，速度逐年加快

随着甘肃省经济社会发展水平的提高，农村剩余劳动力转移的速度逐年加快、规模逐年增加。统计数据显示，甘肃省农村外出劳动力从 2000 年的 236.92 万人增长到 2015 年的 461.67 万人，15 年间外出劳动力增加了 224.75 万人。尤其是 2002 年以来，农村剩余劳动力转移速度明显加快、数量显著增多，这与甘肃省各级政府制定的一系列促进农村剩余劳动力转移的政策措施息息相关。

2. 转移的劳动力以从事第三产业为主

2000~2015 年，甘肃省转移到第二、第三产业农村劳动力比重的平均值分别为 9.96%、21.24%。其中，转移到第二产业的农村剩余劳动力所占比例从 2000 年的 7.65% 上升到 2015 年的 14.05%；转移到第三产业的农村剩余劳动力所占比例从 2000 年的 17.70% 增长到 2015 年的 27.26%。可以看出，尽管转移到第三产业的农村剩余劳动力比重出现小幅波动，但第三产业，尤其是服务业仍是甘肃省农村剩余劳动力转移的主要行业。

3. 劳动力转移方向以西部地区为主，农村劳动力出现净回流现象

甘肃省农村剩余劳动力的转移由来已久，但是转移的地域很明确，主要是东西部地区。2000~2015 年甘肃省农村剩余劳动力转移到东部、中部地区的比例增加，但从 2008 年开始，转移到东部、中部地区的农村剩余劳动力减少，而转移到西部地区的农村剩余劳动力在 2004 年减少后逐渐增加。同时，根据甘肃省人力资源和社会保障厅的统计，2011 年甘肃省农村劳动力省内转移 225.2 万人，省外输出 230.1 万人；而在 2013 年，甘肃省内农村劳动力转移就业人数超过省外输出，省内转移 270 万人，省外输出 215.8 万人。中西部地区的就业吸引力在增强，甘肃省劳务转移由以省外输出为主转变为向省内回流。其原因一是受宏观经济形势的影响，多数企业招工意愿不明显，多采取精简瘦身政策；二是国家区域发展战略深入实施，产业梯度转移加快推进，就业机会大量增加，与省外的工资差距逐步

缩小，务工环境得到有效改善。这些因素都吸引更多农村劳动力在本地实现转移就业。

三 甘肃省农村劳动力潜力分析

（一）农村劳动力供给规模的测算

1. 农村劳动适龄人口的预测

在劳动适龄人口的预测中，利用 2000～2015 年甘肃省农村劳动年龄内人口的统计数据，采用回归分析方法，计算得出农村劳动年龄内人口变动的一元线性回归方程为：

$$Yn = 15.42817Xn - 29845.26$$

对应显著性水平 P = 0.000 < 0.05，通过显著性水平为 5% 的变量显著性检验，相关系数 R^2 = 0.8910，说明有 89.1% 的把握来预测农村劳动年龄内人口。利用该方程可以得到甘肃省 2016～2025 年农村劳动适龄人口的变动情况（见表 1）。

表 1 考虑劳动参与率下的甘肃省农村经济活动人口

单位：万人

年份	农村劳动年龄内人口	农村经济活动人口	年份	农村劳动年龄内人口	农村经济活动人口
2016	1229.63	1180.45	2021	1313.23	1260.7
2017	1231.98	1182.71	2022	1322.2	1269.32
2018	1266.95	1216.27	2023	1324.55	1271.57
2019	1275.92	1224.88	2024	1359.52	1305.14
2020	1278.27	1227.14	2025	1368.49	1313.75

2. 农村劳动力供给规模

甘肃省农村劳动适龄人口规模呈现明显的上升趋势，到 2025 年农村劳动适龄人口将上升到 1368.49 万人。劳动适龄人口只是反映了劳动力资源的状况。若要计算农村劳动力供给规模，还必须清楚农村实际参加劳动的人口，而这个规模由劳动适龄人口和劳动参与率共同决定。根据 2000 ~ 2015 年甘肃省乡村劳动力、劳动年龄内全部人口的统计数据，计算得出甘肃农村劳动参与率为 94% ~ 97%。鉴于上述情况，我们对 2016 年以后的农村劳动参与率取均值，为 96%，假定今后农村劳动参与率在此上下小幅波动。用前面预测的劳动适龄人口规模，乘以农村劳动参与率，可以得到 2016 ~ 2025 年的农村经济活动人口，也就是有效的劳动力供给规模（见表 1）。

（二）农村劳动力的需求预测

采用劳均耕地面积计算法，同时考虑种植业在农业中的比重这一因素，测算甘肃省农业劳动力需求量。其公式为：

农业劳动力的需求 ＝（农业耕地面积／劳均耕地面积）／种植业劳动力比重

1. 耕地面积预测

利用 2000 ~ 2015 年甘肃历年耕地面积数据，采用回归分析方法，计算得出耕地面积变动的一元线性回归方程为：

$$Yn = 10251.33Xn - 1.71e^7$$

对应显著性水平 $P = 0.000 < 0.05$，通过显著性水平为 5% 的变量显著性检验，相关系数 $R^2 = 0.8368$，说明有 83.68% 的把握来预测耕地面积。利用该方程可以得到甘肃省 2016 ~ 2025 年耕地面积的变动情况（见表 2）。

2. 劳均耕地面积预测

根据统计局的资料，我国耕地面积在 1957 年达到高峰，一些学者认为 1957 年我国不存在农业剩余劳动力，据《新中国 55 年统计资料汇编》，1957 年，我国耕地面积为 11183 万公顷，第一产业从业人员为 19309 万人，由此计算得出劳均耕地面积为 0.5792 公顷。假定以 α 描述农业生产技术进步对农业生产率的影响，可以得出农村劳均耕地的回归计算公式：

$$Gn = 0.5792 \times (1 + \alpha)(n - 1957)$$

式中，Gn 表示第 n 年劳均耕地面积，α 为播种耕地变动率，是待定指标。根据 2000 ~ 2015 年甘肃省耕地面积、第一产业从业人员计算出甘肃省劳均耕地面积为 0.49 ~ 0.53 公顷。据国家统计局测算，2016 年我国劳均耕地可以达到 0.67 ~ 1.0 公顷。当劳均耕地 > 0.5792 公顷时，计算得出 α > 0。假定 2016 年甘肃省劳均耕地面积为 0.58 ~ 0.67 公顷。当达到 0.58 公顷时，计算得出 α = 0.000024；当达到 0.67 公顷时，计算得出 α = 0.0025。从而可以得到如下两个方程：

$$Gn = 0.5792 \times (1 + 0.000024)(n - 1957)$$
$$Gn = 0.5792 \times (1 + 0.0025)(n - 1957)$$

由此可以得到甘肃省 2016 ~ 2025 年劳均耕地面积的变化情况（见表2）。

3. 农业劳动力需求量计算

根据 2000 ~ 2015 年统计数据，甘肃省农村种植业劳动力在农业劳动力中所在比重大致在 94%。假定未来继续保持这个比重，通过计算公式，利用农业耕地面积、劳均耕地面积、种植业劳动力比重指标，计算出 2016 ~ 2025 年甘肃省农业劳动力、种植业劳动力需求规模的变化（见表2）。从计算结果看，随着农业现代化水平的不断提高，劳均耕地面积不断增大，特别是农业机械化、集约化和家庭农场等规模化生产水平的提高，农业需求的劳动力不断减少，当劳均耕地达到 0.58 公顷时，农业劳动力总需求由 2016 年的 654.18 万人增加到 2025 年的 670.95 万人；当劳均耕地达到 0.67 公顷时，农业劳动力总需求由 2016 年的 565.39 万人增加到 2025 年 567.09 万人。

表 2　甘肃省农业劳动力需求情况

年份	耕地面积（公顷）	α = 0.000024			α = 0.0025		
		劳均耕地（公顷/人）	种植业劳动力需求（万人）	农业劳动力总需求（万人）	劳均耕地（公顷/人）	种植业劳动力需求（万人）	农业劳动力总需求（万人）
2016	3566681.28	0.58002	614.93	654.18	0.6711	531.47	565.39
2017	3576932.61	0.58003	616.68	656.04	0.6728	531.65	565.58
2018	3587183.94	0.58005	618.43	657.91	0.6745	531.83	565.78
2019	3597435.27	0.58006	620.18	659.77	0.6762	532.01	565.97
2020	3607686.6	0.58007	621.93	661.63	0.6779	532.19	566.15
2021	3617937.93	0.58009	623.68	663.49	0.6796	532.36	566.34
2022	3628189.26	0.58010	625.44	665.36	0.6813	532.54	566.53
2023	3638440.59	0.58012	627.19	667.23	0.683	532.71	566.72
2024	3648691.92	0.58013	628.94	669.09	0.6847	532.89	566.90
2025	3658943.25	0.58014	630.70	670.95	0.6864	533.06	567.09

（三）农村劳动力非农化转移的潜力估计

未来农村还能有多少劳动力发生非农化转移，主要取决于农村剩余劳动力的规模情况。用上述计算得出的未来各年农村经济活动人口，扣除农业所需的劳动力数量，就是农村剩余出来的劳动力，也就是未来可供转移的劳动力。通过计算，甘肃省农村经济活动人口扣除农业需要的劳动力后，劳动力可能转移的规模和潜力将呈逐年增加趋势，从 2016 年的 526.27 万~615.06 万人，增加到 2025 年的 642.8 万~746.66 万人。

自 1978 年以来，甘肃省的农村非农化劳动力规模呈增长趋势，对农村劳动力非农化转移规模做一个以时间为自变量的回归模型，可以得到如下方程，相关系数达到 0.977。

$$Y = 15.25009X - 30262.52$$

按照此公式可以推出 2016~2025 年农村劳动力非农化转移的趋势。将每年的非农化转移规模与农村剩余劳动力进行对比分析，经过测算，净剩余的农村劳动力由 2016 年的 44.61 万~133.40 万人减少到 2025 年的 23.89 万~127.75 万人（见表 3）。

表 3　未来农村劳动力非农转移的净剩余潜力

单位：万人

年份	农村非农化转移劳动力	$\alpha = 0.000024$		$\alpha = 0.0025$	
		剩余劳动力	净剩余劳动力	剩余劳动力	净剩余劳动力
2016	481.66	526.27	44.61	615.06	133.40
2017	496.91	526.67	29.76	617.13	120.22
2018	512.16	558.36	46.20	650.49	138.33
2019	527.41	565.11	37.70	658.91	131.50
2020	542.66	565.51	22.85	660.99	118.33
2021	557.91	597.21	39.3	694.36	136.45
2022	573.16	603.96	30.80	702.79	129.63
2023	588.41	604.34	15.93	704.85	116.44
2024	603.66	636.05	32.39	738.24	134.58
2025	618.91	642.80	23.89	746.66	127.75

四 基本结论与建议

第一，从甘肃省农村剩余劳动力未来发生非农化转移的潜力来看，农村劳动力扣除农业劳动力需求后，每年向城市转移的剩余劳动力规模出现逐年上升趋势，到 2025 年可向城市转移的剩余劳动力为 642.80 万 ~ 746.66 万人。随着农业技术的提高，剩余的农村劳动力可能进一步增加，这为甘肃省发展劳务经济提供了充足的资源，但同时也面临着解决农村剩余劳动力的巨大压力，大力发展农村第三产业，促进新兴服务行业的崛起，是解决农村剩余劳动力的重要途径。

第二，在甘肃省农村剩余劳动力非农化转移的过程中，要大力提高和改进农业科学技术，提高农业劳动生产率水平，进一步解放农村劳动力并释放农业剩余劳动力，促进甘肃省农村劳动力非农化转移的顺利进行。

第三，甘肃省农村剩余劳动力非农化转移的重点应逐步落实到农村劳动力身份的转变问题上，保证已经发生非农化转移的劳动力能在保留农村权益的基础上享受城市待遇和其他基本权益。

第四，甘肃省未来经济增长将更需要资本和技术进步，就地城镇化、产业转移将代替劳动力流动。农村转移人口的技能培训应以农村转移人口信息平台为基础，以公益性或非公益性人才培训机构为依托，提供更有质量、更有针对性的职业技能培训。同时，加大农民创业扶持力度，让更多农民能利用当地资源，在家门口就能创业致富。

第五，通过引导东部沿海地区劳动密集型产业向中西部地区转移，建立与区域产业梯度模式相适应的制度安排和激励机制。政府引导，产业转移与沿海地区产业创新升级、剩余劳动力转移以及区域产业竞争力的提升形成联动机制。大力发展县域经济和特色优势产业，提高当地产业就业吸纳能力。

参考文献

[1] 李迅雷、周洪荣、朱蕾：《中国农村劳动力转移效应及潜力测算》，《财经研究》2014 年第 6 期。
[2] 王国霞：《我国农村剩余劳动力转移问题研究》，《山西大学学报》（哲学社会

科学版）2007 年第 4 期。

[3] 童玉芬：《中国农村劳动力非农化转移规模估算及其变动过程分析》，《人口研究》2010 年第 5 期。

[4] 周晓津：《1978～2007 年中国隐性失业、劳动力流动与整体失业率估计》，《西部论坛》2011 年第 6 期。

[5] 梁军、白丽萍：《西北贫困地区农民回家谋发展》，《甘肃经济日报》2015 年 3 月 3 日。

[6] 童玉芬等：《未来 20 年中国农村劳动力非农化转移的潜力和趋势分析》，《人口与社会》2011 年第 7 期。

推进青海农牧区生产生活方式转变研究

马起雄　杨　军　甘晓莹*

摘　要： 受传统经济模式的制约，青海省农牧区生产生活方式与现代生态文明建设尚有一定的差距，制约了高原农牧业的现代化进程和生态文明建设的推进。因此，要以农牧业供给侧改革为重点，以生态文明建设为目标，加快农牧区新型经营主体培育，加强科技创新力度，完善基础设施建设，提升农牧业装备水平，打造绿色有机特色产业，促进农牧区产业融合发展，提升农牧区生产力发展与生态建设的联动效应，实现生态、生产、生活良性循环。

关键词： 青海农牧区　生产生活方式　转变

为深入贯彻落实习近平总书记对青海工作"四个扎扎实实"的重大要求，中共青海省委十二届十三次全会提出努力实现"四个转变"的新思路，标志着新一届省委领导集体治青理政的总体思路更加明确，重点领域和主攻方向更加清晰。实现从农牧民单一的种植、养殖、生态看护向生态、生产、生活良性循环的转变，是未来青海践行生态保护优先理念、转变发展方式的重大任务，也是深入推进农牧业供给侧改革的根本目的。

一　青海农牧区传统生产生活方式主要特征

种植业和草地畜牧业是农牧民赖以生存的基础产业，传统的生产方式和生活方式有其客观必然性和合理性。但由于受自然条件、人文环境、发展基础等多重因素影响，与其他地区相比，青海农牧区传统生产生活方式

---

* 马起雄，青海省社会科学院；杨军、甘晓莹，青海省社会科学院经济研究所。

既有共性又有特殊性，表现出五个方面的主要特征。

一是与自然生态的依存度较高。长期以来，青海农牧民吃穿住用等生活必需品的供给数量和质量与当地自然生态密切相关，生产与生活对生态过度依赖，人与自然维系着简单、低水平的平衡式循环。随着人口的不断增长以及生产力发展和生活水平的提升，为了满足日益增长的生活需求，农牧民对大自然的索求日益增多，甚至产生了对土地、草场、森林等自然资源的掠夺式开发利用，超载过牧、草原退化、水土流失等一系列生态问题频发，导致农牧区环境承载能力弱化、农牧业产出降低、贫困问题进一步激化的恶性循环，人口与自然环境矛盾突出，农牧业发展的不可持续性增加。

二是生产方式粗放。由于受自然条件限制和长期形成的生产生活习惯的影响，传统畜牧业基本上逐水草而居，处于靠天养畜状态。种植业基本上都是靠天种地，除河湟流域外大部分农田只能种植春小麦、马铃薯、油菜等大田作物，田间管理手段单一，生产方式粗放，加之大部分农牧业生产仍然以家庭为单位分散经营，使得农牧业规模化和专业化水平低，农畜产品加工能力不足，产业链条短，附加值不高，农牧民增收渠道狭窄。科技含量低，科技贡献率不高，农牧业生产率低，产量有限，农牧业供给与市场需求之间的矛盾突出。

三是经营理念传统。农牧区自给自足的小农经济传统思想影响深远，大部分农牧民受教育程度较低，生产经营理念尚不能与现代市场对接，尤其缺乏市场、理财等现代市场经济知识，传统的生产和初加工方式使得产品的销售等环节也停留在纯粹的经营阶段，市场意识、品牌意识、竞争意识不强，与市场衔接松散。受长期短缺经济影响，农牧业生产只重产量不重质量，加之缺乏污水垃圾处理等配套设施和技术，化肥农药、规模化养殖场畜禽粪便、地膜残留等环境污染问题增多。

四是生产与生活布局松散。受高原、高寒等自然条件影响，农牧区村落布局分散，人口分布不均，生产布局零散，集约化、规模化发展程度低，特色农畜产品市场优势弱。基本公共服务供给难度加大，边远农牧区交通、通信、电力等基础设施和医疗、教育、文化等公共服务与城镇差距较大，长期处于被边缘化的生存状态，其生活质量难以在短期内得到改善。随着工业化、新型城镇化、信息化加快推进，农牧区劳动力结构发生变化，农牧业经营的分散化、兼业化、副业化和劳动力老龄化、妇女化、低文化趋势，与现代农牧业发展尚不适应。

五是资源反向流动。改革开放以来，农村富余劳动力外出务工成为潮流，务工收入成为农牧民收入的主要来源之一，青海省也打造了拉面经济、金秋摘棉、枸杞采摘等劳务品牌，开辟了农牧民增收致富的新渠道。不少外出务工人员经过多年打拼或多或少积累了一些资金，但这些资金大部分用于在城镇购房置业。农牧区高校毕业生大部分都留在城镇，很少有人愿意返乡从事农牧业生产。农牧区资金、人才的反向流动，导致农牧业发展后劲乏力、活力不足，空巢老人、留守儿童等社会问题凸显。

二 青海农牧区生产生活方式转变的制约因素

加快转变农牧区生产生活方式，是实现从农牧民单一的种植、养殖、生态看护向生态、生产、生活良性循环转变的重要着力点，是事关全省农牧区改革发展大局的迫切需要。近年来，全省围绕加快转变农牧业发展方式，出台实施了一系列针对性强、含金量高的扶持政策，但仍然面临诸多制约因素。

（一）区域条件限制，资源约束有待破解

虽然青海农业区人均耕地面积与全国人均耕地持平，但耕地质量和复种指数明显低于全国水平，中低产田面积大，产量低而不稳定，加之干旱、冰雹、霜冻、雪灾等自然灾害频发，农牧业生产受自然环境和自然条件约束比较大。而且随着退耕还林、退牧还草、生态红线划定和主体功能区划等生态环境保护措施的实施，可开发利用的耕地面积进一步缩小。

（二）思想观念保守，整体素质有待提高

由于长期处于较为封闭的生活环境，大部分农牧民恋土情结浓厚，缺乏外出打拼创业的勇气和胆识，过于担忧改变现有"小生产"方式的风险。青海省农牧区劳动力受教育程度大大低于城镇劳动力，整体文化素质不高。政府及相关机构对农牧区劳动力的培训仍然停留在技能阶段，农牧民对市场、金融、流通等概念了解不多，与市场连接度不高，制约了农牧区劳动力就业创业，进而影响农牧民生产生活。

（三） 品牌意识薄弱，营销力度有待加大

农牧业经营缺乏市场观念和品牌意识，仍停留在初级产品加工供应上，精深加工产品少，经营者更多关注产品产量而忽视品牌塑造，导致农畜产品质高价低、有品无牌。农牧业合作社等合作经济组织数量少、规模小，在实施品牌经营等方面发挥的作用有限。行业协会对企业的协调指导还停留在初级阶段，缺乏品牌营销和应用推广，使大量富有青海特色、品质优良的地理标志农畜产品有实无名、有名不强或优质不优价，增产增收效果不明显。

（四） 技术装备水平落后，农牧业生产力水平有待提升

农牧业生产缺少大型骨干水利设施支撑，目前全省仍有一半左右的耕地缺乏有效灌溉设施，部分中小型水利设施老化失修。草原畜牧业处于转型期，缺乏现代生产设施，物质装备水平不高。农牧业生产仍以小规模、分散种养殖为主，疫病、市场等方面的种养殖风险加剧，吸纳先进技术、抵御自然灾害和重大疫情防控能力弱。棚圈、饲草料基地等装备设施尚不能满足农牧业发展方式的转变和防灾减灾的需要，良种繁育场基础设施陈旧，优良畜种供种能力不能满足生产需要，主要牲畜品种个体产出水平低。

三 推动青海农牧区生产生活方式转变的对策建议

加快转变传统的农牧区生产生活方式，是实现生态、生产、生活良性循环的重要环节，必须坚持高原现代生态农牧业发展方向，以推进农牧业供给侧改革为抓手，以保护生态和增加农牧民收入为目标，依靠科技创新和信息化手段，加快特色产业发展，大力改善农牧区生产生活条件，切实增强生产发展与生态建设的联动效应，走出一条生态持续改善、生产绿色高效、生活富裕文明的良性发展之路。

（一） 积极营造生态文明建设良好氛围

生态保护优先是青海经济社会发展的根本遵循，转变农牧区传统生产生活方式，迫切需要在政策支持、法律规范、宣传引导、生态教育等方面进一步加大力度，提升农牧民投身生态文明建设的自觉性和主动性。加快

完善法律法规体系，把生态保护纳入法律范畴，在现有三江源、青海湖等重点区域保护、市州生态保护等政府规章和法规的基础上，加快制定青海省生态保护和生态文明建设的地方性法规，并把生态保护纳入村规民约中，形成系统的约束、激励和惩戒机制。弘扬民族生态文化，深入挖掘和宣传青海各民族文化中敬畏自然、人与自然和谐共生的传统思想，去粗取精，积极引导传统优秀文化与生态文明理念和现代生活方式相融合，使保护生态内化为广大农牧民的行为准则和生产生活习惯，从而建立起统一的生态价值观和生态文明观。创新宣传教育模式，借助传统媒体和新媒体平台，通过报章宣传、印发读本、短信微信、设置特色标牌体系、举办专题宣传活动等多种手段，运用通俗易懂的方式，向农牧区群众广泛宣传生态保护政策法规、生态保护常识、各地经验做法等，培育群众绿色生产观念、生活观念和消费观念。

（二）加快培育新型经营主体

在广大农牧区雨后春笋般成长起来的各类新型经济组织，是推进农牧区生产生活方式转变、建设高原现代生态农牧业的有生力量，要通过政策支持、项目扶持、组织创新、金融服务等方面多管齐下，促进健康发展。持续加强政策支持。以农牧业供给侧改革为契机，研究出台支持家庭农（牧）场、农牧民专业合作组织、涉农企业等的分类指导意见，尤其要加快深化农牧区产权制度改革，完善"三权分置"办法，依法规范土地草场流转，加大农牧区土地适度规模流转补贴力度，促进农牧区各类新型经营主体规模化发展，带动更多农牧户增收致富。加大项目扶持力度。设立支持发展农牧业产业化、农牧民专业合作、家庭农（牧）场等的专项资金，全面落实国家对农牧业生产、加工、流通、服务和其他涉农经济活动相应的税收优惠，培育一批实力强、带动力大、辐射面广、科技含量高的新型经营组织。强化示范引导。开展示范合作社、示范农牧场、示范企业等创建活动，为农牧区树立发展标杆，不断提高农牧区新型经营主体发展水平。重视培养专业人才。加快构建新型职业农牧民教育培训体系，通过"送出去""请进来"等多种途径，加快培养一批农牧区产业带头人、新型农牧民、职业经理人，鼓励高校毕业生、大学生村官、基层科技工作者创办、领办农牧民合作社。提高农牧区金融服务水平。创新农牧民合作社融资模式，增加涉农金融部门的授信额度，积极探索农牧业订单融资担保、土地草场承包经营权抵押担保、农牧民住房财产权以及大型农机具和农业生产设施抵押贷款等方式，有效缓解担保难、贷款难等问题。同时，增加农牧区保险种类，扩大保险范围，解除后顾之忧。

（三）加快提升农牧业装备技术水平

持续推进基础设施、科学技术和信息化对农牧区产业发展的支撑力度，切实提高生产力发展与生态建设的联动效应，持续提高农牧民收入水平，形成生态保护与民生改善互动互促的良好局面。切实加强基础设施建设力度。用足用活现有国家支持农牧区发展的政策，在基础设施建设方面财政投入向农牧区倾斜，加强人工饲草基地、节能温室、畜用暖棚、贮草棚、牛羊舍饲育肥等设施建设，支持对老旧棚舍进行整合改造，提高农牧业物质技术装备水平，加快农田水利设施建设，推进实施黄河谷地和湟水流域土地整理开发，扩大高质量农田面积。建立多元化投入体系。加强政策引导，整合社会资本，建立多渠道筹资机制，形成政府主导、社会援助、群众参与的资金支持体系，支持设施农牧业发展。提升管理效率。针对农牧区生态功能，科学论证，加快农牧区路、电、水、网（信息通信）等基础设施和保温、冷藏保鲜、分拣加工等配套设施建设，做到生态兼容、相互促进、协调发展，加强管理，精心维护，高效利用。

（四）加快农牧区三次产业融合发展

以绿色环保产业为龙头，实现产业融合发展是转变农牧区生产生活方式的必由之路，也是加快农牧区劳动力向非农产业转移，实现绿色富民的重要途径。积极构建"三区一带"农牧业发展新格局。统筹考虑各地资源禀赋和环境承载力，着力打造东部特色种养高效示范区、环湖农牧交错循环发展先行区、青南生态有机畜牧业保护发展区和沿黄冷水养殖适度开发带，培育壮大高原特色生态农牧业。加快绿色有机特色农牧业发展。大力提升农畜产品精深加工和综合利用能力，加强绿色有机、无公害产品和原产地认证工作，丰富绿色有机产品供给，打响纯净、绿色、有机、特色品牌。大力发展文化旅游产业。充分挖掘农牧区文化旅游资源，大力支持发展田园经济综合体系，拓展农牧业多种功能。例如，可开发各具特色、富有生机的生态旅游、民俗文化旅游、红色旅游、现代休闲旅游、创意农业等新型中高端旅游业态；推动科技、人文等元素融入农牧业发展，稳步发展景观农业、创意农业，探索发展工厂化、立体化高科技农牧业，积极发展定制农业、会展农业等新型业态；鼓励引导农牧民组建旅游合作社，大力扶持农（牧）家乐上规模、上档次。完善农畜产品市场流通体系。加强农牧区公路桥梁、交通运输、宽带网络、移动通信建设，提高边远农牧区的通达性，鼓励邮政快递业务向乡镇延伸，在农牧区建设以县城为中心，以乡镇为支点，以各村商铺或村委会为代收代发点的农牧区物流体系。加大各类农畜产品市场、批发市场、专业市场和田间地头市场建设力度，基本建成覆盖各乡镇的农畜产品流通市场网络。推广农社、农企等形式的产销对接，支持城市社区设立鲜活农产品直销网点，推进电子商务、商贸流通、供销、邮政等系统物流服务网络。实现产业融合发展。统筹布局农产品生产基本建设与初加工、精深加工发展及副产品综合利用，全产业链打造粮油种植、畜牧养殖、果品蔬菜和枸杞沙棘四个"百亿元"产业。加快高原特色农牧业、民族特色手工业、现代商贸物流业、旅游业等产业的融合进程，做强一产、做活三产，拓展产业融合的深度和广度，通过旅游业、商贸物流业及网络电商，实现特色农牧业全产业链增值，拓宽农牧民就业渠道，拓展农牧业发展空间，减轻生态压力。推进外向型农牧业发展。积极推进与"一带一路"沿线重点国家和地区的经贸合作，支持发展跨境电子商务、市场采购贸易等新型贸易。在西宁、海东、格尔木、德令哈等省内重要对外节点城市建设电子商务货源基地和农畜产品国际营销物流网点，在国内大中型城市开设青海特色农畜产品精品窗口。同时可借助青洽会、藏毯展、清食展等贸易平台，强化农牧业全产业链招商，力争引进一批上下游延伸、产业关联配套的产业项目。

（五）培育壮大绿色有机产业

当前，青海绿色有机产业虽然进入快速发展周期，但仍处于初期阶段，在品牌建设、技术认证、市场拓展等方面还需继续发力。着力培育绿色有机产业品牌发展载体。以国际、国内中高端市场为目标，围绕绿色有机主导产业，坚持扶持龙头企业与推进品牌建设并重，形成"扶持一个企业突出一个品牌，扶持一个品牌带动一个产业"的良性互动格局。稳步提高绿色有机产品标准化生产基地建设。搭建标准认证技术平台，为绿色有机产业发展提供技术支撑。依托东部特色种养高效示范区、环湖农牧交错循环发展先行区、青南生态有机畜牧业保护发展区和沿黄冷水养殖适度开发带，集中力量打造一批规模化、标准化生产基地，以标准化技术引领农牧区绿色有机产业的发展。推进绿色有机产业品牌建设力度。减少化肥使用率，推广测土配方施肥技术，开展有机肥替代行动，加快绿色有机产业培育、认定，创建名优品牌，健全绿色有机产品出口备案、标准查询和安全溯源制度，强化市场监管，为绿色有机产业营造公平的市场环境。提升绿色有机农畜产品出口能力。突出绿色有机产业，实施优质绿色有机农畜产品出口基地建设，提升出口产品质量、档次和创新要素比重，实现出口产品由初级产品向高附加值产品转变，培育具有一定国际竞争力的绿色有机农畜产品品牌，扩大出口规模。

（六）加大先进实用技术推广力度

青海农牧区绿色有机特色产业必须要有先进科学技术的支撑，要通过完善科技服务体系，加大先进实用技术在农牧区的推广力度。完善多元化科技服务体系。加快发展农牧业公益性科技服务主体，构建公益性服务和经营性服务相结合、专项服务与综合服务相协调的科技服务体系，逐步构建政府主导、市场化运作、社会力量广泛参与的多元化农牧业先进实用技术服务体系。加强科技创新体系。整合现有科研和技术推广资源，加强平台建设，使农牧业科研、试验、示范、推广等环节成为一个有机整体，有效提升农牧业科技创新能力、技术储备能力和转化应用推广服务能力。构建科技研发体系。突出青藏高原高寒草地生态系统、春油菜、牦牛藏羊遗传育种与繁殖、牦牛藏羊优质高效养殖、有害生物防治、设施蔬菜等重点方向，以观测站建设为重点，构建特色学科群体系。充分发挥现有省级重点实验室的作用，完善运行机制，提高研发能力，开展技术研发、储备、集成和关键技术以及重大技术的攻关，构建现代生态农牧业科技研发体系。建立科技配套支撑体系。加快优质特色农牧种业基地建设，实施现代种业提升工程，建设国家级春油菜、马铃薯以及良种牧草制繁种基地，加强畜禽良种繁育。完善先进实用技术推广体系。加强农牧区实用技术的供给和推广力度，完善电视、网站及微信等移动互联媒体，搭建多元化的技术推广服务平台。

（七）加快提高基本公共服务均等化水平

扩大公共财政覆盖农牧区范围，提高公共财政投向"三农"的比重，进一步完善农牧区社会保障体系，缩小城乡和区域公共服务差距。大力提升医疗卫生服务能力。加快农牧区基层医疗机构建设，加快医疗设施设备和专业人才配备，鼓励社会医疗机构向农牧区发展，改善基层医疗设施条件。实施农牧区慢性病、地方病和重大疾病综合防治工程和基本药物制度，免费提供孕前优生检查和再生育服务。完善农牧区养老及特殊人群保障体系。加快农牧区养老服务体系建设，为特困老人、低收入老人、经济困难的失能半失能老人提供无偿或低收费供养、护理服务。对特殊贫困人口和重度残疾人，实行政策性保障兜底，完善贫困残疾人生活制度，建立健全社会化残疾人康复、托养服务体系，为特殊群体提供福利服务。提升教育、文化、体育公共服务力度。优化学校布局和资源配置，改善基本办学条件，加强寄宿制学校建设，完善配套设施和教学设备。提高集中连片特困地区农村儿童教育保障水平，为家庭困难儿童、孤儿、残疾儿童学前教育提供补助。实施农牧区公共文化、体育设施免费开放，免费提供基本广播电视、电影放映、送书送报送戏等公益性文化服务。持续推进"高原美丽乡村"建设。科学编制和实施村庄建设发展规划，加强住房改造支持力度，通过庭院美化、村镇绿化、街道亮化等工程，建成一批田园美、村庄美、生活美的宜居乡村。

（八）推进生态、生产、生活联动发展

积极推进农牧业供给侧改革，持续推进生态保护工程，提升农牧区生产力发展与生态建设的联动效应，激发农牧区内生动力，增强发展活力。继续加大生态保护投入力度。以生态保护和培育为首要目标，深入实施生态环境综合治理工程，重点推进草原植被保护和恢复，推进林草植被保护和建设，加强水土流失预防和治理，提升水源涵养功能。激发农牧民生态保护热情。加强草原生态奖补政策的宣传力度，激发农牧民参与生态保护的积极性。适当增加林业、草原、河流等生态保护、监督岗位，实现农牧民当地就业，积极投身生态保护。吸纳当地群众参与生态保护工程。农牧区基础设施建设和生态保护工程要注意吸纳当地劳动力，将生态保护、基础设施建设和农牧民增收有机结合，发挥农牧区劳动力的家乡情怀和传统生态保护观念，实现生态环境明显改善，农牧民收入持续增加。

参考文献

［1］青海省人民政府：2017 年《政府工作报告》，《青海日报》2017 年 1 月 23 日。

［2］《青海省国民经济和社会发展第十三个五年规划纲要》，《青海日报》2017 年 2 月 15 日。

［3］张黄元主编《青海省"十三五"农牧业发展规划》，青海人民出版社，2016。

［4］青海省农牧厅：《青海省"十三五"农牧业对外合作交流规划》，2016 年 8 月。

［5］陈玮主编《2017 年青海省经济社会形势分析与预测》，社会科学文献出版社，2016。

供给侧结构性改革背景下河北省乡村旅游发展对策研究

耿卫新[*]

摘　要： 近年来，河北省乡村旅游发展迅猛，对发展农村经济、增加农民收入等方面起到了积极的促进作用。但在乡村旅游快速发展的同时，供给侧结构性问题日益突出，主要表现为供给结构与需求不匹配、旅游商品供给质量参差不齐、供给效率偏低、供给对象定位不准、旅游专业人才缺乏等，严重制约河北乡村旅游的健康持续发展。乡村旅游供给侧结构性改革可通过科学规划、改善发展环境、塑造品牌、培训人才等方面深化，有效进行产品优化与产业结构的调整，提升供给体系的质量和效率，从而实现乡村旅游的转型升级和可持续发展。

关键词： 供给侧结构性改革　乡村旅游　转型升级

乡村旅游作为推动农业供给侧结构性改革的新动能，已经成为促进农民增收的新产业。随着经济与文化水平的日益提升，人们的生活方式在不断转变，人们的审美观和旅游休闲理念也在发生变化，传统的硬质资源景区已不再是人们唯一的旅游选择，人们更加看好休闲农业与乡村旅游市场，发展乡村旅游正当其时。河北省作为一个农业大省，近年来乡村旅游发展较为迅速。但由于受观念意识、经济条件以及基础设施等因素限制，其发展一直处于国内较低水平。在供给侧结构性改革背景下，河北省乡村旅游如何推进供给侧结构性改革，优化自身产业结构，提高供给体系质量和效率，值得深入探讨。

＊　耿卫新，河北省社会科学院农村经济研究所。

一 河北省乡村旅游现状

近年来，河北省依托特有的区位和资源条件，加快了旅游与农业的深度融合，乡村旅游蓬勃、健康、快速发展。

带动农民就业和致富增收。随着农业多种功能的拓展，河北多地基本形成了"春赏花、夏看绿、秋品果、冬摘菜"的发展格局，乡村旅游和休闲农业成为农民增收新渠道。2015年全省有630多个乡镇、1650多个村、近6000家企业开展乡村旅游，乡村旅游经营户突破4.5万个，乡村旅游从业者达到40万人。创建国家级休闲农业与乡村旅游示范县、示范点49个，省级示范点87个，大批返乡农民工、大学毕业生成为"乡村旅游创客"，带动村民直接就业22.7万人，带动从业农民人均增收9010元。休闲农业和乡村旅游已经成为农村最具潜力的新增长点和促进农民就业增收的"富民工程"。

促进了农村产业结构调整。乡村旅游与休闲农业作为集生产、加工、休闲服务等于一身、多种资源有效利用的现代综合产业，在生产农产品的同时，还把田园风光、农事文化、农家情趣等转化为旅游产品，使农业功能和潜力得到充分挖掘，使农产品创造出更多的附加值，有力地促进了农村经济结构、就业结构和社会结构的改善。

打造多条精品线路。回归田园正成为城里人的一种新时尚，乡村休闲游越来越受青睐。抓住这一市场需求，河北省加快农业供给侧结构性改革步伐，编制完成了《河北省休闲农业"十三五"发展规划》，先后有52条休闲农业线路入选农业部"春节到农家过大年""早春到乡村去踏青""初夏到农村品美食""仲秋到田间采摘"精品线路，成为我国北方地区入选线路最多的省份。

着力创建和培育乡村旅游品牌。近些年，河北省着力培育了一批生态环境优、发展势头好、示范带动能力强的休闲农业和乡村旅游示范县（市、区）。其中，武强县周窝村、廊坊市安次区第什里村、广平县胡堡村、滦平县周台子村、黄骅市聚馆村获评中国美丽休闲乡村；定州市黄家葡萄酒庄被评为全国十佳休闲农庄，永清县绿野仙庄、秦皇岛北戴河集发被评为中国最美休闲农庄；承德市获评农业部首次创建的全国休闲农业和乡村旅游示范市，平山县、馆陶县、张家口市崇礼区获评全国休闲农业和乡村旅游示范县（区）。

二 河北省乡村旅游供给侧存在的问题

当前，从供给侧方面来看，河北省乡村旅游供给短缺已得到解决，供给结构不合理、供给质量不高、供需错位、人才短缺等是面临的新问题。其中，旅游产品供给跟不上消费升级的需求，乡村旅游产品亟待特色化、差异化和精品化，是河北省乡村旅游面临的最大困境。

（一）供给结构与市场需求结构不相匹配

当前，在经济新常态下，居民消费步入快速转型升级的重要阶段，对旅游的需求更加多样化和个性化。乡村旅游产品主要包括三大类型，即观光型、休闲度假型和参与体验型。但目前河北省乡村旅游产品开发还主要处于初级化阶段，大部分停留在乡村观光和乡村食宿等基础层面，以农户家庭接待为主，多为采摘园、农家乐、一日游，经营规模小而散，粗放化、同质化严重，休闲性和参与体验性较差。事实上，发展乡村旅游不是越多越好，越大越好，一个好的乡村旅游项目，应该表现为具有本土特色、成本低、效益高，有良好的发展潜能并能够持续发展。同其他产业一样，乡村旅游也要实现增长方式由粗放型向集约型转换。面对规模小而多、档次低、品种单一的乡村旅游项目，河北省应及时进行调整，并有效化解过剩产能和落后产能，以满足人们逐渐差异化、升级化的消费需求，优化乡村旅游供给结构。

（二）供给质量有待提高

河北省乡村旅游供给质量不高主要表现在两个方面，一方面是乡村基础设施不完善，接待能力有限。相较于城市，河北省农村经济落后，基础设施建设不足，交通不便，各乡村旅游点之间道路不能畅连，各临近乡村之间交通也不便。一些乡村旅游地接待设施不完善、餐饮无证无票、环境不洁等问题削弱了游客前来的愿望。另一方面是服务质量不高。服务是旅游业的生命，是良好的经济效益的源泉。热心周到、宾至如归的服务再加上宁静和谐的环境才能吸引游客前来驻足。但河北省大部分乡村旅游，提供服务的多为乡村淳朴百姓，受本身文化素质、涵养见识、服务技能等制约，加上没有接受过系统的服务培训，所提供的服务不能满足消费者需求。

（三） 供给效率偏低

进入 21 世纪后，乡村旅游发展规模迅速扩大，但是在规模繁荣的同时却是收入水平长期处于低位。虽然乡村旅游每年吸引了大量游客，但真正能拨动心弦、激发消费欲望的产品并不多。据统计，2014 年全国乡村旅游的游客数量占游客总量的 30%，但乡村旅游收入却只占全国旅游收入的 10% 左右。即使在旅游发展较好的浙江省，2015 年省内游客每天人均消费 1279 元，而乡村旅游仅为 98 元，在河北省这个数据更显单薄。数据表明，乡村旅游虽然人气较旺，发展势头迅猛，但旅游收入却与吸引游客的规模不成比例，经营效益亟待提高。河北省近些年乡村旅游的投资势头强劲，但营收模式单一、缺乏创新，导致旅游项目数量增长迅速，效益提高相对缓慢。目前大多以餐饮、住宿、采摘为主，这些项目需投入大量资本用于餐厅、客房、大棚等经营场所的建设，还需聘用管理、服务、生产等类型员工维持运营，而人均百元的消费水平很难确保项目的良性运转。

（四） 供给对象存在误区

乡村旅游的核心吸引要素是美丽的风景、清新的空气、淳朴的生活、传统的文化与和谐的相处，维护这些要素的本土性和原真性是乡村旅游长盛不衰的根本。城镇居民离开都市是想暂时丢开生活工作压力，寻求独特的经历，从而使身心得到放松休息。但是，目前河北省乡村旅游开发实践中，出现了定位不准、建筑装饰城市化、乡土环境氛围不足等偏差，"城市化"的倾向，降低了乡村游的吸引力和影响力。此外，有些地方还脱离实际，民宿开发盲目追求高档，装修豪华，价格高昂，将大众消费者挡在门外，降低了市场覆盖面，脱离了乡村旅游满足大众消费者"回归自然、返璞归真"的本意。

（五） 理念与价值观供给存在偏差

在新常态下，旅游产业提档升级需植入大旅游理念、区域合作理念，以及创新、协调、绿色、开放、共享的发展理念。尽管近年来河北省乡村旅游发展迅速，规模不断扩大，但依然存在发展理念陈旧、盲目开发、增长粗放等问题，阻碍了乡村旅游的持续健康发展。首先，在开发乡村旅游中环保意识不强，对生态环境破坏较为严重。有的地方征集大量土地，不合理的开发利用，造成大面积的土地浪费；旅游者的增多产生了大量的旅游垃圾，垃圾处理不当以及生活废水乱排放等问题都破坏了农村的环境。同时，乡村旅游发展中缺乏诚信、假冒伪劣产品充斥等现象屡禁不止，"蒙客""宰客"现象时有发生，严重损害了旅游地形象。

（六）人才供给滞后

人才供给不足也是河北省乡村旅游有效供给不足的一个重要表现。一方面是从业人员素质较低。河北省大部分乡村旅游还处于发展初期，进入门槛较低，从业人员以当地农民为主，文化程度和服务技能水平普遍较低，已经不能满足消费者日益提高的服务要求。另一方面，人才流失严重。河北省多数乡村经济发展水平较低，所处地理位置偏远，基础设施和生活条件较差，很难吸引和留住外来优秀人才前来创业，特别是既懂经营管理，又懂市场营销且谙熟乡村文化的复合型人才；同时，受诸多因素的影响，许多地区乡村旅游发展未能根本改变当地居民的生活状况和满足其利益诉求，缺乏有效的民族文化传承与激励机制，各类乡土特色人才出现断层，随着乡土人才外流，民族文化的传承堪忧，乡村旅游的吸引力也被削弱。

三 乡村旅游供给侧结构性改革对策

供给侧结构性改革需要在生产社会发展所需基础物品的一端展开改革，改革的目的是优化供给，提高供给效率。而优化供给，提高供给效率的关键点就是解决供给结构不合理、产能供给不平衡、效率不高等问题。解决这些问题体现在乡村旅游领域就是要在推进供给侧结构性改革的背景下优化供给结构、改善环境、培养专业人才、丰富旅游业态等，全面提升乡村旅游的发展水平。

（一）加强宏观规划，差异化发展

乡村旅游要健康持续发展，"高起点、高水平"的发展道路是其必然选择，而科学合理的规划是前提。因此，河北省发展乡村旅游需规划先行，省市自治区要编制全域或分区的乡村旅游规划，从乡村旅游供给侧出发，突出"差异化"，打造乡村旅游的核心竞争力。尤其是要从战略层面谋划一些能通过供给侧创新，带动新的旅游消费的产品。除了"吃住行、游购娱、学养疗"旅游要素的差异化组合，还要根据地域特色，宏观上协调同类乡村旅游产品的差异，防止同质化的竞争。既要培植休闲度假乡村旅游，也不能忽视以保护古村落为主的观光型乡村旅游产品，还要围绕低山丘陵、湖泊湿地等独特的自然资源，适度发展房车、飞艇、游艇、陶艺、创意等新的旅游业态，提高旅游供给侧的水平，优化旅游供给侧结构，提升旅游消费品位和档次。

（二）改善发展环境，提升旅游品质

旅游产业发展环境包括许多方面，而其最基本的方面是基础设施建设，这也是河北省发展乡村旅游亟须补齐的短板。加强基础设施供给，不仅有利于提升乡村旅游的品质，同时也可以改善乡村居民的人居环境，统筹推进美丽乡村建设和新农村建设，一举多得。由于基础设施建设是个系统工程，因此一方面要对景点的外部必备条件做出统筹安排，如交通、食宿、金融、通信等；另一方面要注重完善游客服务中心、商品销售中心、停车场、厕所等旅游配套设施。

优美的自然生态环境是乡村旅游开发的基础，也是稳定旅游供给侧的关键因素。因此，改善乡村旅游发展环境，还应该保护好自然生态环境与乡村传统文化，实现人与自然的和谐统一，为旅游者提供无污染、无危害、让人心旷神怡的健康旅游环境。因此，开发乡村旅游应遵循生态性原则，注重培养乡村旅游经营者的环保意识，使他们在经营活动中能够自觉保护环境；处理好开发与保护的关系，合理节约利用自然资源，尽量使用可再生能源，力图减少对乡村地区环境的破坏。

改善乡村旅游发展环境还包括优化消费环境。健康有序的消费环境是良好市场经营环境和投资环境的前提，是新供给拓展和开辟新市场的重要保证，乡村旅游供给侧结构性改革工作中消费环境改善尤为重要。因此，面对乡村旅游市场，应加强消费环境整治，维持市场秩序。例如，可组建联合执法队，或借鉴国际、国内一些地方的做法设置旅游警察，加强对旅游商户和旅游从业人员违法违纪经营行为和执业行为的检查及规范，严厉打击虚假宣传、假冒伪劣产品和强制消费等违法违规行为；建立完善旅游担保、调解、赔付机制，对游客购物实现无条件退换、诚信基金先行赔付政策等。

（三）丰富"旅游＋农业"的新业态，提升经济效益

发展乡村旅游首先应当坚持以市场为导向，依据市场经济规律，通过调整和优化生产结构，提升乡村旅游的经济价值。一是要优化乡村旅游的生产结构，加强乡村旅游中的技术创新，通过"旅游＋"农业、文化、体育等，形成新业态，提升附加值。不要局限于观光农业、休闲农业，除了增加体验农业，还应大胆尝试诸如养生农业、创意农业等新业态来吸引游客，通过增加旅客数量提升经济效益。二是从游客的需求角度思考，以餐饮、住宿、娱乐、交通、购物等一系列消费行为提升乡村旅游经济效益。旅游商品是乡村旅游汇聚财气的重要突破口，提高旅游经济效益，最有效的手段就是增加旅游商品的吸引力，提升购物消费比重，让旅游购物实现从"游客无处花钱"或"想方设法让游客掏钱"到"游客心甘情愿消费"的转变。可进一步挖掘乡村特产资源，进行别具特色的旅游产品的设计与开发，重点增强旅游商品的文化创意、地方特色和可携带性，以高附加值的商品提高经济效益。

（四）培养专业人才，提升服务质量

人才资源是乡村旅游发展的第一资源，乡村旅游要提高供给质量与效率，就必须不断提高乡村旅游从业者的整体素质，培养专业人才。首先，政府要高度重视乡村旅游人才的专业培养问题，严格规定乡村旅游的服务标准，保证乡村旅游服务人员能够做到专业性发展。其次，要加强乡村旅游从业者的培训。在从业者进入乡村旅游行业之前，相关部门应对其进行旅游管理、市场经营、服务技能、法律法规以及环境保护等方面的培训，在考核合格后方可从事乡村旅游工作，这将为乡村旅游服务质量的提升奠定坚实基础。再次，对乡村居民的培训应持续不断，将定期与不定期培训相结合，努力建设学习型乡村居民旅游服务团队，不断提高乡村居民的服务技能与综合素质，为乡村旅游发展提供人才保障。此外，要引进学院培训的专业人才对乡村旅游进行专业化的管理，还可以通过将原先的乡村旅游者送往学院进行再培训的方式，来提升乡村旅游从业者的专业能力，为乡村旅游培养源源不断的人才。同时，还要采取有效措施，从外部吸引并留住优秀旅游人才，特别是既懂经营管理，又懂市场营销且谙熟乡村文化的复合型人才，为乡村旅游发展提供人才保障。

（五）塑造品牌，增强竞争力

河北省乡村旅游要扩大影响，提升知名度，必须努力塑造品牌形象，增强竞争力。首先，应以世界眼光、中国高度，打造乡村旅游的中国品牌和世界品牌。在当地政府的引导下，挖掘资源特色，通过科学规划多形式、全方位地展示当地特色文化，保证乡村旅游在品牌建设过程中获得成功。河北省拥有众多可打造成国家级甚至世界级品牌的旅游资源，如丰富的古镇、古村落、传统民居和农业文化遗产、非物质文化遗产等，缺少的只是眼光和思路。例如，河北拥有中国第一座石拱桥——赵州桥，如果把与古桥并生的地下掩埋的古驿道、传统古村落、古代驿站、递铺，加上永通桥等相关桥梁文化遗存和人文生态遗产整合起来，就有希望申报世界文化遗产；再如，河北具有嶂石岩、天桂山、沕沕水、崆山白云洞、阜平天生桥等太行山古岩溶地貌景观，可联合申报国家地质公园和世界地质公园，以大大提高这些旅游目的地的知名度和美誉度。其次，要科学定位品牌。并不是所有的乡村旅游产品都符合世界级、国家级品牌定位，因此，在开发各乡村旅游目的地的过程中，应根据其资源、市场等条件进行合理的品牌定位，立足当地资源，深挖其内涵，将乡村优美的自然生态环境与风土人情及传统文化融合，突出地方特色，形成有地方特色的自主旅游品牌，满足旅游者不同的需求。再次，做好广告宣传。当地政府应正确认识并确立本地乡村旅游品牌的本质与内涵，制定科学的宣传推广策略，可以强化微信、电视、网络等营销媒介宣传，采用"互联网＋旅游"的思维促进旅游产业链升级。加强区域合作营销，利用文化旅游节、摄影节、推介会等特色营销手段，不断提高河北乡村旅游的知名度和美誉度。

（六）加强乡村旅游与特色小镇整合发展

目前，特色小镇的建设在全国范围内如火如荼地开展起来。特色小镇强调文旅功能，甚至不少直接以文旅产业为小镇的支撑产业。新型城镇化强调城乡统筹和城乡一体化发展，乡村旅游也必须讲求城乡旅游互补联动和协调发展。特色小镇将成为这样一个纽带。特色小镇的创建与乡村旅游的发展，是相辅相成、互为依托的。小镇的建设，为乡村旅游产业链的延伸提供了更多的腾挪空间，也将作为当地特色产业转型升级的重要平台，而乡村旅游的发展，为特色小镇集聚人气，对于推动小镇的招商引资大有裨益。因此，河北省发展乡村旅游不能回避小城镇趋势，文化繁荣、服务精良、特色明显的旅游乡村，迟早会发展成为新型旅游小城镇。如江苏的周庄，安徽的西递、宏村，以其独特的人文风韵和环境魅力早已经成为著名旅游小城镇，河北省平山的西柏坡、温塘、赞皇县嶂石岩、鹿泉区韩家园水库等，在人口聚集度、建筑格局等方面，也具备了发展旅游小城镇的条件。在这种趋势面前，如何保持乡村旅游的乡土原味，并通过旅游小城镇健康发展，让更多村民旅游致富，才是最值得深思的。需要特别注意的是，在寻找特色小镇建设与乡村旅游的结合点时，必须维持和强化地方文化，避免乡村城镇化而导致自然风貌与民族特色的丢失，彰显小镇与附近村庄的个性，同时一定要把握好传统村落与周边旅游配套设施建设的空间隔离，把握好古代村落与现代旅游服务功能区的景观协调和空间互补。

参考文献

［1］王洁平：《创新驱动旅游业供给侧结构性改革》，《中国旅游报》2015 年 12 月 28 日。

［2］刘民坤：《供给侧结构性改革打造乡村旅游升级版》，《当代广西》2016 年第 8 期。

［3］毛峰：《乡村旅游供给侧结构性改革研究》，《改革与战略》2016 年第 6 期。

［4］朱洪恩：《乡村旅游供给侧结构性改革与新农村建设关系探讨》，《现代商贸工业》2016 年第 26 期。

［5］张跃西：《新常态下旅游融合发展模式创新研究》，《湖北理工学院学报》（人文社会科学版）2015 年第 6 期。

［6］张文、安艳艳、李娜：《我国乡村旅游发展的社会与经济效益、问题及对策》，《北京第二外国语学院学报》2006 年第 3 期。

［7］张亦弛：《休闲农业供给侧结构性改革探讨——以南京市郊为例》，《现代农业科技》2016 年第 9 期。

河南省陕州地坑院乡村旅游与文化传承融合发展研究

乔宇锋[*]

摘　要： 乡村文化是乡村旅游的灵魂，乡村旅游是乡村文化的载体。乡村旅游和乡村文化传承的融合发展是乡村文化的创新性传承，也是乡村旅游的新业态和价值链重构。二者的融合发展为乡村旅游在农业供给侧结构性改革方面提供了新思路。陕州地坑院依托地坑院传统文化资源，为旅游和文化传承的融合发展提供了一个好的案例。本文以地坑院景区为例，对旅游与文化融合发展的路径、模式、动力和实现方法进行了系统分析，结合地坑院景区系统给出了融合发展的对策。地坑院景区的开发经验，为乡村旅游与文化传承的融合发展在市场需求驱动、政府宏观管理和多元化融合模式方面提供了启示和借鉴。

关键词： 乡村旅游　文化传承　融合发展　地坑院

一　前言

乡村旅游是以具有乡村性的自然和人文景观为旅游特色吸引游客，在农村地区的优美景观、自然环境、建筑和文化等资源的基础上，拓展开发以会务度假、休闲娱乐等项目为主体的新兴旅游方式。乡村旅游在促进农村经济发展、提供就业机会、改变农村传统观念以及满足城市居民体验生活需求等方面起到了积极作用（黄震方等，2015）。中共中央、国务院在

---

* 乔宇锋，河南省社会科学院农村发展研究所。

2017 年一号文件中明确提出，要"大力发展乡村休闲旅游产业"，"重点支持乡村旅游休闲产业的发展"。大力发展乡村旅游产业，能够促进农村人口积极参与农村三产融合发展，使旅游所在地的农村人口共享旅游发展带来的收益，从而带动农村经济发展和增加农民收入，是当前农业供给侧结构性改革的一项重要内容。

旅游与文化是密不可分的，文化是旅游的灵魂，旅游是文化的载体。旅游活动从本质上讲是一种文化活动，无论是旅游消费活动还是旅游经营活动，都具有强烈的文化性。具体对于河南而言，国务院在《中原经济区指导意见》中明确提出"华夏历史文明传承区"的战略定位，这不仅是中原经济区有别于其他经济区的显著特点，也是我国主体功能区划中唯一明确了传承文化使命和功能的经济区域，是国家赋予中原经济区的重大文化使命。建设华夏历史文明传承创新区，对传承和弘扬中华优秀传统文化、建设中华民族共有精神家园、提升国家文化软实力，以及对推进文明河南和文化强省建设、促进中原文化大发展大繁荣、满足人民群众日益增长的精神文化需求，具有重大现实意义。因此，河南在发展乡村旅游的过程中，必须将文化传承与乡村旅游发展相融合，传承和发扬文化软实力，以供给侧结构性改革的思维创新发展路径，提升河南省乡村旅游的整体质量。

本文以河南省陕州区地坑院乡村旅游为研究对象，通过分析地坑院景区在旅游开发过程中与文化传承的融合发展过程，总结和说明乡村旅游开发与文化传承融合发展的路径，以及促进二者融合发展的对策建议。

二 文化传承与乡村旅游的内涵

乡村蕴含着丰富的文化传统和文化资源，是中国传统文化的代表。乡村旅游的核心是乡村性，其关键就在于自然和文化。对于游客而言，旅游过程中的重点，也往往是乡村自然风光背后的文化底蕴和对乡村文化的深切体验。乡村旅游本质上传递着乡村文化，乡村旅游的发展离不开文化的支撑，二者相辅相成。

（一）文化传承的重要意义

文化传承的核心内涵就是文化的民族性与历史性。党的十八大强调要

"建设优秀传统文化传承体系，弘扬中华优秀传统文化"。陈来（2011）认为，文化传承不仅仅是为了创立新知而有意义，是对民族文化、生活方式、语言习俗的归属、认同、传承，是民族得以成立的基本要件，文明、文化的传承对民族的凝聚力与归属感有其独立的重要意义。文化传承是文化的"历时性"传播，是历史文化在社会群体的代际成员间纵向传继的过程。文化传承虽然强调文化的纵向传递，但并不否定文化在纵向传递的同时也存在横向传播。这种横向传播，既包括具有同一特质的文化在同一社会群体成员间的扩散和传播，也包括不同特质的文化从一个地区或社会群体，到另一个地区或社会群体的传播过程。

乡村文化是乡村居民与乡村自然相互作用过程中所创造出来的所有事物和现象的总和（张艳、张勇，2007）。乡村是一种特殊的居住地，一方面乡村由于生活在这个连续体中人们的文化特点而变得富有魅力，另一方面乡村文化的生活画面可以被加工、整体推销和出售。乡村旅游不仅有利于乡村文化农民代际纵向传递，也有利于乡村文化在不同社会群体、不同民族之间传播。

（二）乡村旅游的发展内涵

乡村旅游从广义上看，可以指所有发生在乡村和自然环境中的旅游活动。从狭义上看，乡村旅游指那些具有明显的"乡村性"特征的旅游活动，其根植于乡村传统文化之中，与乡村空间和资源密切相关，与当地农民家庭紧密联系，在很大程度上受当地控制。因此，乡间的旅游活动并不等同于乡村旅游，那些建设在乡村地区，但与乡村社区和乡村文化没有直接关联的旅游设施应被排除在乡村旅游之外。本文所研究的乡村旅游专指狭义概念上的乡村旅游。

从发展的角度来看，首先，人的精神需要是发展乡村旅游的内在动力。从马斯洛关于人的需求层次的理论来看，当前我国大多数人口已经从生理需求、安全需求发展到社交的需求、尊重的需求和自我实现的需求，对物质的需求已经逐渐转向对精神的需求。科学发展乡村旅游，可以调适人们的身心，培养人们的高雅情趣，促进人的全面发展。

其次，费孝通的乡村思想是发展乡村旅游的文化根基。费孝通（2008）在《乡土中国》中写到"直接靠农业来谋生的人是粘着在土地上的"。靠土地为生的人是离不开土地的，以土地形成了人们居住的环境，形成了家庭，形成了中国乡土社会的基本单元——乡村。乡村旅游是人们与自然资源、人文资源相结合的文化欣赏、文化建构、文化创造的生命存在的状态，蕴含着深厚的中华传统文化，具有明显的区域性、地域性。

最后，"天人合一"的思想是发展乡村旅游的必然要求。"天人合一"思想是中华民族的思想核心与精神实质，乡村旅游是建立在"天人合一"、现代生态科学和可持续发展理念基础上的一种旅游形式。游客、旅游从业者和农民的参与过程，有助于人们树立生态和环保意识，进一步促进乡村旅游的健康可持续发展。

（三）乡村旅游的文化内涵

乡村传统文化由物质文化、制度文化和精神文化等不同层次的丰富内容构成，其分别具有相对独立性，同时又相互依存与相互制约，构成一个既相互独立又有机联系的文化整体。乡村文化和乡村旅游之间存在密切的联系，乡村文化是乡村旅游产品生产和组合的主要素材与着眼点，充分挖掘乡村传统文化、农耕文化、民俗文化是发展乡村旅游的必要手段。

从文化结构上看，如图1所示，乡村旅游中的乡村文化可分为乡村物质文化、乡村制度文化和乡村精神文化三个部分。乡村物质文化是指由乡村生活创造的物质产品所表现的文化，譬如生活、生产器具等的生产工艺和生产技术。乡村物质文化体现了乡村居民集体或个体的智慧，游客能够通过视觉和触觉进行欣赏和享受，其主要包括乡村田园文化、乡村山水文化、乡村农耕文化、乡村饮食文化、乡村建筑文化、乡村手工艺文化等。乡村制度文化是为了保证乡村的稳定和秩序，在长期的历史发展过程中，由乡村约定而成的各种各样的伦理道德以及礼仪规范，其带有明显的地域色彩，主要有乡村群落制度、乡村礼仪文化、乡村传统民俗、乡村布局文化等。乡村精神文化主要包括乡村节日文化、乡村生活文化、乡村艺术文化和乡村特色产品，体现了乡村特定地域的风土人情，是长期积淀的结果。旅游人类学认为（纳什，2004），乡村旅游过程是游客与乡村居民进行文化接触、碰撞的过程，"不管人们愿意还是不愿意，只要发生文化接触，其社会文化就会发生变化"。因此，在文化传承与创新发展过程中，无论是添加其他部分内容抑或改变某些外在条件，文化传承与乡村旅游发展都会发生部分变化，这就需要做到科学规划与正确引导，同时对相应的设施与条件加以必要的改造。

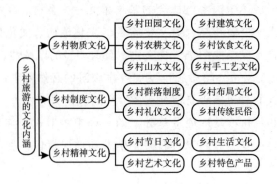

图1 乡村旅游的文化内涵

三 陕州地坑院乡村旅游现状分析

(一) 陕州区地坑院景区现状

陕州区地坑院是人类建造史上逆向思维的产物,被称为"负建筑"。陕州地坑院景区位于张汴乡北营村,在2016年中国"互联网+"峰会上,陕州地坑院景区作为旅游业的成功案例,荣获中国"互联网+旅游"最具成长力景区奖,这是全国唯一一个获此殊荣的景区。陕州地坑院景区总体规划5平方公里,总建筑面积3万平方米,景区主要由民俗文化园、马嵬驿小吃街、五行院、百艺苑、游客广场、易苑窑洞宾馆、农业生态观光园等8个板块组成。陕州地坑院景区自开业以来,累计接待海内外游客300余万人次,全网曝光量达到10亿次。移动大数据显示,截至目前,全国所有省区市均有游客前来地坑院参观游览,还接待了众多外国游客,将中国的传统文化成功推向了世界,成为河南省转型发展的亮点,也为当前的农业供给侧结构性改革提供了思路和借鉴。

(二) 陕州地坑院景区现状分析

陕州区委区政府采取自上而下的模式,通过挖掘依附于窑洞的文化遗产,以乡村旅游项目开发带动了传统窑居的保护与发展,直接安排农民就业300余人,带动就业岗位1500多个,增加了农民收入,促进了乡村旅游与乡村文化传承的融合发展。从文化传承和乡村旅游融合发展的角度看，乡村物质文化、乡村制度文化和乡村精神文化都在地坑院景区有不同程度的体现，特别是对乡村建筑文化、乡村传统民俗、乡村饮食文化进行了重点开发。

（三）陕州地坑院景区发展中的误区和不足

尽管陕州地坑院景区在乡村旅游和文化传承融合发展方面取得了很大的进步，但在景区开发和融合发展中仍存在一些误区和不足。主要表现如下。

1. 景区后续发展乏力

陕州地坑院景区是由陕州区委区政府自上而下推进建设的，虽然在景区发展前期有陕西马嵬驿、深圳华侨城和腾讯公司的参与和投资，但是缺少当地资本和景区当地村民的深度参与，后续项目如何设计，旅游发展成果如何由当地全体村民所共享，如何推进景区规划内的窑底村、庙上村等七个村庄协调发展，仍是需要深入思考的问题。

2. 文化传承缺少新模式

乡村旅游的发展对地坑院的保护和传承既有积极的促进作用，又有消极作用，必须采用更多的方法和手段保护好地坑院文化，可以考虑用申请世界遗产保护等方式，突破乡村旅游发展模式。

3. 基础设施和公共服务不完善

旅游所必需的基础设施落后、商业环境不规范制约着地坑院景区的发展，景区仍然存在"住不下""吃不上""带不走"等问题，智慧旅游建设也仍处于初级阶段。

四 地坑院旅游与文化融合发展机制

文化和旅游之间具有强关联性和高渗透性，二者之间互有交叉，具备融合发展的便利条件。文化为旅游提供了丰富的内涵和文化产品，旅游为文化传承和发展提供载体和市场空间，能够实现二者互动双赢、共同发展。从融合机制上，乡村旅游和文化传承之间的关系可以概括如图 2 所示。

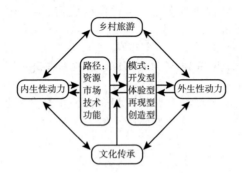

图 2　乡村旅游和文化传承融合机制

（一）融合发展的路径

由于乡村旅游具有丰富的文化内涵，不同类型文化的功能、作用、技术、优势、特色等各有不同，以及它们与乡村旅游关联方式的差异，融入乡村旅游的途径也各不相同，主要有资源融合、市场融合、技术融合、功能融合这四条路径（麻学锋等，2010）。

首先是资源融合。地坑院旅游资源为地坑院建筑文化传承提供了丰富的可利用、可挖掘元素，拓展了文化传承和创新的空间。因此必然要求文化在传承和创新的过程中，将其思想、民俗、制度、精神等非物质形式转化为创意旅游产品，能够更好地满足游客对地坑院旅游的多样化需求。其次是市场融合。传统的地坑院文化深受广大游客的热爱和向往，现实的市场空间为地坑院旅游和文化传承的融合发展找到了实现路径。再次是技术融合。为了维持地坑院旅游的可持续发展，其旅游产品需要不断更新升级，旅游产品的创新离不开技术手段的支持。由于地坑院文化具有深厚的技术底蕴，特别是在乡村建筑文化和乡村布局文化上，二者的融合发展会提高地坑院旅游的科技含量，促进地坑院旅游结构的优化。最后是功能融合。无论是地坑院旅游，还是地坑院文化的传承和创新都具有经济和文化功能，地坑院文化的传承因旅游形式的注入更显生动活泼，也更日益被大众所接受，旅游与文化的功能融合有助于发挥其更大的功能效益。

（二） 融合发展的模式

结合乡村文化资源的存在形态与利用方式，有开发型、体验型、再现型和创造型这四种融合模式（张雷，2009）。开发型融合模式是从更为多元的角度，融入现代高新科技等要素，对乡村文化资源进行深度开发和资源再利用。再现型融合模式是对乡村文化资源有选择地复制和重现，以满足游客对传统乡村文化的内心认同与追求。创造型融合模式是乡村文化资源在常规性产品和创意设计中的体现，以达到具有原创性的综合创意，提高乡村旅游产品的文化属性和文化价值。

（三） 融合发展的动力

乡村旅游和文化传承创新的融合发展动力，通常可分为外生性动力和内生性动力（曹世武、郑向敏，2011），其中，外生性动力主要是指政策支持和科技进步等因素，内生性动力主要是指游客需求和市场竞争等因素。

游客的需求变化是旅游与文化传承融合的原动力。随着人们生活水平的提高和旅游观念的成熟，游客更希望通过旅游获得精神上的满足和文化上的体验，旅游需求的转型升级促使旅游产业融合。市场竞争是乡村旅游与乡村文化融合发展的内生动力。旅游的综合性特征决定了其融合需要各类市场主体各种不同形式的合作。基于共同利益和长远发展期望，通过整合资源，能够发挥企业联合的整体优势。因此，在内生性动力方面，地坑院景区的主要发展融合动力既来自游客的需求，也来自陕西马嵬驿、深圳华侨城等企业共同发展的目标。

政策支持是旅游和文化融合发展的外部支撑力。陕州区委区政府认识到旅游在拉动内需、促进消费等方面的重要作用，相继出台了一系列关于加快旅游业发展的政策措施，地坑院旅游的综合带动能力日益增强，也促进了旅游与一二三产业融合发展。科技进步是旅游与文化融合的外部推动力。借助高新技术，能够推动旅游与文化的融合发展，创新旅游业态，促进旅游与其他行业的融合发展。陕州地坑院在开发过程中，应充分利用"互联网＋"及移动大数据技术，着力打造智慧旅游，注重智慧景区建设和大数据收集。

（四） 融合发展的实现方法

地坑院乡村旅游和文化传承的融合发展，本质上是两者之间的互相渗透，反映了价值链解构与重构（陆蓓，2011）的融合发展实现方法，过程如图 3 所示。

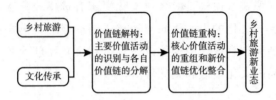

图 3　乡村旅游和文化传承融合发展的实现方法

当文化传承与乡村旅游融合发展时，为了提振融合后新业态下乡村旅游的发展动力，分别从事文化和旅游的各市场主体就通过各自价值链上的价值活动进行分解，从而识别出那些能够对乡村旅游拓展进行互补的价值创造环节，得出文化和旅游之间融合的契合点。增值价值链分离和有机整合到传统价值链中，使得乡村旅游的价值活动得到了优化重组和整合创新，形成了乡村旅游核心价值活动的新价值链，从而能够更好地满足市场需求。

五　促进地坑院旅游发展的对策建议

陕州地坑院景区在发展中初步实现了乡村旅游与文化传承和创新的良好融合。乡村旅游与文化传承融合发展是多赢发展，为了实现地坑院乡村旅游的可持续发展，本文建议需注重以下四个方面。

一是强化地坑院乡村旅游与文化的融合，科学制定规划。乡村旅游与文化传承是一项系统工程，地坑院的文化题材内容十分丰富，但由于涉及部门多，因此必须高起点、因地制宜地做好整体规划。在规划和实施过程中，可以考虑结合社会主义新农村建设来布局，着力打造出陕州地坑院自身的特色，突出"生产、生态、生活、生命"这一主线，强化保护地坑院建筑文化和地域生态环境，促进地坑院景区所在农村区域的全面发展。

二是强化政府主导作用，实施规范管理。坚持依法管理，通过制定相关政策强化对地坑院文化资源的保护；坚持科学开发，科学制定、规划地坑院乡村旅游开发的范围、规模、形式和接待容量，实施开发与文化保护有机结合，严格按规划实施，尽量避免旅游对生态环境和乡村文化造成破坏。各部门要明确责任，对地坑院旅游和文化传承的项目审批、经营管理、安全保障、配套设施、环境卫生等方面进行规范与监督，逐步创立并规范走出一条自律管理与特色发展之路。

三是强化美丽乡村与基础设施结合，促进互补双赢。地坑院乡村旅游和文化传承的融合发展，必须不断强化乡村旅游公共设施与食宿生活设施的配套建设。做到乡村旅游和文化传承的融合发展与乡村改造、规划建设相结合，做好绿化布局、资源开发、循环利用、生态保育、景观维护和土地整理等工作，力求在发展地坑院乡村旅游的同时，不断改善农村环境与生产条件。此外，在保护地坑院传统建筑群落的同时，要兴建体现陕州特色的新民居，提升农民生活水平，保证农民共享地坑院旅游发展成果。

四是强化应用物联网等高新技术，打造智慧旅游。技术创新是驱动旅游融合发展的强大动力，尤其是在以信息技术为代表的旅游信息化推动下，旅游的构成要素得到重组、范围得到延伸、组织形态得到优化、运行模式得到创新，加快了旅游与文化之间的融合与结构优化的步伐，使旅游业态与日俱进（赵华、于静，2015）。需抓住大数据时代的良好机遇，充分利用物联网等一系列高新技术，因地制宜地构建智能化的地坑院现代旅游管理体系。优化设计，保障质量，协同创新，着力创建智能化的地坑院文化传承载体。

六　地坑院对乡村旅游融合发展的启示

从陕州地坑院开发和运营中，我们可以观察到：在宏观策略制定上，要充分发挥市场的导向作用和政府的管理功能；在微观策略选择上，要根据旅游市场的需求变化，找准融合的契合点，通过多元化的融合路径，构建形式多样化的融合模式。

启示之一：以市场需求整合旅游资源。充分发挥市场的导向作用，坚持以市场需求变化进行文化旅游资源配置。陕州地坑院景区以地坑院传统建筑文化这一文化主题的发掘和提炼为切入点，通过创新运营机制，引入陕西马嵬驿、深圳华侨城和腾讯公司，进行跨行业资源整合，发挥了资源的整体效能，重构了乡村旅游与文化传承融合发展的价值链，增强了地坑院景区的竞争力。因此，为了让游客接受乡村旅游和乡村文化融合后新产品的核心价值，必须要以创新的思路和富有创意的手段，将新业态、新产品推介给广大游客。

启示之二：积极加强政府的宏观管理功能。市场导向作用的发挥，关键在于规范的旅游市场监管体系。地方政府要建立适应乡村旅游和文化融合发展所必需的旅游宏观管理机制，实现从部门管理向目的地整体管理的转变。尤其是在萌芽及初级阶段，制定与完善能够有效推动融合发展的政策、制度和规划，可避免因纯粹追求利益而破坏乡村文化的行为，有利于形成符合融合发展需要的市场运行机制。陕州地坑院景区开发过程中，陕州区委区政府为这种观点提供了良好的案例和参考，充分发挥政府有限的主导作用，对建立健全政府促进旅游与文化融合发展的保障机制是大有裨益的。

启示之三：积极构建多样化融合模式。乡村旅游与文化传承的融合发展，需要实现乡村旅游的业态创新、协同整合、优势互补和区域经济联动发展，因此在构建融合发展模式时，既要充分考虑乡村旅游的特色优势、功能作用，又要兼顾可融合度、彼此之间的关联性。充分利用当地的资源禀赋、文化优势和社会经济环境，根据旅游市场需求的变化，找准融合点和交汇点，积极利用大数据和智慧旅游等技术，采取多元化融合路径，因地制宜地构建多样化的融合模式，实现乡村旅游新业态的价值复合化。

参考文献

[1] 黄震方、陆林等：《新型城镇化背景下的乡村旅游发展——理论反思与困境突破》，《地理研究》2015 年第 8 期。

[2] 陈来：《文化传承创新的战略意义》，《中国高等教育》2011 年第 20 期。

[3] 张艳、张勇：《乡村文化与乡村旅游开发》，《经济地理》2007 年第 3 期。

[4] 费孝通：《乡土中国》，人民出版社，2008。

[5] 〔美〕丹尼逊·纳什：《旅游人类学》，宗晓莲译，云南大学出版社，2004。

[6] 麻学锋、张世兵、龙茂兴：《旅游产业融合路径分析》，《经济地理》2010 年第 4 期。

[7] 张雷：《地方文化资源与创意经济的融合机理分析》，《理论学刊》2009 年第 7 期。

［8］曹世武、郑向敏：《旅游产业融合动力机制研究——博弈论的解释框架》，《求索》2011 年第 12 期。

［9］陆蓓：《中国旅游产业融合研究——以杭州市会展旅游为例》，浙江大学硕士学位论文，2011。

［10］赵华、于静：《新常态下乡村旅游与文化创意产业融合发展研究》，《经济问题》2015 年第 4 期。

供给侧改革背景下村落文明的
保护与传承研究

王　宾*

摘　要：城镇化是改革开放以来中国经济发展的重要引擎之一，是经济新常态下推动社会经济发展的新动力。然而，粗放式城镇化的推进造成了部分传统村落和村落文明的消失。本文结合农村文化供给侧结构性改革背景，阐述了加强村落文明保护的重要性，指出了村落文明保护现存的问题，并提出具有针对性的政策建议。

关键词：村落文明　新型城镇化　保护与传承

一　引言

城镇化是当前中国最大的发展潜力和内需所在，也是"十三五"时期乃至未来实现社会经济持续平稳发展的最大动力。新中国成立以来，中国城镇化建设取得显著成效，城镇化率明显提升，有力推动了社会经济发展，为世界城市化进程做出了巨大贡献。国家统计局数据显示，2016年，中国城镇化率达到57.35%，已经进入了城镇化发展的平稳加速阶段。经济新常态下，坚持走中国特色新型城镇化道路，推进新型城镇化，成为"十三五"时期社会经济发展的新引擎。

城镇化使得人口由农村转移至城市，农村经济向城市经济转化，既提高了农村社会经济水平，又转变了农村生产生活方式，具有重要的积极作用。但不可否认的是，城镇化在最大限度满足人们物质需求的同时，对生态环境

---

* 王宾，中国社会科学院博士后流动站。

和自然资源也造成了极大的破坏,城镇化进程中楼房林立、布局千篇一律,使得部分地区传统村落和村落文明正在大规模消失,村落文明和中华优秀传统文化遭到西方文化的冲击,影响了中国特色话语体系的构建。

党的十八大以来,政府高度关注新型城镇化进程,并就村落文明保护做出了诸多指示。《国家新型城镇化规划(2014~2020年)》《中共中央关于制定国民经济和社会发展第十三个五年规划的建议》《国家文物事业发展"十三五"规划》均对加强文化遗产、传统村落民居和历史文化名村名镇保护做出明确要求。习近平总书记也多次在重要场合强调农村要留得住绿水青山、记得住乡愁,并就社会主义新农村和美丽乡村建设提出了新理念、新论断。

2014年12月,全国政协双周协商座谈会就"推进城镇化进程中的传统村落保护"进行了专题讨论,数据显示,各地调查上报的1.5万个传统村落仅占全国行政村总数的2.5%、自然村落的0.6%,而有重要保护价值的传统村落不足3000个。作为地方发展特色和传统的比较优势,村落文明成为推动地区社会经济发展的有效动力。农业供给侧改革背景下,研究新形势下村落文明保护和重建工作,是农村文化供给侧结构性改革的重要体现,具有一定的现实意义。基于此,本文就供给侧改革背景下村落文明保护进行探讨,阐述并揭示村落文明保护中存在的问题和其消失的原因,提出具有针对性的对策建议。

二 村落文明保护的重要性

党的十八大报告明确指出了新型城镇化的六大基本特征,即城乡统筹、城乡一体、产城互动、节约集约、生态宜居、和谐发展。这是面对中国城镇化进程提出的重新认识与思考,体现了新形势下城镇化发展升级的思路。而村落文明承载着中华民族优秀传统文化和民族文明。但是,传统城镇化发展对村落文明造成了破坏,为推进中国特色新型城镇化之路,保护传统村落、传承村落文明,具有紧迫性和必要性。

(一)加强村落文明保护,是传承中华民族优秀传统文化的重要载体

中华民族在五千年历史中积累了丰富的文化财富,融汇了众多的思想

智慧，形成了系统的思想体系。这些优秀的传统文化推动了中国社会的不断革新与进步，经过千锤百炼、世代相传，已经深入人心，成为维系中华民族繁衍生息的精神寄托。2013 年，习近平总书记在全国宣传思想工作会议上指出，中华传统文化是我们最深厚的软实力。继十七大首次在党的文件中提出"文化软实力"概念后，党的十八大对中华传统文化再次高度关注。2014 年，教育部印发《完善中华优秀传统文化教育指导纲要》；2017年，中办、国办印发《关于实施中华优秀传统文化传承发展工程的意见》，均旨在推进中华优秀传统文化的保护和传承。目前就世界范围来看，经济复苏依旧乏力，增长动力不足，全球性挑战不断，加剧了发展的不确定性。国际竞争日趋激烈，面对世界格局的变化、多元价值观的影响，重建中华民族的文化自信，是支撑中国社会经济发展的精神支柱。作为更基本、更深层和更持久的力量，文化自信成为建设社会主义文化强国、增强国家文化软实力的重要载体。

新中国成立以来，城镇化的不断加快，也在一定程度上加速了传统文化的变迁。上千年来农业文明遭受着各种思想价值观念的冲击。加强村落文明保护，是延续中国农耕文明和历史文脉的本质要求，也是传承中华民族优秀传统文化的重要载体。只有留住村落文明，才能够保住优秀的文化传统。

（二）加强村落文明保护，是走中国特色新型城镇化道路的内涵所在

坚持走中国特色新型城镇化道路，是新一届领导集体对城镇化发展的新思路和新论断。党的十八届三中全会通过的《中共中央关于全面深化改革若干重大问题的决定》和《国家新型城镇化规划（2014～2020 年）》中均明确指出，要走以人为核心的城镇化，要走四化同步、优化布局、生态文明、文化传承的中国特色新型城镇化道路。城镇化的发展归根到底，是要解放生产力，要提高百姓福祉。新型城镇化建设的灵魂问题是文明代际传承，使后代望得见山水，记得住乡愁。因此，应该在城镇化推进过程中注重传统文化保护和传承。传统村落承载着浓厚的历史文明，已经在人们观念中烙下印记，走新时期的城镇化道路，就必须以人为中心，从人的根本诉求出发。

我国自然与人文、物质文化和非物质文化遗产众多，留给了后代无尽

的物质和精神财富，注重弘扬传统文化，推进经典文化代代相传，也是城镇化的内涵所在。通过合理汲取传统文化，丰富城市内涵，才能提升城市品位，增强城市的对内凝聚力和对外竞争力。然而，传统城镇化过程中过多重视物质层面建设，对城市文化的保护和传承重视不够，加之市场经济及商品经济的冲击，传统文化经受了众多挑战，人民的文化认同感明显下降。尤其是部分地区在城镇化进程中，为了吸引眼球，盲目推崇洋地名、洋建筑，与传统文化不相容，使得城镇特色不伦不类。部分地区新农村改造存在盲目撤村并庄现象，严重损害了人民群众的根本利益。这都与中国特色新型城镇化道路相悖，既破坏了传承已久的村落文明，也割断了未来可持续发展之路。

（三）加强村落文明保护，是推进文化精准扶贫脱贫工作的重要环节

精准扶贫、精准脱贫工作是习近平总书记站在全面建成小康社会、实现中华民族伟大复兴中国梦的高度，为消除贫困，最大限度提高民生福祉提出的民生战略，是党对人民做出的郑重承诺。2017 年 2 月，习近平总书记在中共中央政治局第三十九次集体学习时的数据显示，2013 ~ 2016 年，每年农村贫困人口减少均超过 1000 万人，累计脱贫 5564 万人，贫困发生率从 2012 年底的 10.2% 下降到 2016 年底的 4.5%，下降了 5.7 个百分点。精准扶贫、精准脱贫工作成效显著，扶贫攻坚工作的核心在于"精"和"准"，通过各项帮扶措施提高贫困群众的生活水平，建立一套系统长效的扶贫机制；根本在于提升贫困地区群众的科学文化水平，而村落文化是农民精神生活的基础，主导农民的价值观念、思维方式、行为准则和处世原则（姚蓓琴，2000）。伴随着时代发展，农村精神生活也发生变化，强化村落文明保护，可以从文化角度推动精准扶贫、精准脱贫工作落到实处，发挥长久作用，扶贫扶智，提升扶贫效果。

目前，传统村落文明保护与乡村旅游的有机结合，是推进文化精准扶贫、精准脱贫工作的重要方式。由于不同民族、不同区域的村落文明在城镇化推进过程中，总是通过物质或非物质形式，传承文化信息，人们的生活方式、生产方式、心理活动会伴随着城镇化而发生变化。传统的建筑设施、风俗习惯也会逐渐被新生事物所代替，村落文明保护面临着极大的挑战。通过加强村落文明保护，可以增强地区发展文化内核，增强精准扶贫效果。

三 村落文明保护存在的问题

传统城镇化进程大搞拆旧建新，古典建筑和历史人文景观被高楼林立的住宅取代。许多常年居住在外的人返乡感叹家乡变化大的同时，也渐渐淡化了乡愁和记忆，对乡土气韵和桑梓情愫的理解已越来越少。随着城镇化的深入，出现只见"名城"，不见"历史文化"的尴尬局面。中国文联副主席冯骥才调查数据显示，2000 年，中国共有 371 万个自然村，到了 2010 年，我们的自然村就剩下 263 万个了。10 年锐减了 108 万个村落，传统村落保护已经迫在眉睫。

（一）村落文明保护意识淡薄，破坏传统村落风貌

首先，政府部门不重视村落文明的保护工作。我国现阶段的城镇化具有显著的政府主导特征（侯祥鹏、葛扬，2015），政府全力推进城镇化进程，追求地区 GDP，为提高城镇化率，忽视了对传统村落文明的保护，特别是在旧房拆迁中，没有保护好具有传统意义的古建筑，造成了不可逆的影响；在推进城镇化进程中，割裂了其与传统文化之间的关系，没能够保护好民族文化，造成城镇化建设千篇一律，没有民族特色。

其次，表现为村民在村落文明保护过程中的意识淡薄。文化传承是文化的内在属性，是人类社会不间断发展的内在要求。在文化传承过程中进行着人类社会各种文化要素的交接，既有物质的，也有非物质的（赵世林，2002）。农民是传统村落最直接的保护者，很多古村落村民对传统文化的保护意识不足，自行拆建古村落和古建筑，对内在的传统民俗更是没能很好地继承，导致了传统村落风貌的破坏。

（二）传统村落分布较为分散，类型复杂不易挖掘

全国传统村落空间分布密度具有明显差异性，空间分布省际差异较为明显，全国来看，呈现南多北少的空间分布特征，东、中、西三大地带差异明显，西南地区传统村落分布最为集中，长江中游地区次之（刘大均等，2014）。正是由于分布较为散落，才不易集中管理和保护。伴随着长时间的迁移，受自然、历史等因素影响，部分古村落开始老化，古建筑正面临消失的危险。由于传统村落多为少数民族村落，类型各异，保护难度加大了。

同时，城镇化造成农村人口大量外出，青壮年劳动力脱离农村，很多村庄开始出现空心化现象，在一定程度上加速了农村传统村落的老化。农村劳动力的转移不仅使得农业生产受到影响，而且由于常年游走于城市与农村，人们的思想观念也开始发生转变，传统的农耕文化被逐渐淡化。而城镇化对传统村落最直接的影响在于对建设用地的需求，许多传统村庄和古代建筑被强拆，难以恢复。

（三）法律及管理机制不健全，保护宣传力度不足

尽管我国已经出台了《中华人民共和国文物保护法》及有关村落保护的指导意见，但是，就目前城镇化进程中对传统村落文明的破坏程度而言，亟待专门的传统村落保护法的出台。党的第十八届四中全会提出了全面推进依法治国的总目标和重大任务，意在将社会经济发展的各方面纳入法制轨道，传统村落及村落文明的保护与传承理应受到法律的保护，做到有法可依。强化村落保护的管理机制，提高政府对传统村落的管理水平。

而传统村落的保护之所以没有被高度关注，主要在于缺乏具有专业知识技能的村落保护人才。目前，传统村落的保护和宣传工作多依靠志愿者队伍，尽管他们对保护古村落发挥了重要作用。但是，这与村落文化的传承相差较远，村落文明需要更加专业的人员保护和宣传，缺乏专业人才队伍，将难以形成吸引力，也难以保证村落文明的健康发展。

（四）盲目照搬已有发展模式，缺失传统村落内核

中华民族具有灿烂的文明，在历史的发展进程中，许多优秀的思想及文化理应得到传承及完善。村落文明是乡村建设的灵魂，缺失了特色文化，便很难形成发展动力。但是，由于传统城镇化过度关注速度及规模，在改建过程中存在破坏村落文明的现象，而且为了求大，相互模仿建设，大建基础设施，一些优秀文化被遗弃，村落独有的特点没有显现出来，造成了优秀文化的断层。城镇化建设的千篇一律，使得民俗村落没有了民族特色。

中国的农耕文明流传较久，由于受到城镇化影响，大片农业耕地被征用，耕地后备资源减少，耕地保护面临多重挑战。与此相关的，农村青壮年人口迁入城市，生活方式等发生了转变，农耕文化及村落文明正在遭到破坏，传统村落的精神内核正在发生变化。

（五）乡村旅游项目同质化严重，传统性与商业化冲突

传统村落是不可再生的旅游资源，传承着中华优秀传统文化的历史记忆。将传统村落加以利用，开发旅游资源，是目前大多数古村落的做法，也成为脱贫致富的重要手段。乡村旅游与传统村落结合的最佳方式，是利用现代的商业化理念，以保护传统村落文明为基本原则，利用现代科技，增强传统村落的宣传和推广力度，以更加开放和便捷的方式向游客传播传统村落文明，继承和发扬传统优秀文化。

但是，随着乡村旅游的不断扩大，旅游项目的内容及方式大同小异，乡村旅游过度开发，商业气息较为浓厚。没有体现传统村落特色，旅游项目同质化严重，差异化发展不明显，传统村落的农家乐只是将城市的生活方式及生活习惯植入农村，既打乱了传统村落的风俗人情，又对传统村落的生态造成严重破坏。

（六）村落文明创新动力不足，传统文化革新速度慢

保护和传承传统村落文明，并不是要停留在现有发展水平上。文化具有历史延续性，是因为其能够根据社会经济发展变化而不断革新。传统村落文明也应该伴随时代发展，不断实现自我更新，只有取其精华，去其糟粕，才能引入更多具有活力的现代元素，才能更加适应时代发展需求。

当前传统村落文明创新动力不足，最主要的表现是农民科学文化素质不高。农民对于传统村落的认识及创新意识不到位，难以挖掘传统村落的内涵，也就无法对其加以创新，没有独特的创新方式，也就难以形成对外竞争优势，使得传统文化的更新较慢，不能紧随时代发展要求。

四 新型城镇化进程中村落文明消失的原因

新中国成立以来，中国城镇化进程不断加速。1949年，城镇化率仅为10.64%，直至2011年，城镇化率首次突破50%，达到51.27%，仅仅60年左右时间，增长了近4倍。但是，快速的城镇化进程也加速了传统村落的消失，村落文明正面临严峻挑战。究其原因主要在于以下两点。

（一）村落文明消失的根本原因在于城乡二元结构

城市和乡村是任何社会形态下都存在的两种形态，二者之间的分工是

商品经济发展和生产力推进的必然结果，而这种分工的产生也是社会经济的巨大进步。

新中国成立后，社会主义制度逐渐建立起来，城市和乡村之间的对立基本解除，但是二者之间的本质差距仍然没有消除，这是由生产力发展的不平衡决定的。

图 1 显示，21 世纪以来，中国城乡收入差距、消费支出差距及恩格尔系数差距仍然存在，这种差距不仅体现在生产方式和劳动生产率上，更多的是城乡居民在生活习惯、消费理念和思维方式上的差距。从需求来看，自 2000 年中国实现了温饱型小康以来，城乡居民在"吃、穿、用"等方面的需求已得到比较充分的满足，差别并不明显，但在文化、医疗、居住、交通、通信、体育和娱乐等方面的需求依然差异较大（王国刚，2014）。城乡二元结构容易带来社会的不公平与不合理，从而拉大城乡差距，加剧城乡对立情绪。城乡二元结构带来了城乡资源分配不均，导致大量农民涌入城市，力图享受城市资源，这也就带来大量传统村落的消失，中国村落终结艰难的制度根源是城乡二元的经济和管理制度（刘梦琴，2011）。

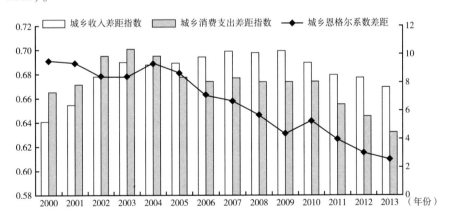

图 1　2000～2013 年城乡发展差异指数

资料来源：由历年《中国统计年鉴》计算得出。

（二）村落文明消失的表象原因在于人口转移带来的农村空心化

城镇化最明显的特征在于农村人口的减少，换来了城镇人口的增长，二者之间呈正相关。由于农村青壮年劳动力更愿意进城务工，他们逐渐脱离农村，脱离农业生产，对土地的依赖性也逐渐减弱。这造成了对乡土文化的留恋逐渐降低，恋土情结、恋乡情结不断弱化，这是对中国存在几千年农耕文明的极大冲击。早在 20 世纪 90 年代，中国农村地区就已经有近 70% 的劳动力转出，近 1/3 的良田抛荒现象（康继祥，1999）。特别是以"80 后""90 后"为主的新生代农民工，他们渴望融入城市，常年游离于城市和农村之间，且接受新鲜事物的能力较强，已经开始接受城市文明，不习惯农村生活方式，农业生产能力也部分丧失，这在很大程度上造成了农耕文明及村落文明的断层。

在部分传统村落的发展过程中，也伴随着对生态环境的破坏，造成难以修复的环境污染。中国耕地面积不到世界耕地总面积的 10%，化肥施用量接近世界总量的 1/3，化肥综合利用率也只有 30% 左右，造成了严重的农业面源污染。中国化肥施用与农作物播种面积、粮食产量之间依然没有实现脱钩（于法稳，2016）。这些环境污染使得部分农民开始转移至城市，造成了一定程度的农村空心化。

此外，部分地区城镇化建设急功近利，对农业耕地的占用较为严重，对传统村落的过度开发利用，也破坏了村落的原始生态，冲击了原有的农耕文明和民族风俗。因此，空心化带来的不仅是农村劳动力的减少和村落的减少，更重要的是土地逐渐显现出"空心化"趋势。再加上农村耕地流转程度低，部分农村地区将耕地转为种植花木、树苗等能获取较高收益的作物，保障农业生产能力的耕地面积也面临着减少的危险。图 2 显示，中国耕地面积已经逼近"18 亿亩"红线。如果未来城镇化建设不能将此问题加以整治，中国农业问题将面临巨大挑战。

五　村落文明重建的政策建议

"十三五"时期，我国将继续推进中国特色新型城镇化之路，城镇化必然成为经济发展新常态下的重要支撑。如何把握城镇化进程中传统村落的保护，以及村落文明的传承，是当前各级政府及学者需要关注的话题，也是传承发展中华优秀传统文化的必然要求。

（一）增强传统村落保护意识，集全社会之力传承村落文明

政府在城镇化进程中，应摒弃粗放式发展理念，将传统文化及村落保

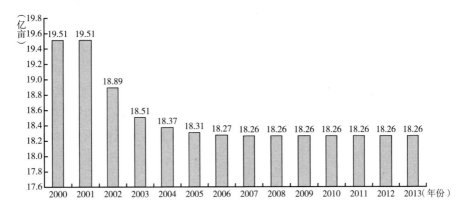

图 2　2000～2013 年中国耕地面积

资料来源：《中国统计年鉴》《中国国土资源统计年鉴》《中国农业统计资料》。

护列入规划范围，不追求大而全的建设，要突出传统村落特色及发展优势。引导农民利用科学的方法、理性的方式对待传统文化及村落文明，树立可持续发展理念，真正做到以人为核心地推进城镇化。同时，要培育农民保护传统村落及村落文明的责任感和使命感，让农民真正了解传统文化的内涵及传承价值。

在资金扶持上，建议中央及地方各级财政拨付专项资金对传统村落，特别是濒临消失的边远地区村落加以保护。拓宽融资渠道，积极吸纳社会各方资金投入建设，探索引入 PPP 模式。通过建立传统村落及村落文明保护基金会，对筹集资金进行专项管理，做到专款专用。

（二）摸底调查传统村落现状，创建传统村落文化保护数据库

早在 2012 年，住建部就联合文化部、财政部等部委开展全国第一次传统村落摸底调查，截至 2016 年，已公示第四批中国传统村落名录，四批合计 4153 个村落。但是，受地理、技术等因素影响，虽然部分传统村落已经在城镇化推进过程中消失，全国范围内仍有很大一批传统村落未被挖掘。因此，有必要开展全国范围内的传统村落清查摸底工作。通过总结前四批村落审批经验，组织专家对新发现的传统村落进行鉴别和认定，区别划分物质文化遗产和非物质文化遗产，建立集文字、图像、影视、音频等资料于一体的立体化数据库。通过遥感测绘技术，对传统村落加以严格监控，实时反映城镇化进程中的传统村落发展状况。

同时，"互联网＋"已经嵌入社会经济发展的各环节中，并成为推动社会发展的重要动力。传统文化的保护及村落文明的传承，应该借助"互联网＋"热潮，利用大数据技术，对全国范围内具有典型代表性和传承价值的古村落加以跟踪研究。通过研发具有地域特色的手机 APP 终端，借助微信、微博等新媒体的广泛应用，搭建虚拟村落文明保护的数字展览馆等，让更多人了解、熟悉并传播传统村落文明，以防止城镇化对传统文化的破坏，真正将保护和传承中华优秀传统文化从理念转化为实际行动。

（三）建立健全法律保护机制，保障传统村落保护有法可依

新型城镇化在自上而下地推行于城市老城区和乡土社会过程中，会面临来自民众的接受、理解、应对与涵化，也必然出现种种纠结与冲突（赵君香，2014）。保护传统村落，传承村落文明，立法必须先行。这既是贯彻党的十八届四中全会重要指示精神，又能保障传统村落保护有法可依，便于加强监督管理。

当前，传统村落保护工作已经得到了国家及各级政府的高度关注，并相继出台了指导意见。虽然 2007 年国家颁布了《中华人民共和国文物保护法》，2012 年住建部评审第一批《中国传统村落名录》，2014 年住建部等印发《关于切实加强中国传统村落保护的指导意见》，但是，整体而言，国家针对传统村落保护和村落文明传承的"中华人民共和国传统村落法"未明确出台。如果不出台相应法律规范，传统村落保护将面临严峻挑战。同时，辅之以制定《国家中长期村落文明保护和发展规划纲要》，明确未来一段时期内传统村落保护和发展的路线、方针、原则及重点任务，提出具体保护措施。

（四）培养传统村落文明传承人，提升新生代农民的科学文化素质

由于每个民族都有其自身发展特色与民族特质，本地区或本民族的人才更加珍惜和了解民族特色。通过挑选并努力培养传统村落文明保护传承人，带动一批热爱村落文明的民间艺人，发挥他们在传承优秀文化中的积极作用，扩大对外影响和宣传力度，提高传统村落的对外影响力。

城镇化进程使得一批农村剩余劳动力转移至城镇，留守在家的老人、

妇女和儿童的生产能力相对较弱，且文化素质不高，粗放式的农业生产导致了农业生产效率低下，不利于农业现代化的转型升级，更不利于传统村落文明的传承。要切实转变村落文明保护中存在的诸多问题，要从提升农民自身科学文化素质开始。"公民科学素质蓝皮书"《中国公民科学素质报告（2015～2016）》数据显示，农业户口人群公民科学素质达标率偏低，成为制约中国公民科学素质提升的主要群体（李群等，2016）。这就需要各级政府在新型城镇化进程中，加大对农民的科学知识普及工作，注重文化内在的提升。

（五）正确处理乡村旅游与村落保护关系，找准商业开发与文化保护的平衡点

传统村落的生产生活方式凝聚了千百年来农耕文明的结晶，是展示传统村落的最佳载体，乡村旅游应该将文化融入乡村活动，让游客真正感受到传统村落的魅力，在享受村落文明的同时，身心得到放松。

乡村旅游的开发必须要在保证传统村落可持续发展的框架内，通过利用传统村落的文化及历史资源，提炼村落自然和民俗文化，提升传统村落的交通等基础配套设施建设，根据村落风俗习惯，突出村落地域特色，形成独特的品牌形象。不能将城市旅游模式生搬硬套进村落开发中，要根据村落和生态环境的资源承载能力，制定可行的、利于长远发展的旅游开发规划。不能过度开发现有资源，破坏传统村落的原貌，最终使得乡村旅游留得住青山绿水，人们记得住乡愁。

（六）加大文化供给侧改革力度，大力发展农村文化创意产业

中国粗放式城镇化发展模式不仅造成了巨大的环境破坏，而且缺乏可持续发展的产业优势、技术优势，导致优秀文化资源难以转化为文化资本，城镇创新发展相对滞后，文化产业几乎呈空白状态（梁新华，2014）。在中央大力倡导推进供给侧结构性改革的大背景下，文化部门理应着力打造农村文化创意产业。

加大传统村落文化供给侧改革，不断提升传统村落的对外开放度，打造传统村落名优品牌，加强产业政策扶持，提升对外影响力。加快农村传统文化创意人才队伍建设，引进培养高端人才，调动农民在传统村落文明保护和传承过程中的创造性和积极性，创新创造，推陈出新。

参考文献

［1］姚蓓琴：《村落文化和农村两个文明建设》，《社会科学》2000 年第 4 期。

［2］侯祥鹏、葛扬：《地方政府推动城镇化的机理与实证：以江苏为例》，《江苏社会科学》2015 年第 2 期。

［3］赵世林：《论民族文化传承的本质》，《北京大学学报》（哲学社会科学版）2002 年第 3 期。

［4］刘大均、胡静、陈君子、许贤棠：《中国传统村落的空间分布格局研究》，《中国人口·资源与环境》2014 年第 4 期。

［5］《中国大百科全书》总编辑委员会：《中国大百科全书·经济学 I》，中国大百科全书出版社，2004。

［6］王国刚：《关于城镇化发展中的几个理论问题》，《经济学动态》2014 年第 3 期。

［7］王宁：《传统村落的地理嵌入性、地理脱嵌性及其社会保护机制》，《旅游学刊》2017 年第 2 期。

［8］刘梦琴：《中国城市化进程中村落终结的路径选择》，《农村经济》2011 年第 2 期。

［9］康继祥：《农民恋土情结弱化现象分析》，《中国土地》1999 年第 8 期。

［10］于法稳：《习近平绿色发展新思想与农业的绿色转型发展》，《中国农村观察》2016 年第 5 期。

［11］赵君香：《中国城镇化进程中的文化传承》，《山东大学学报》（哲学社会科学版）2014 年第 4 期。

［12］李群、陈雄、马宗文：《中国公民科学素质报告（2015～2016）》，社会科学文献出版社，2016。

［13］梁新华：《新型城镇化的文化维度构建》，《天津社会科学》2014 年第 5 期。

乡村旅游与文化小城镇契合发展的实现路径

——以天津小穿芳峪村为例

苑雅文 *

摘　要：休闲农业与乡村旅游是农业供给侧调整的着力点之一，是三次产业融合的重要通道。文化又是乡村旅游与小城镇建设的契合点，应遵循历史发展脉络，合理规划和设计乡村旅游活动，搞好区域布局与合作，实现文化小城镇整体发展。本文以天津蓟州小穿芳峪村为例，根据实地考察和挖掘整理的古籍文献，复原了清末八位雅士来此建园生活的史实，提出深度挖掘乡村优秀传统文化、找准地域文化内核、突破行政村界的限制、以文化创意提升乡村游的发展水平和引入现代投资和管理模式等举措，推动区域经济的稳步发展。

关键词：文化　乡村旅游　小城镇　隐逸文化

2016 年，中共中央、国务院发布《关于落实发展新理念加快农业现代化实现全面小康目标的若干意见》，其中首次提到"农业供给侧结构性改革"，指出："推进农业供给侧结构性改革，加快转变农业发展方式，保持农业稳定发展和农民持续增收，走出高效、产品安全、资源节约、环境友好的农业现代化道路。"同时提出，"推进农村产业融合，促进农民收入持续较快增长"，要"大力发展休闲农业和乡村旅游"，乡村旅游是"农业供给侧"调整的着力点之一，是三次产业融合的重要通道，即通过农业与旅游业的交叉融合，延伸产业链条，提高产品附加值，促进农业的转型升级，增加农民的经营收入。2017 年《政府工作报告》特别提出，"大力发展乡村、休闲、全域旅游"，同时提出"支持特色小城镇发展"，文化小城

---

* 苑雅文，天津社会科学院现代企业研究所、京津冀及城市群发展研究中心。

镇建设正是这两项重点工作的有效结合点。在供给侧结构性改革的大格局下，乡村游和小城镇建设应融合发展，遵循旅游消费的规律设计展示和活动形式，让游客接受文化的熏陶，收获旅游的快乐。

一　天津文化小城镇建设的基本情况

本文所指文化小城镇是以文化产业为核心的地域，包括小城镇和特色小镇两种形态。小城镇是指具有一定人口和经济规模的建制镇，特色小镇则特指区别于行政建制镇和产业园区的创新创业平台。各地实践表明，特色小镇和小城镇建设互为支撑，是推进供给侧结构性改革的重要平台，有利于发挥城镇化对城乡发展的辐射带动作用。

天津小城镇和特色小镇建设也在有序进行中。目前，天津市确定市级特色小镇14个、市级培育特色小镇17个，到2020年力争创建10个实力小镇、20个市级特色小镇。在这份特色小镇创建和培育名单中，以文化（含旅游）产业为核心的市级特色小镇有8个，占比57.14%；以文化（含旅游）产业为核心的市级培育小镇有11个，占比达到64.71%（见表1）。为推动优秀传统文化的创造性转化和创新性发展，2017年2月天津市文化广播影视局发布了特色文化产业示范乡镇（街区）建设名单，有精武镇、葛沽镇、穿芳峪镇、黄庄镇等十个乡镇（街道），涵盖文化旅游、传统工艺、特色节庆等业态。

在特色小镇开发中，天津市发改委提出"重运营、轻开发"，把文化功能作为"内核"，充分挖掘、展示地域优秀传统文化，强调对传统文化的活化利用，形成凝聚特色小镇的新的文化氛围。在市民生活中，杨柳青、葛沽、小站等文化型小城镇的辐射力日益增强，在吸引相关产业聚集的基础上，人们往往会在节假日来到这里体验丰富的民俗活动，在纪念日来到这里寄托情感，还能够把特色文化产品和优质农产品带走，确实起到了特色小城镇的集聚和发散功能。

表1　天津市特色小镇文化（旅游）产业定位统计

		市级特色小镇创建情况	市级特色小镇培育情况
总量（个）		14	17
其中：文化小镇	数量（个）	8	11
	占比（%）	57.14	64.71

续表

	市级特色小镇创建情况	市级特色小镇培育情况
文化小镇定位	茶淀:葡萄种植、深加工、文化体验 葛沽:民俗文化 杨柳青:民俗和民间艺术、旅游 东浦洼:商贸旅游、商务会展 团泊:观光旅游和健康养老 潘庄齐心:休闲农业、蘑菇产业和旅游 京津新城:温泉疗养、旅游度假 下营:山野运动、乡村旅游	新城镇:温泉旅游、都市农业、高新技术 寨上街:盐渔文化传承、休闲旅游 汉沽街:创意农业 金钟街:生态旅游 东丽湖街:休闲度假、旅游观光 北运河休闲生态旅游小镇:生态旅游 双塘镇:文化旅游、养生养老 苗庄镇:现代农业、休闲养老 牛道口街:健康养老、旅游 邦均镇:苗木花卉、旅游 上仓镇:科技服务、生态旅游

二 小穿芳峪村旅游产业的发展情况

小穿芳峪村坐落在天津蓟州东北部的半山区,地貌极具特点,呈群山环绕状:村背靠卧牛山,还有穿芳山、半壁山、龙泉山、鹦哥山环绕,是个风景秀丽、空气清新的小山村。全村有人口 268 人,山场 200 亩,耕地 295 亩,已经发展为国家 AAA 级旅游景区。

曾经的小山村经济困难,村容村貌缺乏整治,一派落后景象。2012年,以孟凡全为书记的村领导班子积极整改,实施土地流转,推行集体经营模式,重点发展乡村旅游产业。几年来,村里的经济得到长足发展,集体经济收入从 2012 年的零收入发展到 2016 年的 50 万元,村民年人均收入也从 8400 元提升到 26000 元。小穿乡野公园成为有一定知名度的旅游景点。

三 小穿芳峪村旅游产业发展中的 "文化盲区" 与体制限制

(一) 对优秀传统文化的认知和挖掘不够

笔者沿着"自然资源 + 文化资源 + 人力资源→经济开发"的立体架构,对天津市休闲农业与乡村旅游的发展进行梳理。走访调研中发现,在各级政府和经营实体多年的努力下，文化已经成为各类旅游项目中不可或缺的要素，当然还存在实践效果、建设水平等参差不齐的问题。我们的研究工作往往是四处查找几乎成型的材料进行分析，而在乡村旅游文化要素的调研中，笔者惊讶地发现乡村还有很多优秀传统文化资源被忽略，没有得到深入的挖掘和开发，相关知识无法拿来就用，需要我们从基础的资料访查和整理开始，可以说是一项跨专业跨学科的系统工程。如笔者对天津蓟州的隐逸文化进行了考证，希望引申为现代人来此休闲旅游的依据。意料之外的是，多年来理论界对田畴、鲋通、李孔昭及穿芳三隐等蓟州隐士的典故缺乏挖掘和专业考证，对历史遗迹疏于保护和宣传，实践中更是缺乏开发和利用。还有在民间颇有影响的窦燕山教子等历史篇章，更是被埋没。

小穿芳峪村以绿色休闲为发展理念，积极修复和建设良好的生态环境，但是对自身的历史文化资源却缺乏关注，产业发展定位中没有其优秀传统文化的席位，不得不说是一种缺失。新中国成立前，小穿芳峪村与穿芳峪村（民间称大穿）、南山村合称穿芳峪。这一带三面环山，曾经山泉众多，涌流交错，景色绝佳。笔者访查到丰富的故事和大量遗存物品，展现出清末八个文人雅士来到穿芳峪，在卧牛山一带修建多座园林，同游共乐、赋诗怡情、办学助贫的生动场景。通过细致的调查考证，挖掘到很多有价值的历史文献，包括《龙泉师友遗稿合编》《里党艺文存略》《乡塾正误》《广三字经》等，这些隐逸在穿芳峪的文人雅士留下了超过一百万字的古籍文献。文史专家对作品折射出的境界和水平给予很高评价。这些史实不仅具有研究价值，文字描述展现的园林景观、特色产品以及多种文化活动，生动而有品位，完全可以成为现代旅游活动的核心要素。遗憾的是，政府和经营实体对这些珍贵的文化资源重视不够，更缺乏系统的开发规划。

（二）行政区划的变革阻隔了历史文脉的传承

几位雅士建设的园林分布于大、小穿芳峪两个村，龙泉园、问青园、龙泉寺以及义塾旧址位于大穿境内，状元崇绮题写"唐槐"碑的古槐树如今依然茂盛，有着"状元槐"的美誉，吸引了很多人在此结绳许愿。而小穿芳峪境内可见响泉园、习静园、井田庐、八家村馆等遗迹。坝尺峪等附近村庄也有雅士们的墨迹与足迹。古籍中所展示的地域范围更是从村到县乃至北京等地。小穿芳峪村是近年发展起来的专业旅游村，但是文化旅游的开发受到了行政村界的制约，难以依靠一己之力复原历史、传承优秀传统文化。这种局面要求我们打破行政区划的制约，建立起以小穿芳峪为核心的区域开发模式，合理布局各种旅游项目，带动镇域旅游产业的开发与升级。

（三）产业延伸不够，文化创意产品缺乏

政府对文化活动非常重视，但是笔者调研中发现，很多文化活动的设计过于呆板，往往偏重于说教，以展示为主，缺乏互动环节，不能成为消费者喜闻乐见的活动内容。如很多农业专题博物馆、主题庄园等，叫好不叫座，游客很少光顾或者逗留时间很短，市场认知度低。此外，当前乡村旅游的文化活动还是以节庆活动为主，阶段性、时效性强，缺少乡村旅游文化的长效机制和日常活动载体。

文化创意产业是快速发展的新兴产业，目前与乡村旅游产业的融合还不深。以小穿芳峪村为例，经营管理以当地人为主，外来投资、外来管理及外部智囊的介入还比较少，先进理念的影响力较弱，对文化资源普遍缺乏经营和设计，文化创意产品种类少、市场影响力小。

四 乡村旅游与文化小城镇契合发展的路径设计

（一）对古籍进行专业分析研究，深度挖掘乡村优秀传统文化

洋洋洒洒近百万字的古籍，为我们留下了丰富的知识与信息。书中清晰记录着八位雅士在穿芳峪建园的来龙去脉，叙述着他们劳动和生活的经验与乐趣，也表达着他们读书的体会与感悟。古籍的内容可以分成几大类，一是对地域风光的美好描述，如"三面山环绕，东南少开张。入山不见村，惟有树苍苍。山山有流泉，流多源并长"；二是对植树造林经验的总结。李江、王晋之等雅士重视植树，并颇有研究，《山居琐言》有详细总结，如"居山先宜树木、树田宜近而贱、种树可占正田、种树先宜编篱、编篱得利而无他患、树秧岁宜多养、种树亦宜用粪、删树五诀"等；三是对农耕生活的总结，认为"耕织种植皆宜专精其事"，还发展种蔬养蚕，王晋之开辟了中草药园；四是对持家守礼的认知与宣传，提出"兴家勤俭是根，传家忠厚是根，保家诗礼是根"；五是有特色的农家风味产品，

亲手制作小烧酒、梨醋、蜂蜜、醉梨、潦豆、雷蘑等特色农产品；六是乐居生活场景描述，劳作之余，雅士们笔耕不辍，留下大量的美文，如"约伴游山，即以觅句""课儿句读，即以温书；循溪散步，即以行饭"等。如今村里可见各处园林遗迹，可觅古树、匾额、园林照片、画模、课本等古物。

（二）深入开展民间文化专题研究，找准地域文化内核

对文化内涵的挖掘与研究，可以有效避免特色小城镇开发中"千镇一面"的形式陷阱。天津农村地区有着丰富的民间文化传统，如军旅文化、漕运文化、盐渔文化、园林文化、商旅文化、码头文化、慈善文化等。在今后的开发中，要重视对传统文化的挖掘和整理，对相关历史资料和实物进行积极的采集和保管，让优秀传统文化成为小城镇建设的核心。以小穿芳峪村为例，应对现存的相关物品进行文物鉴定和积极保护，加强对知情老人的走访和资料整理，争取各级政府的支持，建立文史馆等文化展示区域。

（三）突破行政村界的限制，升级为文化小城镇的立体开发

文化小城镇建设是当前我国城乡合理化布局的重要举措。昝胜锋认为，特色小镇建设应合理推动历史文化资源的保护、修缮、展示和阐发工作，将区域特色文化元素、符号与现代生产生活需求相结合，塑造小镇特色建筑风貌。

作为城市连接乡村的中间地带，文化小城镇的重要产业形式无疑是乡村旅游。小穿芳峪村所在的穿芳峪镇被确定为天津市文化示范镇。今后应该依托文化镇的建设，突破行政村界的限制，促进穿芳峪历史文化资源的传承。建议穿芳峪一带进行重新定位，将旅游活动延伸到养生、养老、文化产业等领域。根据古籍文献资料和当地自然资源，可划分为事农、观景、求知、访古、雅好、养生、众乐、逸居等活动板块，设计出有特色的地产项目和旅游活动，打造穿芳峪园林的整体形象。

（四）以文化创意提升乡村游的发展水平

穿芳峪区域应根据历史记载开展传统教育、哲学研讨、绘画手工、休闲观景等有文化内涵的旅游活动。应该积极运用丰富的历史记忆与留存文

物，激活小穿芳峪及周边地域的文化旅游，让历史文化成为今后旅游产品设计的依据和核心内容。从当今的乡村旅游活动规律看，穿芳峪园林集群和义塾等历史记忆，无疑能够吸引游客、延长逗留时间，是现代乡村游的重要"卖点"。应激活民俗民间文化的保护机制，对现存的有关物品进行文物鉴定和保护，加强对知情老人的走访和资料整理，建立文化主题博物馆，增强文化体验活动的吸引力，弘扬优秀传统文化。

应加强文化创意产品的开发，延伸产业链条，提升天津乡村旅游竞争力。对古籍、文物等进行研究与考证，开发设计出形式丰富的文化创意产品，激发消费者的求知欲和获取欲。如对古籍进行批量复制，以限量珍藏版向市场发售；对古籍中的描述进行复原，建立穿芳峪园林集群，开展多种主题的旅游活动，开发挂件、装饰画等可外销文化产品；将精彩故事用影视、表演等手段来展示，借力互联网等现代传播媒体扩大影响。

（五）引入现代投资和管理模式，推动地域经济的稳步发展

应确定传统文化的核心地位，把镇峪发展纳入京津冀协同布局中，以有地域文化特色的项目吸引外部投资，引进北京等先进地区的品牌与之合作，建立蓟州名品作坊街、穿芳峪园林、义塾等旅游区域，增强旅游活动的互动性开发，提高内部管理和服务水平。

参考文献

［1］苑雅文：《蓟州隐逸文化探源》，《天津日报》2017 年 2 月 27 日。
［2］课题组：《蓟县穿芳峪古龙泉寺、清代园林及有关历史问题考察报告》，《天津师范大学学报》1987 年第 1 期。
［3］苏锐：《"文化＋"助力特色小镇建设》，《中国文化报》2017 年 1 月 12 日。

各地改革的实践探索

深化农业供给侧结构性改革的几点思考

——以山西省为例

潘　云　赵旭强　孙秀玲[*]

摘　要： 推进农业供给侧结构性改革是供给侧结构性改革的重要内容，是新形势下我国农业发展战略调整的客观要求，也是今后我国农业农村工作的主线。山西是一个具有鲜明特色的农业省份，发展特色农业具有得天独厚的优势，由于自然和历史的原因，山西这一优势并没有得到充分发挥。当前，农产品市场供求发生了根本性转变，为适应农产品需求由追求数量向追求质量的转变，山西农业的发展必须以特色农业为方向，发展功能农业；进一步破解制约农民流动的各种障碍，促进"身份农民"向"职业农民"转变；加快构建新型农业社会化服务体系，推进资金、信息、技术等各类要素在农业领域集聚。

关键词： 农业供给侧　结构性改革　土地产权

一　农业供给侧改革是农业发展
进入新阶段的必然选择

（一）"十二五"以来山西农业取得长足发展

"十二五"以来，在强农惠农政策支持下，山西农业取得了较大发展。农业综合生产能力明显提高，农民收入实现了稳定增长，农业现代化建设步伐不断加快。"十二五"期间粮食连续 5 年丰收，并突破 120 亿公

---

* 潘云，山西省社会科学院；赵旭强、孙秀玲，山西省社会科学院经济研究所。

斤大关，总产年均达到 127 亿公斤，比 "十一五" 期间增长 25.2%。蔬菜、果品、肉、蛋、奶产量分别比 2010 年增长 18.4%、35.4%、72%、51% 和 25%，主要农产品供给保障水平进一步提高。农民收入实现了稳定增长。农民人均可支配收入突破 9000 元大关，2015 年达到 9454 元，比 2010 年翻了近一番，年均增长 10% 以上，连续三年超过全国平均增速，连续五年超过城镇居民收入增速，实现 "五连快"，城乡居民收入比由 2010 年的 3.3∶1 缩小到 2.73∶1。农村居民消费能力不断提高，教育、医疗、生活服务及个性化消费需求旺盛，消费结构进一步优化。农业现代化发展水平明显提高。"十二五" 期间，全省农产品加工企业销售收入年均增长 22% 以上，2015 年实现 1422.6 亿元，是 2010 年的近三倍；龙头企业与农户利益联结机制更加紧密，合作、股份合作等紧密型利益联结机制的产业化经营组织占总数的 30% 左右。"十二五" 末，农田灌溉水有效利用系数达到 0.53；农作物综合机械化水平达到 65%；农业科技创新能力显著增强，农业科技进步贡献率达到 56%。

（二）农业发展面临新的问题

山西是一个具有鲜明特色的农业省份，也是一个 "付十力赢一利" 的农业弱省。全省地形地貌复杂，气候多样，素有 "小杂粮王国" 之称，发展特色农业具有得天独厚的优势，但由于自然和历史的原因，山西这一优势并没有得到充分发挥。而当前农产品供求市场出现了根本性转变，农业发展面临新的情况和新的矛盾。一是农产品供给未能很好地适应消费需求的变化，导致供求出现结构性失衡。山西杂粮品种丰富、品质优良，但受玉米扩张的挤压，种植面积呈下降趋势，如谷子由 2000 年的 420 万亩下降到 2014 年的 324 万亩；同时，随着消费者对食物多样性、营养性、保健性和安全性的需求，绿色、安全的杂粮消费市场日渐扩大，但山西省杂粮大多以原粮或粗加工产品形式出售，多样化、方便化、功能化、营养配方等产品开发滞后，杂粮品种结构性短缺矛盾日益显现。二是规模化经营程度低，产业化水平不高。土地流转率较低，截至 2016 年 7 月，山西土地流转面积 808 万亩，流转率达到 16.7%，仅相当于全国平均流转率（33.3%）的一半左右；全省 100 亩以上规模经营面积仅占 3% 左右；全国规模以上农产品加工总产值超过 15 万亿元，江苏、河南超过 1 万亿元，而山西省只有 1422.6 亿元。三是农业社会化服务体系仍面临服务主体、服务内容和服务环境的现实约束。服务主体建构不全、分工不明、定位不清，表现为政府公益性服务体系发展滞后，农民专业合作社组织引领作用有限，龙头企业带动能力不足；农业信息不对称、农业金融滞后导致服务内容供给不足、质量不高、效率低下；从服务环境看，市场体系建设滞后，涉农法律法规不健全，政策支持力度不足，农村教育体系落后，农村劳动力素质相对不高。农业社会化服务发展滞后导致其对现代农业发展的支撑作用有限，不能有效提高推进供给侧结构性改革的能力。

从深层次来看，产生这些问题的根源，一是新型农业经营主体脆弱。传统农业经营主体仍然占有主导地位，新型农业经营主体发展不足，普遍规模较小、实力不强、动力不足、效益偏低，缺乏可持续发展能力。农业发展的需求侧和供给侧均发生了显著变化，而小农户分散经营的生产方式仍占多数，现代化的经营体系还未形成。二是农业生产要素配置低效。涉农产权和要素市场建设的制度创新滞后，流转机制不健全，加剧了农村土地资源的低效利用；农业科技体制、金融体制改革和人力资源利用机制创新滞后，技术、资本、人才等要素下乡面临诸多障碍，现代农业生产要素缺乏。三是农业产业链协同不畅。在追求农产品持续增产的目标导向下，农业政策和资源要素投入集中于生产环节，产前产后环节投入不足，农业科研、生产、加工、流通等耦合性差，协同效应不强。上述情况表明，山西农业发展正进入结构升级、方式转变、动力转换的平台期，农业和农村发展的内在动因和外部环境正在发生重大而深刻的变化，农业发展的矛盾主要集中在供给侧，因此农业供给侧结构性改革，既是破解当前农业供需结构失衡的现实要求，又是提高农业竞争力和促进农业现代化的必然选择，更是新阶段发展农业、造福农村、富裕农民，加快山西全面建成小康社会的必由之路。

二 农业供给侧结构性改革必须创新发展理念

习近平总书记强调农业供给侧改革必须坚持新的发展理念。实践证明，创新是农业供给侧结构性改革的关键，必须贯穿于供给侧改革的全过程。

（一）创新农业发展思路

长期以来，山西农业发展以增产优先为导向，虽然农产品供给得到大幅提升，但也出现了供需错配、结构失衡的问题。适应新形势必须创新发展思路，由生产导向转为需求导向，由强调增产转为强调质量和品种。要从供给端发力，通过调整农产品种植结构，优化农业区域布局，在稳粮、优经、扩饲的基础上，做精杂粮，开发杂粮等药食同源等保健食品，发展功能农业，把山西优势小品种做成带动农民增收的大产业。

（二）创新农业经营方式

推进农业供给侧改革，发展现代农业必须创新农业经营方式。近年来一批新型经营主体的涌现，丰富了双层经营的内容，促进了现代农业的发展。必须进一步鼓励、扶持、壮大各类新型经营主体。与此同时，大量小规模农户的存在将是一个长期的过程，他们经营方式的创新与新型主体的培育同等重要。要积极探索建立在小规模承包土地基础上的现代新型农业经营方式。

（三）创新产业融合模式

推进产业融合是促进农业与市场有效对接、促进农民增收的有效途径，也是培育农村新经济、新动能的重要内容。要在产业链条、销售模式、功能拓展等方面创新融合模式，形成新业态，培育新产业。

三　农业供给侧结构性改革必须突破体制机制困局

农业供给侧结构性改革的核心是解决体制机制障碍，从根本上矫正供需结构错配和要素配置扭曲，破解农业发展中存在的突出矛盾和深层次问题。

（一）深化产权制度改革，激活农业农村土地资源

土地是农村最大的资源，也是农民富起来的重要资产，充分发挥土地资源的作用，让土地流动起来，推进农业规模经营，吸引社会资本进入，才能让农业强起来，让农民富起来。山西土地流转率仅为 16.7%，相当于全国的一半左右；全省 100 亩以上规模经营面积仅占 3% 左右；特别是具有山西优势的杂粮生产区域，土地流转率低和规模经营不足的问题更突出。因此，一要在稳定农村土地承包关系的基础上，加快推进土地确权颁证工作。农民拥有的最大财产是他们以农村集体经济组织成员身份所共同

拥有的农村土地。确权登记颁证的目的是明晰产权，赋予农民更多财产权利，这是土地承包经营权流转、开展适度规模经营的基础和前提，也是土地纠纷仲裁的依据。这项工作落实了，不仅能使农村的土地活起来，而且也能做到习总书记所说的，真正让农民吃上"定心丸"。二要积极探索土地承包经营权和农村宅基地有偿退出激励机制。随着城市化的推进，山西省有大量农村人口转变为城镇常住人口，随之而来的是，农村出现土地撂荒、粗放耕作和空壳村等新的经济社会问题，不仅不利于农业农村发展，也不利于农民收入的增加。建议以山西省为试点，让有条件的地区率先探索进城落户农民的土地承包经营权和宅基地有偿退出机制。并以建立农地承包权和宅基地退出机制为契机，深化户籍制度改革，消除户籍迁移障碍，实现农地承包权和宅基地退出与户籍迁移之间的无缝对接。让主动退出的农户在获得相应的经济补偿外，享受相关的就业扶持和平等的社会保障。促进土地流转，提高农民收入。三要健全土地流转收益分配办法。在土地流转过程中，要本着依法、自愿和保障转出土地农民获取长期稳定收益的原则，积极推广土地出租、入股分红等机制，进一步稳定土地流转关系，动态调整收益分配办法，建立新型经营主体同农民更紧密的利益联结机制。

（二）破解制约农民流动的各种障碍，激活农业农村人力资源

人力资本的投入是农业现代化发展的主要因素，也是农业供给侧改革必须解决好的关键问题。改革开放以来，山西省人口流动的趋向是由农村到城市、由农业到工业和服务业的单向流动，大量青壮年农业劳动力的输出，导致目前全省从事农业生产的人员以妇女和老人为主，不利于农业生产经营水平的提高，也不利于农村的发展。因此，一要积极鼓励农民工"返乡"创业，形成农业发展的"新力量"。农村出去打工的农民积累了经验、人脉、资金和技术，具备了回乡创业的条件。通过完善配套政策体系，提供创业平台，让有返乡创业意愿的农民工回归农村，改造传统农业、活跃农村经济，这本质上是城镇化和农业现代化的互动。二要推动农业从业人员内部"横向流动"，释放人口流动"新红利"。我国农业发展区域差异明显，东南部农业人力资源水平较高，但东南部"人地矛盾"相对突出，这部分人员稍加培训，完全有能力到中西部从事农业规模化经营和农业技术指导。山东寿光积极探索新路径，培育大批职业农民来山西对种植蔬菜大棚进行技术指导，有效地促进了山西大棚蔬菜的发展，这就是一

种农业内部劳动力"横向流动"带来的发展红利。三要促进"身份农民"向"职业农民"转变，打造现代农业从业者的"新形象"。"农民"不是一种身份，而是一种职业。现代化农业生产需要大力培育新型职业农民来补齐农业人才匮乏这一最大的短板。应该实行新型职业农民准入制度，提高其社会尊重感和社会地位；深化户籍、财税、金融等方面改革，不断创新社会保障制度，改善农村金融服务与农业社会化服务，营造良好的新型职业农民发展环境。

（三）构建新的现代农业经营方式，激发农业农村经营主体的活力

农村改革以来，全省形成了以家庭承包经营为基础、统分结合的双层经营体制，为农业农村发展提供了坚实的制度基础。近年来，为适应现代农业发展的需要，一批集约化、专业化、组织化、社会化相结合的农业新型经营主体涌现，丰富了双层经营的内容，促进了现代农业发展。但整体看，山西省现代农业经营方式创新还不够，经营主体的活力还没有充分调动。因此，一要积极培育现代新型农业经营主体。山西省现有家庭农场9000多个，农业合作社8万多个，不仅数量少，而且规模小，作用发挥的也不够，甚至还有些"僵尸"合作社。因此，要继续加大对生产大户、家庭农场、农业合作经济组织、龙头企业等新型农业经营主体的扶持力度，吸引返乡农民工、大学生、城镇居民、工商企业从事农业生产经营，通过新主体的进入，促进现代农业的发展。二要构建新的现代农业经营方式。从山西省实际看，大量小规模农户的存在将是一个长期的过程，解决他们现代化的问题，同发展新型经营主体同等重要。前几年，山西省通过实施"一县一业、一村一品"，农业专业化生产水平得到了提升，农业生产全过程机械化的引入为在一家一户基础上形成专业化、规模化现代农业生产提供了条件。在此基础上，应充分发挥集体经济组织的作用，构建新的现代经营方式，通过为农户提供产前、产中、产后的全程服务，形成在小规模承包土地上的现代农业生产。

（四）深化农业社会化服务体系建设，激发社会力量对农业发展的支持

农业社会化服务体系是现代农业发展的支撑，也是推进农业供给侧结

构性改革的重要内容。山西发展现代特色农业产业体系，更需要社会化服务体系的支持。

大力推动农业技术创新，健全农业服务体系，在深化改革中激活和优化各类要素供给。发展先进农业技术应用。要强化农业科技创新，推进农业机械化、信息化，发展现代种业，加快农业科技推广应用；重点是推广节本增效技术，集成节肥、节药、节水、节种、节油等适用技术，提高农业投入品利用效率，降低生产成本，提高经营效益。从山西省发展特色农业来看，启动山西杂粮产业技术体系建设成为必然。依托山西农大、山西省农科院、山西省农技推广系统等科研力量和科技资源，从杂粮品种培育到栽培技术、从农艺到农机农艺融合、从生产到消费、从研发到市场、从产地到餐桌、从营养到使用方法等各个环节紧密衔接，研究解决杂粮产加销全产业链存在问题，将特色杂粮产品优势转化为产业优势。普及大型新型农业机械和高端机械应用。重点加快玉米、马铃薯等作物生产全程机械化，积极推进苹果、梨、枣等林果业生产机械化，发展苜蓿等草业生产机械化。培育壮大新型经营主体。积极发展家庭农（牧）场，在农村二、三产业发展较好的地区，积极鼓励土地向种田能手、专业大户适度规模集中，引导兴办家庭农（牧）场，推进家庭农（牧）场认定工作；提升合作社发展质量和层次，发展资金互助联社，支持有条件的农民合作社开展信用合作，解决合作社融资难题。发展销售联合社，开展农产品直供直销，推进农超对接、农社对接、农校对接和网上营销；培育壮大农产品加工龙头企业，加大力度培育壮大种业型、加工型、流通型、服务型的龙头企业。落实农产品加工龙头企业各项扶持政策，实施龙头企业升级计划，提升企业市场竞争力。创新农业社会化服务机制。开展政府购买农业公益性服务试点，启动实施"农业社会化服务惠农工程"，建设以智能配肥、农资直供、农民培训、农机服务等为主的惠农服务中心，新建或改造集"农资配送中心、庄稼医院、农机植保专业合作社"于一体的新型庄稼医院，为农民提供"菜单式"服务。大力发展"互联网＋现代农业"等新型业态。加快建立农产品电子商务交易平台，推进互联网与农业生产、经营、管理、服务的深度融合。加大"互联网＋"现代农业项目的政府支持范围和支持力度；建立明确的"互联网＋"现代农业和农业信息化的评价体系，以目标为导向，建立一套可以量化的评价指标，通过指标体系引导市场主体开展信息化建设。推进特色农业规模化、品牌化和高效化。在农产品生产上，要充分考虑市场需求，由"全面保障"向"重点突出"转变，逐步调减过剩农产品种植；要利用当地优势资源，充分考虑农林结合、农牧农加结合，由"粮食种植"向"配套种植"转变；要围绕多样性消费需求，加强农产品基地规模化建设，大力推进特色杂粮、干鲜果和道地中药材等健康养生农产品开发，由"山西农产品"向"山西品牌农产品"转变。创新发展订单农业。引导龙头企业在平等互利基础上，与农户、家庭农场、农民合作社签订农产品购销合同，合理确定收购价格，形成稳定购销关系。支持龙头企业为农户、家庭农场、农民合作社提供贷款担保，资助订单农户参加农业保险。鼓励农产品产销合作，建立技术开发、生产标准和质量追溯体系，设立共同营销基金，打造联合品牌，实现利益共享。

参考文献

［1］张占仓：《中国农业供给侧结构性改革的若干战略思考》，《中国农村经济》2017 年第 10 期。

［2］张社梅、李冬梅：《农业供给侧结构性改革的内在逻辑及推进路径》，《农业经济问题》2017 年第 8 期。

［3］宋洪远：《关于农业供给侧结构性改革若干问题的思考和建议》，《中国农村经济》2016 年第 10 期。

［4］农业部农村经济体制与经营管理司课题组，张红宇：《农业供给侧结构性改革背景下的新农人发展调查》，《中国农村经济》2016 年第 4 期。

［5］中共山西省委党校课题组，尹诚民：《推进农业供给侧结构性改革的着力点》，《前进》2018 年第 3 期。

小、精、特：贵州农业供给侧
结构性改革的现实选择

邓小海　　吴大华[*]

摘　要：在当前经济发展新常态下，农业供给侧结构性改革是我国农业实现战略转型发展的重大部署和农业农村经济工作的主线。贵州农业供给侧结构性改革的方向选择由农业资源条件、农业发展现状和农业市场需求共同决定。农业资源条件是贵州立足"小、精、特"农业发展的基础，农业发展现状是贵州立足"小、精、特"农业发展的现实，农业市场需求是贵州立足"小、精、特"农业发展的导向。为推进"小、精、特"农业发展，贵州要积极培育新型农业经营主体，深化"三权""三变"改革，加快农产品区域品牌建设，加快培育新型职业农民。

关键词："小、精、特"　贵州　农业　供给侧改革

一　引言

在当前经济发展新常态下，农业供给侧结构性改革是我国农业实现战略转型发展的重大部署和农业农村经济工作的主线，其核心是发展农业新业态、提升农业产品质量、提高农业供给质量。2017年中央一号文件进一步指明了我国农业供给侧结构性改革的方向，提出"优化产品产业结构，着力推进农业提质增效；推行绿色生产方式，增强农业可持续发展；壮大新产业新业态，拓展农业产业链价值链；强化科技创新驱动，引领现代农

---

* 邓小海，贵州省社会科学院农村发展研究所；吴大华，贵州省社会科学院。

业加快发展；补齐农业农村短板，夯实农村共享发展基础；加大农村改革力度，激活农业农村内生发展动力"。① 长期以来，贵州农业发展相对滞后，农业生态条件落后，农业基础设施历史欠账较多，传统农业生产模式痕迹明显，农业生产方式较为粗放，资源利用程度不高，产业结构不合理，农产品质量不高、效益低下。为此，贵州立足自身优势，以五大发展理论为引领，出台了关于推动农业供给侧结构性改革的实施意见，提出大力发展山地特色高效农业，推动一二三次产业融合发展，加快建设无公害绿色有机农产品大省。面对新的形势，贵州如何抓住农业供给侧结构性改革的历史机遇，推动农业转型升级，这是当前贵州农业发展亟须解决的现实问题，探讨贵州农业供给侧结构性改革的方向选择具有重要的现实价值。本文试图从贵州农业发展资源特征、农业发展现状和农业市场需求视角，系统阐述贵州农业供给侧结构性改革应立足"小、精、特"农业发展。"小、精、特"农业发展是指小型化、精品化、特色化的农业发展模式，"小"既是指农业发展的规模要适度，也可指依托某一农业发展区域而发展，如小山、河流、坝子等；"精"指要突出农业产品的高质量、高效益，打造农产品和品牌精品；"特"是指依托特色农业资源实施差异化发展。

二 农业供给侧结构性改革方向选择的影响因素

农业供给侧结构性改革方向选择的影响因素众多。从目标导向来看，农业供给侧结构性改革所追求的最终目标是提高地区农业生产效率和竞争力。适合的农业供给侧结构性改革方向选择应能充分利用现有农业发展条件，不断优化农业资源配置，发挥农业生产资源的最大效用，不断提升区域农业竞争力。在这方面，区域竞争优势理论为我们提供了很好的借鉴，根据波特钻石模型理论，地区产业竞争优势受到地区生产要素、市场需求、企业要素和支持性产业四方面的影响。从地区农业发展的实际来看，地区农业生产要素主要包括土地（耕地）、资本、技术等，企业因素及支持性产业可统归为地区农业发展现状，市场需求表现为人们对农产品的需

---

① 《中共中央国务院关于深入推进农业供给侧结构性改革　加快培育农业农村发展新动能的若干意见》（中发〔2017〕1号）。

求状况（如图 1 所示）。因此，从提升地区农业竞争力角度来看，地区农业供给侧结构性改革方向选择主要受到地区农业生产要素、农业发展现状和农业市场需求的影响。

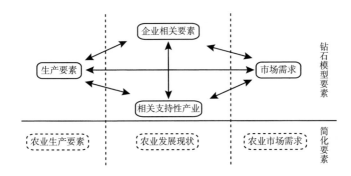

图 1　基于钻石模型的农业竞争力简化要素

（一）农业生产要素是农业供给侧结构性改革方向选择的基础

地区农业供给侧结构性改革要想达到预期目标，不仅要把农业供给侧结构性改革放到整个地区农业经济发展甚至整个地区社会经济发展下进行统筹安排，还应综合考察本地区农业发展资源要素情况，选择一个适合地区农业发展要素、能突出地区农业资源要素特色的方向。只有这样，地区农业供给侧结构性改革才能取得预期的效果。地区农业发展资源要素是农业生产发展最基本的条件，资源的丰度、组合程度、规模大小等直接决定了农业发展的可能性，也决定了发展农业所需要的资金投入、开发强度和开发力度，最终会影响到农业发展的效果。因此，地区农业资源禀赋是决定地区农业供给侧结构性改革方向选择的重要因素，适合的改革方向应有助于最大限度地彰显地区农业发展资源的特色，提升地区农业发展资源要素的效能。

（二）农业发展现状是农业供给侧结构性改革方向选择的现实

地区农业供给侧结构性改革方向选择是在农业改革发展基础上的探索，应该具有一定的继承性，其方向选择必然会受制于地区农业发展前期积累的束缚。一般来讲，农业发展模式和方向有多种，农业供给侧结构性改革的方向选择也多样，然而不同改革方向对农业发展前期基础条件要求会有差异。对于具体地区而言，由于农业发展条件和前期农业基础不同，其能够为农业供给侧结构性改革提供的方向选择条件和存在的限制条件也必然会存在差异，因此，并不是所有的改革方向都能适合任一地区，而只有其中一种方向最为适合和最为有效。适合该地区农业供给侧结构性改革的方向应能够充分利用现有农业发展基础条件，并且能够有效规避地区农业发展现状的不足。

（三）农业市场需求是农业供给侧结构性改革方向选择的导向

农业供给侧结构性改革强调优化产品产业结构，提高农产品质量，增加市场紧缺的农产品供给，以满足市场需求。可见，农业供给侧结构性改革要以市场为导向，农业市场需求趋势和规模直接决定着农业发展的方向和规模。无论是发展中国家还是发达国家，无论是新型农业发展地区还是传统农业发展地区，农业发展首先要遵循市场规律，根据农业市场需求确定农业发展定位、产品定位和发展的主体与规模。只有满足市场需求的农产品才能获得市场的认可，唯有得到市场认可的农业发展地区才能分享市场。因此，市场需求也是决定农业改革和发展的重要因素。

三 "小、精、特"贵州农业供给侧结构性改革的现实选择

（一）农业发展资源条件是贵州"小、精、特"农业发展的基础

从地理阶梯划分来看，贵州省属于我国第二阶梯，地处云贵高原东部，地势西高东低，最高点 2901 米（赫章韭菜坪），最低点 148 米（黎平水口河），平均海拔 1100 米左右。贵州 92.5% 的国土面积为山地和丘陵，是名副其实的"山的王国"，被誉为"山地公园省"，在整个西北高、东北低的贵州大地上，崇山峻岭、大箐深谷随处可见。贵州处于我国西南喀斯特地貌核心地区，喀斯特地貌面积占到全省总面积的 73.0%，其中出露面积占到全省总面积的 61.9%，石漠化面积占到全国的 1/4。一方面，特殊的地形地貌造就了贵州"地无三尺平"和"八山一水一分田"的农业生产基础条件，使得贵州不太具备发展大规模现代农业的良好自然条件。贵州是典型的山地农业，耕地分散化、破碎化特征明显，连片面积不大，自然灾害

频发，石漠化和水土流失问题突出，道路交通、水利等农业基础设施施工难度大、建设投资成本高，大多数地方生产条件较差。贵州第二次土地调查结果显示，贵州耕地呈现"两多两少"的特点，即坡地多、坝地少，中低产地多、高产地少。全省平地只占全省耕地的 5.1%，坡耕地占到全省耕地总量的 94.9%，其中大于 15 度的坡耕地占到全部耕地的 37.3%。

另一方面，由于独特的自然环境条件，贵州能够同时具备喀斯特农业、高原农业和山地农业的典型特征，多样化的农业生产条件和农作物资源为贵州发展精品化、特色化现代农业奠定了坚实的农业资源条件。贵州特殊的地形地貌与地理位置造就了其独特的山地农业发展生态环境。贵州境内具备发展温热农业、温暖农业、温和农业、温凉农业和高寒农业的自然气候条件，也具有能满足不同农作物生长的土壤类型（包括红壤、黄壤、紫色土、石灰土、水稻土、沼泽土、山地灌丛草甸土等）（吕大明等，2011）。此外，贵州生物资源丰富多样，药用植物资源有 4419 种，居全国第二位，占到全国中草药品种的 80%；工业用植物有 600 余种；食用植物有 500 余种；可供绿化、美化环境的观赏园林植物有 200 余种；栽培的农作物有近 600 个品种。

（二）农业发展现状是贵州"小、精、特"农业发展的现实

1. 贵州具备了"小、精、特"农业发展的基础

近年来，贵州省认真贯彻落实中央关于农业改革发展政策，立足贵州农业发展实际，大力发展山地特色高效农业，推动农业持续稳定发展。"十二五"时期（2011～2015 年），贵州农林牧渔业总产值达 9122.23 亿元，年均增长 6%。贵州出台了《关于落实发展新理念推动三农新跨越实现全面小康目标的实施意见》和《关于推进农业供给侧结构性改革加快重点产业突破发展的实施意见》，进一步明确了贵州"十三五"时期要以"五大发展理念"推动现代山地特色高效农业发展，加快推动农村产业融合和绿色农业发展，加快推动农业结构调整，扩大无公害、绿色、有机特色农产品有效供给。2016 年，贵州第一产业持续增长 6%，粮经比稳定在 4:6；绿色食品种植面积达到 51060 亩，绿色优质农产品种植面积占到 32.6%；无害农产品产地 4731 个，种植面积达到 2082.1 万亩；有机农产品 370 种，种植面积达到 70.76 万亩；获国家地理标志登记保护的农产品有 146 种，其中有 35 种获农业部农产品地理标志（宋辉等，2017）。

经过多年的努力，贵州已经培育了一批有实力的农业企业。2016 年，贵州休闲农业经营主体收入达到 64.1 亿元；规模以上农产品加工企业实现产值 2707 亿元，比 2015 年增长 54.6%。贵州形成了一批特色优势农产品品牌，湄潭茶叶、织金竹荪、从江香猪、盘县火腿、罗甸火龙果、修文猕猴桃、长顺高钙苹果等特色农产品深受市场喜爱。贵州以"100 个现代高效农业示范园区"为抓手，建设了一批现代化高效农业示范园区，截至 2016 年，贵州有省级农业示范园区 431 个，实现农业园区产值 1976 亿元。贵州新修了一大批农业基础设施，黔中水利枢纽、马岭河水利枢纽、夹岩水利枢纽等水利工程相继开工和建成，新增农田有效灌溉面积 451 万亩。贵州农业生产条件的不断改善，为发展精品化和特色化农业奠定了坚实的产业基础。

2. 贵州农业发展基础更适合走"小、精、特"发展之路

受制于自然条件和社会经济发展水平，贵州农业发展基础依然较差，农业经营主体小散化特征明显。贵州农业生产基础设施条件依然较差，水利建设较为滞后，工程性缺水较为严重，抗旱能力不强；缺乏大型农用设施，农业集中区道路、机耕道不足，农业机械运用率较低。[①] 设施农业比重低，规范化、标准化、规模化现代农业难以在全省范围内大规模实施。贵州农业经营主体总体表现出小、散的特点。贵州农业龙头企业自身发展水平不高，按照现代企业制度经营的农业企业为数不多。即便是省级以上的重点龙头企业，绝大多数的资产总额和销售收入在亿元以下。农业产品加工企业少、农业产业链条短严重制约农业规模化发展。如贵州马铃薯种植面积超过 1000 万亩，但薯片、淀粉等加工企业不足 10 家；中药材种植面积达 250 多万亩，而饮片加工企业仅 10 余家。贵州农业产业集聚度较低。虽然贵州建立了一大批农业产业园区，但由于市场培育、上下游产业配套等因素影响，产业集聚度较低，没能有效形成规模，一些园区入驻企业采取的依然是"家庭作坊"的生产经营方式。此外，贵州农产品交易市场建设不足、信息化服务水平较低，尚不具备承担大规模农产品交换的能力。

---

① 根据《贵州省促进农业机械化和农机工业又好又快更好更快发展的意见》（黔府办发〔2012〕32 号），到 2020 年贵州省农作物耕种收综合机械化水平为 40% 以上。

（三）农业市场需求是贵州"小、精、特"农业发展的导向

随着经济社会的不断发展和生活水平的不断提高，人们的消费能力逐渐增强，将由温饱型向小康型转变，由"吃饱"向"营养、特色、生态、安全、方便"转变。同时，人们外出观光旅游消费也进入迸发期，特色农业观光将成为乡村旅游的新宠儿。因此，市场消费者对农产品的质量、品种、特色等方面的要求将与日俱增，高品质、精品化、特色化的有机、生态和绿色农产品将备受市场青睐。人们生活方式的转变和对生活品质的追求将不断推高特色化、精品化的高品质农产品的附加值，加快精品化、特色化农业与现代旅游业相融合，从而为"小、精、特"农业发展创造了十分有利的市场需求环境。

四　推进贵州"小、精、特"农业发展的对策建议

（一）积极培育新型农业经营主体

在我国，新型农业经营主体通常被分为五种类型：新型农民、家庭农业、农业公司、农民合作社以及农业产业化联合体。新型农业经营主体经营理念先进、经营现代化水平较高，其能有效利用农业生产要素，提高农业生产效率。相对于传统小户经营而言，新型农业经营主体具有较强的生产发展能力，能够向社会提供安全、健康、优质的农产品，并能及时把握市场信息，根据市场供需及价格变化进行生产调整。新型农业经营主体的发展与创新是实现农业供给侧结构性改革目标的重要载体，加快建设新型农业经营体系是加快推进农业供给侧结构性改革的战略部署。贵州应以《关于加快构建政策体系、培育新型农业经营主体的意见》为指导，紧密围绕财政税收、金融信贷、农业保险、基础设施、人才支撑、市场营销六个方面，积极运用市场的办法，促使农业生产要素向新型农业经营主体优化配置。通过土地流转、入股、代耕代种、托管等形式扩大经营面积，优化资本、劳动力、土地的要素配置，通过集约化、规模化、组织化、专业化生产，不断降低农业生产成本，提升农业综合效益；通过联合制、合同制、合作制等多种制度创新，形成"合作社 +

农户""公司＋农户""互联网＋农户"等多种经营模式，推动农业生产、加工、销售、服务一体化，密织农业生产环节，延长农业产业链和价值链，提高农业附加值。

（二） 深化"三权""三变"改革

"三权"是指对农村相关产权的确权、赋权和易权。"三变"是指促进资源变资产、资金变股金、农民变股民。"三权""三变"改革是加快农业发展的新引擎，是推进农业供给侧结构性改革的重要内容。深化农村"三权"和"三变"改革能赋予农民更多财产权利，有效盘活农村资源、资产、资金，促进生产要素平等交换，实现公共资源均衡配置，加快推动贵州现代山地特色高效农业发展，推进贵州农业供给侧结构性改革。要加强宣传力度，使"三权""三变"深入民心，让农民知其利（益）、社会（企业）知其契（机）；要建立健全"三权"监督管理和服务机制，制定和出台配套政策文件，完善确权、易权规则和流程，确保村民和村集体资产权益；要建立"三权""三变"融资担保机制，出台贷款贴息、鼓励金融产品创新等政策，建立信贷风险补偿基金，制定贷款监管政策和措施；建立风险防范机制，支持特色农产品保险发展，开发新型农业经营主体险种，完善农村股权经营监管和财务监管。

（三） 加快农产品区域品牌建设

在当今世界，品牌已成为品质的象征和经济竞争的重要手段。对于区域而言，区域农产品品牌建设已成为地区农业现代化发展的主流趋势。农产品区域品牌建设和农业供给侧结构性改革两者之间存在密切的联系，农产品品牌建设是实现农业供给侧结构性改革目标的重要途径和方法。在农业供给侧结构性改革的大背景下，要满足市场消费者对农产品的高质量需求，要实现农业产业化和标准化的生产经营，必须大力加强农产品区域品牌建设，通过推行地区统一化的运作提升农产品质量。当前，贵州精品化、特色化农业产业整体发展不足，因此必须加快农产品区域品牌建设，通过区域品牌增强山地特色高效农业自身的发展潜力。为加快推进农产品区域品牌建设，贵州必须加强农产品区域品牌建设意识，采取有效途径提高各经营主体品牌建设的积极性，通过制定农产品生产标准，严控市场进入，对不符合产品生产和质量要求的企业，坚决禁止使用农产品区域品牌。同时，严厉打击企业盗用本地农产品区域品牌的行为，严厉查处掺杂掺假行为，维护贵州农产品区域品牌声誉和形象。

（四）加快培育新型职业农民

农民的劳动力是农业供给侧结构性改革的根本依托，是农产品生产和财富的创造性源泉（潘坤，2016）。新型职业农民是现代化农业发展的主力军，培育新型职业农民是贵州农业供给侧结构性改革的必然要求，是增强贵州精品化、特色化农业竞争力，提高贵州农业生产效益的必然选择。围绕农业供给侧结构性改革目标，结合贵州新型职业人才现状，贵州应着力培育专业技能、生产经营、社会服务三种类型的新型职业农民（商一星，2015）。建立健全职业培训教育制度，实行全过程、多维度职业培训指导，推行长效化培养和职业技能考评，探索职业培训标准化和流程化体系。建立新型职业农民人才引进机制，建立新型职业农民带头人人才库，鼓励社会有志之士参与现代农业经营管理，吸引优秀大学毕业生返村。采取"引进来"与"走出去"相结合的方式，鼓励贵州本土涉农人员外出考察、进修，同时积极聘请国内农业专家来黔授课。

参考文献

[1] 《贵州首个地方版一号文件聚焦农业供给侧改革》，《领导决策信息》2016 年第 4 期。

[2] 宋辉、王筱丽、邹晨莹：《贵州农业供给侧结构性改革谋定速动》，《贵州日报》2017 年 4 月 16 日。

[3] 黄婧、史琼、欧国武等：《贵州现代山地高效农业发展的困境与对策》，《贵州农业科学》2015 年第 8 期。

[4] 张玉婷：《贵州特色农业发展的问题与对策研究》，《经营管理者》2015 年第 4 期。

[5] 屈甜利：《贵州特色农业发展的 SWOT 分析》，《商》2015 年第 29 期。

[6] 《贵州省第二次土地调查主要数据成果公报》，http: //www. gzgtzy. gov. cn/ Html/2014/09/22/20140922_ 145453_ 32146. html。

[7] 吕大明、吕敬堂、刘海萍等：《贵州特色优势农业产业发展环境、潜力与制约因素分析》，载《贵州省高效生态（有机）特色农业学术研讨会论文集》，2011。

［8］《贵州》，http：//www. gov. cn/test/2013－04/08/content_ 2372456. htm。

［9］贵州统计局、国家统计局贵州调查总队：《贵州统计年鉴（2016）》，中国统计出版社，2016。

［10］潘坤：《农业供给侧改革中的农民主体性思考》，《社会科学家》2016年第6期。

［11］商一星：《贵州新型农业经营主体发展研究》，贵州大学硕士学位论文，2015。

江西大力推进农业供给侧结构性改革的重点与难点

龚建文　张宜红　盛方富*

摘　要：农业供给侧结构性改革是实施乡村振兴战略的主线。江西大力推进农业供给侧结构性改革存在诸多困难，应从优化布局稳产能、调整结构优供给、产业带动促融合、创新机制降成本、科技创新补短板等方面重点推进。

关键词：江西　农业供给侧结构性改革　重点与难点

党的十九大首次提出实施乡村振兴战略，其主线就是农业供给侧结构性改革。江西作为全国 13 个粮食主产区之一，应着力打造全国绿色有机农产品示范基地，向特色优势要竞争力，突出增加绿色优质农产品供给，让"好的多起来，多的好起来"，对确保江西农业高质量发展、农民脱贫增收、农村整洁美丽，进而助推富裕、美丽、幸福、现代化江西建设具有重要现实意义。

一　江西农业供给侧结构性改革的主要问题

对标农业供给侧结构性改革的目标要求，江西农业供给侧结构性改革中存在的"短板"依然较为突出，从宏观来看，主要表现为农业资源要素配置失衡、农业结构不优、农业生态承载力下降；从微观来看，主要表现为农产品供需错配、品质不高、品牌不响。具体讲有以下问题。

---

* 龚建文，江西省社会科学院；张宜红、盛方富，江西省社会科学院应用对策研究室。

（一）农业综合性改革亟待深化

涉农产权和要素市场建设的制度创新仍显滞后，阻碍了农业资源和要素的优化配置，如2016年江西农村土地流转率只有36.2%，只接近全国平均水平，与安徽省近五成的土地流转率相差较大，土地的零散化和碎片化极大地阻碍了农业适度规模经营的深入推进；集体资产资源少、利用效率低、村级债务重、经营人才缺等问题的存在，制约了以村级集体经济为主要内容的农村产权制度改革的深入推进。从表1可知，江西农民财产性收入占农民可支配收入的比重极低，2015年只有1.66%，低于全国平均水平，与江苏等发达地区的差距比较明显。

表1　2015年粮食主产区农民人均可支配收入构成

单位：%

地　区	工资性收入	经营性收入	财产性收入	转移净收入
全　国	40.28	39.43	2.20	18.09
河　北	52.59	33.33	2.13	11.95
内蒙古	20.88	57.40	3.95	17.78
辽　宁	39.23	46.23	1.92	12.62
吉　林	18.52	69.56	1.75	10.17
黑龙江	20.25	63.54	4.73	11.48
江　苏	49.30	31.04	3.35	16.31
安　徽	36.81	38.95	1.50	22.75
江　西	39.44	39.78	1.66	19.12
山　东	39.75	45.29	2.52	12.44
河　南	34.35	41.12	1.45	23.08
湖　北	31.10	44.59	1.36	22.96
湖　南	41.08	35.59	1.58	21.76

资料来源：《中国统计年鉴（2016）》。

（二）农业产业结构不平衡

江西农业一业独大的现象比较突出，且农业产值比重呈现出"U"形趋势，服务业产值呈逐年下降态势（见表2），这与现代农业发展的内在要求不符。同时，各个产业内部也存在结构失衡的情况。2011～2015年农业产值构成中谷物占比虽下降明显但主导地位依然鲜明，牧业产值中猪的饲养占据绝对地位，2015年为55.03%（见表3），这与当前消费者对其他肉类制品需求增加的态势不相符；渔业产值中表现得更为突出，鱼类产值一业独大，特种水产品如甲壳类、贝类等发展缓慢。

表2　2006～2015年江西农林牧渔业总产值构成

单位：%

年份	农林牧渔业总产值	农业产值	林业产值	牧业产值	渔业产值	服务业产值
2006	100.0	45.5	8.5	28.1	13.4	4.5
2007	100.0	43.5	8.9	30.5	12.8	4.3
2008	100.0	41.3	9.0	33.1	12.6	4.0
2009	100.0	42.1	9.3	31.2	13.3	4.0
2010	100.0	42.2	9.8	30.7	13.5	3.8
2011	100.0	41.6	9.3	33.3	12.3	3.5
2012	100.0	41.8	9.5	31.4	13.9	3.4
2013	100.0	41.6	9.8	30.9	14.4	3.3
2014	100.0	42.0	10.0	29.9	14.7	3.4
2015	100.0	46.4	10.3	25.2	14.7	3.5

资料来源：《江西统计年鉴（2016）》。

表3　2011～2015年江西农林牧渔业总产值构成

单位：%

项目	2011年	2012年	2013年	2014年	2015年
农业产值	100.0	100.0	100.0	100.0	100.0
谷物	52.36	49.43	46.46	45.14	39.52
林业产值	100.0	100.0	100.0	100.0	100.0
林产品	45.66	47.69	42.66	41.87	44.68
牧业产值	100.0	100.0	100.0	100.0	100.0
猪	66.76	64.44	63.21	60.29	55.03
渔业产值	100.0	100.0	100.0	100.0	100.0
鱼类	69.68	65.20	72.65	72.99	73.34

资料来源：《江西统计年鉴（2016）》。

（三） 农业资源环境约束趋紧

发展资源节约、环境友好型农业是农业现代化的重要内容，是打好农业面源污染攻坚战的迫切需要。近年来，江西现代农业循环经济发展取得良好进展，但与周边省份相比，仍显滞后。2015 年江西农业用水强度达到4405.73 立方米/公顷，高于全国平均水平，在全国 13 个粮食主产区中仅次于江苏省；农药施用强度为 16.83 千克/公顷，是全国平均水平的近 1.6 倍，在全国 13 个粮食主产区中最高；代表农业废弃物资源再利用和清洁能源利用的沼气工程平均一处的产气量只有全国平均水平的一半左右，明显低于中部周边的省份；化肥施用强度、有效灌溉系数等指标均不容乐观（见表 4）。

表 4　粮食主产区农业资源消耗情况

地　区	农业用水强度[①]（立方米/公顷）	化肥施用强度[②]（千克/公顷）	农药施用强度[③]（千克/公顷）	有效灌溉系数[④]	处理农业废弃物沼气工程产气量（万立方米/处）
全　国	3668.37	361.99	10.72	0.40	2.03
河　北	2141.93	383.88	9.53	0.51	3.16
内蒙古	2455.11	303.12	4.36	0.41	3.32
辽　宁	3336.57	360.44	14.19	0.36	4.35
吉　林	2352.49	407.11	10.97	0.32	9.25
黑龙江	2890.03	207.66	6.75	0.45	4.22
江　苏	7417.69	413.17	10.08	0.51	3.09
安　徽	3225.52	378.41	12.41	0.49	1.61
江　西	4405.73	257.39	16.83	0.36	1.24
山　东	1929.90	420.35	13.69	0.45	2.10
河　南	1544.54	496.43	8.93	0.36	3.27
湖　北	3788.79	419.87	15.18	0.36	1.60
湖　南	3790.29	282.78	14.04	0.36	0.44

注：①农业用水强度是指单位农作物播种面积所消耗的水量，即农业用水强度 = 农业用水总量/农作物播种面积。

②化肥施用强度是指单位农作物播种面积所施用的化肥量，即化肥施用强度 = 化肥施用量（折纯量）/农作物播种面积。

③农药施用强度是指单位农作物播种面积所施用的农药，即农药施用强度 = 农药施用量/农作物播种面积。

④有效灌溉系数是指有效灌溉面积占耕地面积的比重，即有效灌溉系数 = 有效灌溉面积/耕地面积。

资料来源：《中国农业统计年鉴（2016）》《中国农业统计资料（2015）》。

（四）农业生产经营方式仍显粗放

龙头企业不强、新型农业经营主体不多、产供销一体化衔接机制不健全等是制约江西农产品价值链条延伸及农产品价值实现的重要短板。2016年10月14日，根据《关于公布第七次监测合格农业产业化国家重点龙头企业名单的通知》的监测结果，江西有农业产业化国家级重点龙头企业37家，在全国13个粮食主产区中排名倒数第3位（见表5）。同时，农业科技化水平偏低，2015年，江西省农业科技进步贡献率为56%，仅与全国平均水平持平，而低于安徽省60%、湖南省60%以上、江苏省65.2%的水平；农业生产机械化水平亟待提升，江西省农业机械总动力在13个粮食主产区中排倒数第一位（见表6）。

表5 农业产业化国家级重点龙头企业

单位：家

地 区	龙头企业数	地 区	龙头企业数
全 国	1131	安 徽	42
河 北	44	江 西	37
内蒙古	34	山 东	85
辽 宁	45	河 南	55
吉 林	36	湖 北	41
黑龙江	41	湖 南	39
江 苏	55	四 川	58

表6 2015年13个粮食主产区农业机械总动力占全国的比重

单位：%

地 区	农业机械总动力占全国比重	地 区	农业机械总动力占全国比重
全 国	100	安 徽	5.76
河 北	9.72	江 西	1.98
内蒙古	3.33	山 东	11.69
辽 宁	2.46	河 南	10.25
吉 林	2.76	湖 北	3.91
黑龙江	4.76	湖 南	5.16
江 苏	4.22	四 川	3.86

资料来源：《中国农业统计资料（2015）》。

（五）农产品加工水平偏低、市场体系不健全

一直以来，农产品精深加工不足是制约江西农业向现代农业转变的关键短板，如 2015 年农产品加工业与农业总产值比为 1.85:1，低于全国平均水平的 2.2:1，与周边湖南省、湖北省的近 2.5:1 相差较大。与此同时，江西农产品市场体系建设滞后，目前江西仅有赣南脐橙、南丰蜜桔等少数农产品建立了较为完善的产地集配中心和销售网点，蔬菜、水产品等大多数农产品尚未建立紧密的产销衔接体系。冷链物流发展也明显滞后，2015年，江西农产品冷库仓储库容仅为 60 万吨，而同期湖北超过 290 万吨；江西省企业入选 2015 年中国冷链物流公司 100 强的仅有 1 家，而河南有 6 家、湖北有 6 家、湖南有 2 家；江西果蔬、肉类、水产品的冷链流通率分别仅为 9%、20%、28%，而发达国家上述主要品类的冷链流通率都在 80% 以上。

（六）叫得响的农产品品牌少

绿色生态是江西最大优势、最大品牌，依托这一优势，江西农产品品质位居全国前列，如截至 2015 年底，江西"三品一标"①产品抽检合格率连续多年稳定在 99% 以上，处于全国领先水平。然而，与周边省份相比，江西安全优质农产品公共品牌的数量处于落后水平（见表 7），与安徽、湖北、湖南等地区的差距较为明显。近年来，江西虽涌现出了如"赣南脐橙""万年贡大米""南丰蜜桔"等区域品牌，但农产品品牌"散、小、弱"的现状依然较为突出，农产品数量、产量地位与质量、品牌地位不对等，优质农产品亟待转化为品牌竞争力。

表 7　2015 年江西与周边省份"三品一标"情况

单位：个

省　份	无公害	地标	绿色	有机	小计
江　西	1668	69	595	167	2499
安　徽	1631	29	1503	39	3202
福　建	2600	56	657	150	3463
浙　江	3853	31	1263	28	5175
湖　南	1725	41	984	171	2921
湖　北	2487	94	1541	246	4368

资料来源：江西省农业厅。

---

① "三品一标"，是无公害农产品、绿色食品、有机农产品和农产品地理标志的统称。

（七） 农业比较效益依然偏低

当前受农业资源环境约束趋紧、农业生产成本"地板"上升及农产品价格"天花板"下降的双重挤压，农业生产的比较效益呈逐年下降趋势，农民增收难度持续加大，这极大地影响了农民生产的积极性。江西农业厅对全省16个成本调查县1280户农户入户调查数据显示，与2014年相比，2015年全省7个品种成本收益状况总体呈现"单产减少、价格下降、产值减少、成本上升、收益递减"的势头，其中，中、晚籼稻及花生、柑橘亩均成本上涨较快，同比分别增加6.5%、6.7%和6.4%、5%；花生和油菜籽亩均纯收益分别上涨13.3%和0.8%，棉花、晚籼稻、柑橘和中籼稻亩均纯收益下降幅度较大，分别下跌78.4%、16.4%、10.2%和6.8%（见表8）。

表8　江西7个品种2015/2014年亩均成本收益指标变化率情况

单位：%

项目名称	早籼稻	中籼稻	晚籼稻	油菜籽	棉花	花生	柑橘
一、产值合计	0.2	-0.6	-4.4	-0.5	-5.1	10.2	-4.1
二、总成本	1.8	6.5	6.7	-1.3	-0.9	6.4	5.0
1. 物质费用	-1.0	4.8	3.3	-3.0	1.3	1.8	1.0
2. 人工成本（含雇工）	1.0	2.3	7.4	0.0	-1.7	7.2	8.5
三、纯收益	-2.0	-6.8	-16.4	0.8	-78.4	13.3	-10.2

资料来源：江西省农业厅网站。

二　江西农业供给侧结构性改革的重点任务

立足难点问题和主要矛盾，当前江西大力推动农业供给侧结构性改革的重点任务主要表现在以下几个方面。

（一） 优化布局稳产能

一是保护粮食生产能力。按照"主攻单产、确保总产"的发展路径，深入实施"藏粮于田、藏粮于技"战略，科学划定永久基本农田，坚守不低于4391万亩耕地红线，深入实施耕地质量保护和提升行动，扎实推进高标准农田建设，开展土壤改良、地力培肥、测土配方施肥和治理修复，提升耕地质量水平，确保江西省粮食主产区地位不动摇。二是划定粮食生产功能区和重要农产品生产保护区。以"三区一片"41个水稻生产优势县为重点，率先在江西省划定粮食生产功能区和重要农产品生产保护区，做到"两区"地块全部建档立册、上图入库；按照集中连片、旱涝保收、稳产高产、生态友好的要求，大规模持续推进高标准农田建设，确保到2020年高标准农田面积达到2825万亩，且严禁改变其粮食生产功能用途。三是加快推进特色农产品优势区建设。以"四区二十四基地"农业战略格局为核心，制定新一轮优势特色农产品区域建设规划，实施优势特色农业提质增效行动，加快推进特色农产品优势区建设，优化江西省蔬菜、水果、茶叶、花卉苗木、油茶、中药材、生猪、水产、家禽等特色优势农产品布局，大力发展特色优势农产品生产。

（二）调整结构优供给

一是优化农业生产结构。以市场需求为导向，加快发展优质稻、功能稻、有机稻，大力发展赣南脐橙、南丰蜜桔、井冈蜜柚、设施蔬菜、茶叶、中药材等特色产业，积极发展双低油菜，不断扩大优质饲草种植面积，加快构建粮经饲协调发展的三元种植结构。稳定生猪生产，扩大优质肉牛肉羊生产，做大家禽业规模，加快发展特色渔业和外向型渔业，优化畜牧水产生产结构。二是增强绿色有机农产品供给能力。以建设全国绿色有机农产品示范基地试点省为依托，推进绿色生态农业"十大行动"，高标准、高起点推进一批规模大、市场竞争力强的绿色生态农业基地建设，建立完善"从产地到餐桌"全过程农产品质量安全可追溯体系，不断扩大"三品一标"产品数量和规模，增强绿色有机农产品供给能力。三是打造绿色有机农产品品牌。深入实施"生态鄱阳湖、绿色农产品"品牌战略，挖掘一批老字号和"贡"字号农产品品牌、做大做强一批产业优势品牌、培育壮大一批企业自主品牌、整合扶强一批区域公用品牌，重点推进"四绿一红"茶叶、鄱阳湖水产品、地方鸡、"沿江环湖"水禽和优质大米等品牌的整合、培育和推介，不断提升江西省农产品"绿色生态有机"品牌形象。

（三）产业带动促融合

一是深入实施"百县百园"工程。加大对园区基本公共服务、科技成果转化、产业化经营等扶持力度，打造一批国家级、省级现代农业示范园区，创建一批现代农业产业园，加快推进"四区四型"建设。二是大力发展农产品加工业。做大做强粮食深加工，加快推进果蔬加工中心建设，推动畜禽屠宰行业转型升级，大力发展畜产品加工，以双胞胎、正邦、煌上煌等国家级龙头企业为重点，加快培育一批十百千亿农业龙头企业，重点推进粮食、畜禽、果蔬、渔业、棉麻（丝绸）加工五大千亿元产业发展。三是推动一二三产业融合发展。深入实施农村产业融合发展试点示范工程，加快推进农业与工业、旅游、教育、文化、健康养老等产业深度融合；实施休闲农业和乡村旅游提升工程，加快发展休闲观光农业、体验农业，以及定制农业、会展农业、乡村民宿等新业态，建设一批集生活、生产和生态于一体的田园乡村综合体。

（四）创新机制降成本

一是应用新技术、新品种，降低物化成本。以应用节水、节肥、节药等农业新技术为手段，加快推广优良品种，创新农业生产技术模式，减少农业生产资料投入，降低物化成本。二是大力推进机械化，降低人工成本。加快推进农业机械化发展，尤其是适合江西省山地丘陵地带的小型农业机械研发与应用推广，鼓励农机合作社发展，以适应农业劳动力不足的趋势，降低人工成本。三是适度规模经营，降低土地流转成本。加快推进多种形式的土地适度规模经营，以更少的人力管理更多的农业经营面积，从而降低农业生产流转成本。四是大力发展"互联网＋农业"，降低仓储、流通成本。做大"赣农宝"、益农社等农产品电商平台；支持农产品批发市场、流通企业、生产企业和合作社通过建设连锁零售终端，探索"电子商务＋智能提货柜"的模式向社区直供生鲜农产品，支持南昌、九江、赣州等市率先推进农产品电子商务示范园区建设，积极支持跨境电子商务发展，推动江西农产品走向世界。

（五）科技创新补短板

一是大力推进农业生产全程机械化发展。加快实现粮食作物生产全程机械化，尽快突破棉花、油茶收获机械化和丘陵山区作业机械化瓶颈，因地制宜，加快推进农业机械化由农业生产产中向产前、产后延伸，由种植业向果业、畜牧养殖业、渔业、农产品初加工、饲料加工和农业废弃物综合利用等各领域拓展。二是加快农业信息化进程。深入实施"互联网＋农业"行动，大力推进"123＋N"智慧农业建设，探索实施智慧农业 PPP 示范项目，推进"整省信息进村入户"和"智慧农场"工程，建设一批县级农产品电商运营中心、村级益农信息社，不断提升农业信息服务便捷化、农业生产智能化水平，抢占农业信息化制高点。

三　推进江西农业供给侧结构性改革的对策建议

在守住"确保粮食生产能力不降低、农民增收势头不逆转、农村稳定不出问题"三条底线的基础上，以"激活主体、激活要素、激活市场"为目标，加快推进体制机制创新，推进江西农业供给侧结构性改革。

（一）深化农村产权制度改革

一是深入推进农村土地"三权分置"改革。以农村土地"三权分置"改革为契机，创新土地经营权流转机制，探索"确权确股不确地"承包地经营权流转模式，避免高标准农田的细碎化。二是稳步推进农村宅基地改革。加快推进农房"房地一体"不动产统一登记和农民住房财产权抵押贷款工作，探索农村宅基地所有权、资格权、使用权"三权分置"，探索农民住房财产权抵押、担保、转让的有效途径。三是有序推进农村集体产权制度改革。扩大农村集体资产股份权能改革试点，对权属明晰的集体资产，实行股份合作改革，明确集体成员股份；对权属不清的集体资产，重点探索赋予农民对集体资产股份占有、收益、有偿退出及抵押、担保、继承权；对征地补偿费等现金资产，可直接分配给集体成员；对公益性资产，重点探索有效的管护机制，可以明确由农村集体经济组织统一管护，也可以委托第三方专业化服务组织管护。

（二）壮大村级集体经济

一是摸清底数，加强监管。深入调查，摸清江西省村级经营性资产、公益性资产和资源性资产的家底，并建立村集体资产、资源、资金台账；制定出台村级集体资产经营管理办法，定期公开村集体资产运营管理情况。二是因地制宜探索村级集体经济发展的有效路径。因地制宜、因村施策，探索村级集体经济发展的有效路径。对于城中村和城郊村，大力发展服务性产业；对于传统农业村，鼓励村级组织领办创办农民专业合作社、农业产业化龙头企业等；对于特色资源村，可依托资源优势，大力发展乡村旅游、民俗文化体验等产业。三是加大村级集体经济政策扶持力度。尽快出台"关于扶持江西省农村集体经济发展意见"，设立全省村级集体经济发展专项基金；鼓励市、县政府财政出资设立专项风险补偿基金，用于对农村集体经济组织提供贷款损失补偿、贴息、担保等；打破行业、身份、地域限制，从致富带头人、返乡创业人员中大胆选用思想解放、事业心强、懂经营、善管理的"能人"担任"村两委"，以配强村级班子。

（三）培育农业经营服务主体

一是加快培育新型农业经营主体。重点培育家庭农场、农民合作社、农业龙头企业等新型经营主体，扶持发展种养大户和家庭农场，促进农民合作社规范化建设，鼓励发展农民合作社联合社。继续实施"现代农业人才支撑计划"、新型职业农民培育工程和"一村一名大学生工程"，加大"三定向"农业优秀人才培养力度，重点培育一批农村实用人才带头人、现代青年农场主、农村青年创业致富"领头雁"，培养一批专业人才，扶持一批乡村工匠。二是培育农业社会化服务主体。鼓励大学生村官、种养大户、合作社负责人、农机手等领办创办农机作业、农田灌排、统防统治、烘干仓储等专业化服务组织，探索农业社会化服务管理，推行合作式、订单式、托管式服务模式。深入推进政府购买农业公益性服务机制创新试点，支持经营性中介服务组织从事农业公益性服务。

（四）强化农业科技创新

一是强化农业重大科技创新攻关。深入实施农业创新驱动"三十双百"工程，构建和完善农业科技协同创新联盟，推动江西省农业科研院所、高等院校和企业开展联合攻关。二是强化农业科技推广。在县市层面设立农业技术推广区域机构，进一步延伸至乡镇并支持乡镇成立综合型农业服务机构。支持江西省农业科研院所和高等院校与基层农技推广站联合，支持农技推广人员与家庭农场、合作社、龙头企业开展技术合作，探索政府购买公益性农业技术推广服务试点，让农业科技下得了乡、入得了户、进得了田间地头。三是完善农业科技创新激励机制。加快落实科技成果转化收益、科技人员兼职取酬等制度规定，鼓励引导农业科研人员深入生产一线开展研究，落实科研人员权益分享、持股兼职等激励政策，提高基层农技人员待遇和拓宽其晋升通道，打通围绕市场需求进行农业科研选题立项的"最初一公里"和科技成果上山下乡的"最后一公里"。四是健全农村创业创新机制。大力支持农民工、大学生、退役士兵和科技人员等返乡下乡人员到农村创业创新，重点支持年轻人在农村发展农业新产业、新业态，活跃农村经济。

（五）创新财政支农投入使用机制

推进农业供给侧结构性改革，很多举措都离不开政府投入的引导和支持。一是完善农业补贴政策。推进农资综合补贴、种粮直接补贴和农作物良种补贴改革，支持耕地地力保护和粮食适度规模经营；统筹整合粮食"三项"补贴资金，支持种粮大户发展；整合涉农资金，扶持中药材种植；优化农机购置补贴，扩大农机新产品补贴试点范围；完善渔业燃油补贴，探索休禁渔补贴；加快落实重大动物防控政策，逐步推行"先免后补"强制免疫直补方式。二是改革财政支农使用机制。加快建立以绿色生态为导向的农业投入机制，推动农业项目资金向绿色生态农业重点倾斜；充分发挥财政资金"药引子"的作用，设立农业产业引导基金，撬动和吸引金融资本、社会资本和保险资金更多地投向农业。

（六）创新农村金融支持机制

一是加快金融支农政策创新。国有商业银行、政策性银行、农村信用社等涉农金融机构，要增加农村机构网点数量，适当下放县域分支机构业务审批权限。加快组建省级农业信贷担保公司，做大做强省级农业产业化担保公司，积极发展林权、林地经营权流转抵押贷款业务，稳步推进农村承包土地经营权、农民住房财产权抵押贷款试点；发展农村金融租赁业务，积极开展大型农机具融资租赁，增强金融支农力度。二是推动农业保险支农方式转变。支持保险机构探索特色农业保险试点工作，推动政策性农险提标、增品、扩面，探索开发农产品目标价格保险、产量保险、气象指数保险等满足新型农业经营主体需求的险种，优化保险理赔服务，简化理赔流程。

参考文献

［1］龚建文：《以新发展理念推进农业供给侧结构性改革》，《江西日报》2017年3月4日。

［2］陈日武：《做好六篇文章促农业供给侧改革——江西推进农业供给侧结构性改革的几点思考》，《江西农业》2016年第9期。

［3］胡汉平：《践行新发展理念 深入推进农业供给侧结构性改革 加速从传统农业大省向现代农业强省迈进》，《江西农业》2017年第1期。

农业供给侧改革：实践中的
具体做法、路径与保障

张天维[*]

摘　要： 农业供给侧改革被 2017 年中央农村工作经济会议确定为工作重点以来，我国各省份采取不同的政策加以贯彻和实施。本文总结了湖南省、四川省、湖北省、辽宁省、黑龙江省的具体做法，特别是在概括了广东省在实施农业供给侧改革中与全国的不同点，即实施农业供给侧改革与全省大规模的基础设施项目建设紧密结合的基础上，提出了实施农业供给侧改革的一些保障措施。这些措施包括：建立专门领导机构，推出相关政策法规；调动各方面参与的积极性，加大资金投入的力度；重视人才的关键作用，多培养和吸纳技术人才；注重工作的联系性，与其他项目结合起来；加强引导和服务，营造良好的创新创业环境。

关键词： 农业供给侧　基础设施　深化改革　措施保障

2017 年中央农村工作经济会议提出：农业供给侧结构性改革（通常又被称为农业供给侧改革）是工作重点。国家财政部、农业部对此分别出台了系列文件，围绕绿色生态、农业资源合理利用和生态环境保护等内容，提出要通过财政补贴、激励机制等政策促进其发展。同时，全国诸多省份纷纷出台政策，要在推进供给侧改革方面有所突破。但各省份的具体做法、采取的政策和选择的路径有所区别，如有的省份要在加大财政支农投入、提升支农效能方面加大力度；有的要在推广政府与社会资本深化合作、撬动金融资本方面实现突破；有的要把落实扶贫开发作为重点，力争

---
* 张天维，辽宁社会科学院产业经济研究所。

早日实现脱贫攻坚目标；有的要增加水利发展资金规模，提高水利建设水平等。

一 我国一些省份在实施农业供给侧改革过程中的操作思路

（一）湖南省

落实供给侧改革是湖南省 2017 年的一项重要工作。该省把中央的要求和省情结合起来，在培育新产业新业态，打造精细农业和支持重点供应基地，以生产出更多优质农副产品方面下大力气；调动农业农村生产和发展的积极性，开辟农民增收致富新渠道。针对全省农业存在的"多的不优、优的不多、缺的不少、少的很贵"等问题，强调以精细农业引领农业供给侧改革，着力从优质化、品牌化、多样化、市场化"四化"目标入手，通过推进农业供给侧改革，将全省农业推向一个新的发展阶段。

（二）四川省

四川省在农业供给侧改革的落实和推进中，以供给质量为中心，优化农业生产流程和产业体系，改善经营体系，注重绿色、有机、无公害农产品供给；提高全要素生产率，培养更多爱农业、懂技术、善经营的新型职业农民；坚持市场需求导向，强调优化农业产业体系、生产体系、经营体系，注重可持续发展；提高农业农村改革综合效应，推进城乡一体化发展。

（三）湖北省

湖北省围绕农民增收这个核心，突出排农忧、解农难、安农心；提出全省树立"三条底线"不可突破的理念，即改革不能减少粮食产量，发展更要重视农业，以增加农民收入为工作重点；通过"三大体系"建设，推动全省农业产业、农业生产能力和农业生产体系建设上新的台阶，使绿色发展成为普遍的价值取向，使农村发展活力被激发出来，使农业经营等体系更加完善；推进三大改革，即全面完成农村土地承包经营权确权登记颁证工作、探索完善农村"三权"分置、开展农村集体产权制度改革试点；

抓住三大重点工作，即农业供给侧结构性改革、稳定农业农村基本盘和建立现代农业产业体系。

（四）辽宁省

辽宁省贯彻中央农业供给侧改革自身特点非常明显，重点落在了全省区域布局和产业结构的优化与调整上。一是增强市场意识，调优农业产品结构，为市场提供高质量的消费品，由以往重视"量"向更加注重"质"转变。全省涉农部门大力推动技术创新，使产品结构、产业结构、经营结构都得到改善，同时促使环境友好、节本增效、优质安全的理念为人们所广泛接受。二是与我国目前实施的"京津冀协同发展"国家战略密切相连。辽宁省充分利用与京津冀的地理、市场、要素流动等密切关联优势，吸引服务业向辽宁毗邻市县转移，提升辽宁一些农业县的档次，如北京大红门市场向绥中县转移；注重工业项目向毗邻市县转移，推动项目发展，从而为企业吸纳更多农民从土地中"走出来"、增加收入、改善生活提供前提和可能。目前辽宁省三大战略的"突破辽西北"中的朝阳、阜新两市，以及与京津冀相连的葫芦岛市都在全力做好京津冀产业转移的大文章，优化资源配置，拓展农业发展领域，促进农村、农业、农民与国家大战略融合发展。

（五）黑龙江省

黑龙江省从四个方面进行农业供给侧改革：一是增加优质农产品有效供给，促进农民增收。推进农业产业链整合和价值链提升，大力培育和壮大农村新产业新业态，使本省的水稻品种、大米品牌等得以在全国乃至国际上有更好的销售市场，让农民共享产业升级和融合发展的增值收益。二是加快推进农村配套改革，增强发展动力。推动土地经营权有序流转，建设一批高标准"互联网+农业"示范基地。三是加快推动农业绿色发展，建立供给长效机制，使黑土地、水生资源、森林湿地等都得到保护，注重农业的可持续和健康发展。四是加快民生改善。根据各地实际情况，注重休闲农业等新的农业生产形态和推崇循环农业的价值理念，让农民在观光农业、低碳农业、康养农业等方面取得新进展。同时，注重乡村建设，采取高标准、新要求、新途径，以城带乡发展，将农村发展的短板补齐，尽早出现工农融合、互惠的新型关系。

二 广东省实施农业供给侧改革的侧重点

广东省是在我国改革开放中走在前面的省份，2016 年国民生产总值实现 7.9 万亿元，领跑全国各地。在推进农业供给侧改革方面，广东省也不遗余力地贯彻落实。其做法既有很多与全国其他地方基本相同之处，又有一些与全国其他地方不同的做法。广东省的经验值得关注、研究和学习。

1. 广东省与全国一些省份推进农业供给侧改革基本相同的做法

广东省 2017 年"三农"工作的重中之重是推进农业供给侧改革。广东省结合本省实际，前瞻性地提出一些有价值的发展取向，如要在现代农业、创新驱动、新产业新业态方面重点发展，从而使农业产业链拉长、价值链增加。同时注重改善生态环境、生活环境和生产环境。为了保证这些目标的实现，广东省健全投入机制，提高财政资金使用效率，为"三农"增加投入，并鼓励农村金融创新，通过多种方式激活内生的发展动力，包括做实土地流转型，让服务带动发展等。

2. 广东省与全国贯彻农业供给侧改革的不同注重点

与全国其他地方不同的是，广东省将农业供给侧改革与全省大规模推进基础设施项目建设紧密结合，或者说农业供给侧改革在基础设施建设中扎实地得到推进，基础设施建设中包含农业供给侧结构性改革的内容。据了解，2017 年一年，广东全省固定资产投资预计增长 15%，其中基础设施投资计划增长 10%。这些基础设施重点项目，涵盖 11 类工程，有 501 个项目，预计总投资达到 3.34 万亿元。这些项目大多与农业供给侧改革有密切关系。

3. 与广东省农业供给侧改革紧密相关的基础设施项目

这些项目包括以下几个方面。公路项目：在 2015 年全省顺利实现"县县通高速"目标后，2017 年全省继续推进 68 个高速公路项目，建设里程 4081 公里；水利建设项目：2017 年底，实现新增供水能力 20 万吨/日，建成新增的高效节水灌溉面积达到 5 万亩；防灾减灾项目：2017 年计划完成 2300 多公里中小河流治理任务；电源项目：全年新增骨干电源装机容量达到 306 万千瓦，同时年度计划投资 100 亿元，用以大力推进农村电网改造，全面完成中心村农网改造升级；环保建设项目：2017 年完成 55 个黑臭水体整治，加快建设一批城乡生活垃圾无害化处理项目，同时，实施山水林田湖生态保护和修复工程；信息建设项目：2017 年新增 4G 基站 10.3 万座，实现全省超高速无线局域网在偏僻区域的 3312 个行政村的覆盖。

4. 基础设施通常是指为了保证百姓生产和生活，国家或地区社会经济活动正常进行的公共服务基础工程

这些设施之所以被称为基础设施，就是因为它有明显的公共服务和乘数效应。这些设施的收益远远高于投资总额，对经济社会发展具有显著的引领性、支撑性、关键性作用。一个国家和地区要长期、持续和稳定发展，就必然离不开基础设施建设，或者说它是繁荣的重要基础。从广东基础设施投入领域来看，这些项目与 2017 年中央一号文件提出的优化产品结构、推进农业提质增效、增强农业可持续发展、推行绿色生产方式、壮大新产业、激活内生发展活力等均密切相关。可以说缺少这些基础设施项目建设，目标难以实现，这些基础设施建设就是中央一号文件提出的供给侧改革。

三　我国省份实施农业供给侧改革的保障

我国各个省份按照国家的要求，结合本省的实际，都出台了一系列推进农业供给侧改革的保障措施。在总结其经验的基础上，现提出一些在实践操作中，能有效推动农业供给侧改革的保障措施。

1. 建立专门领导机构，不断推出相关政策法规

农业供给侧改革的推进，应该以市场运作为主要前提，让更多农民参与其中，使更多龙头起到带动作用。同时，更需要有专门的组织机构进行领导，需要不断地进行组织、沟通、协调，这样才能保障重大项目的推进、诸多问题的解决，以及对决策的监督和落实。因此，建议各地建立专门机构，并通过这个机构适时出台发展规划、政府文件和法规等具体指导文件，给予资源、资金、社会、环境等各种资源配置的指导。这样农业供给侧改革的系统工程，在现实中就有了激励机制、奖惩机制和工作流程，就可以在各个范围内更好地发挥作用。

2. 调动各方面参与的积极性，加大资金投入的力度

国家明确提出，推进农业供给侧改革，在财政支农方面投入的资金要逐年增加。这对于各个省份来说是利好因素。各个省份都应积极配合，努力争取国家资金，加大对农业建设的投入。同时，各个省份要结合本省的实际，拓宽融资领域，将用于生态环境保护，以及水利、公路、电网改造等基础设施的资金投入大幅度增加。为此，在实施农业供给侧改革中，一是要善于与政府相关的建设相衔接，如广东与基础设施建设相连接、辽宁与京津冀产业转移相伴随，紧紧抓住机遇。二是要善于政策引导，利用农业供给侧改革相关的支持政策，将银行、保险、大型企业，甚至外资、非银行金融机构等引入，创造大家关心农业、参与农业、推动农业共同发展局面的形成。三是采取多种合作模式，如税收分享、股份合作和共投共管等，形成共同促进农业发展的格局。这些合作可由松散型起步，逐渐升级到深入合作，直到形成命运共同体。

3. 重视人才的关键作用，多培养和吸纳技术人才

推进农业供给侧改革，离不开先进的科学技术作为支撑和保障，更离不开掌握科学和技术的专业技术人才。农业供给侧改革要针对生态农业、绿色农业、有机农业这些重点领域，重点推动其发展，就要尽可能创造条件，多培养农业建设人才。为此，要善于进一步整合各种资源，引导各类科研单位、大专院校与农民专业合作组织和龙头企业对接；善于完善创新环境，为便于农业生产技术交流，多举办产品博览会和成果洽谈会等多种形式的科技经贸活动；善于打造创业环境，实施农村劳动力转移工程，建立起跨地区、跨行业的多种形式的科研联合体，并通过人才媒介，吸纳更多先进、实用的工艺、设备和技术。

4. 注重工作的联系性，善于与其他项目结合

农业供给侧改革是一个大概念，实施起来是个长期、复杂、动态变化的过程，一味注重供给侧改革而忽视其他方面，往往是片面和难以实现的。从广东经验看，通过注重基础设施建设，达到农业供给侧改革等多重目标，是个睿智、战略性的和可操作之举。从辽宁实践来看，农业供给侧改革与京津冀产业转移、完善创新创业环境等相连接，市场环境、人才环

境、资本环境变得丰富和有效，农业供给侧改革的基础条件也得到了夯实。从这个角度来说，更新理念、改革体制、创新实践、处理好政府和市场关系、促进农民就业和增收、优化农业产业和产品结构等都与农业供给侧改革密切相关，都应注意发挥其巨大作用。

5. 加强引导和服务，营造良好的创新创业环境

农业供给侧改革需要发展新兴业态产业，需要与国家"大众创业，万众创新"相呼应，需要吸引和推进农村蓝天与碧水、青山及沃土等工程项目，需要吸引民资、央企、外资等投资的到来。只是凭以往的土地等优惠政策，即使再注重精准性和有效性，也难以达到目的。为此，要以建设创新创业环境为保障，通过营造公平竞争环境、放宽市场准入和给予政策优惠等，吸引更多区域的合作、更多部门的投入、更多项目的落实、更多人才的到来，摆脱靠天吃饭的自然经济束缚，引导现代农业快速发展。同时，要善于利用电子商务平台，改变传统的销售方式，吸引更多游客到来，让他们深入农村观光，体验农作和采果乐趣，享受民间情趣。

参考文献

［1］《中共中央、国务院关于深入推进农业供给侧结构性改革加快培育农业农村发展新动能的若干意见》，www. gd. gov. cn。
［2］马化腾等：《互联网＋国家战略行动路线图》，中信出版集团，2015。
［3］《广东省城市基础设施建设"十三五"规划》，www. cacem. com. cn。
［4］张天维等：《资源型地区产业升级的载体和模式研究》，辽宁大学出版社，2013。

山东省农业供给侧结构性
改革的现状与对策

徐光平[*]

摘　要：农业供给侧结构性改革是农业转型升级的必然选择，是用农业发展的新理念突破"三农"新难题。农业的生产要以市场的需求为导向，优化农业资源配置，扩大农产品的有效供给，增强供给结构的适应性和灵活性。本文分析了山东省农业供给侧结构性改革面临的问题与机遇，提出具体的农业供给侧结构性改革的措施。

关键词：农业供给侧　结构性改革　农业转型升级

一　研究背景

习近平在参加十二届全国人大四次会议湖南代表团审议时指出："推进农业供给侧结构性改革，提高农业综合效益和竞争力，是当前和今后一个时期我国农业政策改革和完善的主要方向。"农业供给侧结构性改革就是让农业的生产以市场需求为导向，优化农业资源的配置，调整农业生产结构和产品结构，扩大农产品有效供给，增强供给结构的适应性和灵活性（李娜，2016）。

（一）农业供给侧结构性改革的内容

2017 年中央一号文件再次聚焦"三农"问题，指出我国农业发展目前存在的主要矛盾，已经由总量不足转变为结构性矛盾，矛盾的主要方面在

---

* 徐光平，山东社会科学院省情研究院。

供给侧,并由此提出必须顺应新形势新要求,深入推进农业供给侧结构性改革。什么是农业供给侧结构性改革呢?农业供给侧结构性改革的核心目标仍然是促进农民增收,从生产端、供给侧入手,通过自身在技术、产业、区域、机制体制等方面的调整,提高农产品的品质和数量,符合消费者的消费需求,使农业在更高水平上实现新的平衡。供给侧结构性改革不是忽视需求和否定需求,而是以需求为基础和方向。农业供给侧结构性改革也要基于需求,以需求为导向进行改革(刘红岩、朱守银,2016)。

(二) 农业供给侧结构性改革的意义

经过多年的发展,我国的农业农村发展取得了瞩目的成绩,但是随着大众消费能力和消费要求不断提升,农产品供给跟不上消费需求的变化,导致供求出现结构性失衡,由此形成了农产品有效供给与真实需求之间的矛盾。我国农业转型升级发展中面临诸多难题,如农产品供求结构失衡、要素配置不合理、资源环境压力大、农民增收后劲不足等,推动农业供给侧结构性改革是破解新形势下"三农"新难题的必然选择。

1. 农业供给侧结构性改革能更好地增加农民收入

目前农业发展中存在供求结构失衡的矛盾,农产品的品质不能满足消费者的需求,增产不增收的现象困扰着农民。农业供给侧结构性改革的核心目标是促进农民增收,大力推进农业供给侧结构性改革,发展优质、高效的农业,使农产品的生产和消费无缝对接,才能有效促进农民增收。

2. 农业供给侧结构性改革助推农业品牌化建设

农业供给侧结构性改革,着手点就是农业的生产端,改变传统农业过度依赖资源消耗的生产方式,转向绿色的、生态的、可持续的农业生产模式;从满足农产品量的追求转向更加注重质的追求。这就要求农业生产要注重品牌化建设,品牌化的农产品也是消费者消费水平和要求提高的必然结果。

3. 农业供给侧结构性改革能够缓解农业资源环境压力

低端的农业生产、不合理的供给结构给农业资源环境带来很大压力,直接影响到农业乃至农村的可持续发展。传统农业也造成农业资源透支利用，出现了地没法种、水没法浇、粮菜没法吃的现象，付出了沉重的生态环境代价。推动农业供给侧结构性改革，能够加快转变农业生产方式，优化农业资源配置，解决供需结构性矛盾，更有利于资源优势的发挥和生态环境的保护（杨建利、刑骄阳，2016）。

二 农业供给侧结构性改革与农业转型升级

中央一号文件的重要主题就是深化农业供给侧结构性改革，解决农产品的供给结构问题。农产品供需的矛盾不在量而在质，一方面粮食生产连年增产，另一方面消费者又买不到放心农产品。农业供给侧结构性改革要求农业生产转型升级，淘汰落后的生产方式，优化农产品结构，推动农产品品牌化建设，探索更好的新技术、新产业、新业态、新模式，以实现农业的融合发展（李国祥，2016）。反过来，农业的转型升级也助力农业的供给侧结构性改革，进一步促进农民收入增加。

（一）农业供给侧结构性改革推进农业转型升级

2017 年中央一号文件提出，农业供给侧结构性改革就是要解决优质农产品的供给问题，农业生产要以市场需求为导向，围绕消费市场的需求变化，发展农业新业态，真正形成结构合理、保障有力的农产品有效供给。推进农业供给侧结构性改革，能够加快转变农业生产方式，促进新兴农业的产生，农业生产逐步走向标准化、绿色化、规模化的生产方式，农产品也将由低端无效的供应转向有效供应和中高端供应，推动农产品的品牌化建设，提高农产品的有效供给水平，既保证农民增产增收，又能让消费者买得到放心的、优质的品牌农产品。

（二）农业转型升级助力农业供给侧结构性改革

中央一号文件在提出农业供给侧结构性改革时，强调要加强现代农业的建设，要加快推进农产品的标准化生产和品牌创建，农业的品牌化是农业转型升级的基本内涵和标志，也是推动农业供给侧结构性改革的重要抓手。农业转型升级，现代农业的标准化、规模化、品牌化发展，更有利于促进农民增收，优化农产品在供给侧的供给结构，而这也正是农业供给侧结构性改革的基本要求。

三　山东省农业供给侧结构性改革的现状

山东省与全国一样，农业发展进入了一个新的历史阶段，农业发展的主要矛盾由总量不足转变为在供给侧的结构性矛盾。山东省是人口大省、农业大省，在农产品总量、农产品出口等多个方面具有明显优势，农业供给侧结构性改革必然对山东省的农业发展起到积极的推动作用，助力山东从农业大省向农业强省转型。从中央到地方各级政府都在重视"三农"问题，都把推进农业供给侧结构性改革作为当前和今后一定时期内农业经济工作的重点任务来抓，这给山东省的农业供给侧结构性改革创造了环境条件，但也要认识到农业供给侧结构性改革是一个长期复杂的过程，面临着诸多困难和挑战。

（一）农业供给侧结构性改革的机遇

1. 各级政府重视

从 2017 年 2 月中央一号文件提出深入推进农业供给侧结构性改革开始，短短几个月的时间，农业部、财政部、发改委及各级政府部门都把农业供给侧结构性改革作为重点工作来抓，相继出台了《农业部关于推进农业供给侧结构性改革的实施意见》《建立以绿色生态为导向的农业补贴制度改革方案》《关于推进农业领域政府和社会资本合作的指导意见》等相关政策。山东省农业工作会议上也强调，深入推进农业供给侧结构性改革，是新时期农业农村改革发展的政策理论创新，也是农业农村经济工作方向和方法手段的重大变革。此外，山东省的金融机构也以金融创新增强农业持续发展后劲，中国人民银行济南分行联合省委农工办、省农业厅、省财政厅等 7 部门联合印发《关于山东省金融支持农业供给侧结构性改革的意见》，从 6 个方面提出 21 项具体工作措施，山东省也成为全国最早出台金融支持农业供给侧结构性改革专项意见的省份。

2. 农村经济快速发展

目前，山东省的农业农村经济发展较快，"十二五"时期又是一个黄金期，"十二五"期间，山东省粮食产量连创历史新高，2016 年，山东省粮食全年总产 940.14 亿斤，连续 5 年稳定在 900 亿斤以上。农民收入持续增长，2016 年农村居民人均可支配收入 13954 元，增长 7.9%。多种形式的规模化经营正在稳步推进，2016 年，全省农村土地流转面积达到 2746.4 万亩，承包土地经营规模化率达到 40% 以上，家庭农场发展到 4.8 万户，农民合作社 17.5 万户，规模以上龙头企业 9400 多家。山东开展集体产权制度改革优势明显，2016 年全省农村土地承包经营权确权登记颁证有 73910 个村（社区）完成任务，占总数的 95.9%。山东省的农业农村发展保持稳中有进的良好态势，为经济社会发展大局提供了有力支撑，为农业供给侧结构性改革奠定了坚实的基础。

3. 科技创新的助推作用

科学技术是第一生产力，科技创新是第一助推力。科技创新是推动农业发展方式转变和农业转型升级的强大动力，近年来，山东省委、省政府认真贯彻科学发展观，依靠科技创新，促进了农村经济的快速发展。山东省的农业科技整体水平已经进入全国前列，"十二五"期间，全省共取得省部级以上农业科技成果 209 项，数量居全国前列。农业科技进步贡献率达到 61.8%，比"十一五"末提高了 5.8 个百分点。省级财政每年投入 6000 万元的"农业科技新创工程"，力争实现农业科技进步贡献率"十三五"末达到 65%。山东省科技创新的重心将从注重农产品的产量向提升农产品的品质转变，依靠科技创新手段推动传统农业转型升级，打造山东品牌的农产品。

（二）农业供给侧结构性改革面临的问题

1. 农业品牌建设水平不高

山东省是农业大省，却是农业品牌小省。山东省的农产品出口量占全国的 1/3，但是"有口碑、缺名牌"却成了一大软肋，农业发展大而不强，农产品多而不优，农产品在激烈的市场竞争中没有优势可言，山东农产品的品牌建设与山东省农业大省的地位不相符，严重影响了山东农产品在市场竞争中的进一步提升。目前农产品品牌建设存在的主要问题是：生产者的品牌意识差，生产者多是分散经营的小规模农户，缺乏品牌观念，认识不到品牌在提高农产品市场竞争力和产品附加值方面发挥的重要作用（崔茂森，2010）；品牌保护缺少机制；品牌的宣传和推介不到位；农业发展缺少区域规划，个性化、差异化的农产品短缺；缺乏有效监管机制，农产品质量不能得到完全保障（李宪亮，2016）。

2. 农业转型升级面临诸多问题

农业供给侧结构性改革的内容之一，就是加快农业生产方式转型升级，为市场提供绿色优质农产品，在农产品供给侧进行结构性的调整（翁鸣，2017）。但是目前的传统农业要转向绿色农业，生产出绿色农产品，面临诸多问题，耕地数量减少、质量下降，地下水超采、水源污染较为严重，化肥农药超标等，面临资源和环境"双重约束"。另外，农户的传统观念也会阻碍农业转型升级，一方面他们对新兴农业不了解，不知道农产品的产量效益如何，不敢冒险尝试；另一方面，新兴农业在开始阶段需要投资，生产成本高，农户的盈利少，这就会让大部分农户成为新兴农业发展的"局外人"，加大了新兴农业的推广难度。

3. 新兴农业经营主体还不成熟

新兴农业经营主体是推动农业转型升级、优化农业产业结构的重要主体，目前，山东省的小农户分散经营仍占多数，现代化的经营体系还未形成，专业大户和家庭农场、农民合作经济组织、龙头企业、农村集体经济组织等新兴的农业经营主体还不成熟，处于探索成长的阶段。山东省的农户多数是分散经营，生产方式落后，在农业生产上科学技术含量低，加上粮食价格低，农民单纯靠农业生产的总体收入水平较低，导致大批年轻人涌入城市，大部分农户未能分享更多的现代农业发展成果。

四　推进农业供给侧结构性改革的建议

农业供给侧结构性改革，在确保国家粮食安全、增加农民收入、保证农村稳定发展的基本前提下，转变农业生产方式，在农产品的供给侧进行改革，调整农产品结构，提高优质产品的供给水平，对农产品的要求从量的满足转向对质的需求。山东省的农业发展取得了一定的成绩，在农业供给侧结构性改革方面也走在全国前列，山东省的经济工作会议和全省农村工作会议上也提出，既要在保障国家粮食安全和农产品有效供给上做出新的努力，更要在改善结构、提高品质、增加效益、拓展功能上下更大功夫。

（一）优化农业的区域布局

山东省的农业发展明显存在同构现象，优化生产结构和区域布局势在必行，这也是山东省推进农业供给侧结构性改革的重要任务。结合山东省主体功能区划分，以农业资源、环境污染程度、农田基础设施等指标为重要参考，划分不同农作物的主要生产区。对于污染严重的地区，首先要开展治理活动；对于资源丰富的地区，提高农作物的标准化和规模化生产程度。山东省对农业进行区域布局的同时，要制定对应的激励支持政策，积极引导财政、投资等政策向重要农产品生产主体区倾斜。

（二）提高农产品的品质

农业供给侧结构性改革重点是在供给侧提高农产品的品质，从而提高有效供给水平。山东省把提高农产品品质放在农业供给侧结构性改革的首要位置，农业生产要以品牌化农产品为抓手，从相对重视农产品的产量，转而追求农产品的品质，农业生产以优质、绿色、安全为导向，全面系统地推动农业标准化生产。一要建立农产品品牌标准化体系，标准缺失使得农产品品质监管缺乏依据；二要建立农产品品牌评价体系，目前缺少科学、系统的品牌农产品评价方法；三要完善农产品追溯体系，从选种、育种开始建立农产品品质档案，消费者购买产品时，扫描二维码即可知道，产品来源地，使用过何种化肥、农药，何种耕作方式等，农产品加工企业可以在材料源头上保证安全。

（三）培育新型农业经营主体

农业供给侧结构性改革的一大要义是农业生产的标准化、规模化，要改变传统农业落后的生产方式，改变小农户分散、单打独斗式的生产方式，培育新型的农业经营主体，发展农业规模化生产，这也是农业转型升级的必然要求。在下一步农业生产改革中，要推动出台构建和培育新型农业经营主体政策体系的意见，鼓励农户成立或自发组成专业大户和家庭农场、农民合作经济组织、龙头企业、农村集体经济组织等新型的农业经营主体,让农民成为现代化农业生产的参与者和受益者,共同推动农业供给侧结构性改革(张茗朝、姜会明,2016)。

(四)出台农业补贴制度

农业供给侧结构性改革过程中,既要发挥市场的作用,也要发挥政府的政策支持作用。农业转型升级,发展绿色农业的主要障碍是生产成本高,发展生态农业后农民的收益不增反降了,农民没有享受到生态农业带来的实惠。山东省要推广生态农业,必须完善以绿色生态为导向的农业补贴各项制度,创新补贴的方式方法,调动农民和社会各方面的积极性,比如完善价格补贴、金融保险、用地用电等一揽子政策支持。

(五)继续推进科技创新

农业转型升级,优化农产品的供给结构,科技创新是重点。要继续提升农业科技的创新能力,始终坚持保护农业资源环境、促进农民增产增收、优化农产品品质等目标,做优做强新型农业生产方式。依托大数据,推进"互联网+现代农业"进村入户工程,通过互联网,建立现代农业公共信息服务平台,充分发挥互联网在现代农业生产中的作用。通过互联网,定期发布农产品市场信息,让农户及时接触到最新的生产技术;也可将品牌农产品的信息发布到互联网上,拓宽产销边界。

参考文献

[1] 李娜:《河北省农业供给侧结构性改革思考》,《合作经济与科技》2016年第10期。

[2] 《中共中央国务院关于深入推进农业供给侧结构性改革加快培育农业农村发展新动能的若干意见》www.gov.cn/zhengce/2017 – 02/05/content_ 5165626. htm。

[3] 《农业部关于推进农业供给侧结构性改革的实施意见》www.moa.gov.cn/govpublic/BGT/201702/t20170206_ 5468139. htm。

[4] 刘红岩、朱守银:《农业供给侧结构性改革的推进方略探讨》,《经济研究参考》2016年第30期。

[5] 杨建利、邢骄阳:《我国农业供给侧结构性改革研究》,《农业现代化研究》

2016 年第 4 期。

［6］ 李国祥：《供给侧改革与我国农业发展转型升级》，《农经》2016 年第 1 期。

［7］ 崔茂森：《山东省农业品牌建设中存在的问题与对策》，《青岛农业大学学报》2010 年第 2 期。

［8］ 李宪亮：《农业供给侧结构性改革策略研究》，《中国市场》2016 年第 33 期。

［9］ 翁鸣：《科学地认识农业供给侧结构性改革》，《农村经济》2017 年第 3 期。

［10］ 张茗朝、姜会明：《吉林省农业产业结构优化的困境与对策》，《纵横经济》2016 年第 7 期。

湖北省粮食产业供给侧结构性
改革的路径思考

彭　玮*

摘　要： 近年来，我国粮食生产连获丰收，但出现"高库存、高进口、高成本"三高现象，我国粮食形势发生了由总量不足到结构性矛盾突出的阶段性变化。为解决这一系列问题，2017 年中央一号文件首次将"农业供给侧结构性改革"写进文件，强调将深入推进农业供给侧结构性改革作为当前农业农村工作的主线。供给侧改革是一项系统工程，推进农业供给侧结构性改革，需要统筹兼顾，政府和市场协调配合，在坚守粮食安全底线和生态保护红线的前提下，在"加减乘除"的综合运算中冲出现代农业建设的一条新路来。

关键词： 农业　供给侧　结构性　改革

2017 年中央一号文件提出"深入推进农业供给侧结构性改革，要在确保国家粮食安全的基础上，紧紧围绕市场需求变化，以增加农民收入、保障有效供给为主要目标"。习近平同志指出，"保障国家粮食安全是一个永恒的课题，任何时候这根弦都不能松""中国人的饭碗任何时候都要牢牢端在自己手上，饭碗里必须主要装中国粮。靠别人解决吃饭问题是靠不住的，绝不能买饭吃、讨饭吃"。粮食安全关系国计民生，维持较高的粮食自给率是保障中国粮食安全的根本。随着国家农业政策扶持力度的不断加大和农业生产技术水平的显著提高，我国粮食产量呈逐年上升趋势，粮食产量由 2003 年的 8613 亿斤增加到 2016 年的 12325 亿斤。与此同时，国内粮食总需求为 12800 亿~12900 亿斤，各类粮食总进口量接近 2500 亿斤，

---

*　彭玮，湖北省社会科学院农村经济研究所。

粮食年库存达到 2000 亿斤，出现"三量齐增"。粮食内部结构问题凸显，玉米、稻谷阶段性过剩特征明显，小麦优质品种供给不足，大豆产需缺口巨大。

中国农业发展的主要矛盾已由供给总量不足转变为供需结构性矛盾。推进农业供给侧结构性改革，以市场需求为核心优化资源配置，是实现中国农业发展战略转型的现实选择。供过于求导致粮价下跌，粮农增收困难；粮食收储制度推动粮食库存量攀升，加重了国家财政补贴负担。粮食主产区承担着国家粮食安全战略功能，是粮食安全的重要保障区。近年来，虽然中央支持粮食生产和农业发展的普惠政策向粮食主产区倾斜，也逐步出台了相关政策支持商品粮基地建设和产量大县发展，但主产区粮食生产仍出现萎缩现象，在全部 13 个粮食主产省中，仅黑龙江、吉林、内蒙古、河南、安徽 5 个省区具有较强粮食调出能力，湖北、四川、江苏 3 个省区已出现粮食短缺。

目前，许多学者针对河南、黑龙江、山东、辽宁等粮食主产区生产变动情况及其结构调整展开了广泛研究，为新时期农业供给侧改革背景下粮食主产区生产结构调整提供了理论指导和经验借鉴。

一 农业供给侧改革要做好"加减法"

湖北自古享有"湖广熟，天下足"的美誉，粮食生产条件得天独厚，是国家主要粮食生产优势区域。"十二五"以来，湖北省粮食综合生产能力稳步提高。2015 年湖北省粮食总产 540.66 亿斤，实现十二连增，创 1997 年以来的历史新纪录。2016 年因灾减产与主动调减，仍居历史第四高位、全国第十一位。湖北省粮食三大主要作物水稻、小麦、玉米，常年种植面积占粮食总面积的 87% 左右，结构更趋合理。但是，湖北省粮食生产可持续发展面临农业基础设施建设滞后、农业生产成本全面上升、资源环境约束加大等诸多限制因素，导致"五低"的境况，即生产效率低下、产业层次低、产品市场竞争力低、产业融合程度低、种粮比较效益低，造成供需结构的严重失调，一方面优质农产品的供给严重不足，另一方面农产品"卖难"现象屡见不鲜。在湖北省农业供给侧改革过程中，应该抓住粮食这个"牛鼻子"，努力把粮食资源优势转化为粮食经济优势，加快提升粮食流通能力和粮食安全保障能力。

（一）坚守"底线"，实现"保安全、保生态"

确保粮食安全底线。湖北省粮食供给侧结构性改革不能简单地照搬工业"去产能"的做法，湖北省是全国13个粮食主产省（区）之一，粮食产量约占全国的5%，肩负着保障国家粮食安全的重任，这是不能随意触碰的底线，粮食产量可以主动调减，但是粮食产能必须稳定（陈锡文，2016）。要认真落实"藏粮于地""藏粮于技"战略，稳定粮食产能，确保谷物基本自给、口粮绝对安全。继续实施好水稻产业提升计划，推进粮食优势产业带建设。在巩固襄阳百亿斤粮食大市的基础上，重点支持荆州打造粮食总产百亿斤大市。在湖北省粮食产能稳定在500亿斤以上的前提下，可建立适应省情的耕地轮作休耕制度，变藏粮于仓为藏粮于地。要在稳产能、提品质、增效益上下功夫，更多地采用市场化手段调节农业生产和市场供求关系。

确保生态保护红线。扩大退耕还林还草，实施山水林田湖生态保护和修复工程，治理农业面源污染，推动农业绿色发展。大力发展有机农业、生态农业，推进粮食标准化和清洁化生产，建设一批"高产、优质、高效、生态、安全"的粮食生产基地。建立和完善农产品产地环境安全监测制度和农业投入品监督管理制度，采取耕地土壤修复、种植结构调整、粮食生产禁止区划定、高效肥料和低毒低残留农药推广措施，防止粮食污染。建立耕地土壤环境监测网络和农村垃圾、农药包装废弃物、污水等收集处理系统，有效解决耕地面源污染问题。

（二）做好"加法"，实现"补短板、提品质"

所谓加法，就是扩大要素供给，培育增长的新动力新能量，拓展发展的新空间新途径，提高经济增长的质量和效益。转变发展方式，不再追求简单的数量增长，而是在保障口粮安全和主粮基本自给的前提之下，将更多关注点放在增加农产品有效供给上，换言之，就是增加安全优质农产品的供应力度（韩俊，2016）。

补齐农业基础设施短板。加快中低产田改造，推进旱涝保收的高标准农田建设，加强河道、沟渠、排灌设施等农村基础设施和农田水利设施建设。按照《湖北省高标准农田建设推进方案》和《关于做好高标准农田建设管理工作的意见》，到2020年湖北省要建成3570万亩高标准农田。加快推进农业生产全面全程机械化。

补齐供需脱节市场短板。供需脱节是粮食问题的最大"短板"。从消费看，城乡居民粮食消费需求加快升级，广大城乡居民已经不满足于"千人一面""万人一米"，不仅要"吃得饱"，更要"吃得好"，吃得安全、营养、健康，绿色优质粮油产品消费需求旺盛，但是缺口很大。湖北省农产品"大路货"多、高端精品少。目前面包、糕点、饼干等强筋粉、弱筋粉制品消费增长迅猛，应加大强筋小麦、弱筋小麦的有效供给。健全从田间到餐桌的粮食质量安全体系，为消费者提供安全健康的农产品。

补齐农产品质量短板。农业供给侧结构性改革的核心目标是解决优质农产品供给问题。居民的"钱袋子"越来越鼓，消费结构也随之快速升级并创造新的消费需求。主要从六个方面提升农产品品质，一是在加工工艺上，产品要不断细分，强化标准意识，向精深方向发展，提高整体加工档次；二是在产品销售上，向电商等新销售业态发展，满足消费者的需要；三是在流通储存上，向全程冷链发展，保障产品新鲜度；四是在培育品牌上，进一步提升品牌意识，实施品牌战略，大力培育知名品牌，提高品牌市场占有率；五是在产品区分上，建立健全农产品等级标准体系，提高产品区分度，实现优质优价，防止"劣币驱逐良币"现象发生；六是在粮食安全上，要健全粮食质量安全标准体系，加强监测预警，加强对农药残留、重金属、真菌毒素超标粮食的管控。

（三）做好"减法"，实现"去库存、降成本"

所谓减法，就是要对那些经济效益偏低、市场需求不足、严重破坏环境的过剩产能进行压缩，降低成本，激发活力，提高效益。

1. 以调结构为抓手，加快实现去库存

2015 年湖北省粮食库存达到 316.4 亿斤，创下历史新高，同时，库存中大量是即将过期的或者是不断贬值的、质量较差的农产品。因此必须建立保持供需动态平衡的长效机制，积极配合国家有关部门做好政策性粮食销售出库工作，加强监督检查，切实防止"转圈粮"和"出库难"问题。加快政策性粮食竞价交易，鼓励多元主体收粮，鼓励企业和农民多存粮，努力减少政策性库存增量。加大地方储备粮轮换出库力度，适当提高轮换比例，经粮权所属政府批准，可适当延长轮换架空期。指导多元主体边收购边加工边销售，加快周转，减少库存。加快新库建设和"危仓老库"维

修改造进度，增加有效仓容，满足新粮上市收购需要，守住"种粮卖得出"底线，使湖北省粮食高库存下降到正常水平。同时，湖北省粮食生产区域结构、品种结构、产业结构、供求结构调整势在必行，要大力推进产品结构向优质高效产品调，向市场紧缺产品调，向深加工高附加值产品调，向绿色特色安全产品调。

一是从低效向高效调。继续调减低产低效棉田，努力扩大中稻和玉米种植面积。湖北省是水稻生产大省，相对小麦和玉米而言比较效益较高，如何进一步提高水稻生产的经济效益是湖北省粮食供给侧结构性改革的关键。应根据差异化市场需求，优化品种品质结构，借鉴打造国宝、福娃的经验，以现有湖北地方特色优质稻品牌为基础，加大力度培育多个高端优质稻品牌。从扩大有效供给的角度调整水稻种植结构，在一季稻生产中应稳定中稻，扩大晚稻；在双季稻生产中应稳定早晚连作，扩大再生稻；在市场培育上应将一季晚稻和再生稻市场培育作为重点，并在政策上给予优先扶持。调整的重点是枝江、当阳以东一直到黄冈、咸宁的耕地，这个区域是湖北优势农业区，区域中的3000万亩耕地中有2000多万亩水田，目前有一部分一年只种一季作物，今后可以发展再生稻500万亩，稻田综合种养500万亩，发展春玉米配晚稻500万亩，其他的可以发展油类和园艺作物500万亩。湖北每年出栏4500万头生猪、4亿只蛋鸡、6亿只肉鸡，每年全省都有50亿斤玉米的缺口，种玉米正好可以解决农作物结构调整的问题。推动优势粮食品种集中连片种植。目前，湖北省的粮食品种杂而多，一个县的稻谷品种就有几十种，不利于粮食品质的提高。建议通过政府引导和企业运作，调整优化品种结构，逐步实现"一乡一品""一县一品"。继续加大农业科学技术研发的投入，推广农业先进技术和合理种植模式，实现藏粮于技。大力推广潜江"稻虾共作"等高效种养模式、京山县"稻龟鳖虾蛙鱼"混养模式等稻田优质高效综合种养。

二是从过剩向紧缺调。大力促进江汉平原旱改水，通过国土整治促进江汉平原粮食种植结构调优。湖北省是全国小麦生产纬度最低的省份，而江汉平原又是低中之低，严格来讲，江汉平原不属于小麦种植的适宜区域。目前，江汉平原粮食种植结构中小麦连种中稻仍占一定比例，但江汉平原地下水位高，小麦收获季节阴雨多，往往造成每到小麦收获季节便赤霉病大爆发，小麦病害重、品质不好，虽有产量但品质低劣，甚至连做饲料都不行，导致农民投入多，产出低，地力消耗大。建议加强江汉平原旱改水，逐步压减或取消小麦种植，部分发展一季晚稻，部分发展再生稻。因地制宜，小麦生产向优势产区集聚。湖北省小麦生产总体上能满足消费的需要，但需从外省调入部分优质专用小麦。小麦生产重点放在鄂中北襄阳、荆门等地，以优质专用为方向，发展市场紧缺的用于加工面包的优质强筋小麦和加工饼干糕点的优质弱筋小麦以及用于加工馒头、面条的优质中筋小麦。

三是从口粮向粮饲结合调。大力发展以大麦为主的饲料粮生产。湖北省是养殖大省，每年调进饲料粮超过 100 亿斤，随着养殖业复苏迹象显现，需求量还会增加。全省现有冬闲田和滩涂空地 1200 万亩，建议大力发展饲料大麦生产，弥补湖北省饲料粮供应不足。饲料大麦是家畜（如肉牛、猪）、家禽和水产渔业营养丰富的优质全价饲料。其饲料报酬高于小麦和大米，可消化蛋白质、8 种必需氨基酸、微量元素和维生素的含量等综合营养指标和蛋白质消化率均高于玉米、稻谷和小麦，是畜牧、渔业的优良饲料。闻名遐迩的"荷兰奶牛""丹麦猪"以及我国因金华火腿驰名的"两头乌"猪均以大麦为饲料育成。饲料大麦茎叶生长快、茂盛柔嫩、气味芳香，可以青饲、青储或制作干草。其次，饲料大麦具有产量高、生育期短、早熟、抗逆性强、适应性广、耗肥少等种植优势。大麦病虫害发生相比小麦等少，需肥量少，易管理，投入少，成本低。建议在秦巴山区、大别山山羊牛业及江汉平原渔业主产区示范推广饲草及粮草兼大麦品种，开发冬闲田、冬荒地、滩涂地、棉花和玉米预留行、经果林和天然草地，快速推动饲草型大麦转化，促进农业结构调整和农民增收。

四是从初加工向精深加工调。目前，湖北省粮食初加工产能过剩，深加工和综合利用不够。全省稻谷、小麦、油脂的初加工能力分别为 1022 亿斤、140 亿斤、284 亿斤，远超湖北省粮油产量，存在低水平重复建设和无序竞争问题。大力发展农产品精深加工，加快消化过大的农产品库存量。鼓励企业延伸粮食加工产业链，积极开发新型优质健康粮食产品，突破性发展粮食精深加工和副产物综合利用，提高粮食加工转化率和增值率。配合做好扩大燃料乙醇产量和使用区域工作，加大力度支持玉米加工转化，深入研究探索消化玉米库存新门路。

五是从大路货向绿色特色调。甘薯是湖北省的主要杂粮作物，当前种植面积 300 万亩左右，处于国内前六水平。甘薯在水源、土壤条件较差，主粮种植受到限制的地点，却能轻松突破"亩产吨粮"的指标；尤其是在开荒地、滩涂及丘岗地种植优势明显，产量效益潜力更大。甘薯的营养成分丰富，是国际公认的健康保健食品，同时也是农副产品、食品、医药、日化、包装材料等多方面的深加工原料，尤其是淀粉及其淀粉衍生的产品，在食品、医药、日化等行业已获得广泛应用，其经济效益十分可观，市场前景广阔。湖北现有甘薯加工企业近60家，其中规模型加工企业近40家。主要从事淀粉及传统产品加工、新型保健食品加工、工业及医药原料加工等。目前存在分散、整体水平不高等问题。因此，要通过打造产业园区，实现规模化种植、专业化生产、品牌化经营。建立优势种植区，发挥区域优势，突出地方特色，注重综合效益，形成有特色的甘薯集约化、综合性、开放式、效益型的现代农业产业园。据农业部规划，湖北省是马铃薯鲜食优势区域。马铃薯种植模式多样，一年四季均可种植，已形成周年生产、周年供应的产销格局，湖北是鲜食马铃薯生产的理想优势区。应遵循湖北马铃薯产业规律，构建中国鲜薯直食马铃薯产业基地，围绕产业发展需求，开展配套产业支撑技术研发。

2. 以新型经营主体与新业态为载体，加快实现降成本

降成本要从降低物质成本、土地成本、人工成本等方面着手，发展适度规模经营，开展社会化服务，通过分工扩大农业效益、降低成本。依托各类新型农业经营主体，积极利用专业合作、土地入股、土地托管等多种形式，发展多种形式的农业适度规模经营。减少化肥农药不合理使用，开展社会化服务，降低生产成本。加快农机农艺融合、农业机械化推广应用。力争水稻、小麦和油菜机械播栽水平提高2个百分点以上，确保160万亩农机深松整地任务完成。新增一批信息进村入户试点县，重点建设好益农信息社，开展农民手机技能应用培训。扶持涉农社会化服务组织，加快构建"一主多元"的农业科技服务体系（孔祥智，2016）。从流通看，受流通现代化水平低等因素影响，我国粮食流通成本偏高，比发达国家平均水平要高1倍多。深入开展"互联网+"现代农业行动，加大卫星遥感、北斗导航等现代信息技术应用，加快发展农村电子商务，完善主要农产品全产业链信息分析预警体系。制定颁布全省农业主推技术指南，引导农民主动应用新技术、新品种、新模式，提高生产经营效益。积极支持大型电商企业来鄂建立仓储中心及冷链物流中心等，完善农村电商物流软硬

件；加强当地农林产品电商平台建设，加大线上发展力度，完善线下布局；着力发展末端配送，解决农村电商配送"最后一公里"的问题。

二　农业供给侧改革要做好"乘除法"

（一）做好"乘法"，实现质量效益倍增

所谓乘法，与加法的区别在于算数级数与几何级数、量变与质变的区别，要依托科技创新，培育经济增长的"乘数因子"，推动一二三产业融合发展，延伸第一产业链条，实现 $1+1+1>3$ 的几何级增长，特别要让农户真正得利。

加快实施科技创新，着力转变粮食生产方式，推动粮食由数量增长转变为数量、质量、效益并重，由依靠要素投入，转变为依靠科技创新和提高劳动者素质并重。加快构建具有湖北特色、"五位一体"的现代粮食产业技术创新体系：建立一批重点龙头企业带动的粮食产业集群；组建一批由院士（或领军人物）领衔的粮食创新联盟；整合一批粮食科研机构，建立一个粮食综合研发平台；突破一批关键技术，做好重大专项和公益类项目等的组装整合；确定一批工艺或质量标准，打造一批粮食品牌。

加快三产融合的步伐，实现内部融合、外部融合。大力推进农工融合、农商融合、农旅融合等多种融合发展模式，把农业生产和农产品加工、流通与农业休闲旅游融合起来发展，着力打造集生产、加工、展销等于一体的全产业链融合体。深入挖掘发挥农业的休闲旅游、文化传承、生态保护等多重功能，让农民更多地分享二、三产业的增值收益。深入实施农产品加工"四个一批"工程，提升农产品加工转化率。要在一二三产业融合发展上实现新突破。在优化一产的同时，做强二产，大力实施农产品加工业倍增计划，继续实施农产品加工"四个一批"工程。培育壮大农业产业化粮食龙头企业，促进生产要素向优势企业集聚。支持粮食企业推广应用先进技术装备，进行技术改造升级。加大湖北粮食品牌的宣传推荐力度，鼓励企业积极引入"互联网＋"模式，促进线上线下融合发展，提升品牌营销能力和产品市场竞争力。建议利用各种政策和项目资金支持粮油加工龙头企业打造全产业链，实现规模化、标准化生产，发展"虾稻共作""鱼稻共作"等绿色生产方式和富硒粮食，增加绿色有机高端粮食供给。

（二）做好"除法"，实现"抓改革、破瓶颈"

所谓除法，凡是有利于消除发展整体性约束条件的都属于除法。与减法的区别在于整体与局部、一般与具体的区别。要通过改革创新，下大力气清除粮食产业发展的瓶颈与桎梏，提升粮食产业管理技术和抵御风险的整体水平。

破除土地瓶颈。建立健全农村土地流转市场，规范推进农村土地流转，加快农村土地承包经营权确权登记和农村集体土地"三权分置"改革，引导农民依法、自愿、有偿将土地向专业大户、家庭农场、农民合作社、农业企业流转，提高粮食规模化水平。在流转过程中，避免"非粮化"、坚决禁止"非农化"。

破除金融瓶颈。一是建立农业新型经营主体贷款的担保体系。建立担保基金，为新型经营主体规模经营提供担保。二是进一步发展农业保险。粮食产业是风险较多的产业，除了自然风险外，还有市场风险、产业安全风险。要扩大保险品种，逐步提升保险的标准，探索巨灾的再保险。三是扩大有效抵押问题。农业贷款方面抵押物比较少，严重制约发展，2017 年一号文件已经明确，流入的土地经营权可以抵押，农业生产设施和大型农机具可以抵押，扩大有效抵押物，使农民尽快得到贷款。

破除人才瓶颈。充分发挥湖北农业科研单位、大专院校等科教优势，强化政策激励，培育和造就一批粮食产业科技领军人物、学科带头人和创新团队。充分发挥职业学校、农村现代远程教育网络和农业技术推广培训基地作用，培养粮食种植人才、粮食经营管理人才、粮食精深加工人才。

三 结语

农业供给侧结构性改革是在确保国家粮食安全、农民增收、农村稳定的基础上，从生产端、供给侧入手，以增加农民收入、保障有效供给为目标导向，以提高农业供给质量和效率为主攻方向，以促进农业供给体系和结构优化为核心内容，全面深化体制改革和机制创新，优化农业产业体系、生产体系和经营体系，促进农业结构优化和提质增效，最终实现农业的转型升级和现代化。

推进农业供给侧结构性改革，是农业农村发展思路的一个重大转变，是破解农业发展难题，实现农业转型升级的关键所在。必须坚持创新、协调、绿色、开放、共享的五大发展理念，用改革来推动农业农村发展由过度依赖资源消耗、主要满足量的需求，向追求绿色生态可持续、更加注重满足质的需求转变，推行绿色生产方式，转发展理念、转资源利用方式、转生产方式、转经营方式、转管理方式，围绕市场需求进行生产，提高全要素生产率，增强供给结构的适应性和灵活性，使农产品供给更加契合消费需求，更加有利于资源优势的发挥，更加有利于生态环境的保护，实现农业增效、农民增收、农村增绿。

参考文献

[1] 习近平：《在中央农村工作会议上的讲话》，载《十八大以来重要文献选编》（上），中央文献出版社，2014。
[2] 陈锡文：《推进粮食供给侧结构改革势在必行》，《农村工作通讯》2016 年第 5 期。
[3] 韩俊：《农业供给侧改革要求提高粮食产能》，《农村工作通讯》2016 年第 3 期。
[4] 孔祥智：《农业供给侧结构性改革的基本内涵与政策建议》，《改革》2016 年第 2 期。

辽宁农业供给侧结构性改革
面临的问题与对策研究

侯荣娜 *

摘　要：推进农业供给侧结构性改革是新时期我国农业发展的重要战略举措。近年来，辽宁现代农业发展虽取得一定成就，但是农业发展的结构性矛盾十分突出，迫切需要加快农业供给侧结构性改革，促进农业发展方式转型，实现辽宁农业高产、优质、高效、绿色和可持续发展。为此，在全面分析辽宁省农业供给侧结构型问题的基础上，本文从优化农产品结构、绿色生产方式转型、着力发展农村新业态三方面提出辽宁农业供给侧结构调整的内容，并提出改革的思路与对策建议。

关键词：辽宁　农业供给侧结构性改革　对策

2017 年中央一号文件《中共中央国务院关于深入推进农业供给侧结构性改革　加快培育农业农村发展新动能的若干意见》全文聚焦农业供给侧改革，推进农业供给侧结构性改革是当前我国政府在农业领域的重大战略部署，也是我国农业发展实现战略转型的改革思路。

2016 年 7 月，辽宁省人民政府提出《关于推进农业供给侧结构性改革的实施意见》，明确提出了辽宁省实现农业现代化的发展目标，为辽宁新一轮农业振兴发展提供动力支撑。面对目前辽宁出现的农产品供给结构性失衡等问题，如何从供给端调整农产品供应数量、质量和方式将是目前非常重要的现实课题。

---

* 侯荣娜，辽宁社会科学院农村发展研究所。

一 辽宁省农业供给侧面临的问题

2016 年辽宁粮食总产量达到 210.06 亿公斤，粮食实现 13 年连续增产，进一步巩固了全国粮食主产省的地位。但随着社会需求的变化、国际竞争力的加剧和农业资源环境约束的增强，辽宁农业受困于现有发展格局和态势，发展的比较优势和内在动力明显减弱，"大而不强、多而不优"的结构性问题日益凸显，农业难以实现突破发展。从供给侧角度看，辽宁农业供给侧困境主要表现在以下几个方面。

（一）农业内部结构性矛盾突出

1. 大农业内部结构不合理

通常意义上的大农业包括农业、林业、牧业、渔业及农林牧渔服务业，近几年来，辽宁农业总产值呈稳定上升趋势，由 2010 年的 3106.5 亿元上升至 2015 年的 4686.7 亿元，6 年时间绝对增幅达 1580.2 亿元。其中，大农业内部农业、林业、牧业、渔业都呈现绝对增幅，产值逐年增长，但是从大农业内部产值中看出，辽宁农业发展仍然是以农业、牧业为主导，林业、渔业比重较低。其中，2010～2015 年辽宁农、牧业比例发生了较大变化，2010 年辽宁农、牧业产值比为 1∶1.11，到 2015 年为 1∶0.75，辽宁牧业发展呈现比例降低趋势和萎缩态势；农业、林业比例关系比较稳定；渔业波动较小，产值占比一直在 15% 左右徘徊（见表 1）。

表 1　辽宁农产品总产值中具体行业比例分布情况

单位：亿元，%

年份	农林牧渔业总产值	农业产值	农业占比	林业产值	林业占比	牧业产值	牧业占比	渔业产值	渔业占比
2010	3106.5	1140.3	36.71	82.5	2.66	1270.6	40.90	491.0	15.81
2011	3633.6	1307.2	35.98	107.4	2.96	1521.1	41.86	560.0	15.41
2012	4062.4	1539.6	37.90	128.7	3.17	1621.2	39.91	618.7	15.23
2013	4349.7	1673.9	38.48	136.5	3.14	1675.4	38.52	689.3	15.85
2014	4498.4	1734.1	38.55	152.4	3.39	1717.5	38.18	699.8	15.56
2015	4686.7	2068.6	44.14	166.1	3.54	1561.4	33.32	689.8	14.72

资料来源：根据《辽宁统计年鉴（2016）》整理计算。

2. 种植业内部结构不合理

首先，辽宁粮、经、饲作物结构不合理，农作物播种主要以粮食作物为主，经济作物、饲料以及其他作物播种占比较低。2015 年辽宁粮食作物播种面积占辽宁整体播种面积的比重高达 78.1%，经济作物仅占 7%，饲料作物及其他占比为 14.8%。另外，粮食作物内部种植比例也不合理，2010～2015 年，辽宁粮食作物基本以玉米播种为主，被认为是"铁杆庄稼"的玉米播种面积呈现逐年增长趋势，从 2010 年 65.8% 升至 2015 年 73.3%，增加 7.5 个百分点，从 2010 年 209.30 万公顷到 2015 年 241.68 万公顷，增加了 32.38 万公顷。而辽宁杂粮类播种面积严重偏低，高粱、谷子、大豆比例仅为 1%～3%。

3. 农产品品质结构不合理

主要表现为农产品低端供给过剩、中高端供给不足。从总量上看，辽宁玉米产量过剩，绿色水稻、专用大豆、特色杂粮等特色农产品有效供给不足。另外，我国大豆严重依赖进口，辽宁大豆大路货多，缺乏优质品牌，无法满足消费者需求。另外，辽宁油料、蔬菜、水果等优势农产品生产无法满足中高端消费需求，辽宁市场销售的水果大多为南方外运水果，成本较高。

(二) 农业综合效益不高

整体看，辽宁农业的综合效益水平不高，主要是由于辽宁的农业成本结构不合理以及分散的小规模经营占比较高。

1. 农业生产成本偏高因素

辽宁农业生产以土地密集型为主，如玉米、小麦、杂粮类。土地生产成本较高，加上辽宁土壤肥力比较低，中低产田多、很多丘陵地带机械化水平较低，严重依赖人工作业，导致辽宁几种农作物成本都大大高于国际水平。一些种植大户亩均成本甚至高达千元。生产成本过高是辽宁农业综合效益低下的重要原因。近几年，辽宁玉米生产成本不断攀升，在近 10 年的时间里，总成本已经由 314.3 元/亩增至 839.48 元/亩，增长幅度约167.1%。据统计，辽宁的玉米生产成本要比美国高出 30%。其中，种子和化肥等农资成本的增长幅度相对比较小，而劳动力成本的增加对总成本增加的贡献很大。农业部调研组显示，由于种植成本较高，每千克粮食农民仅获利 0.12 元，大部分农业利润被经销商等销售环节获得。

2. 传统分散的小规模经营比重偏高因素

尽管近年来土地流转加速推进，但辽宁省整体农地规模化程度并不高，农地经营多为分散化、小规模个体经营方式。一家一户的个体经营方式导致农机具、土地资源的大量浪费，大大提高了种粮生产成本。辽宁省农业劳动生产率很低，远远落后于农业发达省份以及国外水平。一家一户的经营方式还导致辽宁省农产品生产的标准化程度不高。农产品标准、认证体系不健全。另外，个体式经营方式还导致辽宁省农业的有机化、生态化发展缓慢，传统的农业生产方式难以为继，亟待转型升级。

（三）农业竞争力日趋弱化

近几年，辽宁农产品出口结构单一，加上长期以来忽视了生态农业和有机农业的发展，辽宁省出口农产品质量难以达到进口国家的绿色技术标准，从而导致虽然辽宁农产品贸易总额不断增长，但开始出现增速趋缓态势，尤其是辽宁农产品出口增速下滑趋势明显，2015 年已出现 10% 的负数增长。2015 年辽宁农产品对外贸易总额已经达到 102.7 亿美元，比上一年度减少了 9%，值得一提的是，2014 年辽宁农产品贸易出现逆差，逆差总额达 6 亿美元，到 2015 年逆差扩大到 6.9 亿美元（见表 2）。

表 2　2010～2015 年辽宁农产品进出口贸易概况

单位：亿美元，%

年份	农产品出口额	农产品进口额	农产品贸易差额	农产品出口占总出口比重	农产品进口占总进口比重	农产品出口增长率
2010	35.9	30.27	5.63	8.33	8.06	17.01
2011	44.21	38.81	5.4	8.67	8.62	18.22
2012	47.8	45.4	2.4	8.25	9.86	8.1
2014	53.4	59.4	-6	9.09	10.76	4.1
2015	47.9	54.8	-6.9	9.42	12.11	-10

资料来源：根据 2016 年《辽宁统计年鉴》《中国农业统计年鉴》数据整理计算。

（四）农业"三产"融合度不高

整体而言，目前辽宁农业三产融合度较低，融合程度不紧密。具体表现为：农业产业链条短、农业产业规模较小、农产品加工水平相对较弱、农产品附加值不高等问题，亟须解决。统计数据显示，辽宁近几年农产品加工业产值呈现连年增长态势，但是 2015 年由于东北整体加工业不景气，辽宁农产品加工业产值骤然下滑，2015 年辽宁农产品加工业主营业务收入仅 5035.87 亿元，农产品加工业产值与农业产值之比仅 1.07∶1。2016 年国务院办公厅印发的《关于进一步促进农产品加工业发展的意见》指出，到 2020 年农产品加工业与农业总产值比要达到 2.4∶1，农产品加工转化率达到 68%；到 2025 年，农产品加工转化率进一步提升，达到 75%。而国际上发达国家农产品加工业产值与农业产值之比也大多在 2.0∶1 ~ 3.7∶1。通过表 3 可以看出，辽宁农产品加工深度严重不足，2010 ~ 2015 年辽宁农产品加工业产值与农业总产值之比最高为 2.08∶1，最低仅为 1.07∶1，辽宁农产品精深加工比重仅为 17% 左右，低于全国平均水平。另外，新型农业经营组织发育迟缓，经营主体对产业融合的带动能力偏弱，不具备开发农业新产品、新产业、新模式和新业态的能力。主要新型经营主体短期内仍无法充当农村三产融合的主力军。

表3 2010 ~ 2015 年辽宁农产品加工业产值与农业总产值之比分析

年份	规模以上农产品加工业产值（亿元）	农业总产值（亿元）	农产品加业产值与农业总产值之比
2010	4275.25	3106.5	1.38∶1
2011	6597.34	3633.6	1.82∶1
2012	8458.67	4062.4	2.08∶1
2013	9193.6	4349.7	2.11∶1
2014	8224.26	4498.4	1.83∶1
2015	5035.87	4686.7	1.07∶1

资料来源：根据 2011 ~ 2016 年《辽宁统计年鉴》整理计算。

（五）辽宁农业短板较多

辽宁农业发展中的短板较多，涉及农业基础设施建设、农资装备水平、农业信息化水平、农产品市场体系建设等多个方面。这些短板严重制约辽宁省农业的发展以及农业供给侧改革的开展。首先，虽然辽宁省在农业公共基础设施投资方面达到了一定的规模，但是远不能满足农业发展的需要，尤其是长期干旱少雨的辽西地区由于水利设施不足，粮食种植生产成本大幅上升，农业发展受到了很大限制。据调查，辽西朝阳市水利设施占地面积为 2668.51 公顷，仅占建设用地面积的 2.5%，占土地面积的 0.1%，导致当地遇上大旱灾情，农业产值会骤然下降，抗灾、减灾能力极差。因此，农村水利设施短板问题，已成为制约辽宁省农业发展的主要顽疾。其次，辽宁省现代农业物资装备水平也远不能达到现代农业发展的需求，尤其是辽宁省并不具备当前农业供给侧改革要求的玉米、大豆套种全程机械化技术，畜牧业、农产品加工业、设施农业等领域的机械化水平也很低。再次，农业信息化水平是农业供给侧结构性改革的关键，当前辽宁省还存在很多涉农人员没有接触过网络，更谈不上如何使用网络信息。因此，农业信息建设的滞后是辽宁省农业供给侧改革的重要短板，必须加以重视。此外，农产品市场体系的建设等都是辽宁省农业供给侧改革着力实施的重要内容。

二　辽宁省农业供给侧结构性改革的重点内容

根据 2017 年中央一号文件精神，辽宁省农业供给侧改革应主要围绕"优、绿、新"三大板块推进农业结构调整。

（一）优化农产品结构

1. 优化种植结构

种植业处于农业产业链的第一环节，是下游产业链和农业产业延伸的主要依托，辽宁省要着力解决种植业结构不平衡问题，要根据 2017 年中央一号文件精神，因地制宜、全面优化种植结构。要着力进行玉米调减，促进辽宁省粮食作物、经济作物、饲料作物三元种植结构协调发展。对于辽西北玉米重点调减地区，要转型种植青贮玉米、饲草、杂粮杂豆等作物，实施"粮改饲"，推进农牧结合、种养加一体的现代农业体系建设。粮食作物要稳定主要品种水稻、小麦生产，确保辽宁省的粮食产能不降低。

2. 优化品质结构

新时期辽宁农业发展要突出"优质专用"大宗农产品和"特色优势"其他农产品的生产供给。加快引进、选育和推广名、优、特、新、稀品种，大力发展附加值高的特色农产品。重点发展优质水稻和加工专用稻，扩大饲料用玉米的比重；提高大豆单产，发展出油率高和专用大豆；发展区域性、高品质、无公害果蔬；突出发展食草型、节粮型畜禽；积极发展中高档水产品生产；提升畜牧产品品质，推动发展辽宁省畜牧精品示范区建设。还要重点打造辽宁省渔业品牌建设，辽东、辽北地区要加快发展现代生态渔业养殖示范区。

3. 优化农产品加工结构

农产品加工业是促进农业"三产"融合发展的中枢环节。促进农产品加工业结构转型是辽宁省农业供给侧改革的重要内容。一是促进农产品加工精品化升级。要以大中型粮食加工企业为主导，以市场为导向，整合产、供、销等各环节，建立农产品加工产业化体系，加快发展农产品产地初加工、农产品精深加工，并利用新技术、新工艺、新设备促进农产品初加工向精深加工及综合利用加工转型，提高农产品附加值，创造优质的中高端供给产品。二是要加快辽宁省农产品加工集聚区建设，大力培育农产品加工龙头企业，引导辽宁省农产品加工企业向集聚区集中。三是政府要对出口加工基地给予集中扶持，推动加工制品和食品由中低端产品向高端产品转移，提升辽宁省农产品加工国际化水平。

4. 优化农业区域布局结构

根据辽宁现代农业"十三五"规划以及辽宁农业供给侧改革意见，优化辽宁农业区域布局结构。辽宁中部平原精品农业区（沈阳、鞍山、辽阳等地）重点发展水稻、蔬菜、淡水鱼、都市休闲观光农业等产业；辽北地区（包括阜新、铁岭等地）属于玉米调减重点地区，要转型发展水稻、花生、畜牧业和马铃薯等产业。辽东地区（包括抚顺、本溪、丹东等地）属于山多地区，要重点发展林业、食用菌、山野菜、中药材、休闲农业、森林旅游等特色产业；辽西地区（包括锦州、阜新、葫芦岛西部、朝阳等地）属于干旱、丘陵地区，是国家玉米调减区域，要转型发展花生、杂粮、畜产品以及设施农业；辽宁沿海地区（包括大连、营口、盘锦、葫芦岛、丹东、鞍山等地）重点发展海洋渔业、水稻、园艺产业、休闲农业、滨海旅游等产业。

（二）推进农业生产方式绿色化

一是稳步推进农业适度规模经营。农业适度规模经营既是解决"谁来种地"的必然趋势，也是农业绿色化发展的有效途径，因为辽宁要加大力度引导土地有序流转，推进农业适度规模经营。二是加快农业生产技术标准化。在推进农业绿色化发展过程中，辽宁要以标准化体系规范农业生产行为，纠正长期以来的无序式、经验式的生产经营模式，把一切农业生产经营行为纳入规范化、标准化轨道。结合辽宁农业产业发展的实际，完善辽宁现有的农业技术标准体系，并将农业标准体系贯彻农业产前、产中、产后全产业链过程中。同时，政府要加大宣传力度，让辽宁广大涉农人员、新型经营主体知晓并掌握标准，而且要严格执行，使农业生产过程规范化、可控化。三是推进辽宁农业资料利用节约化、废物处理资源化、无害化。加强农业废弃物综合利用，推动秸秆、废旧农膜、畜禽粪污、林业"三剩物"等废弃物的高值化利用，因地制宜地发展农村沼气工程。

（三）着力发展农村新业态

农业供给侧改革过程中，辽宁要充分利用辽宁农业资源，着力发展农村新产业新业态，促进农村"三产"深度融合，实现农业的全链条升值。一是大力发展休闲农业，将休闲农业与乡村文化、民俗风情、观光旅游等有机结合，打造一定数量的休闲农业园区、农业采摘园、休闲农庄等，充分挖掘辽宁农业增长点。围绕辽宁城市近郊地区，大力发展都市生态农业，利用农村田园风光、自然生态环境，了解农业耕作、体验乡村、乡土情趣，深度开发农业资源潜力，发展休闲观光农业；引入农耕文化创意和乡土概念设计，发展文化创意农业；此外，利用新的栽培技术、生物技术、大力开发营养功能农业。二是在辽宁省主要的旅游集聚区，打造一批休闲观光小镇、特色村镇，并围绕小镇建设，推动农业三产融合，引导高效农业、优质农业、品牌农业发展。三是创新辽宁省三产融合业态。多领域、多层级、多方式开发利用农村资源，支持社会资金进入农业领域，用工业化理念、企业化理念发展农业，延伸农业产业链条，促进农业三产深度融合。

三 推进辽宁农业供给侧改革对策建议

（一）加强辽宁农业供给侧改革宏观把握

农业供给侧改革涉及"大农业"不同领域的相互交叉融合，因此农业供给侧结构性改革牵一发而动全身。改革要从"大农业"视角，注重农业系统结构的整体优化和调整。要在坚持政策引导、市场主导、因地制宜、循序渐进、生态绿色等几大原则下进行。还要重点处理好四大关系：加法和减法的关系，即增加优质农产品供给和减少无效、低端供给的关系；政府和市场的关系，即政府的主要职责是发挥政策引导作用，营造良好市场环境，具体怎么调，应该由农民自己决定；当前和长远的关系，即不仅要着眼当前突出问题，更要抓住农业发展的长远问题，以提高国际竞争力为主要目标；力度和节奏的关系，即农业供给侧结构性改革要统筹兼顾，循序渐进，稳中求进。

（二）建立辽宁农业供给侧改革政策支持体系

推动农业供给侧结构性改革，当前重点是发挥好政策"指挥棒"的作用，完善强农惠农富农政策，形成支持有力、保障有效的政策体系。一是完善辽宁省财政政策支持作用。包括设立省以下财政农业结构调整支持专项资金、加大辽宁省农业休耕补贴力度、推动金融信贷体系支持辽宁农业规模化发展、加大对农民因粮食价格市场化导致的收益受损的直接补贴力度。省级农业财政政策，由以支持总量增长为重点向以支持品质效益增长为重点转变，重点支持农产品标准化生产、农产品品质检测、"三品一标"认证、农村互联网及休闲农业发展。二是调整土地利用政策，在国家宏观政策指导下，加大农民在自己承包地上调整农业结构的自主权，尤其对于非粮食主产区，应允许农民向高效种养产业调整。三是完善金融保险政策。进一步推动金融资源向农业农村倾斜，破解贷款难、贷款贵、保险少等问题，优先支持新型农业经营主体发展适度规模经营。完善辽宁农业保险政策，逐步实现新型经营主体和适度规模经营全覆盖。

（三）完善辽宁现代农业三大体系，提升农业竞争力

现代农业三大体系，主要包括现代农业生产体系、经营体系和产业体系。农业生产体系建设的重点在于建立现代农业生产技术体系、农产品标准化生产和品牌认证体系。农业经营体系建设重点是积极培育农业合格经营主体，大力发展生产性龙头企业、合作社、家庭农场和经营大户，以土地流转的方式，推进土地规模化经营，改革的重点是加快推进建立区域性、带动力强和有竞争力的合作组织及规模家庭农场，要规范合作社建设，加快推进合作联社发展。农业产业体系建设，要加快推进产加销衔接，推动一二三产业融合，必须打破现有生产、购贮、加工环节分离独立的状况，建立区域同业各环节主体参与的产业联盟或协会，形成产、贮、加、销产业合作连接机制，建立适应市场需求的一致行动，构建市场需求化应对机制。

（四）大力补齐辽宁农业供给侧各类短板

一是强化农业高新科技的研发、转化与应用，为农业供给侧结构性改革和转型升级提供强劲驱动力。重点是要强化优质育种、新型肥药、技术集成、智慧农业、绿色增产、生态保护等方面自主创新能力，不断完善农业科技创新体系，真正落实"藏粮于地、藏粮于技"，提升农业耕作、田间管理的科技化水平。二是不断加强辽宁省农田水利等基础设施建设。大力推进节水灌溉和化肥、农药减量化应用，大幅提高和扩大先进的保护性耕作机械、精细耕整地机械、精量播种机械、田间植保管理机械、玉米收获机械、甜菜收获机械等先进农业机械装备数量，全面提高农业生产作业综合机械化水平，并积极探索粮食稳定增长与生态相协调的有效途径或模式。三是全面提高辽宁省农村信息化水平。重点是从实施农业信息科技服务工程、农村电子商务工程、农业信息技术推广工程三方面加强辽宁省农业信息化水平。在农业信息科技服务方面，充分利用大数据、联网等现代信息技术，建设覆盖省、市、县三级的农业综合信息服务平台，为广大涉农人员、种植大户、农民合作社、家庭农场等新型经营主体提供各方面的信息服务。在农业电子商务发展方面，辽宁省要着力发展现代流通方式和新型流通业态，发展网上农产品交易、农民网等信息销售方式。建设全省性农村电子商务平台，支持B2B、B2C、C2C等多种交易模式，降低企业和农户从事电子商务的资金门槛。

（五）全面深化农村各项改革，为农业供给侧改革提供动力支撑

一是深化农村土地制度改革，推进农业规模经营。探索农村土地三权分置的多样化实现形式，放活农村土地经营权，盘活农村土地资源，推进农业规模化经营，这是农业供给侧结构性改革必然要面对的基础性任务。二是深化粮食价格机制改革，切实保障农民利益。三是推进辽宁新农民的职业化发展，着力培养有文化、懂技术、会经营，爱农、懂农、务农的基础性、专业化生产经营队伍，为农业供给侧改革提供人力支撑和人才支持。四是深化农产品质量的标准化建设。健全辽宁农产品质量监管制度。健全农产品质量安全追溯体系，形成从田间到餐桌有效的农产品安全信息掌控机制，形成覆盖农业生产的投入品、产出品、加工、流通、销售的整个农业链条的全程监管机制。

参考文献

［1］张伟：《河南省农业供给侧结构调整的重点与改革对策》，《河南农业科学》2016 年第 12 期。

［2］李勤昌、李欣：《辽宁农产品比较优势测度》，《大连海事大学学报》2014 年第 3 期。

加快推进福建农业供给侧结构性
改革的途径选择

蔡承彬[*]

摘　要：农业供给侧结构性改革是贯彻中央全面深化改革重大决定、提高供给体系质量和效率的重要内容，是破解农业发展难题、推动农业闯关过坎的关键举措。本文立足福建推进农业供给侧结构性改革的国内外和自身环境，以主体培育、提质增效、融合发展、科技支撑作为深入推进农业供给侧结构性改革重点，加快培育福建农业农村发展新动能。

关键词：供给侧结构性改革　提质增效　乡村振兴　融合发展

2015年底闭幕的中央农村工作会议提出"农业供给侧结构性改革"，并将其视为农业经济转型升级的又一突破口和着力点。2017年中央一号文件提出，深入推进农业供给侧结构性改革，加快培育农业农村发展新动能。在我国经济进入新常态的大背景下，农业供给侧结构性矛盾阻碍福建农业进一步发展的问题和矛盾凸显，应着力推进福建"农业供给侧结构性改革"，精准发力、因症施策，实现农业经济的转型升级。

一　新常态下福建农业供给侧生产
发展的现状与问题

2016年福建实现地区生产总值28519.15亿元，比上年增长8.4%。其中，第一产业增加值2364.14亿元，增长3.6%；第二产业增加值

---

* 蔡承彬，福建社会科学院经济研究所。

13912.73 亿元，增长 7.3%；第三产业增加值 12242.28 亿元，增长 10.7%。福建三次产业结构比重为 8.3∶48.8∶42.9，农业占比不断下降，占比低于 10%，处于现代农业发展转型升级的重要阶段；特色优势产业提质增效，农产品质量安全水平持续提升，农产品出口逆势增长。

与此同时，从供给侧看，福建农业发展存在农产品销售价格偏低、甚至滞销，满足不了市场需求的深层次问题，影响制约农业供给功能发挥的制约因素包括以下几点。

1. 农业基础地位还不够稳

一方面，一些地方政府对农业在福建国民经济中的基础性战略地位认识不深、重视不够，认为农业在 GDP 中占比小、贡献率低，很难出成绩，对如何推动改革深化、促进农业转型发展研究不深。另一方面，福建农业基础设施的整体水平仍然不高，优质耕地逐渐减少，小型农田水利设施建设滞后，储藏、加工和流通设施建设与发展需求的矛盾日益显现，农业抵御自然风险、市场风险、安全风险的能力还比较弱。农业发展与资源环境承载能力不协调，农业可持续发展面临更大的压力。

2. 农村产业结构还不够优

一二三产业融合还不够深入，绿色农业、生态农业、农产品精深加工等发展还不够快，有影响力和品牌效应的大企业、大农场、大基地还比较少，乡村休闲旅游、农村电商等新产业新业态规模还比较小。绿色、有机食品、原产地理标志认证不少，但缺乏有规模、有竞争力的拳头产品，传统的农产品供给结构与消费需求升级之间的供需平衡问题比较突出。农业产业链不完整、农业功能拓展不足，农业提质增效的长效机制尚未形成。

3. 农业经营主体还不够强

农业新型经营主体尚需加快培育壮大，家庭农场、农民合作社、农业龙头企业还需抓紧扩量提质，示范带动作用还需进一步发挥。农村青壮年劳动力外流，农户小规模分散经营；农业生产经营队伍老化、弱化，新型职业农民、农业科技人才、农村实用人才短缺，特别是"懂技术、善经营、会管理"的新型职业农民队伍规模较小，农业社会化服务组织总体不强，不能满足现代农业发展的需要。

4. 农业要素保障还不够全

农业科技支撑能力不足，科技创新能力不强，科技成果的转化率较低。农业科技知识宣传不够广泛，农业科技应用能力还不够强，农业信息化发展滞后于农业现代化整体水平。土地流转期限短、面积小的现象依然存在，难以适应集约化、规模化的现代农业生产需求。金融资源配置城乡不均衡，金融支农的政策性服务体系与基础设施不健全，社会资本进入农业领域的动力比较弱，农业融资难、融资贵的问题依然突出。

5. 农业体制机制还不够顺

农业管理涉及多个行政部门，职能分散交叉，统筹协调难度较大。农业监管体系不健全，农产品质量安全的隐患仍然存在。财政支农资金分块管理、整合不够，对农业投入还需进一步加大。政府在生产经营、生产资料流转、要素保障等方面的公共服务能力仍需加强，新技术、新品种、新模式的引进示范推广，农业科技人员和生产操作培训，技术和信息咨询、检验检疫、市场促销等服务还需进一步完善。

二 供给侧视角下福建农业加快发展面临的环境

（一）福建农业供给侧结构性改革的国际环境

从国际范围来看，全球大部分农作物单产和总产仍将持续增长，小麦、大米和粗粮供需基本平衡，主要农产品价格将持续走弱，国内外大宗农产品价格倒挂，农产品市场面临的波动性和不确定性加剧；新一轮技术革命如火如荼，信息技术、生物工程技术等高新技术在现代农业中的应用将更加广泛，基因组学、转录组学、基因定向转移、动物克隆等技术正成为新基因争夺和新技术竞争的制高点；发达国家农业支持将偏向更隐蔽的一般性服务和收入补贴，对基础研发、基础设施、技术服务、金融保险等一般性服务的支持水平持续上升。

（二）福建农业供给侧结构性改革的国内环境

从全国范围来看，全面建成小康社会进入决战时期，城乡统筹发展进入新阶段，强农惠农富农政策力度将持续加大，为现代农业跨越发展提供了有利的政策环境；工业化发展进入后期阶段，新型城镇化加快发展，人均 GDP 达到中高收入国家平均水平，城乡居民农产品需求结构加快升级，优质化、多样化和专用化等高品质农产品供需矛盾加剧，在农业功能拓展、结构升级、产业链延伸等方面的机遇和挑战并存；经济发展进入新常态，农村劳动力从无限供给转变为有限供给，农村大量青壮年劳动力外出务工，农业劳动成本持续上升，为新型农业经营主体、农业适度规模经营、农业机械化和设施农业发展创造了有利条件。

（三）加快推进福建农业供给侧结构性改革的自身条件

从福建自身情况看，当前是中央支持福建加快发展的战略机遇期，"21 世纪海上丝绸之路"核心区、中国（福建）自由贸易试验区、福建海峡蓝色经济试验区等重大战略的实施，为特色现代农业加快发展、打造竞争新优势创造了良好的外部环境；闽台农业合作交流先行先试、互利共赢，为外向型农业发展注入了新的活力；建设"机制活、产业优、百姓富、生态美"的新福建，深入实施生态省战略，为绿色农业发展创造了良好的条件。

三 加快推进福建农业供给侧改革的对策思路

2016 年中央一号文件提出大力推进农业供给侧结构性改革破解"三农"发展新难题、提高农业质量效益和竞争力、促进农民收入持续较快增长的重要路径。农业供给侧结构改革视域下，推动福建农业转型升级的关键是以"创新、协调、绿色、开放、共享"的发展理念，加快转变农业发展方式，促进农村一二三产业融合，着力构建现代农业产业体系、生产体系、经营体系、支撑体系，不断提升农业综合生产能力、市场竞争能力、可持续发展能力，探索出一条资源节约、环境友好的高效生态新型农业现代化道路。

（一）培育创新型经营主体，培养发现新农人

加快农业经营主体转变，推动农业经营方式的转型升级适应现代农业发展的需要，加快培育与现代农业产业结构相适应的新型农业经营主体。

1. 大力培育多种新型农业经营主体

建立不同生产领域家庭农场和专业大户的认定标准，加大扶持力度，加强指导和服务，提高其经营管理水平和市场竞争力。要坚持以市场需求为导向，以特色产业为依托，鼓励龙头企业、专业大户兴办专业合作和股份合作等多类型、多元化的合作社。加强合作社的管理和监督，培育一批机制灵活、产权清晰、运行规范、管理民主的示范性合作社。加大对示范合作社的扶持力度，在农村土地整治、农业综合开发、农田水利建设、农技推广等涉农项目方面向合作社倾斜。鼓励社会工商资本投资现代农业，引导专业化服务组织开展统防统治、集中育秧、农机作业、烘干、农资供应、农产品流通等服务。

2. 完善新型农业经营主体发展机制

加快推进土地确权登记，不断完善土地流转机制。按照依法、自愿、有偿的原则，鼓励和引导农户采取转包、租赁、入股、互换、转让等多种形式流转土地承包经营权，逐步促进土地向新型经营主体集中。特别鼓励农户以土地经营权入股农业专业合作社和龙头企业，建立农户与合作社、龙头企业利益联结机制，采取保底收购、股份分红、利润返还等方式，实现龙头企业与农民合作社共进共赢，努力提高农业集约化经营水平。

3. 积极发展适度规模的农业经营主体

大力培育新型农业经营主体和服务主体，加快建立全省统一的土地流转服务平台，通过经营权流转、股份合作、代耕代种、土地托管等多种方式，加快发展土地流转型、土地入股型、服务带动型等多种形式规模经营。加强农民合作社规范化建设，扶持规模适度的家庭农（林）场，积极发展生产、供销、信用"三位一体"综合合作，支持发展农民合作社联合社。扶持培育农机作业、农田灌排、统防统治、烘干仓储等经营性服务组织，建设一批集收储、烘干、加工、保鲜、冷藏、配送、销售等于一体的农业综合服务实体。支持供销、邮政、快递、农机等系统发挥为农服务综合平台作用，促进传统农资流通网点向现代农资综合服务商转型。

4. 培养和发现新农人队伍

新农人是指对"三农"事业充满情怀、富有理想、敢于创新的新型农业经营者。近年来，农村不断涌现的各种人才是引领农业转型升级的带路人，是实践农业供给侧结构性改革的先行者。要通过人力资本的投入培养和发现"五新"新农人，一是发展理念新，有生态农业的理念，坚持绿色发展，强调生态自觉；二是思维新，有互联网思维，能将互联网融于日常生活和农业生产经营全过程；三是营销新，有强烈的品牌意识和敏锐的市场洞察力；四是组织形式新，以自组织方式建立平台，分享经验、交流情感、自律自励、抱团发声；五是知识新，有将其他行业的经营理念、管理方式、技术手段、商业模式灵活运用到农业领域的知识。培养和发现新农人是推动农业供给侧结构性改革的有效路径。目前农村电商的良性发展都与培养和发现新农人有关。

（二）优化农业产业产品结构，促进农业提质增效

1. 提高福建农产品的知名度

以优化品种为基础，以提升品质为重点，着力打造一批有福建特色、有较强影响力的福建知名农业品牌。促进品牌资源融合共享，围绕茶叶、水产、水果、食用菌等优势特色产品，推进区域农产品公用品牌建设，支持地方以优势企业和行业协会为依托，突出打造特色水果、水产品、富硒农产品等一批区域品牌，引入现代要素改造提升传统名优品牌。建立优质优价正向激励机制，推进农产品商标注册，强化品牌保护，支持新型农业经营主体申请"三品一标"认证，建设一批地理标志农产品和原产地保护基地，培育、组织一批特色农产品申报国家地理标志产品保护。加大福建名优农产品的宣传推介和市场营销力度，在"闽茶海丝行"基础上，开展"闽货海丝行""闽货中华行""闽货网上行"活动，扩大福建农业品牌的影响力，促进福建名牌农产品拓展市场。

2. 加强农业新品种选育推广

实施新一轮种业创新与产业化工程，推进主要农作物良种联合攻关，加快育成一批适应设施化栽培、机械化生产、优质高产、多抗广适的优质

稻、专用"两薯"、高效特色园艺作物新品种，选育具有福建地方特色的生猪、禽类品种，不断提高农作物、畜禽良种覆盖率。推进三明"中国稻种基地"建设，大力培育现代种业企业，支持建立以企业为主体的商业化育种新机制。

3. 持续提升农产品质量安全水平

推进农业生产标准化，突出优质、安全、绿色导向，健全农产品质量和食品安全标准体系，建设一批农业标准化生产基地，继续实施标准化养殖池塘改造工程。推进农资监管信息平台建设，拓宽监管领域，强化农药、兽药、饲料监管，要对主要农业投入品进行信息化监管。提升农产品质量安全追溯监管信息平台功能，推行农业良好生产规范，推动落实生产记录和诚信档案。加强动物疫病防控，规范畜禽屠宰管理，推进病死畜禽无害化处理与养殖业保险联动机制建设。创新水产品质量安全监管模式，加快水产品可追溯监管和渔药监管平台建设。在全省所有县级行政区域开展食品污染及有害因素监测，并逐步向乡镇延伸监测功能。探索建立食用农产品产地准出与市场准入管理衔接机制，推进农产品质量监管从产地到餐桌全程无缝对接。

4. 提升壮大特色优势产业

围绕茶叶、蔬菜、水果、畜禽、水产、林竹、花卉苗木等7个全产业链总产值超千亿元的优势特色产业目标，进一步优化现代农业区域布局，着力建设粮食生产功能区、重要农产品生产保护区和特色农产品优势区。优化提升特色种植业，水果突出调整果类品种和熟期结构，加大标准化和绿色果品推广力度；发展设施蔬菜、精细菜和高山蔬菜，加大设施蔬菜基质栽培推广力度；突出发展名优茶生产、机械采摘和生态茶园建设；食用菌突出发展珍稀菌类和推广工厂化、智能化栽培模式。推动畜禽产业转型升级，推广畜禽绿色健康规模养殖，做强家禽产业，加快草食畜牧业发展，提升畜禽规模化养殖水平。培育多元立体生态林业产业，加快发展竹业、油茶、种苗、花卉、名特优经济林等特色优势产业，支持发展林下经济。加快培育超百亿现代渔业产业链，支持集约化海水健康养殖，发展现代化海洋牧场，推动宁德大黄鱼、厦门小嶝石斑鱼产业综合体和福州渔业生态文化体验馆建设。

5. 大力发展生态农业

大力发展资源节约型、环境友好型、生态保育型农业，推进农业清洁生产。推广猪—沼—果（茶、菜、菌）—渔等高效生态循环种养模式，普及节本增效、农作物病虫害绿色防控、智能化生产控制等技术及配套设备。加快建设一批高效生态农业项目，加快建设农业可持续发展试验示范区。扶持寿宁、宁化、诏安、云霄、连城、大田、明溪、永定、新罗、三元等县（区）发展富硒农业产业。

（三）加快推进农村一二三产业融合发展

1. 提升农业发展智能化水平

实施智慧农业数据云工程，整合农业行业管理系统，建设统一的农业农村大数据平台，组建农业生产经营调度中心，依托高校科研院所和企业研发平台开展农业大数据建设研究与应用，推进物联网、大数据、云计算等信息技术与现代农业发展深度融合应用。推进农业物联网试验示范和农业装备智能化，支持建设 30 个省级农业物联网应用示范点、10 个特色现代农业智慧园。开展航空护林，探索应用无人机等现代化设备和技术，提高森林资源管护水平和灾害应急处置能力。整县推进信息进村入户，扩大12316 服务覆盖面。支持发展智慧气象，提高气象灾害监测预报预警水平。支持福建"鱼多多""找鱼网"等平台建设，提升信息开发应用与服务水平。

2. 加快发展农产品精深加工

实施农产品加工提升工程，围绕特色优势产品延伸上下游关联产业，大力发展农产品产后处理、精深加工业，延伸农业产业链、价值链、供应链。加大食品加工业技术改造支持力度，鼓励食品企业设立研发机构，围绕"原字号"开发市场适销对路的新产品。大力推广"生产基地＋中央厨房＋餐饮门店""生产基地＋加工企业＋商超销售"等产销模式。开展主食加工提升行动，巩固闽南烘焙食品、沿海米面制品、特色小吃等优势主食加工业，加快马铃薯由鲜食向主食加工转型。支持农产品营养与生物功能活性物质加工利用，发展营养餐加工产业。改造提升传统竹木制品加工业，积极发展多酚类物质提取等笋竹精深加工，扶持发展生物能源、生物医药、生物质材料等林业战略性新兴产业。发展水产品精深加工业，建立闽南、闽中、闽东三大水产加工产业集群和 10 个年产值 20 亿元以上水产品加工产业重点县，推进霞浦三沙、连江黄岐等 8 个渔港经济区建设，加快建设闽台蓝色产业园，培育诏安金都海洋生物产业园、石狮海洋生物科技园等海洋生物医药产业集群。

3. 加强农产品流通体系建设

促进新型农业经营主体、加工流通企业与电商企业全面对接融合，推动线上线下互动发展。加快建立健全适应农产品电商发展的标准体系，强化供应链完善配套，支持发展农产品包装、监测、配送等农业服务业。推动商贸、供销、邮政、快递、电商互联互通，加强从村到乡镇的物流体系建设。鼓励发展电商产业园，汇聚品牌推广、物流集散、人才培养、技术支持、质量安全等服务功能。扶持建设一批农村电子商务应用示范项目，推进 10 个国家级、26 个省级电子商务进农村综合示范县工作，力争农产品销售网店发展到 6 万家，实现销售额 100 亿元。改造提升一批大型产地批发市场，加快建设中国（龙岩）农产品物流交易城、永安供销农副产品物流园及农产品展示展销中心等大中型农产品市场。加强农产品产地预冷等冷链物流基础设施网络建设，完善鲜活农产品直供直销体系，集中建设一批农产品低温物流园区、产地预冷集配中心。

4. 加快发展乡村旅游和休闲农业

充分发挥乡村各类物质与非物质资源富集的独特优势，利用"旅游+""生态+"等模式，推进农业、林业、渔业与旅游、教育、文化、康养等产业深度融合。丰富乡村旅游业态和产品，打造各类主题乡村旅游目的地和精品线路，发展富有乡村特色的民宿和养生养老基地。鼓励农村集体经济组织创办乡村旅游合作社，或与社会资本联办乡村旅游企业。改善旅游配套基础设施，完善休闲农业、乡村旅游行业标准，改善服务设施条件，在重点村优先实现宽带全覆盖，支持创建"互联网+乡村旅游"电商平台，形成较为完善的旅游服务体系。支持有条件的乡村建设以农民合作社为主要载体、让农民充分参与和受益，集循环农业、创意农业、农事体验于一体的田园综合体。

5. 拓展农业对外开放合作

积极参与 21 世纪海上丝绸之路核心区建设，提升与"一带一路"沿线及周边国家和地区农业科技交流合作与农产品贸易水平，拓展东盟、俄罗斯、中东欧等新兴市场，稳定扩大欧美日等农产品传统出口市场。加快中国－东盟海产品交易所建设，推动马来西亚、缅甸、柬埔寨等分中心建设。引进推广台湾农业良种及先进适用技术，推进闽台农业合作示范县、闽台渔业产业园、闽台农机合作产业园和海峡两岸新型农民交流培训基地建设。推动农业"走出去"，支持农业企业开展跨国经营，建立境外生产基地和加工、仓储物流设施，培育具有国际竞争力的大企业、大集团。建设海外渔业综合基地和省内远洋渔业基地，推动印尼远洋捕捞项目转场作业，推进与坦桑尼亚、巴布亚新几内亚、东帝汶等国家渔业领域合作。

（四）加大农业科技创新，提升农业现代化发展水平

1. 加强农业新技术研发和应用推广

适应农业转方式调结构新要求，调整农业科技创新方向和重点，鼓励建立现代农业产业科技创新中心和农业科技创新联盟，发展面向市场的新型农业技术研发、成果转化和产业孵化机构。加强种养业、疫病虫害防控、加工、水利、设施农业和生物等技术研发与组装，着力突破地方优势特色产业技术。推进国家级、省级农业科技园区建设。组织实施种质资源保护与种业创新、设施农业与智能化控制等一批科技创新工程，推动关键领域技术突破。创新公益性农技推广服务方式，引入项目管理机制，推行政府购买服务，鼓励建立农科教产学研一体化农业技术推广联盟，支持农技推广人员与家庭农场、农民合作社、龙头企业开展技术合作。深入推行科技特派员制度，打造一批"星创天地"。推广适合福建省山区丘陵特点和特色农业使用的农机、林机设备，力争 2017 年主要农作物耕种收综合机械化水平提升到 50% 以上，其中水稻达 60% 以上。

2. 健全农业科技创新激励机制

建立和完善以产业技术需求及市场需求为导向的农业科研选题立项机制，鼓励农业企业等新型经营主体承担各类科技项目，推进农业科研评价

机制改革，对科学研究、科研管理、技术推广等不同岗位人员实行分类管理考核，注重解决实际问题。加强科研辅助人员队伍建设，支持农业科研机构按规定自主聘用科研辅助人员。完善以实绩和贡献为基础的分配机制，收入分配进一步向优秀人才和关键岗位倾斜。

3. 加强农业农村人才队伍建设

整合社会培训资源，建立政府主导、部门协作、统筹安排、产业带动的培训机制，加快培养新型职业农民。优化农业从业者结构，加快培养现代青年农场主、林场主，加大对新型农业经营主体带头人的培训轮训力度，探索培育农业职业经理人，培养适应现代农业发展需要的新农民。鼓励高等院校、职业院校开设乡村规划建设、农业装备应用技术、农村经营管理、农村金融、市场营销、电子商务等相关专业或课程，培养更多的农业农村专门人才，更好地服务"三农"发展。建立健全职业农民认定和农业技能持证上岗制度，要吸引和支持高素质人才从事现代农业创业。

参考文献

[1] 福建统计局：《2016 年福建省国民经济和社会发展统计公报》，2017 年 3 月。
[2] 冯志峰：《供给侧结构性改革的理论逻辑与实践路径》，《经济问题》2016 年第 2 期。
[3] 农发行总行研究室课题组：《供给侧结构性改革的影响及对策》，《农业发展与金融》2016 年第 1 期。
[4] 胡豹、顾益康：《新时期加快我国东部地区农业转型升级的战略对策研究》，《浙江农业学报》2011 年第 5 期。
[5] 肖淑兰、姜太军：《新型农业经营模式的类型、问题与对策》，《湖南农业科学》2015 年第 9 期。

郑州共识

2017 年 5 月，来自全国各地的两百多位社科院系统农经研究学者，齐聚中原大地，共同探讨"农业供给侧结构性改革"这一重大问题。会议期间，参会代表就提升社科农经协作网络平台的智库功能、加强成员相互合作、继续深入开展农业供给侧结构性改革研究、勇于担当历史使命达成了如下共识。

一　进一步提升社科农经协作网络平台的智库功能

社科农经协作网络是全国社科院系统"三农"研究者进行学术交流与合作的重要平台，始终坚持"顶天立地、探索创新"的宗旨，以"为天地立心"的历史担当，紧跟我国农村社会经济发展实践和国家重大战略需求，在"三农"研究领域积极发挥联络、协调和交流作用，提升了全国社科院系统"三农"研究水平，推出了一系列重要学术成果，产生了良好的社会影响。2016 年，全国社科农经协作网络大会理事会正式成立，使农经协作网络运作机制更加完善和规范，增强了促进全国社科院系统"三农"研究协同推进、联合攻关的功能。从服务党和国家事业发展全局的战略高度出发，全国社科农经协作网络大会还将进一步提升智库功能，为实现全面建成小康社会的伟大目标做出新的贡献。

二　继续加强全国社科院系统各单位间有效合作

在中国农业农村发展进入新的历史阶段，农业经济、农村发展学科理论探索和改革实践发展的双重需求下，全国社科农经协作网络大会将进一步发挥作用，完善理事会机制，开展学术交流活动，构建跨学科研究平台，加强联合调查研究，组织课题联合攻关，强化人才培训与合作，规范农经网络大会，加强交流机制建设等，更好地发挥社科院作为党和政府思想库、智囊团的职能与作用。

三　深入开展农业供给侧结构性改革研究

推进农业供给侧结构性改革，是我国供给侧结构性改革的重要一环，是当前和今后一个时期我国农业政策改革和完善的主要方向。深入推进农业供给侧结构性改革既是中央提出的必须打赢的一场硬仗，也是社科智库应该深入探索的重要理论问题。为此，在今后一段时期内，社科院系统农经研究人员将致力于农业供给侧结构性改革这一重要而前沿的课题研究，坚持实事求是的科学态度，继续深入实践，开展理论研究，贡献思想智慧，为破解纷繁复杂的农业与农村发展难题，为我国农业可持续发展，提供科学决策支持。

面向全面建成小康社会的伟大目标，全国社科农经协作网络大会将以习近平总书记在哲学社会科学工作座谈会上的讲话精神为指导，继续发挥理论联系实际、努力探索、勇于创新的传统，积极为党和人民述学立论、建言献策，担负起历史赋予的光荣使命。

"第十三届全国社科农经协作网络大会"全体参会代表
2017 年 5 月 23 日于河南郑州

图书在版编目（CIP）数据

深化农业供给侧结构性改革研究／魏后凯，张占仓
主编 . -- 北京：社会科学文献出版社，2018.7
　　ISBN 978 - 7 - 5201 - 2884 - 1

　　Ⅰ.①深… 　Ⅱ.①魏… ②张… 　Ⅲ.①农业改革 - 研
究 - 中国 　Ⅳ.①F320.2

　　中国版本图书馆 CIP 数据核字（2018）第 126052 号

深化农业供给侧结构性改革研究

主　　编／魏后凯　张占仓
副 主 编／翁　鸣　苗　洁

出 版 人／谢寿光
项目统筹／恽　薇
责任编辑／王楠楠

出　　版／社会科学文献出版社·经济与管理分社 （010）59367226
　　　　　　地址：北京市北三环中路甲 29 号院华龙大厦　邮编：100029
　　　　　　网址：www.ssap.com.cn
发　　行／市场营销中心 （010）59367081　59367018
印　　装／三河市龙林印务有限公司

规　　格／开本：787mm×1092mm　1/16
　　　　　　印张：25.75　字数：426 千字
版　　次／2018 年 7 月第 1 版　2018 年 7 月第 1 次印刷
书　　号／ISBN 978 - 7 - 5201 - 2884 - 1
定　　价／79.00 元